신뢰와
국제안보

신뢰와 국제안보

지은이 김종욱, 김현승, 나태종, 문지환, 신진, 양성실, 이강경, 이희완, 최원상 (가나다순)
발행일 2024년 2월 1일 **발행인** 이진숙
펴낸곳 충남대학교출판문화원 **주소** 대전광역시 유성구 대학로 99
전화 042-821-6045 **홈페이지** http://www.cnupress.co.kr **E-mail** cnupress@cnu.ac.kr

ISBN 979-11-6503-269-2 93340
정가 25,000원

Trust and International Security

신뢰와 국제안보

김종욱 · 김현승 · 나태종 · 문지환 · 신진 · 양성실 · 이강경 · 이희완 · 최원상(가나다순)

충남대학교출판문화원

머리말

나는 이렇게 사랑하고 존경하는 제자들과 공동으로 〈신뢰와 국제안보〉 책을 발간하는 영예와 행복을 주신 하나님께 먼저 감사한다. 또한 나는 "천하의 영재들을 얻어서 가르치니 이보다 더 기쁜 일이 어디에 있는가" 하는 공자 말씀에 깊이 공감할 수 있게 되어 대단히 기쁘다. 이 책은 국가의 안보는 동맹국들을 포함하여 국제사회에서 신뢰를 확보하는 것이 안보의 핵심이라고 하는 것을 분석하였다. 특히 동맹국에 대한 신뢰를 배반하는 것은 국가안보에서 소탐대실의 전형적 사례다.

충남대학교 정치외교학과 대학원생들과 평화안보대학원 대학원생들, 그리고 행정대학원생들과의 수업은 내가 평생 간직하고 싶은 감동적인 수업들이었다. 대부분의 대학원 학생들은 각자의 직장에 근무하면서 석박사 과정을 공부하는 학생들이다. 하루종인 자신의 업무로 피곤함에도 불구하고 매 수업마다 빠짐없이 참가하여 열심히 수업과 토론에 참여하는 모습에 매번 내가 감동을 받았다.

이들 대학원생들은 각자의 업무 분야에서 수십년동안 근무했기 때문에 모두가 상당한 전문지식을 가진 진정한 전문가였다. 수업 중에 대학원생이 관련 주제에 관하여 설명할 때에는 나는 다시 배우는 기쁨과 즐거움을 누렸다. 그리고 제자들이 이 주제를 발전시켜서 한국의 저명 학술지에 논문을 게재했을 때 나는 개인적으로도 큰 기쁨을 느꼈다. 제자의 성취가 나에게 이렇게 큰 기쁨을 주었다는 사실에 다시 행복했다.

이에 공동저자이자 제자들에 대한 소개로 감사를 표하고자 한다. 이강경 박사는 대학원수업에서 전망이론을 배운 당해 학기에 뛰어난 순발력과 응용력으로 저명 학술지에 〈3차 남북정상회담의 동인에 관한 전망이론적 분석〉논문을 게재하는 능력을 보여주었다. 김종욱 박사는 수업시간에 토론했던 주제로 학술지에 〈북한 핵 억지를 위한 우주기반 운동에너지 무기체계연구〉 논문을 게재했다. 이것은 저궤도위성을 활용하여 상승단계에 있는 북한 핵미사일을 요격하는 획기적인 논문이다. 북한의 핵무기를 방어할 수 있는 무기체계라고 할 수 있다. 최원상박사는 인공지능을 활용하여 〈지능정보사회에서 국가위기관리의 지능화에 관한연구〉를함으로써 급박한 위기관리를 체계적이고 효율적으로 운용하는 시스템을 도입하였다. 최박사는 이러한 획기적인 접근과 뛰어난 능력으로 박사학위 취득시까지 8편 이상의 학술논문을 게재하여 졸업식에서 충남대학교 총장상을 수상하였다. 공군사관학교 문지환교수는 〈Five Eyes 정보공유 동맹체제분석과 한미동맹에 대한 함의〉를 분석하여 한국의 미래전략을 분석하고 제시하는 선견적 능력을 보여주었다. 문교수는 공군과 정보공유 체계분야에서 최고의 전문가가 될 것이다. 김현승박사는 중국어와 영어에도 능통한 실제적인 중국 해양전략 전문가다. 중국은 초한전 전략에 따라 무엇이든지 활용하고자 하는데, 김현승박사가 〈중국 해양 안보전략에 관한 분석 및 평가〉 논문을 통하여 중국의 회색지대 전술과 해상민병대 전술등에 관한 연구하자, 미국의 해군이 큰 관심을 가지고 연구를 공유하자고 제안하였다. 김박사는 향후 중국해군 전문가로서 한국의 해양방위에 큰 기여를 할 것이다. 양성실박사와 이희완 보훈부차관이 게재한 〈포클랜드제도 분쟁을 통한 제한전 분석〉 논문은 2021년 해양학술우수논문으로 선정되어 해군참모총장상과 한국해양전략연구소 이사장상을 수상하였다. 이 논문은 1982년에 영국이 아르헨티나의 앞에 있는 포클랜드섬을 두고 영토분쟁을 할 때 수천킬로 떨어진 영국이 외교능력을 발휘하여 미국을 동맹으로 만들어 DIME과 PMESII체계로 분석하였다. 동맹국 확보능력과 정치지도자의 결연한 의지가 승전을 만든다는 것을 분석한 탁월한 논문이다. 나태종 교수는 내가 존경하는 교수로서 탁월한 문장력과 분석력, 그리고 박학다식하고 정확한 기억력이 뛰어나다. 그는 진정한 박사라고 할 수 있다. 또한 성실함과 특유의 추진력으로 나교수의 도움으로 이러한 책 발간도 이루어질 수 있었기에 충심으로 감사의 마음을 표한다. 나교수의 〈안보환경이 변화함에 따른 비상대비계획발전방안연구〉는 4차산업혁명의 과학기술의 급격한 발달과 북한, 중국, 러시아의 결속과 전쟁준비에 대응한 선견적인 비상대비방안을 제시하였다.

이 책의 저자로는 포함되지 않았지만, 수업 중에 탁월한 통찰력과 분석능력을 보여준 제자들도 많이 있었다. 수업중에 제자들로부터 많이 배웠으며, 설명하는 제자들이 존경스러웠다. 그리고 배우는 순간마다 대단히 행복했다. 이 책의 저자들 뿐만 아니라 수업에 참여했던 모든 제자들에게도 함께 지냈던 순간들이 행복했었다고 고마운 마음을 전한다. 이 분들 모두 대한민국의 발전에 크게 기여하시고, 모두 행복하시기를 기원한다.

2024년 1월 31일

신진

목차

1편

2편

3편

신뢰와 국제안보

1편

1. 신진 _ 김대중 정부의 햇볕정책과 구조적 한계
2. 이강경 · 신진 _ 3차 남북정상회담의 동인에 관한 전망이론적 분석
3. 김종욱 · 신진 _ 북한 핵 억지를 위한 우주-기반 운동에너지 무기체계 연구

요약

김대중 정부의 햇볕정책에 근거한 남북한 교류협력 노력과 구조적 한계

김대중 정부의 대북정책과 기조는 역대 한국정부와 확연히 구별된다. 햇볕정책의 이름으로 지속적으로 추진되어 온 대북 지원정책은 퍼주기 정책이라고 비난을 받아왔음에도 불구하고 남북한간에 괄목할만한 신뢰와 협조관계를 구축하는데에 여전히 어려움을 겪고 있다.

국제정치이론에서 국제사회의 협조문제를 둘러싼 가장 핵심적인 주제는 절대적 이익과 상대적 이익의 문제라고 할 수 있다. 신자유주의적 제도주의적 관점에서는 국가의 선호가 절대적 이익의 확보에 있다고 보고 있으므로, 국가간의 협력관계에서 이익이 발생한다면 어느 국가든지 협력관계가 이루어질 수 있다고 간주한다. 반면에 구조적 현실주의나 신현실주의적 관점에서는 상대적 이익의 크기를 중시한다. 현실적으로는 명백한 예상이익에도 불구하고 갈등관계에 있는 국가간에는 협력이 이루어지지 않는다. 이것은 국가간의 협력에서는 우선적으로 국가의 생존에 대한 위협가능성 여부가 가장 우선적으로 고려되고 있다는 것을 시사한다.

지난 4년여간의 김대중 정부의 햇볕정책에 대한 북한의 반응은 북한의 생존을 위협할 가능성이 있는가를 타진하는 과정을 조심스럽게 거쳐왔다고 할 수 있다. 북한이 한국과의 협력관계에서 생존위협을 받지 않고 한국과의 관계에서 체제유지에 확신을 가질 경우, 한국과의 적극적 협력관계를 설정할 것이다. 한국 역시 북한과의 협력관계에서 생존위협을 받지 않을 것이라는 확신이 서지 않으면 대북 정책에 대한 남남 갈등은 계속될 수 밖에 없다. 대북 지원이 곧 한국의 안보를 위태롭게 할 것이라고 판단되기 때문이다.

key words 햇볕정책, 신자유주의적 제도주의, 신현실주의, 절대적 이익, 상대적 이익, 남북한 신뢰

01

김대중 정부의 햇볕정책과 구조적 한계*

신진(충남대학교 교수)

I. 서론

한국의 김대중대통령은 1998년에 집권하여 임기를 마치는 2003년까지 지속적으로 소위 햇볕정책을 일관되게 추진하였다. 김대중 정권이 추진한 햇볕정책은 북한에 대한 막대한 재정적 지원을 제공함으로써 남북한 평화적 관계를 구축하고자 하는 것이었다. 그러나 김대중의 기대와는 달리 북한의 김정일은 오히려 남북한 갈등을 확대하였다. 김대중의 대북지원을 받으면서도 서해상에서 수차례 NLL을 침공

* "이 논문은 2002년도 충남대학교 자체연구비의 지원에 의하여 연구되었음."
2003년4월 국제정치론총 제43집 제1호에 게재된 논문을 수정 보완하였음.

하여 한국의 해군을 살해하는등 남북한 교전을 벌였다. 김대중의 전례없는 대북 지원에도 결국 북한은 오히려 군사적 침공을 통하여 남북한 관계를 더욱 악화시켰다. 이에 본 연구는 한국 정부의 막대한 재정지원을 받은 북한이 왜 한국을 침공하는 등 남북한 관계를 악화시켰는지를 분석한다. 그리고 김대중 정권의 햇볕정책 즉, 소위 "대북퍼주기 정책"이 실패할 수 밖에 없는지를 이론적으로 분석한다.

북한은 김대중 정권의 출범초기부터 한국의 햇볕정책을 비난하였다. 그것은 햇볕정책이 남의 옷을 벗긴다는 내용에 대한 반발이었다. 평양당국자들은 이 정책이 북한 체제에 대한 위협이라고 판단하였다. 그들은 노동신문을 통하여 한국의 대북정책을 격렬하게 비난하였다. 그러나 김대중정권이 대북 지원정책을 추진하던 시기에는 북한에서는 식량부족으로 인하여 수백만명의 아사자가 발생하고 있었다. 북한은 소위 고난행군 강행군 시절을 겪고 있었기 때문에 한국으로부터의 지원이 절실하게 필요하였다. 김대중 대통령이 국내외의 반대를 무릅쓰고 대북 지원을 강행한 결과 2000년에는 남북한 정부가 수립된 지 52년만에 처음으로 남북한 최고 통치자 2인이 평양에서 남북 정상회담을 하는 기회가 만들어졌다. 그러나 2001년 미국에서 9.11 WTC 테러사태가 발생하면서 북한이 "악의 축(Axis of Evil)"이라고 하는 국가에 포함되는 등 국제사회에서 테러리스트로서의 이미지는 더욱 강화되었다.

한국 내부에서는 김대중의 햇볕정책이 북한에 대한 무작정 퍼주기 정책이라는 비난을 받았다. 햇볕정책 덕분에 북한 정권이 명맥을 유지할 수 있었다는 비판이 제기되어 왔다. 실제로 북한은 과도한 군비

투자와 누적적인 경제실패, 그리고 농업 인프라의 실패로 인해 연속적이고 체계적인 식량부족상태에 직면하게 되었다. 그 결과 공산주의 정치체계의 근간이 되고 있던 식량배급체계가 붕괴되었으며 탈북자들이 급속도로 증가하였다. 실제로 평양당국은 1994년부터 1999년도까지를 고난의 행군기간이라고 칭하였으며 그 중에서도 1998년도와 1999년도를 고난의 행군 강행군 기간이라고 명명하였을 정도로 체계의 붕괴위기에 직면하기도 하였다. 그러나 중국으로부터 지속적인 식량의 유입, 유엔과 미국, 일본 등 전세계로부터 막대한 양의 식량 원조, 한국으로부터 무조건적인 원조로 인해 식량위기부터 초래된 체제위기는 2000년도에 끝나고 정상을 회복하게 되었다.

한국정부의 변화와 극단적인 북한 지원정책에도 불구하고 남북한 관계는 크게 우호적으로 변모하지 않았다. 김대중 정브가 역대 정부와는 대조적으로 친 북한 정책을 일관되게 추진하였음에도 불구하고 남북한 관계는 그다지 진전되지 않고 있다. 지난 52년간 남북한은 지속적인 체제경쟁을 하였으며 간헐적인 교류노력이 있었으나 남북한간의 근원적인 협조관계를 형성하지는 못했다.

다양하고 극단적인 시도에도 불구하고 한반도에서 남북한간에는 왜 협조관계가 형성되지 않는가, 또 김대중정부의 햇볕정책은 어떤 효과를 가져올 수 있다고 평가할 수 있는가. 남북한간에는 현실주의에 바탕을 둔 군비경쟁과 체제경쟁이 지속적으로 전개되고 있으며 아울러 자유주의적 접근, 기능주의적, 신기능주의적 접근방법 등에 근거한 다양한 외교정책이 시도되었으나 남북한간에는 여전히 상호 불신과 위협의식이 존재한다. 그 원인은 무엇인가, 개별 국가와 정부의 속성 때문인가 혹은 국제정치체제상의 구조적 원인 때문인가. 한국 정부가 취하는 대북포용정책은 국제정치이론적 측면에서 볼 때 어떻게 평가할 수 있는가, 또한 한국의 대북포용정책에 응하는 북한의 대남 정책은 어떻게 국제정치이론으로 설명할 수 있는가? 본 연구는 이러한 문제에 관하여 국제정치이론에 있어서 신 자유주의적 제도주의(neoliberal institutionalism)와 구조적 현실주의(structural realism)이론들과의 비교를 통하여 해석하고 평가하고자 한다.

II. 신자유주의적 제도주의(neoliberal institutionalism)와 구조적 현실주의(structural realism)

국제정치 이론에서 국제사회의 협조문제를 둘러싼 핵심적 주제는 절대적 이익(absolute gains: AG)과 상대적 이익(relative gains: RG)의 문제라고 할 수 있다. 신자유주의적 제도주의(neoliberal institutionalism: NLI)는 국가는 국제관계에서 획득할 수 있는 개별국가의 AG에 주된 관심이 있을 뿐이며 상대국가가 어떤 이익을 얼마나 획득하는 지 혹은 타국이 손해를 당하는 것 등은 부차적인 관심영역이다. 국가의 선호(preferences)라고 하는 관점에서 보아 국가는 이러한 AG를 확보하는 것이 국가의 기능이기 때문이다. 그러나 구조적 현실주의(structural realism: STR)나 신현실주의(neorealism: NER) 입장에서 본다면 국가는 AG 보다는 RG에 보다 많은 관심을 기울인다고 분석한다. 왜냐하면 무정부적인 국제관계에서 상대국가가 획득하게 되는 이익의 크기는 자국이 획득하게 되는 이익의 크기와의 비교뿐만이 아니라 상대국의 현재의 국력에 비교하여 지나치게 큰 이익의 획득은 현재의 세력균형에 위협적인 요소가 될 수 있기 때문이다. 이 때 자국의 관심은 현재의 국제관계의 현상유지이며 국제적이 협력으로 인해 위협받게 될 자국의 안보위협을 가장 경계해야 할 요소로 판단하기 때문이다. 이들 국가의 선호(preferences)는 권력(power)의 추구이다. 구조적 현실주의나 신현실주의적 입장에서 보면 국제사회에서 국제적 협력은 상당히 어려운 과제라고 할 수 있다. 이러한 관점에서 보면 국가들은 국제협력을 통하여 상대국이 획득하게 될 이익을 고려해 보고, 그 이익의 크기가 상대국가의 국력에 얼마나 큰 변화를 초래하게 될 것인지를 분석하게 된다. 나아가 상대국가의 국력의 크기의 변화로 인해 위협받게 될 지도 모르는 국제적 세력균형의 현 상태를 위협할 수 도 있는 가능성을 고려하기 때문에 상호협력이 어려울 수밖에 없다.

그런데 파월(Powell)[1]은 AG와 RG를 선호하는 국가들 간에는 본질적으로 차이가 없다는 해로운 해석을 한다. 국제관계에서 갈등과 협력이 구조적이거나 국가의 특성상의 문제가 아니라 당해 국가가 당면한 주변의 조건적 제약요인이 그 국가의 선택권을 제한한다. 특정한 상황하에 놓인 국가는 주어진 여건 하에서 최소의 비용으로 최대의 효과를 거둘 수 있는 외교정책을 채택한다. 물론 국가는 절대적인 이익을 추구한다고 가정한다. 이 점에서는 신자유주의적 제도주의와 견해

1 Robert Powell, Absolute and Relative Gains in International Relations Theory, *The American Political Science Review*, vol.85, Issue 4(Dec.,1991), 1303-1320

를 같이 한다. 여기서 절대적 이익은 국가의 경제적 이익증진을 위한 것이다. 국가는 할 수만 있다면 어떻게 해서든지 최대의 이익을 추구한다. 이 때 국제사회의 특성이 국가의 행동을 구속한다. 무정부적인 국제정치체계에서는 때때로 무력사용이 가능하다. 국제적 협조를 한다면 관계국들이 불균등한 절대적 이익을 획득하게 되는 국제적 상황하에서, 한 국가가 선택하게 될 전쟁의 비용이 그 결과 획득하게 될 이익에 비하여 상대적으로 작을 때, 국가는 국제협조보다는 갈등 즉 전쟁을 선택한다. 이러한 결과는 구조적 현실주의의 입장과 동일하다. 물론 구조적 현실주의는 상대적 이익을 추구하지만 결과적으로는 동일한 효과와 결과를 나타낸다. 이와는 반대로 한 국가가 선택하게 될 전쟁의 비용이 그 결과 획득하게 될 기대이익보다 훨씬 더 크다면 그 국가는 국제적 협조를 하게 되며 이것은 신자유주의적 제도주의의 입장과 보다 유사하게 된다고 파월은 주장한다.

그러나 현실적으로 국가는 이 때에도 여전히 상대국가가 획득하게 될 이익의 크기와 그로 인한 국제관계의 변동에 관심을 가지지 않을 수 없다. 국가의 생존이 위협받는 상황이 초래될지도 모르기 때문이다.

구조적 현실주의 입장에서는 국제사회가 만인의 만인에 대한 투쟁의 상태, 즉 무정부 상태이기 때문에 국제적인 협조가 이루어지기 어렵다고 판단한다. "사슴의 우화"에서 보는 바와 같이 협조보다는 개별 국가의 이익이 항상 우선할 수밖에 없기 때문이다.[2] 그러나 이와는 반대로 신자유주의적 제도주의는 무정부상태라고 해도 반드시 국제

2 Kenneth Waltz, Theory of International Politics, Reading, MA: Addison-Wesley, 1979, pp.79-101.

적인 협조가 없는 것은 아니라고 주장한다.[3] 여기서 파월은 구조적 현실주의와 신자유주의적 제도주의 모두 상대적 이익과 관련하여 체계의 제약요소로서의 중요성을 충분히 인식하지 못하고 있다고 지적한다. 즉 죄수의 딜레마 게임이 반복해서 진행되면 어느 국가도 상대국을 이용해서 이익을 챙기기 어렵다는 것을 보여준다. 결국 국제체계의 제약요인이라고 하는 것과 상대적 이익이라고 하는 것은 근원을 제대로 이해하면 할수록 이론적으로는 무력의 사용이라고 하는 것이 특별한 의미가 없다는 것을 알게 된다. 실제로 무력을 사용하지 않더라도 군사적 기술적 특성이라고 하는 제약조건상의 특성 때문에 상대적 이익을 가지고 타국을 이용해서 이익을 취할 수 있는 효과를 낼 수만 있다면, 이러한 제약조건이 오히려 협조를 초래한다. 또 이와는 반대로 정치 과점적 시장구조 때문에 한 기업이 다른 기업을 희생시켜서 장기적인 이윤을 증가시키기 위하여 상대적 이익을 사용할 수 있는 것이라면 이러한 시스템은 상대적 이익을 유도할 것이라고 주장한다.[4]

왈츠의 신현실주의의 중요한 주장은 국가들은 세력균형을 이루고자 하는 경향을 가지고 있으며 양극체제가 다극체제보다 더욱 안정적이라고 주장한다.[5] 그러나 이러한 세력균형이론에 관해서는 몇 가지 의문이 남는다. 나폴레옹의 프랑스나 히틀러의 독일이 강대해질 때는

3 Robert Keohane, After Hegemony, Princeton: Princeton University Press, 1984, pp. 65-84.

4 Robert Powell, Absolute and Relative Gains in International Relations Theory, *The American Political Science Review*, vol.85, Issue 4(Dec.,1991), 1305-1306

5 Kenneth Waltz, The Emerging Structure of International Politics, International Security, Vol. 18, No. 2(Fall 1993).

유럽이 반대세력을 형성하여 세력균형을 이루었고, 소련에 대하여는 미국이 세력균형을 이루었다. 그러나 아메리카 지역에 있어서 미국이 강대해지는 데에도 캐나다와 중남미는 왜 상대세력을 형성하여 세력균형을 이루지 않는가, 또 소련의 붕괴 이후 미국의 독점적 헤게모니 구조에 대하여 유럽 등의 국가들은 왜 반대세력을 통하여 세력균형을 이루지 않는가 하는 점이다. 이에 대하여 월트(Walt)[6]는 국가들이 국제사회에서 단지 힘의 편중현상을 바로 잡기 위하여 세력균형을 형성하는 것이 아니라 위협에 대하여 균형을 이루는 것(balance against threat)이라고 지적하고 있다.

이상과 같은 논의를 요약하면 우리는 다음과 같은 결론을 얻을 수 있다. 즉 국제관계에서 국가는 "생존의 프리즘"을 통해서 국제관계에서 절대적 이익을 추구할 것인지 상대적 이익을 추구할 것인지를 결정한다. 국가에게 있어서 가장 중요한 목표는 생존과 국가이익이다. 그러나 국가는 생존이 보장된 경우에는 국가이익을 추구하지만 국가의 생존이 위태로울 때에는 최우선적으로 국가의 생존을 추구한다. 따라서 국가의 생존이 국가의 최우선적인 목표이자 기준이다.

따라서 국가는 향후의 생존에 대하여 위협적인 존재나 위협의 가능성에 대하여 그 위협을 제거하기 위한 노력을 기울이는 것을 가장 중요시하며 우선시한다. 즉 월트가 지적하는 바와 같이 위협에 대한 균형은 국가의 생존을 위태롭게 할 수 있는 잠재적인 위협요인에 대하여 사전에 위협요인을 제거하기 위한 국가의 선호(preference)라고 할

6 Stephen M. Walt, The Origins of alliance, Ithaca, NY: Cornell University Press, 1987

수 있다. 이 때 국가는 국제적 협조와 갈등의 선택관계에서 그 선택이 자국의 생존에 위협적 요인이 될 수 있다고 판단하면 그 국제관계에서 우선적으로 상대이익(RG)을 고려한다. 그렇게 함으로서 세력균형(balance of power)을 형성하게 된다. 다른 한편에서 국가의 생존이 위협받지 않는다고 판단되는 상태에서의 국가의 적극적인 이익추구활동은 권력의 추구라고 할 수 있다. 국제관계에서 권력이란 현실주의가 말하는 바와 같이 권력이라는 이름으로 포장된 이익의 추구 행위이다. 국제적인 권력은 모겐쏘(Morgenthau)[7]가 지적하는 국력이 될 수 있으며 또는 국력의 총합개념이 될 수도 있다. 국가는 이러한 권력을 사용하여 자국의 이익을 최대화시키고자 노력한다. 이 때 국제적인 협조가 자국의 이익에 도움이 된다면 국가는 협조를 선택하고 전쟁과 같은 갈등관계가 국가의 이익에 도움이 된다면 국가는 갈등을 선택한다.

국력이 강한 국가로서 국가의 생존에 자신을 가지고 있는 국가는 국제관계에서 국가의 이익을 추구하기 위한 선택의 수단에서 보다 자유로울 수 있다. 일반적으로는 국제정치적 레짐이 강대국 중심으로 편성되는 경우가 많기 때문에 국제법과 국제적 관례를 존중하면서 평화적인 국제적 협력을 추구한다. 그러나 강대국은 모겐쏘적인 국력개념상에서 국력의 다양한 요소들을 이용하여 보다 많은 이익을 추구하며 이 과정에서 갈등이라는 정책적 수단을 이용하여 절대적 이익을 추구할 수 있는 능력이 언제든지 있다. 또 강대국은 "생존에 대한 위협"의 개념 범주를 보다 광범위하게 책정할 수 있으며 자국의 생존에 위협

7 Hans Morgenthau, Politics among Nations, 4th ed., New York: Alfred A. Knopf, 1967.

적 요인이 될 수 있는 것은 어떠한 사소한 것이라도 놓치지 않고 위협을 제거하기 위한 모든 수단을 강구할 수 있는 능력을 가지고 있다. 또 이 과정에서 국제적 갈등과 협력의 정책적 수단 선택에서도 보다 자유롭게 선택한다. 그리하여 자국의 생존을 위협하지 못하도록 국제관계를 설정한다. 이 점은 강대국이라도 상대적 이익을 추구하는 경우라고 할 수 있다.

약소국이라도 상대국가와의 관계에서 생존의 위협을 느끼지 않는 관계가 조성된다면 국가는 절대적 이익에 우선적 관심을 갖게 된다. 반면에 국가는 자국의 생존을 위협할 가능성을 가진 국가와의 협조를 할 것인가를 결정해야 한다면 그 국가는 당연히 상대적 이익에 우선적 관심을 갖는다. 미어스하이머(Mearsheimer)는 국제관계에서 협조를 고려할 때, 현실주의적 관점에서 보아 국가는 우선적으로 상대적 이익을 고려한다고 지적하였으나 나중에는 그 주장을 정정하여 공격적인 전쟁의 위협이 적을 때, 예를 들어 2차 핵공격능력이 확보된 경우와 같은 경우에는 그렇지 않을 수도 있다고 지적한다.[8]

국제관계에서 협력을 선택할 것인지, 갈등을 선택할 것인지는 국가의 생존과 국가이익을 추구하기 위한 정책의 수단에 불과하지 그 자체는 목표가 아니다. 국가는 어떠한 경우에도 국가의 생존을 가장 우선적으로 확보할 수 있는 정책들을 선택한다. 그러나 국가의 "생존의 프리즘"기능은 단순하게 상대국이 자국의 생존을 위협할 능력이 있다

8 John J. Mearsheimer, The False Promise of International Institutions, *International Security*, Vol. 19, No. 3 (Winter 1994/1995); John J. Mearsheimer, Correspondence: Back to the Future, Part II, *International Security*, Vol. 15, No. 2 (Fall 1990)

거나 위협할 수 있는 가능성이 있다는 사실 때문에 상대국가와의 국제협력을 거부한다거나 절대적 이익을 추구하지 않는다는 것이 아니다. 상대국가와 국제적 협력을 하더라도 그 결과 획득하게 될 상대적 이익들이 현재의 국제적 세력관계나 양국의 국력의 크기를 크게 변화시키지 않는다면 이들 양 국가는 국제적 협력을 추구하기도 한다.

그림1 국가선호모델(state's preference model)

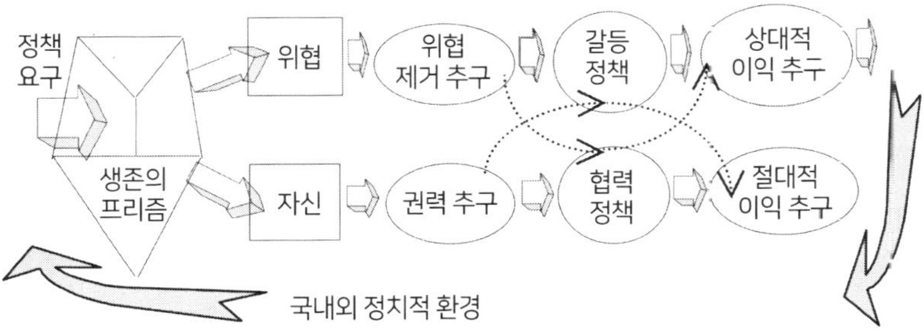

그럼에도 불구하고 상대국가가 여전히 생존 위협을 느낀다면 상대국가는 상대이익(RG)을 추구하며 상대국가와의 국제적인 협력을 거부하는 경향을 갖는다. 즉 상대국가와의 협력을 위한 조건으로 자국에 대한 안보를 확보하기 위한 노력을 먼저 경주할 것이다. 이 때, 상대국을 위협적 존재로 볼 것인가, 혹은 자국의 생존에 위해가 없는 존재로 볼 것인가는 당해 국가의 권위당국자의 결정에 의존한다. 실제 현실적으로는 위협적 존재임에도 불구하고 자국의 생존을 과신하여 상대국가와 협력을 추구할 수도 있으며 혹은 반대로 위협적 존재가 될 수 없음에도 불구하고 예방차원에서 위협을 제거하기 위한 조치를 취하는 경우도 있다.

결국 국가는 상대국과의 협력이나 갈등을 통해 그 결과로서 획득하게 될 상대적 이익의 크기와 절대적 이익의 크기들이 현재의 국제관계를 얼마나 어떻게 변화시킬 것인가에 의해서도 "생존/적대적 경쟁의 프리즘" 기능에 의한 정책선택의 방향은 달라진다. 이러한 도식은 경쟁관계에 있는 인접국가들이 곧잘 군비경쟁에 돌입하는 경우를 잘 설명해 준다. 어느 한 국가라도 생존에 자신을 갖는 상황이 초래되면 이 국가는 절대적 이익에 관심을 갖게 되며 국제적 협력을 추구한다.

III. 국가선호모델

1. 모델의 구성과 작동

상기의 이론적 논의는 국가가 외부의 위협에 직면해서는 국가의 생존을 확보하기 위한 정책을 선택한다. 그리고 상대국가의 정책이 자국의 안보를 위협하지 않는다고 하는 확신과 상대국에 대한 신뢰가 있으면, 상대국가와의 협력을 바탕으로 자국의 이익을 추구한다. 이러한 이론적 논의는 국가의 정책결정 과정을 설명하는 〈국가선호모델〉을 제시한다. 상대국가가 자국의 생존에 위협적이거나 적대적인 정책을 추진하는 경우에는 위협요인 제거가 우선적인 정책으로 선택된다. 자국의 안보 확보가 가장 중요하기 때문이다. 이 과정에서 상대국과의 갈등이 나타난다. 반대로 상대국이 자국의 생존을 위협하는 국가가 아니라면, 상대국은 적어도 우호적 경쟁자이거나 우호적 협력자라고 할 수 있다. 국가는 우호적 국가와는 협력을 통하여 이익을 추구하는 협력정책을 선택한다.

국가선호모델에서는 외부의 정책적 요구에 대하여 국가는 〈위협〉노선 또는 〈자신〉노선을 양자 택일적으로 선택한다.

1) 〈위협〉노선 정책

상대국가를 상대로 국가가 정책적 결정을 선택해야 하는 경우에 국가는 상대국가의 정책이 자국의 안보를 위협하는 경우에는 〈위협〉노선을 선택한다. 자국은 안보에 위협이 되는 요소를 제거(〈위협제거〉)하여 자국의 안보를 확보하려고 노력한다. 국가는 안보에 위협이 되는 요소를 제거하는 과정에서는 상대국과의 〈갈등〉을 겪게 된다. 그러나 상대국과의 협력이나 협상을 통하여 안보위협 요소를 제거하는 기회가 발생할 수도 있다. 국가선호모델에서 점선으로 표기된 경로의 경우로 나타난다. 국가는 자국의 안보를 확보하기 위하여 많은 비용을 사용해서라도 자국의 안보확보를 위해 기꺼이 지불한다. 이러한 과정은 결국 안보의 확보라고 하는 〈상대적 이익〉을 추구하게 된다.

<위협>노선 정책

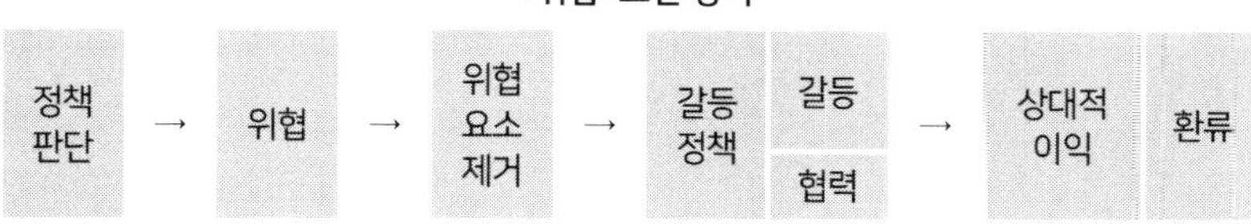

2) 〈자신〉노선 정책

상대국가와의 관계에서 자국의 국력이 월등하게 우세하거나, 상대국을 신뢰할 수 있다고 자국이 판단하는 경우에 국가는 이 〈자신〉 노선 정책을 선택한다. ,

상대국가의 정책적 요구가 자국의 안보를 위협하지 않는다고 판단한 경우, 즉 상대국이 자국과 우호적인 관계를 유지하고 있거나, 상대국이 군사적으로 절대적인 열세이기 때문에 상대국의 요구가 자국의 안보를 위협하지 않는다고 판단한 경우, 자국의 상대국에 대한 정책은 〈자신/신뢰〉노선을 선택한다. 이 때 국가는 상대국과의 관계 진척을 통하여 자국이 이익을 확보하고자 시도한다. 즉, 국가는 〈권력/이익추구〉를 추진한다. 이 과정에서 국가는 상대국과의 〈협력〉을 통하여 자국의 이익을 추구한다. 그러나 때로는 상대국에 대한 압박이나 압력을 통하여 자국의 이익을 추구하는 경우도 발생한다. 즉, 〈국가선호모델〉 점선으로 표기된 〈갈등〉 노선을 선책하는 경우를 의미한다. 이렇게 하여 국가는 〈절대적 이익〉을 획득하게 된다.

<자신>노선 정책

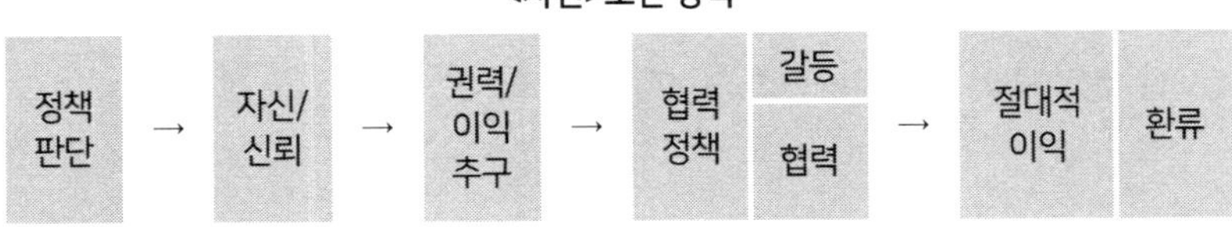

2. 모델의 적용 사례

상기 국가선호모델은 김대중 정부의 대북 지원과 햇볕정책을 이론적으로 설명하며, 한국내에서 남남갈등의 원인을 이론적으로 설명한다. 또한 미국의 대북정책이 북한핵무기 동결정책으로부터 북한 핵무기의 완전한 제거정책으로 변환되는 이유를 설명한다.

1) 김대중 정부의 대북 햇볕정책과 그 효과 분석

가) 김대중의 대북 인식은 북한은 한국을 위협하는 국가가 아니라는 것이다.

김대중대통령이 한국의 대통령으로서 한국의 국익을 최우선적으로 고려한다고 가정한다면, 김대중은 왜 붕괴되어 가고 있던 북한에게 막대한 재정적 지원을 제공하였는가? 김대중정권은 북한이 핵무기를 개발하고 있었음에도 불구하고, 북한의 핵무기 개발을 의도적으로 부인하였다. 김대중은 북한은 핵무기를 개발할 능력도 의지도 없다고 공언하였다.[9] 그리고 북한은 한국을 침략할 의지도 능력도 없다고 판단하였다.[10]

---

9 고성혁, "김대중-노무현의 北핵 옹호 발언 모음," NewDaily, 2013.02.05.https://www.newdaily.co.kr/site/data/html/2013/02/05/2013020500047.html, 검색일: 2023.10.15., 2009년6월15일 아시아 투데이사설은 김대중이 평양에 갔다온 이후 2001년에 이렇게 말했다고 전하고 있다. "북은 핵을 개발한 적도 없고, 개발할 능력도 없다. 그래서 대북지원금이 핵개발로 악용된다는 얘기는 터무니없는 유언비어다. 내가 책임지겠다."

10 고성혁, "김대중-노무현의 北핵 옹호 발언 모음," NewDaily, 2013.02.05.경향신문 2004년10월6일 창간58돐 기념 인터뷰에서 김대중은 "북한은 지금 전쟁할 능력도 의사도 없다." https://www.newdaily.co.kr/site/data/html/2013/02/05/2013020500047.html, 검색일: 2023.10.15.; 김남성,"DJ 정부 "북핵 실험 못할 것" 낙관론 일관…북핵 개발 몰랐나",TV조선,2017.10.05.https://www.google.com/search?q=%EA%B9%80%EB%8C%80%EC%A4%91%EC%9D%93+%EB%B6%81%ED%95%9C+%ED%95%B5+%EB%B0%9C%EC%96%B8&oq=&gs_lcrp=EgZja

즉, 김대중은 북한이 한국을 위협할 수 있는 능력이 없다고 판단했기 때문에 국가선호모델에서 보는 안보에 자신 있는 노선을 선택하였다. 상대국이 자국의 안보를 위협하지 않는다고 판단했기 때문에 상대국과의 협력을 통하여 절대적 이익을 추구하는 노선이 결정된 것이다. 김대중은 북한이 한국의 안보를 위협하지 않는다고 판단했다. 그리하여 김대중은 북한을 지원하고 북한과 협력을 하는 것이 오히려 한국의 안보를 증진시키는 것이었으며,나아가 개성공단 사업과 금강산관광사업이 한국에 이익을 주었다고 주장한다.[11] 김대중의 이러한 주장과 정책은 〈국가선호모델〉에서 보는 바와 같이 〈자신/신뢰〉 노선의 정책을 선택한 것이라고 분석한다. 그리하여 김대중은 북한과의 협력을 추진하여 금강산관광사업을 추진하였으며, 개성공단 사업을 추진하였다.

김대중은 햇볕정책과 대북 협력을 통하여 북한에 대한 재정적, 경제적으로 막대한 액수의 무상지원을 하였으며, 협력사업을 하였다. 김대중의 표현은 이렇게 함으로써 남북한 간에 평화와 신뢰가 구축된다고 주장하였다. 그러나 김대중의 이러한 햇볕정책에도 불구하고 김대

HJvbWUqCQgAEEUYOxjCAzIJCAAQRRg7GMIDMgkIARBFGDsYwgMyCQgCEEUYOxjCAzIJCAMQRRg7GMIDMgkIBBBFGDsYwgMyCQgFEEUYOxjCAzIJCAYQRRg7GMIDMgkIBxBFGDsYwgPSAQkxMTkwajBqMTWoAgiwAgE&sourceid=chrome&ie=UTF-8#fpstate=ive&vld=cid:c7abf50e,vid:HKVca9BGQSA,st:0,검색일: 2023.10.15. “장성민 후보, 김대중 전 대통령 '北, 핵 개발 의지 능력 없다' 발언 ...”, Youtube, 조선일보 2019.09.10.https://www.google.com/search?q=%EA%B9%80%EB%8C%80%EC%A4%91%EC%9D%98+%EB%B6%81%ED%95%9C+%ED%95%B5+%EB%B0%9C%EC%96%B8&oq=&gs_lcrp=EgZjaHJvbWUqCQgAEEUYOxjCAzIJCAAQRRg7GMIDMgkIARBFGDsYwgMyCQgCEEUYOxjCAzIJCAMQRRg7GMIDMgkIBBBFGDsYwgMyCQgFEEUYOxjCAzIJCAYQRRg7GMIDMgkIBxBFGDsYwgPSAQkxMTkwajBqMTWoAgiwAgE&sourceid=chrome&ie=UTF-8#fpstate=ive&vld=cid:72ab1617,vid:ls1aorQRH2c,st:0,: 검색일: 2023.10.15.

11 김대중 대통령 전남대 특별강연(2006년),"햇볕정책은 분명히 성공작이다” https://www.youtube.com/watch?v=8Ay1cYfQTXw, 검색일: 2023.10.15.

중의 막대한 지원을 받은 북한 김정일은 1999년 연평해전과 2002년 6월29일 서해교전을 도발하여 다수의 한국 해군을 살해하였다. 남북한간에 제2 한국전쟁으로 비화할 수 있는 전쟁을 도발한 것이다. 김대중의 주장과는 달리 북한은 왜 이렇게 위험한 도발을 감행한 것인가?

나) 북한 김정일은 햇볕정책을 북한에 대한 위협요인이라고 인식하였다.

〈국가선호모델〉에서 보는 바와 같이 북한은 김대중의 햇볕정책을 오히려 체제에 대한 위협으로 인식하였다. 김대중정부는 북한에 대한 지원의 대가로 남북한 교류 확대와 이산가족 상봉등을 요구하였다. 또한 개성공단과 금강산관광 사업을 통하여 남북한 주민들이 서로 접촉할 수 있는 기회가 증가하게 된 것을 두려워하였다. 그리하여 금강산관광 사업에서는 한국인의 관광 코스에 북한주민이 전혀 접근하지 못하도록 접근 자체를 금지시켰으며, 한국인의 금강산 관광도 관광경로에서 일체 벗어나지 못하도록 통제하였다. 그러던 중에 새벽에 산책나간 관광객 박왕자씨를 북한 군인이 조준사격하여 살해하였다. 그리고 북한 군인은 전혀 처벌받지 않았다.

북한의 김정일이 한국의 햇볕정책에 대한 인식은 북한 정권에 대한 위협이었다. 남북한 교류가 확대될수록 북한체제가 위협을 받는다고 인식한 것이다. 따라서 북한은 위협 요인을 제거하기 위하여 대남 군사적 도발을 한 것이다. 한국정부와 국민들이 스스로 대북 교류사업을 중단하도록 압력을 가한 것이다.

2) 남남갈등에 대한 분석

남남갈등은 북한문제를 둘러싸고 한국내에서 집단간의 견해차이로 발생하는 갈등이라고 할 수 있다. 이러한 남남갈등의 핵심은 북한의 존재에 대한 인식의 차이라고 할 수 있다. 보수주의적이라고 불리는 집단(A)은 북한을 한국의 안보를 위협하는 존재라고 인식한다. 반면에 친북적이라고 불리는 집단(B)은 북한을 한국의 안보를 전혀 위협하지 않는 존재라고 인식한다. 모델에서 보는 바와 같이 집단 A는 상대국이 자신의 생존을 위협하고 있다고 간주하기 때문에 우선적으로 자신의 생존을 확보하기 위하여 생존에 대한 위협요소를 제거하기 위하여 노력한다. 그 과정에서 A는 상대국과의 갈등을 극복하고 생존에 대한 위협요소를 제거하는 데에 집중한다. 반면에 집단 B는 상대국에 대하여 상대국으로부터 위협을 받지 않는다고 인식하기 때문에 오히려 상대국과의 협력을 통하여 상호 이익을 추구하는 것이 국가에 이익이 된다고 주장한다. 집단A와 집단B 의 상대국의 존재의 위험성에 대한 인식차이가 남남갈등의 근저에 존재한다.

3)미국의 대북 핵 정책의 변화

〈국가선호모델〉은 미국의 대북 핵정책이 북한과의 협력노선에 서 북한의 핵을 제거하는 정책으로 변화하게 되는 과정을 설명한다.

가) 북한 핵무기의 동결을 통한 미-북한 협력과정

1989년 북한이 비밀리에 핵무기를 개발하고 있다는 사실이 밝혀졌다. IAEA와 미국의 조사 결과 북한은 핵무기를 2~3개(a few) 가지고 있는 것으로 추정 되었다. 이에 IAEA와 미국은 북한과 핵무기 개발 중단협정을 위하여 1994년에 제네바 합의를 체결하였다. 북한이 핵무기 개발을 중단하면, IAEA와 미국은 북한에게 경수로 원자력 발전소를 건설해주고, 매년 중유 50만톤을 무상으로 제공해 주는 등 북한에 대한 대규모 경제지원을 하기로 약정하였다.

미국은 북한이 보유하고 있는 것으로추정하는 핵무기 2~3개는 미국과 세계에 위협이 되지 않는다고 판단했다. 북한에는 대륙간 탄도탄 등 핵무기 투발수단이 없었기 때문이다. 즉, 북한의 핵무기 몇 개는 미국과 세계안보에 그다지 위협이 되지 않는다고 판단했다. 그리고 북한이 핵무기 개발을 동결함으로써 미국은 핵확산금지체제(NPT)를 유지할 수 있는 성과를 거두었다.

따라서 미국은 북한과의 협력을 위한 〈자신/신뢰〉 정책 노선을 선택하였다. 그리하여 북한과의 협력을 통하여 북한에게 경수로를 건설해주고, 중유등 경제적 지원을 하면서 NPT체제를 유지하게 되었다.

한편 북한은 미국의 핵무기 개발 동결제안이 북한의 안보를 위협하는 것이 아니라고 판단했다. 오히려 핵무기 개발을 고집하면, 북한핵 정밀타격등 안보위협을 받게 된다. 핵무기 개발을 중단하라는 제의를 수용한다면, 미국으로부터 막대한 경제적 지원을 받을 뿐만 아니라 핵무기 개발을 위한 시간까지도 확보할 수 있다고 판단했다. 이에 북한도 〈자신/신뢰〉 정책 노선을 선택하여 미국과의 협력을 통해 경수로 원자력발전소 건설 지원과 경제적 원조를 받게 되었다. 또한 북한이 비밀리에 핵무기를 개발할 수 있는 시간도 함께 확보했다.

나) 북한 핵무기 완전 제거를 위한 갈등

① 북한이 1998년 8월31일 대포동 미사일을 발사했다. 북한은 처음으로 대륙간 탄도탄이 될 수 있는 미사일을 발사함으로써 미국의 안보를 직접 위협할 수 있게 되었다. 게다가 북한이 제네바 합의를 위반하고 비밀리에 핵무기를 계속 개발하고 있다는 사실이 드러났으며 북한도 핵무기를 개발을 발표하였다. 이에 미국은 북한의 핵무기가 이제는 미국의 안보에 위협이 된다고 판단하였다. 북한이 미국을 공격할 수 있는 대포동 미사일을 개발했을뿐만 아니라 핵무기를 증설했기 때문이다.

게다가 북한은 마약을 국가차원에서 생산하여 전세계에 판매하고, 북한 정부가 직접 미국의 달러를 위조하여 전세계에 달러 위조지폐를 유통시켰다. 이에 2001년에 집권한 미국의 부쉬(George Waker Bush)대통령은 북한을 악의 축(Axis of Evil)으로 규정하고, 북한 핵을 돌이킬 수 없는 단계로 해체하는 정책(CVID)을 선택하였다. 즉, 미국의 대북정책은 〈위협인식〉 정책을 선책하여 미국의 안보에 위협이 되는 요소인 북한의 핵을 근원적으로 제거하는 정책노선을 선택하게 되었다.

IV. 햇볕정책과 북한의 반응

1) 김대중 정부의 대북 협력정책 추진

1950년의 한국전쟁 이후 지난 50년간은 남북한은 상대국을 자국의 생존에 대한 위협적 존재로 인식한 적대적 경쟁관계 였다. 남북한 양국은 서로 안보위협을 제거하기 위한 노력을 기울였다. 그 결과 양국간에는 항상 긴장과 갈등이 존재했고 그 목적은 상대적 이익을 추구하는 과정이었다.

이렇게 상대적 이익을 추구하는 과정에서도 전략적으로는 국제적 협력이라고는 정책수단을 취하는 경우도 있었다. 예를 들어, 1972년의 7.4 남북공동성명과 6.23 공동선언, 1992년의 남북한 기본합의서, 1992년의 남북한의 "한반도 비핵화 공동선언" 등이다. 한국은 전략적으로는 양국간의 협력이라고 하는 정책을 추구하였으나, 실질적으로는 북한은 여전히 대결적 국면에서 상대국을 신뢰하지 못하고 상대적 이익을 더욱 중요시할 수 밖에 없는 상황이었다. 그 결과 남북한간 합의서나 공동선언에도 불구하고 실질적인 협력이 이루어지지 않았다. 생존의 프리즘 모델에서 보는 바와 같이 이러한 합의들은 남북한 양국이 "생존/적대적 경쟁의 프리즘"을 통해서 상대국을 자국의 안보에 대한 위협적 존재로 인식하여 상대적 이익을 추구하는 과정이었다.

1998년 2월 집권한 김대중정부는 북한에 대하여 획기적인 전환점이 될 수 있는 대북 포용정책을 추진하였다. 이것은 소위 햇볕정책이라고도 불리었는데 이것의 공식명칭은 대북화해협력정책이다. 당시에 한국은 북한과의 갈등관계에서 생존을 확보할 수 있는 자신이 생겼다고 판단했다. 왜냐하면, 한미동맹에 근거한 우세한 방위력에 의존하면서 한국의 상당한 자주 국방능력과 우세한 경제력 등 국력이 있었기 때문이었다. 특히 이 정책은 김대중대통령의 친북한 인식을 바탕으로 이루어졌다.

생존의 프리즘 모델에서 보는 바와 같이 김대중대통령은 북한은 한국에 위협적인 존재가 아니라는 판단을 하였다. 그는 북한은 한국을 침략할 의지도, 능력도 없다고 판단했다. 그리하여 한국의 안보에 자신을 가지고 북한과의 국제적 협력을 통해 절대적 이익을 추구하는 것이 국가의 이익에 도움이 될 것이라는 정책을 선택했다.

김대중 정부의 북한에 대한 지원 정책에도 불구하고 북한은 한국에 대한 군사적 공격을 그치지 않았다. 1998년 6월 북한의 잠수정이 어부의 그물망에 걸려 발각되었다. (北잠수정 발견서 예인까지 꽁치잡이 선장 "눈앞에 잠수정"긴급타전, 《경향신문》, 1998.6.23.) 게다가 북한의 해군이 한국의 해군을 직접 공격한 것이 1999년 6월 15일 발생한 제1 연평해전이 었다. 이 해전은 북한이 서해상에서 해군함정으로 국경선을 침범하고 한국 해군에게 사격하여 발생한 국지전이었으며, 그 결과, 북한군 경비정이 한척 침몰하고, 북한군 사상자 50명이 발생하였다. 김대중정부의 대북지원이 증가하는 과정에서도 지난 50여 년간의 남북한 군사관계에서 최대규모의 군사적 충돌이 발생하였다.

그럼에도 불구하고 김대중 대통령은 2000년 6월 15일에 남북정상회담을 하였는데, 이것은 그가 북한을 안보위협국이 아니라, 협력 대상국으로 인지하고 있음을 보여준다. 김대통령의 대북포용정책은 [생존의 프리즘모델]에서 보는 바와 같이 전형적인 절대적 이익을 추구하는 과정이라고 설명된다.

그러나 김대중 정부가 추진한 대북 화해 정책은 현실적으로 북한의 지지를 받지 못했다. 오히려 북한은 이 시기에 비대칭군사력을 더욱 강화하였다. 김대통령은 북한의 미사일 개발과 핵무기 개발의 안보

위협성을 고의로 축소하고 외면하였다. 그는 한국의 능력을 과대평가하고 북한에 대하여 자신있는 정책을 구사하고 있었지만 현실적으로는 한국의 미래안보에 실패한 것이었다.

특히 북한이 한국을 적대국으로 간주하고, 군사력으로 통일을 시도하고자 하는 한, 한국의 경제력과 주한미군은 북한에 위협적이다. 따라서 북한은 한국에 대한 비대칭전력을 구축하고 한국에 대한 선제공격을 통해서만이 제 2차 한국전쟁에서 승리할 수 있다고 생각한다. 또한 북한이 개발하고 있는 핵무기는 전쟁 발발시 미국에 핵무기 공격으로 위협하여 한국에 군사원조를 못하도록 만들기 위한 것이다. 북한의 대남 전략이 이렇게 때문에 한국이 통일을 위한 교류를 강력하게 요구할수록 아이러니컬하게도 북한은 자신의 생존에 더 위협을 느낀다. 그리하여 북한은 한국의 기대와는 반대의 방향으로 갈등정책을 추진하였다.

그럼에도 불구하고 김대중은 대북 협력정책을 계속 추진하였다. 그 결과 한국의 대북한 지원금액과 방문횟수는 현격하게 증가하였다. 2000년 6월 평양에서 처음으로 남북한 정상회담을 개최하였으며, 양국 정상은 6.15 남북공동선언을 채택하였다. 그 후속조치로서 남북한 당국은 금강산 관광사업을 활성화하였다. 김대중대통령으로서는 이러한 교류협력사업은 국가이익에 절대적으로 유용한 것이라고 판단하였다. 이러한 정책이 경제적으로 손실이든지, 또는 통일을 위한 비용이든지 등을 고려하지 않았다. 이러한 정책은 지속적으로 김정부가 절대적 이익을 추구하는 과정이라고 설명할 수 있다.

그림2. 연도별 방북인원 변화추이(자료출처: 통일부 2002 통일백서)

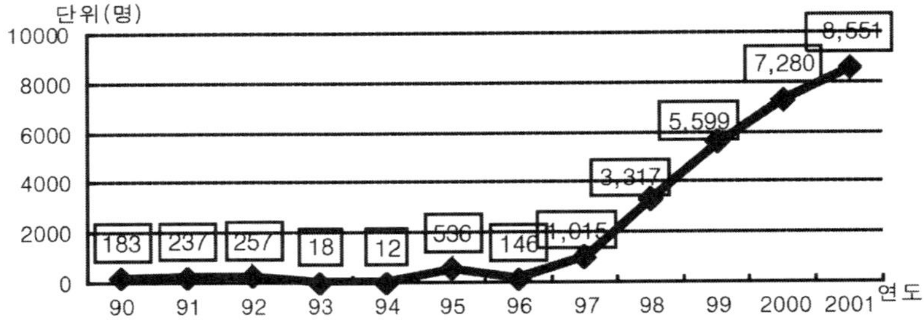

표1. 분야별 방북 현황

(1989.6.122001.12.31,단위:명)

구분	이산가족	경제	사회문화	관광사업	경수로	대북지원	기타(남북회담등)	계
인원(명)	511	2,044	2,197	8,457	8,203	2,601	3,139	27,152

<자료출처: 통일부 2002 통일백서>

김행정부는 남북한간의 상호교류와 협력사업을 지원하기 위하여 1990년 8월에 제정된 남북협력기금법을 근거로 1991년 3월 남북협력기금 250억원을 출연하여 설치하였다. 2001년 12월 말 현재 2조 553억원을 조성하였다.

교류협력 사업을 지원하기 위한 남북교류협력 기금의 사용이 불투명하게 집행되고 있다는 의혹이 발생했다. 그럼에도 불구하고 정부는 2001년도에는 "남북경제교류협력에 대한 남북협력기금 지원지침" 개정과 "남북 사회문화 협력에 대한 남북협력기금지원지침"제정을 통해 민간기업의 대북경협사업과 민간단체의 남북사회문화 협력사업에

도 교류협력기금을 지원할 수 있도록 하였다.[12]

표3. 남북협력기금 조성현황

(단위:백만원)

연도	정부출연	민간출연	운용수익	공자예수금	계
1991	25,000	-	237	-	25,237
1992	40,000	-	5,118	-	45,118
1993	40,000	3	4,778	-	44,781
1994	40,000	1	9,386	-	49,387
1995	240,000	119	14,589	-	254,708
1996	100,000	132	18,410	-	118,542
1997	50,000	288	27,873	-	78,161
1998	-	-	40,280	-	40,280
1999	-	3	23,013	149,831	172,847
2000	100,000	541	30,118	254,852	잘못된 계산식
2001	500,000	1,080	29,406	310,000	840,486
계	1,135,000	2,167	203,104	714,683	2,055,335

* 공자예수금은 경수로 사업을 위해 공공자금관리기금으로부터 조달한 금액
<자료출처: 통일부 2002 통일백서>

1998년 한국정부는 남북교류협력에 관한 법률시행령과 남북경제협력사업처리에 관한 규정 등 5개의 관련 고시를 개정하고 관련 규제 중 약 70%를 해제하였다 이로써 민간기업과 단체들이 용이하게 대북 접촉을 할 수 있도록 하였다.[13] 그 결과 한국의 기업과 주민들은 북한과 직접적으로 접촉할 수 있는 길이 확대되었다. 현대의 정주영 회장은 북한에 소 1,000마리를 기증하였으며 남북한 정부로부터 금강산관광

12 통일부, 2002 통일백서, 통일부 통일정책실, 2002, pp. 173-180.

13 통일부, 2002 통일백서, 통일부 통일정책실, 2002, pp. 165-166.

사업을 승인 받았으며 그 대가로 북한에 6년간 약 9억4천2백만 달러를 제공하기로 하였다. 또한 정부는 민간차원에서도 교류협력을 활성화하기 위해 1999년에 창구 다원화조치를 취하였다. 정부가 민간단체에게도 남북협력기금을 지원 할 수 있도록 하자 민간차원의 대북지원이 크게 증가하였다.

그림 5. 민간차원 대북지원 추이

(만달러)

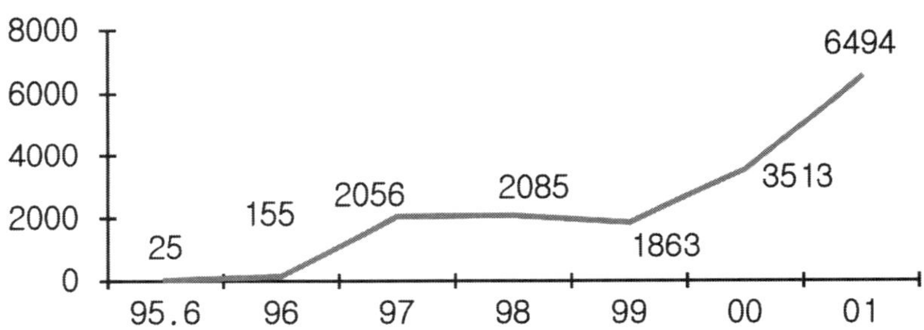

<자료출처: 통일부 2002 통일백서 pp. 210-218>

2) 북한의 불신과 군사적 도발

1998년 2월 김대중 대통령의 취임에 즈음하여 평양은 김영삼 전임 대통령에 대한 비난을 격화시킴으로써 김대중 정부에 대한 기대와 경고를 아울러 보냈다.[14] 평양정권은 남북 상호관계개선에 큰 변화가 있을 것으로 기대한다[15]고 발표하였다. 이것은 평양정권이 한국의 역대

14 노동신문 1998년 2월 6일, "김영삼정권의 만고대죄를 결산한다."

15 로동신문 1998년 2월 19일: 북한노동당 중앙위원회 서기 겸 최고인민회의통일정책위원회 의장 김용선의 기조연설문

다른 대통령의 취임을 비난했던 것과는 달랐다. 평양은 친 북한 성향의 김대중정부에 대한 새로운 기대를 처음으로 나타냈다.

그러나 남북한 첫 협상은 결렬되었다. 1998년 4월의 대북한 비료지원을 위한 회의에서 서울은 평양에게 20만톤의 비료제공에 대한 대가로 이산가족 상봉을 제안하였다. 대북한 비료지원 협상은 김대중 대통령이 취임한 후 북한과의 첫번째 협상이므로 한국은 향후 남북관계 개선에 대한 상징적 의미로서 이산가족 상봉을 원했다. 그리고 이산가족 상봉은 한국민이 절실하게 원하는 것이므로 이것이 성사되면, 북한에 대한 대대적인 지원을 할 수 있는 국민적 지지를 확보할 수 있는 기반이 될 것이라고 한국정부는 판단했다. 이 제안은 이렇게 다각적인 목적을 고려한 제안이었다. 뿐만이 아니라 구조적인 식량부족에 처한 북한에게 한국이 봄철에 북한에게 비료제공을 한다는 것은 북한으로서도 반드시 필요한 제안이었기 때문이었다.

그러나 북한은 이산가족 문제를 나중에 더 많은 경제적 보상을 받을 수 있는 이슈로 간주하여 회담의제에서 제외하였다. 그리고 한국에게 무조건적인 비료지원을 요구했다. 회담은 결렬되었다. 북한정권은 한국이 인권과 가족을 중시하는 것을 알고 있기 때문에 이산가족 상봉 행사의 상대적 가치는 대단한 크다고 판단했다. 비료 이상의 가치가 있는 것을 받아야 허락할 속셈이었다.[16] 그리고 5월과 6월에는 북한정권은 로동신문을 통하여 김대중정부를 노골적으로 비난하였다. 그리고 평양정권은 김행정부에 대한 기대와 환상을 깨고 과거의 적대

16 로동신문 1998년 6월 19일, 6월 22일, 6월 25일, 6월 27일, 7월 2일

적 관계로 회귀한다는 것이 중앙당의 입장이라고 하는 것을 발표하였다.[17] 북한 당국은 로동신문을 통해 "적은 량의 비료 따위를 위해 자립적 입지(남북 이산가족 상봉문제)를 손상시키지 않는다"[18]라고 남북관계의 기본구조를 확인하였다.

김대중 정부 동안에, 북한을 방문하는 남한 주민들의 숫자가 급격하게 증가하였으나, 북한주민들의 남한 방문은 대단히 적었다. 남북교류는 일방적 차원의 대북지원을 위한 방문과 교류였다. 북한은 한국정부를 교류협력의 상대로 인식하지 않고 있다는 증거라고 볼 수 있다. 1999년에 북측 농구단 62명이 제2차 통일농구경기대회에 참가하기 위하여 서울을 방문함으로써 북한주민의 남한 방문이 시작되었다. 2000년에는 평양학생소년예술단 공연과 1차 8.15 이산가족 교환방문,2차 이산가족 방문단 등으로 그 남한 방문인원이 706명이 되었으나, 2001년도에는 그 수가 급격히 감소하였다.

그림3. 연도별 남한방문 추이

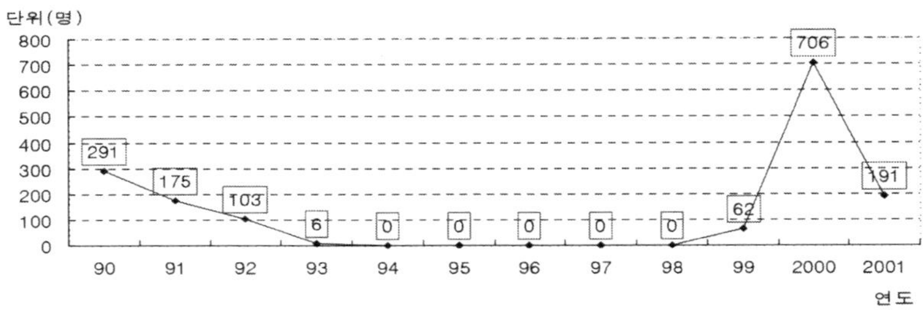

<자료출처: 통일부 2002 통일백서>

---

17 로동신문 1998년 5월 21일, 5월 23일, 5월 25일, 5월 27일, 5월 29일, 5월 31일, 6월 3일.

18 로동신문 1998년 6월 19일, 6월 22일, 6월 25일, 6월 27일, 7월 2일

표2. 분야별 남한방문 현황

(1989.6.122001.12.31,단위:명)

구분	남북 회담	체육	문화 예술	경제	학술	이산 가족	기타	계
인원 (명)	447	211	369	53	15	427	12	1,534

<자료출처: 통일부 2002 통일백서>

게다가 북한은 핵동결이라는 제네바 합의에도 불구하고 핵무장을 하기 위한 핵개발 프로그램을 계속해왔다는 사실을 2002년 10월 3일부터 5일까지 북한을 방문한 미국 국무부 차관보인 켈리에게 밝혔다. 이어서 북한은 2002년 11월 17일 라디오방송을 통해 북한이 핵을 보유할 당연한 권리가 있다고 방송함으로써 북한 핵무기의 보유를 공개하였다.[19] 북한은 핵개발과 더불어 지속적으로 생물학무기와 화학무기를 개발해 왔다는 사실도 공개되었다. 화학무기는 현재 약 5,000톤을 보유하고 있는 것으로 추정되며 생물학무기 역시 상당히 보유하고 있는 것으로 미 정보기관은 분석하고 있다. 이에 2001년 말 부시 행정부는 북한의 생물학 무기가 위협수준에 도달했다는 사실을 중요한 의제로 채택하였다.[20]

19 The New York Times, November 18, 2002, North Korea Radio Asserts Country Has Nuclear Arms, www.nytuimes.com/2002/11/18/international/asia/18nuke.html; the New York Times, November 19, 2002, "North Korea Clarifies Statement on A-Bomb" www.nytuimes.com/2002/11/19/international/asia/19KORE.html; 이러한 충격완화 수단은 김정일이 국방위원장에 취임하면서 그 충격을 완화하기 위해 로동신문의 구석에 작은 기사로 보도한 사례를 들 수 있다. 신진, "남북한 교류확대와 전쟁위기가 정치사회화 기능에 미치는 영향," 『안보논총』국방대학원 안브문제연구소, 1994. 참조

20 Andrew C. Scobell, Making Headway on the Korean Peninsula: Chair's Report From the Korean Peninsula Working Group, in ed., Michael Kraig and James Henderson, "US Strategies for Regional security: Korean Peninsula and Northeast Asia", Report of the 42nd Strategy for Peace Conference, Convened at Airlie Conference Center, Warrenton, Virginia, October 25-27, 2001.

V. 결론 및 남북교류협력의 한계

평양당국은 한국정부의 햇볕정책에 대하여 근원적인 불신을 가지고 있다. 북한은 첫째, 햇볕정책이라고 하는 단어에 대한 근본적인 거부감을 가지고 있다. 둘째, 평양당국은 한국을 적대적 경쟁자이며 정복해야 할 상대로 간주하기 때문에 협력보다는 갈등정책을 선택한다. 햇볕정책이란 그 내용이 무엇이든 간에 결국 누군가의 옷을 벗긴다고 하는 강렬한 메시지를 담고 있다. 북한이 한국으로부터 지속적으로 지원과 호의적 조치를 받게 된다면 평양정권이 폐쇄성으로부터 벗어나 국제사회로 다가올 것이라는 메시지이다. 평양당국은 이에 대하여 확고한 거부반응을 나타내고 있다. 북한의 "조국평화통일위원회 사무국"이름으로 발표된 로동신문 논설에서 평양당국은 "누가 벗어야 하는가?"하며 반발하고 있다.[21]

실제로 북한은 한국의 교류확대 정책에 호응할 의지가 없었다. 오히려 한국을 상대로 국지적 침략을 더욱 많이 도발했다. 2000년 6월15일 남북한이 정상회담을 통하여 남북한 평화와 협력을 하기로 했는데에도, 2002년 1월 북한은 서해교전을 도발하였으며, 2002년 6월에는 제2연평해전을 도발하였다. 이에 한국 해군 6명이 전사하고 19명이 부상당했으며, 고속정이 침몰당했다.

북한은 여전히 한국을 군사적으로 침략하고 정복해야 할 국가로 인

21 로동신문 1999년 11월 6일

식하고 있었다. 따라서 북한은 한국의 국방을 약화시키기 위해 모든 수단과 방법을 동원하여 사용하고 있다. 북한은 방어적 현실주의 입장부터 핵무기 개발과 같은 공세적 현실주의까지의 모든 전략을 사용하고 있다. 즉 북한은 한국내에 미군이 주둔하고 있는 사실이 북한의 생존을 위협하다고 주장하면서 미군 철수를 여전히 가장 중요한 이슈로 제시하고 있으며 한국과의 관계에서 협력보다는 갈등적 입장을 견지하고 있다. 또 다른 한편으로는 핵무기와 생화학무기들을 개발하여 한국을 공격할 준비를 하고 있었다.

북한은 한국과는 교류협력을 거부하면서 한국을 제외한 국제사회와는 교류를 확대하였다. 이것은 한국을 외교적으로 고립시키고, 북한이 한국을 군사적으로 공격할 때 국제적 지원을 확보하기 위한 포위적 외교전략이라고 할 수 있다. 북한은 EU 및 세계 20여개국과 새롭게 관계를 강화했으며 동남아시아 지역국가 포럼(ASANRF)에도 가입하는 등 국제협력을 위한 관계를 강화하였다.[22]

김대중 정권은 북한에게 지나치게 관대함으로써 평양당국이 제네바합의를 위반하도록 조장했다. 또 한국 국민들 사이에는 안보의식을 약하게 만들었다는 점[23] 도 간과될 수 없다.

생존모델에 의하면, A 국가의 B 국가에게 협력을 제안에도 불구하고 상대국가 B가 협력을 거부하는 것은 다음과 같은 B 국가의 두가지

22 Andrew C. Scobell, Making Headway on the Korean Peninsula: Chair's Report From the Korean Peninsula Working Group, in ed., Michael Kraig and James Henderson, "US Strategies for Regional security: Korean Peninsula and Northeast Asia", Report of the 42nd Strategy for Peace Conference, Convened at Airlie Conference Center, Warrenton, Virginia, October 25-27, 2001.

23 Lee Hoi-Chang, Korea at the Crossroad: The Challenges Ahead, Heritage lectures, No728, Feb.1, 2002, www.heritage.org/library/lecture/hl728.html

인식 때문이다.

1) 생존위협으로 인식

a) B 국가가 A국을 A 국의 생존을 위협하는 국가로 인식한다.

b) B 국가가 A 국가의 협력제안을 신뢰하지 않는다. 즉, 현재의 협력을 통하여 미래에 B 국가의 생존을 위협할 것이라고 예상한다.

2) 침략 대상으로 인식

a) B 국가가 A 국을 적대적 경쟁자라고 간주한다.

b) B 국가가 A 국가를 군사적으로 침략하여 정복하고자 하는 대상 국가로 간주한다.

생존의 프리즘 모델에서 본 바와 같이 국제관계에서 경쟁적 적대자와의 관계에서는 상대국과의 협력정책을 선택하는 대신에 상대국의 국력을 약화시키는 정책을 선택한다. 또한 자국의 생존 조건을 향상시키기 위하여 상호협력보다는 위협요인제거 정책을 추구한다. 그 결과 경쟁적 적대국과의 관계에서 국가는 상대적 이익에 더욱 관심을 갖게 되고 상대국과의 국제적 협력을 거부한다.

북한정권에게 있어서 방어적 현실주의와 공세적 현실주의는 동전의 양면과 같다. 북한정권의 목표는 한국을 군사적으로 공격하여 정복하는 것이다. 따라서 목표달성을 위해서는 모든 수단과 방법을 사용한다. 북한정권이 한국을 정복하는 데에 가장 큰 장애물은 주한미군과 한미동맹이다. 따라서 한미동맹과 주한미군이 북한의 생존을 위협하고 있기 때문에 북한정권이 핵무기를 개발한다고 주장한다. 그리고 주한미군이 철수하면 언제든지 한국을 군사적으로 공격하여 정복할 수 있는 군비를 증강한다.

김대중정부는 햇볕정책을 주장하면서 북한에 대한 지원을 대규모로 확대하였다. 북한은 한국의 햇볕정책에도 불구하고 한국과 협력하지 않았다. 오히려 한국에 대한 군사적 공격을 더욱 거세게 하였으며, 핵무기 개발도 더욱 강화하였다. 이것은 〈생존/적대적 경쟁의프리즘〉 모델에서 보는 바와 같이 북한은 한국을 적대적 경쟁자로 간주하고 있기 때문이다. 한국을 협력을 해야 하는 국가가 아니라 군사적으로 정복해야 할 국가라고 인식하고 있기 때문이다.

국제관계에서 상대국가를 협력의 대상인지, 적대적 경쟁국이나 군사적으로 공격해야 할 국가인지에 대한 판단은 정부를 담당한 권위당국자가 결정한다. 권위당국자는 자신의 이데올로기에 따르거나, 권력의 핵심과 주변인물들로부터 조언을 받고 결정한다. 한국의 김대중 대통령은 북한을 협력의 대상국가로 간주했다. 북한이 한국에 대한 군사적 공격을 계속하더라도 김대중은 북한을 교류협력을 해야 하는 국가로 간주하고 북한에 대한 지원을 계속했다. 왜냐하면 그는 북한은 한국을 위협하는 국가가 아니라는 인식을 가지고 있기 때문이다.

김대통령은 2002년 6월 29일에 북한이 도발한 연평해전이 북한의 계획된 군사적 공격이었음에도 불구하고, 김대통령은 이도발을 국지적이며 우발적인 충돌에 불과하다고 간주했다. 그리고 6월30일 월드컵 결승전 관람을 위해 일본으로 출국했다.[24]

24 최경운, "[제2연평해전 10년] 北 말만 믿고… 6용사 영결식 때 日축구장(2002 월드컵 결승전) 간 대통령", Chosun.com, 2012.06.20, http://news.chosun.com/site/data/html_dir/2012/06/20/

김대중 정권의 대북 지원정책에도 불구하고 북한이 교류협력을 거부하는 것은 북한의 국가목표가 한국을 군사적으로 침략하여 공산화하는 것이기 때문이다. 북한이 한국에 대한 이러한 적대적 관점과 전략을 버리지 않는 한, 북한은 한국과 평화적 교류 협력을 확대할 수 없다. 더욱이 북한은 한국의 강한 군사력과 경제력, 그리고 주한미군과 한미동맹을 북한의 안보에 위협요인이라고 주장한다. 그러면서도 도리어 핵무기와 생화학무기등의 대량살상무기체계(MAD)를 개발하여 한국을 군사적으로 침략하고자 준비하고 있다. 생존의 프리즘 모델에서 보는 바와 같이 북한은 한국을 적대적 경쟁국으로 간주하고 있으며 정복해야 할 국가로 선정하였으므로 남북한간 협력은 어렵다.

2012062000101.html

김대중, 햇볕을 거두지 말라, "한국과 아시아: 에세이, 연설문, 토론문 모음집," 서울:아태평화재단, 1994, p.33.

노동신문 1998년 2월 6일, "김영삼정권의 만고대죄를 결산한다."

대한민국 대통령집무실, 국민의 정부: 김대중대통령 연설문 모음집, 서울: 대한민국정부 1999, pp.63-64

로동신문 1998년 2월 19일: 북한노동당 중앙위원회 서기 겸 최고인민회의통일정책위원회 의장 김용선의 기조연설문

로동신문 1998년 5월 21일, 5월 23일, 5월 25일, 5월 27일, 5월 29일, 5월 31일, 6월 3일.

로동신문 1998년 6월 19일, 6월 22일, 6월 25일, 6월 27일, 7월 2일

로동신문 1998년 6월 19일, 6월 22일, 6월 25일, 6월 27일, 7월 2일

로동신문 1999년 11월 6일

신진, "남북한 교류확대와 전쟁위기가 정치사회화 기능에 미치는 영향," 『안보논총』 국방대학원 안보문제연구소, 1994.

통일부, 2002 통일백서, 서울, 통일부 통일정책실, 2002, pp. 102-112.

Keohane, Robert After Hegemony, Princeton: Princeton University Press, 1984, pp. 65-84.

Lee Hoi-Chang, Korea at the Crossroad: The Challenges Ahead, Heritage lectures, No728, Feb.1, 2002, www.heritage.org/library/lecture/hl728.html

Mearsheimer, John J., The False Promise of International Institutions, International Security, Vol. 19, No. 3 (Winter 1994/1995); John J. Mearsheimer, Correspondence: Back to the Future, Part II, International Security, Vol. 15, No. 2 (Fall 1990)

Morgenthau, Hans, Politics among Nations, 4th ed., New York: Alfred A. Knopf, 1967

Powell, Robert, Absolute and Relative Gains in International Relations Theory, The American Political Science Review, vol.85, Issue 4(Dec.,1991), 1303-1320

Scobell, Andrew C., Making Headway on the Korean Peninsula: Chair's Report From the Korean Peninsula Working Group, in ed., Michael Kraig and James Henderson, "US Strategies for Regional security: Korean Peninsula and Northeast

Asia", Report of the 42nd Strategy for Peace Conference, Convened at Airlie Conference Center, Warrenton, Virginia, October 25-27, 2001.

The New York Times, November 18, 2002, North Korea Radio Asserts Country Has Nuclear Arms, www.nytuimes.com/2002/11/18/international/asia/18nuke.html; the New York Times, November 19, 2002, "North Korea Clarifies Statement on A-Bomb" www.nytuimes.com/2002/11/19/international/asia/19KORE.html;

Walt, Stephen M,. The Origins of alliance, Ithaca, NY: Cornell University Press, 1987

Waltz, Kenneth, The Emerging Structure of International Politics, International Security, Vol. 18, No. 2(Fall 1993).

Waltz, Kenneth, Theory of International Politics, Reading, MA: Addison-Wesley, 1979, pp.79-101.

ABSTRACT

Despite South Korean President Kim Dae Jung's engagement policy toward North Korea, the current relations between South and North Korea are not moving quickly forward to an amicable trust. Mr. Kim's engagement policy is facing criticism for its unconditional support of North Korea because Pyung Yang still remains a threat to South Korea's security.

The main point of the international relation theory concerning international cooperation is a matter of absolute gains and relative gains. Neoliberal institutionalism suggests that a state's preference is to strive for absolute gains, and that international cooperation can be achieved easily whenever countries receive those benefits. On the contrary, structural realism focuses on the amount of the expected relative gains from international cooperation. In fact, it is difficult for the conflicting two countries to cooperate in order to get mutual benefits. This assumes that the first priority to consider in the area of international cooperation is the possibility of their expected threat to each other's security.

North Korea has been investigating the intentions of Kim Dae Jung's engagement policy as a likely Trojan horse. Kim Jung Il will step foward to cooperate with Seoul as long as he can ensure the security of his country. South Korea also can not resolve its controversial dispute over Kim's engagement policy unless it confirms its security from Pyung Yang's threat of invasion, for the support to North Korea could result in the greater chance of invasion of South Korea.

key words Sunshine poicy(engagement policy), trust between two Koreas, neoliberal institutionalism, structural realism, absolute gains, relative gains

요약

3차 남북정상회담의 動因에 관한 전망이론적 분석

북한은 2017년 6차 핵실험과 신형 대륙간탄도미사일 화성-15형의 시험발사를 계기로 국가핵무력 완성을 공식 선언했다. 북한의 고도화된 핵 미사일 위협은 한반도와 동북아를 넘어 세계평화와 안정을 위협하는 게임체인저(Game changer)로 인식되었다. 이에 국제사회는 고강도의 대북제재를 이어나갔고 미국의 트럼프 행정부는 군사옵션을 검토하는 등 한반도에는 그 어느 때보다 위기가 고조되었다. 하지만 평창 동계올림픽을 앞둔 2018년 1월, 북한 김정은 국무위원장의 신년사를 계기로 오랫동안 단절되었던 남북간 대화채널이 가동되었고 남북고위급회담과 특별사절단 교환방문이 성사되면서 역사적인 3차 남북정상회담이 개최되었다. 본 연구는 한반도의 위기상황 속에서 열린 평창 동계올림픽을 계기로 역사적인 3차 남북정상회담이 개최된 동인(動因)을 전망이론적 관점에서 분석하였다. 이를 위해 북한의 고도화된 핵 미사일 위협을 중심으로 동북아 안보정세를 평가하고 이에 따른 남 북한의 준거점 변화를 분석하였다. 특히 '도보다리 회담'으로 상징되는 4.27 남북정상회담은 국제사회의 관심속에서 6.12 북미 정상회담 개최의 마중물 역할을 한 것으로 평가된다. 3차 남북정상회담은 한반도 비핵화와 종전선언 및 평화체제 구축 등 향후 남북관계 발전에 커다란 함의를 갖는다고 판단된다.

key words 전망이론, 준거점, 평창 동계올림픽, 제3차 남북정상회담, 한반도 비핵화

02

3차 남북정상회담의 動因에 관한 전망이론적 분석*

이강경**, 신진***

Ⅰ. 서론

제3차 남북정상회담은 남북관계 발전, 군사적 긴장완화와 신뢰구축, 한반도 비핵화와 평화정착 등에 대해 합의했다는 점에서 역사적 함의가 크다. 최근 북한의 핵무력 법제화 이후 남북관계가 악화되고 있는 상황에서 한반도 평화와 통일문제를 민족자주의적 차원에서 접근했던 제3차 남북정상회담은 현재 교착국면에 빠져있는 남북관계를

* 이 글은 이강경 신진, "3차 남북정상회담의 動因에 관한 전망이론적 분석," 통일전략 제18권 제3호(2018), pp.179-207에 게재된 논문을 수정 보완한 것임.
** 주저자, 육군3사관학교 정치외교학과 조교수
*** 교신저자, 충남대학교 교수, 평화문제연구소 소장, Jinshin@cnu.ac.kr

정상화하는데 매우 중요한 이정표라고 판단된다. 따라서 본 연구에서는 제3차 남북정상회담의 개최 동인을 당시 동북아 안보정세 평가와 연계하여 전망이론적 관점에서 분석하였다.

북한의 6차 핵실험 이후 국제사회는 고강도의 대북제재를 이어나갔고, 한반도에는 그 어느 때보다 위기가 고조되었다. 하지만 평창 동계올림픽을 전후로 남북간 대화가 재개되었고 고위급회담과 특사단 교환방문을 통해 '제3차 남북정상회담 개최'라는 역사적인 합의를 이끌어냈다. 2018년 4월 27일, 남 · 북 정상은 도보다리 회담을 통해 한반도 비핵화와 평화체제 구축에 대해 큰 틀에서 합의하였고 그 비전을 '판문점 선언'으로 공동발표했다. 이를 계기로 한반도에는 남북관계 발전의 새로운 전기가 마련되었다.

김정은 집권 이후 북한은 3차 핵실험을 시작으로 사실상 핵무기 고도화와 장거리로켓 개발에 박차를 가해왔다. 또한 2013년 3월, 노동당 중앙위원회 전원회의에서는 핵 보유국으로서 '경제건설과 핵무력건설 병진노선'을 채택했다. 국제사회의 대북제재와 외교적 고립에도 불구하고 핵실험을 거듭해온 북한은 2017년 미국 본토를 타격가능한 핵무기와 대륙간탄도미사일 기술을 확보했다. 따라서 북 · 미간 비핵화 협상과 이를 촉진하기 위한 문재인 정부의 중재외교는 새로운 시험대에 직면했다.

당시 북한의 6차 핵실험을 전후로 안보 불확실성이 증가하면서 동북아의 안보정세는 급변하기 시작했다. 먼저 미국 트럼프 행정부의 출범으로 미 · 중 패권경쟁이 가속화되었고 주변 4강의 군비경쟁이 심화되면서 동북아 지역에는 '신냉전체제'가 형성되었다. 미국은 새로운 국가안보전략(NSS)과 핵태세검토보고서(NPR)를 발표하여 미국우선주의와 보호무역주의, 강력한 응징적 핵억제정책을 표방했다. 이에 대해 중국과 러시아는 장기집권체제를 구축하고 전략적 협력관계를 형성하며 인도-태평양 지역에서 미국의 패권을 견제했다. 한반도와 동북아 지역의 안보정세는 북한의 6차 핵실험과 신형 대륙간탄도미사일 화성-15형 시험발사를 계기로 불안정성이 더욱 확대되었다. 미국은 북핵문제를 '최대의 압박과 관여'를 통해 반드시 해결하겠다는 의지를 표명하였고 군사옵션까지 시사했지만, 평창 동계올림픽을 계기로 남북관계는 새로운 국면으로 전환되었다.

본 연구는 2018년 위기상황 속에서 개최된 평창 동계올림픽과 3차 남북정상회담의 성과를 전망이론적 관점에서 분석하였다. 2017년 6차 핵실험이 보여주듯 북한의 고도화된 핵·미사일 위협은 한반도와 동북아를 넘어 세계평화와 안정을 위협하는 게임체인저(Game changer)로 인식되었다. 국제사회의 고강도 대북제제와 미국의 군사옵션 검토로 북한은 심각한 경제난에 직면하였고 체제불안은 더욱 가중되었다. 급변하는 안보상황 속에서 남·북한의 준거점은 손실영역으로 변화되었고, 결과적으로 중단되었던 대화채널 가동, 평창 동계올림픽 공동참가, 정상회담 합의 등 위험회피전략으로 귀결되었다. 제3차 남북정상회담의 개최 동인(動因)에 대한 분석은 한반도 비핵화와 종전선언 및 평화체제 구축 등 향후 남북관계 발전을 풀어나가는 과정에서 매우 중요한 함의를 갖는다고 판단된다.

Ⅱ. 전망이론과 국제관계 분석모델

1. 전망이론의 주요 개념

전망이론(Prospect Theory)은 주류경제학의 합리적 선택이론과 인식론적 접근법의 대안으로 제시되었으며 위험과 불확실성을 수반하는 의사결정 과정에서 인간의 특이행태를 설명해주는 행동경제학 이론이다. 2002년 노벨 경제학상을 수상한 대니얼 카너먼(Daniel Kahneman)과 아모스 츠버스키(Amos Tversky)는 공동연구를 통해 초기 전망이론[1]을 제시하였고 이후 누적 전망이론[2](Cumulative Prospect Theory)으로 발전시켰다. 행동경제학은 인간의 선택과 판단에 대한 심리학적 경향성을 경제학에 접목시킨 학문으로 경제주체들이 항상 합리적인 것은 아니며 상황에 따라 감정적으로 판단하고 선택하는 경향이 있다고 가정한다. 대니얼 카너먼은 "왜 인간은 합리적 · 경제적으로 행동하지 않는가?"라는 문제를 제기하며 인간의 사고체계를 2개의 시스템(Two systems), 즉 충동적이고 직관적인(impulsive and intuitive) 시스템 1과 합리적이고 주의깊은(reasonable and cautious) 시스템 2로 설명했다.[3] 또한 전망이론의 키워드로 휴리스틱(heuristic)과 편향(bias)의 개념을 제시했다. 휴리스틱은 직

1 Kahneman, D., & Tversky, A., "Prospect theory: An analysis of decision under risk," *Econometrica*, 47(1979), pp.26391.

2 Tversky, A., & Kahneman, D., "Advances in prospect theory: Cumulative representation of uncertainty," *Journal of Risk and Uncertainty*, 5(1992), pp.29723.

3 Daniel Kahneman, *Thinking, Fast And Slow*(New York: Farrar, Straus and Giroux, 2011), p.51.

관과 고정관념에 기초한 '추론적 판단(roughly, a rule of thumb)'을 의미하며 편향은 '사고의 체계적인 오류(systematic errors)'를 뜻한다. 대니얼 카너먼은 "인간이 고정관념에 의존할 경우 판단의 오류를 범할 수 있다(The reliance on a heuristic produces a predictable bias in judgements)"는 점을 강조했다.

전망이론을 논의하기에 앞서 합리적 선택이론(Rational Choice Theory)과 인지심리학적 접근법(Cognitive Psychological Approach)을 간략히 살펴보겠다. 먼저 합리적 선택이론은 행위자가 합리성에 근거하여 대안을 선택한다는 이론으로 다음과 같이 3가지 가정에서 출발한다. ① 사람들은 위험을 평가할 수 있는 능력이 있고, ② 이익과 손실에 대해 대칭적으로 반응하며, ③ 이익의 절대적 크기에 주로 관심을 갖는다. 합리적 선택이론의 주요 이론인 기대효용이론(Expected Utility Theory)은 인간이 의사결정시 효용가치가 가장 높은 대안을 선택한다고 가정한다. 한편 인지심리학적 접근법은 1980년대 이후 합리적 선택이론에서 가정하고 있는 인간의 합리성에 의문을 제기하며 발전한 대안적 이론으로 행위자의 의사결정에 영향을 주는 특수한 상황, 즉 맥락(context)에 따라 기대효용과 다른 선택을 할 수 있다고 설명한다. 다시말해 인지심리학적 접근법은 인간이 항상 합리적 선택모델을 따르는 것은 아니며 이익과 손실여부에 따라 민감하게 반응한다고 주장한다.[4] 합리적 선택이론이 인간의 선택 그 자체에 초점을 맞추고 있다면, 인지심리학적 접근법은 행위자가 '왜 그리고 어떻게' 그러한 선택을 하게 되었는지의 과정

4 A. Minz, "Foreign Policy Decisionmaking: Bridgint the Gap Between the Cognitive Psychology and Rational Actor 'Schools',", in N. Geva & A. Minz(eds.), *Decision-making on War and Peace: The Cognitive-Ration Debate*(Colorado: Lynne Rienner Publisher, 1997), p.2.

을 구체적으로 설명해준다.

전망이론은 앞서 제시된 합리적 선택이론과 인식론적 접근법의 장점을 융합할 수 있는 대안적 이론이며 최초 심리학의 가설들을 경제학과 국제관계에 적용하며 발전해왔다. 카너먼과 츠버스키는 기대효용이론의 가설과 다른 결과들을 설명하기 위해 전망이론을 제시했으며, 〈표 1〉과 같이 S형 가치함수 그래프를 통해 주요개념을 설명했다.

<표 1> 전망이론의 주요 개념

<table>
<tr><th>S형 가치함수</th><th>주요개 념</th></tr>
<tr><td>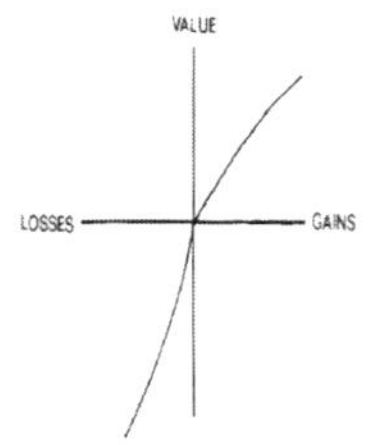
</td><td>① 준거점의 변동 따라 이익/손실영역 평가 변화
② 준거점에서 멀어질수록 기울기가 둔화됨
③ 이익영역보다 손실영역에서 가치 변화폭이 큼
※ 확률에 따른 의사결정 전략(누적 전망이론)
<table>
<tr><td>구 분</td><td>이익영역</td><td>손실영역</td></tr>
<tr><td>높은 확률</td><td>위험회피</td><td>위험감수</td></tr>
<tr><td>낮은 확률</td><td>위험감수</td><td>위험회피</td></tr>
</table></td></tr>
</table>

출처 : Kahneman, D., & Tversky, A., "Prospect theory: An analysis of decision under risk"(1979).

대니얼 카너먼과 아모스 츠버스키는 초기 연구에서 여러 가지 간단한 실험들을 통해 다음과 같이 기대효용이론의 가정과 다른 결과들을 확인하였다. 첫째, 확실성효과(Certainty effect)는 행위자들이 기대확률보다 상대적으로 확실한 결과에 가중치를 부여하여 대안을 선택한다는 것이다. 둘째, 반사효과(Reflection effect)는 이익영역(positive domain)과 손실영역(negative domain)에서의 선택이 마치 거울의 이미지처럼 반대로 나타난다는 것을 의미한다. 즉, 손실영역에서는 위험감수(risk-seeking)적 성향, 이익영역에서는 위험회피(risk-aversion)적 성향을 보인다는 것이다.

셋째, 고립효과(Isolation effect)는 최종적인 자산의 상태(final asset positions)가 아닌 부의 변화(changes of wealth)가 효용 또는 가치에 영향을 미친다는 것이다.

〈표 1〉에 제시된 바와 같이, 대니얼 카너먼과 아모스 츠버스키는 초기 전망이론에서 제한된 합리성하에서의 심리적 가치판단을 S형 가치함수로 설명했다. 또한 의사결정은 사건의 발생확률에도 민감하게 반응한다는 점을 고려하여 확률의 주관적 가중치가 반영된 누적전망이론을 발전시켰다. 즉, 가치함수와 확률가중함수를 곱하여 불확실성하에서의 전망가치를 분석하였다. 하지만 가치함수와 확률가중함수는 의사결정자의 주관적 가치를 반영하고 있다는 측면에서 객관적 검증을 통한 일반화가 쉽지 않다는 문제점이 있다.

2. 국제관계 연구의 시사점과 분석모델

전망이론은 1992년에 '전망이론과 정치심리학'이라는 주제로 발표된 이후 국제정치와 금융 등 사회과학 분야에서 다양하게 연구되었다. 특히 국제관계 연구에서 전망이론은 주로 환경변화에 따른 위기상황하 국가 또는 최고정책결정자의 의사결정 사례를 중점적으로 다뤘다.[5] 최근에는 북핵 정책, 미국의 동북아 외교정책, 비대칭 분쟁시 약소국의 선택문제 등과 같은 연구에서 이론적 분석모델로 활용되었다. 전망이론은 위험 및 불확실성하에서 이루어지는 의사결정을 설명

5 Rose Mcdermott, "Prospect Theory in Political Science: Gains and Losses From the First Decade," *Political Psychology* Vol. 25, No. 2(April 2004), pp.289-292.

하는 분석모델이며 주로 손실상황에서의 위험회피적 성향을 다루고 있다. 따라서 국가별 이해관계가 상충하고 위험과 불확실성이라는 변수가 상존하는 국제관계 연구에서 전망이론이 시사하는 바가 크다고 할 수 있다.

전망이론적 분석모델에서 중요한 개념은 행위자의 판단근거를 제공해주는 의사결정 프레임이다. 대니얼 카너먼과 아모스 츠버스키는 의사결정 프레임(decision frame)을 '특별한 선택과 연관된 행위(acts), 결과(outcomes), 우발상황(contingencies)에 대한 의사결정자의 생각 또는 구상'이라고 정의했다.[6] 한편 의사결정 프레임의 기준이 되는 준거점(reference point)은 '이익 또는 손실영역(regions of gain and loss)'으로 구분되며, 이것은 '현재의 상태(status quo) 또는 요망수준(aspiration level)'이 될 수도 있다.[7] 국제관계 연구에서 전망이론적 분석모델은 의사결정 및 행위의 주체들이 직면한 안보상황과 이에 따른 준거점의 변화를 분석함으로써 전략적인 의사결정 과정을 설명하고 예측하는 것이다.[8] 본 연구에서는 3차 남북정상회담을 성사시킨 남·북한의 준거점 변화요인을 〈표 2〉와 같이 전망이론적 관점에서 분석하였다.

---

6 Tversky, A., & Kahneman, D.,"The framing of decisions and the rationality of choice," *Science* Vol.221(1981), p.453.

7 Chip Heath, Richard P. Larrick and George Wu, "Goals as Reference Points," *Cognitive Psychology* Vol.38(1999), p.82.

8 신진, "한국정부의 대중국외교에 대한 전망이론적 분석," 대한정치학회, 『대한정치학회보』, 제26집 2호, 2018, pp.137-138.

<표 2> 준거점 변화요인의 분석틀

안보정세 평가	준거점 변화 분석	의사결정 평가
① 북핵·미사일 위협 ② 동북아 안보정세 ③ 평창올림픽 효과	① 안보위협 분석 ② 미·중 전략 분석 ③ 남·북한 준거점	① 현상유지 전략 ② 위험감수 전략 ③ 위험회피 전략

Ⅲ. 동북아 안보정세 평가

1. 북한 핵·미사일 위협과 동북아 정세 변화

북한은 2017년 9월 3일, 함경북도 길주군 풍계리에서 ICMB급 탄도미사일 발사에 이어 과거보다 더 강한 위력의 6차 핵실험을 단행했다. 당시 북한의 관영매체인 조선중앙TV는 '조선민주주의인민공화국 핵무기연구소 성명'을 중대보도하며 "대륙간탄도로케트 장착용 수소탄 시험에 완전 성공했다"고 발표했다. 또한 11월 29일, 북한은 사거리 13,000km의 대륙간탄도미사일ICBM)급 화성-15형을 시험발사했다. 조선중앙통신이 '완결단계에 도달한 ICBM'이라고 자평한 ICBM 화성-15형은 아직까지 대기권 재진입 기술의 확보여부가 검증되지는 않았다. 하지만 미국 전역을 타격할 수 있는 가능성을 국제사회에 여실히 보여주었고 북한의 고도화된 핵 · 미사일 능력을 입증했다.

당시 동북아 안보정세를 한반도 주변국들의 안보전략과 연계하여 살펴보면 다음과 같다. 2017년 1월 20일 출범한 미국 트럼프 행정부는 임기 11개월만인 12월 18일 새로운 『국가안보전략 2017(NSS)[9]』을 발표했다. NSS는 이른바 '미국우선주의(America First)'를 표방하며, 미국이 고수하고자 하는 4대 핵심영역(4 pillars)과 지역적 차원의 전략(strategy in a regional context)을 제시했다. 또한 NSS는 중국과 러시아를 미국의 가치와 국익에 반하고, 미국이 주도하는 자유주의적 세계질서를 거부하는 이른바 수정주의 국가(revisionist) 또는 미국의 경쟁자(competitor)로 규정하였다. 미국의 2017년 국가안보전략에서 한 가지 주목할 부분은 오바마 정부에서 추진했던 '아시아 재균형(Rebalancing Asia) 전략[10]'을 인도-태평양 지역으로 확대한 부분이다. 이것은 인도-태평양 지역에서의 군사·경제적 협력을 확대함과 동시에 지역패권국으로 부상하고 있는 중국을 견제하기 위한 전략으로 해석된다. 아시아 재균형 전략의 핵심은 '전영역 접근전략(All Domain Access Strategy)'으로 이는 아시아 지역에서 우세한 세력균형을 추진하는 중국을 견제하기 위해 채택한 실행전략이다.[11] 향후 미국은 이러한 국가안보전략을 바탕으로 인도-태평양 지역에서의 전략적 동맹을 강화해 나가고 패권국가로 부상중인 중국과 러시아를 견제해 나갈 것으로 예상되었다.

중국은 2017년 10월, 제19차 공산당 전국대표대회(이하 당대회)를 개최하여 2050년까지 중국을 세계의 선도국가로 만들겠다는 목표와 인

9 미국 백악관, "NSS of the United States of America," December 2017, https://www.whitehouse.gov/wp-content/uploads/ 2017/12/NSS-Final-12-18-2017-0905.pdf(검색일: 2018.4.20).

10 오바마 정부는『국가안보전략(National Security Strategy) 2015』에서 이라크와 아프가니스탄에 집중되어 있던 미국의 역량을 아시아로 전환하는 아시아 재균형 전략을 강조했다.

11 김관옥, "한국 사드(THAAD) 배치와 미중 군사전략 충돌," 『The Society of China Culture in Korea』, Vol.54, 2017, p.62. 본 논문에서 전영역접근전략을 "분쟁지역에서 효과적인 작전수행을 위해 행동의 충분한 자유를 구가하는 상태에서 군사력을 투사할 수 있는 능력"으로 정의했다.

민해방군을 인류군대로 건설하는, 이른바 '강군몽(强軍夢)' 실현 계획을 구체적으로 밝혔다.[12] 또한 2018년 3월에 개최된 제13차 전국인민대표회의에서는 시진핑 중국 국가주석의 2연임 초과 금지조항을 삭제하고 '시진핑 사상'을 헌법 서문에 담는 헌법수정안을 통과시켰다. 중국 공산당의 제19차 당대회 결과는 '중국이 사회주의 현대화와 군사굴기(軍事屈起)를 통해 강국으로 거듭날 것'임과 향후 '미·중간 패권경쟁은 더욱 심화될 것'이라는 안보적 함의를 갖고 있었다. 시진핑 집권 이후 중국은 국제적 영향력을 보다 확대하기 위해 21세기 실크로드인 '일대일로(一帶一路) 구상'과 중국 주도의 '아시아 인프라 투자은행(AIIB)' 설립 등을 추진해 왔다. 또한 중국은 핵심이익을 보호하고 미국의 군사적 개입을 저지하기 위해 '반접근/지역거부(Anti-Access and Area Denial: A2AD)' 전략을 추진하고 있다. 당시 중국은 지속적인 경제성장과 군사력 증강을 통해 아시아-태평양 지역에서의 영향력을 확대하고 장기적인 지역패권을 추구할 것으로 전망되었다.

한편 일본은 '국제협조주의에 의거한 적극적 평화주의'을 기반으로 북한의 핵·미사일 위협에 대응하기 위해 국가안보전략(NSS) 개정노력을 강화해 왔다. 당시 새로운 국가안보전략은 '미·일동맹의 역할과 임무, 능력(RMC)'을 재정의하고, 미국의 인도-태평양 전략을 뒷받침하며, 중국의 해양진출을 견제하기 위해 미국의 동맹국 및 우호국간 광역적인 안보협력 강화에 협력하는 방안이 포함될 것으로 예상되었다.[13] 일

12 김예경, "시진핑 주석의 중국 19차 당대회 보고 주요내용과 시사점," 국회 입법조사처,『이슈와 논점』, 제1370호, 2017, p.3.

13 일본 산케이 신문 홈페이지, "國家安全保障戰略,來年改定へ 北情勢緊迫化,防衛大綱前倒し に伴い檢討着手," 2017.12.7, https://www. sankei.com/politics/news/171207/plt1712070005-n2.html(검

본은 아시아 · 태평양 지역에서 중국과 러시아, 북한의 위협에 대응하기 위해 전략적 차원의 미 · 일동맹을 더욱 강화해 나가고자 했다.

다음으로 제4기 집권에 성공한 러시아의 블라디미드 푸틴(Vladimir Putin) 대통령은 '강한 러시아'를 내세우며 구 소련 시절의 강대국 지위를 회복하고 서방과의 대결구도를 이어나갈 것으로 예상되었다. 푸틴 대통령은 미국을 러시아 국가안보의 위협요인 중 하나로 명시한 국가안보전략에 서명했다.[14] 당시 러시아는 미국이 주도하는 세계질서를 견제하고 세력균형을 추구해나갈 것으로 전망되었다. 동시에 중국과 전략적 동반자 관계를 심화시켜 나가고 강력한 군사력을 기반으로 국제사회에서 전략적 균형자 역할을 더욱 강화해 나갈 것이며, 경제건설을 위해 신동방정책을 중심으로 동북아 지역 국가들과 경제협력을 강화할 것으로 예상되었다.

2. 평창 동계올림픽의 안보적 효과

2017년 7월 G20 정상회의 참석을 위해 독일을 공식 방문한 문재인 대통령은 쾨르버 재단 초청연설에서 한반도의 냉전구조를 해체하고 항구적인 평화정착을 이끌기 위한 '베를린 구상'을 발표했다.[15] 문재인 대통령이 밝힌 우리 정부의 정책방향을 살펴보면, ① 6 · 15 공동선언

색일: 2018.4.27).

14 영국 파이낸셜 타임즈 홈페이지, "Putin names Nato among threats in new Russian security strategy," 2016.1.2. https://www.ft.com/content/6e8e787e-b15f-11e5-b147-e5e5bba42e51(검색일: 2018.4.28).

15 청와대 홈페이지, "쾨르버 재단 초청연설 전문," 2017.7.6. http://www1.president.go.kr/articles/57(검색일: 2018.4.10).

및 10 · 4 정상선언 이행, ② 북한 체제안전을 보장하는 비핵화 추구, ③ 항구적 평화체제 구축(평화의 제도화, 남북합의의 법제화), ④ 한반도 新경제지도 구상, ⑤ 비정치적 교류협력(이산가족 상봉, 재해재난 공동대응, 민간교류 확대) 사업추진으로 요약된다. 한 가지 주목할 사항은 문재인 대통령이 북한에 평창 올림픽 참가를 제안한 점이다. 또한 한반도의 군사적 긴장이 최고조에 달했던 2017년 9월, 문재인 대통령은 유엔총회 기조연설에서 "2018년 평창 동계올림픽을 평화올림픽으로 만들겠다"고 선언했다. 북한의 계속되는 핵 · 미사일 위협에도 불구하고 남북관계 개선 및 한반도 평화에 대한 비전을 제시한 것이다. 또한 11월 1일 국회 시정연설에서도 '한반도 무력충돌 불가방침'과 '한반도 비핵화', '남북문제의 주도적 해결' 등 일관된 원칙을 천명했다.

북한은 한국 정부로부터 평창올림픽 참여를 제안받음과 동시에 이미 국제정치적인 위기상황을 의도적으로 야기한 상황에서 언제든지 이를 통제할 수 있는 카드를 확보하게 되었다. 특히 북한은 2017년 11월 29일, 대륙간탄도미사일 화성-15형을 시험발사하고 '국가 핵무력 완성'을 전세계에 선언했다. 이후 평창 동계올림픽 개최를 앞 둔 한반도에는 전쟁위기설이 회자되었고 군사적 긴장상황이 고조되었다. 그런데 김정은 국방위원장은 2018년 1월 1일 신년사를 통해 평창 동계올림픽 참가를 시사하였고, 북한이 스스로 자초한 군사적 긴장과 전쟁위기를 해소시켜 버렸다. 북한으로서는 화성- 15형 시험발사를 강행하면서도 한국의 평창 동계올림픽에 참여한다고 발표함으로써 국제사회의 반발을 무마할 수 있게 되었다.

이에 남 · 북한은 1월 3일 개성공단 폐쇄 이후 2년 넘게 단절되었던 판문점 연락채널을 복원했고, 이어서 1월 9일에는 남북고위급회담을 개최했다. 극적으로 되살아난 평화의 불씨는 남 · 북 특사단 교환방문으로 이어졌다. 북한은 2월 9일 김여정 노동당 제1부부장을 특사로 파견하여 남 · 북정상회담을 제안했고 평창 동계올림픽 폐막식에 참석한 고위급 대표단을 통해 북 · 미 대화 의사를 밝혔다. 문재인 대통령은 대북특사단을 북한에 파견하였고, '① 4월 남북정상 회담 개최, ② 남북정상간 핫라인 설치, ③ 한반도 비핵화 의지, ④ 북미대화 용의, ⑤ 대화기간 추가적인 핵 · 미사일 실험 중지, ⑥ 남측 태권도시범단과 예술단 평양 초청' 등을 합의했다.

3월 8일 정의용 국가안보실장은 미국을 방문하여 특사단 방북결과와 북한의 대화제의를 전달했고 미국의 트럼프 대통령은 이를 수락했다. 북한의 6차 핵실험과 대륙간탄도미사일 시험발사로 안보위기가 한층 고조되었던 시기에 평창올림픽은 남북간 단절된 소통을 복원시켜 주었고, 한반도 운명의 불씨를 되살린 '평화의 제전'이 되었다.

Ⅳ. 남 · 북한의 준거점 변화

1. 한국의 준거점 변화 분석

2017년 1월에 출범한 미국의 트럼프 행정부는 미국우선주의와 보호무역주의를 표방하며 환태평양경제동반자협정(TPP) 탈퇴, 한 · 미 자유무역협정(FTA) 재협상, 철강산업 및 중국산 수입품에 대한 고율의 관세 부과 등 일방주의적 노선을 취하며 국제사회의 갈등을 키워 왔다. 국내적으로는 미국 대선 과정에 러시아 정부가 개입했다는 '러시아 스캔들 의혹' 관련 특검수사가 막바지 단계에 접어들었고, 트럼프 대통령의 성추문 관련 연방검찰의 수사도 진행되었다. 또한 대중 무역스지 적자를 해소하기 위해 중국과 전면적인 무역전쟁을 선포하였고 협상을 진행했다.

한편 북한의 6차 핵실험 이후 유엔 안보리의 대북제재가 한층 강화되었고, 미국의 대북 군사옵션이 거론되는 등 한반도의 안보위기는 더욱 고조되었다. 한국은 중국과의 전략적 협력관계를 구축하기 위해 AIIB 가입, 한 · 중 FTA 체결, 전승절 70주년 행사 참석 등 외교적 노력을 강화했으나 2015년 사드배치를 계기로 중국의 경제 · 외교적 보복에 직면했다. 국정농단과 대통령 탄핵사태로 출범한 문재인 정부는 적폐청산과 제도개선, 외교관계 복원 등을 통해 국정운영을 조기에 정상화시켰다. 또한 사드배치, 미국의 전략자산 순환배치 등 강력한 한미동맹의 기반위에 '강한 군대'를 건설하기 위한 국방개혁 2.0을 추진하고 있었다. 특히 엄중한 안보상황 속에서 세계인의 축제라고 할 수 있는 2018년 평창 동계올림픽을 개최하게 되었다. 당시 북한의 6차 핵실험을 계기로 한국은 보다 현실화된 핵위협에 직면하게 되었고, 북 · 미간 군사적 갈등이 고조되는 위기과정 속에서 손실영역으로 준거점이 변화되었다. 한국은 한반도의 평화와 안정을 위해 진정성있는 대북포용 정책을 추진하는 등 '위험회피(Risk-aversion) 전략'을 선택하였다. 이러한 노력의 결과로 평창 동계올림픽과 3차 남북정상회담을 성공적으로 개최할 수 있었다. 한국의 준거점 변화와 전략적 선택을 전망이론적 관점에서 살펴보면 〈표 3〉과 같다.

<표 3> 한국의 준거점 변화와 전략적 선택

안보상황 평가		위험회피 전략
· 위협증가 요인 - 북한 6차 핵실험 - 북·미 군사위기 고조 - 중국의 사드보복 - 대통령 탄핵사태 · 위협감소 요인 - 문재인 정부 출범 - 한미동맹 강화 - 국방개혁 - 평창 동계올림픽 개최	▶ 준거점 변 화 (손실영역)	· 대북포용 정책 추진 - 베를린구상 선언 - 유엔총회 연설 - 대북특사단 방북 · 평창 동계올림픽 개최 * 남북단일팀 출전 · (남)북방정책 추진 * 중·러, 베트남 방문 · 남북 정상회담 개최 * 북미 정상회담 중재

2. 북한의 준거점 변화 분석

1) 미국의 대북 군사옵션 가능성 고조

당시 미국의 트럼프 대통령은 2015년 체결한 이란 핵 협정[16] 탈퇴를 선언했다. 2018년 4월 13일에는 영국, 프랑스와 함께 시리아 정부군의 군사시설에 대한 제한적인 공습을 감행했다. 2018년 11월에 중간선거를 앞둔 트럼프 대통령은 러시아 스캔들에 대한 특검수사와 성추문 등의 이슈로 정치적 부담을 안고 있는 상황이었다. 또한 미국은 북한의 핵 · 미사일 위협뿐만아니라 다양한 국내 · 외적 안보현안들에

16 2015년 이란과 미국, 프랑스, 독일, 영국, 중국, 러시아가 체결한 협정으로 이란은 우라늄 농축을 중단하고 서방은 경제제재를 완화하는 내용을 담고 있다.

직면해 있었다. 특히 미국은 인도-태평양 지역에서 주도권을 확보하기 위해 중국과 러시아를 견제한다는 안보전략을 고수해 왔다. 2017년 11월에 발표한 국가안보전략(NSS)에서는 인도-태평양 지역에서의 세력균형을 변화시키고 미국의 경제적 이익을 갈취하는 중국의 불공정한 무역관행은 시정되어야 한다는 점을 강조한 바 있다.[17] 또한 '하나의 중국' 원칙을 고수하는 중국을 외교적으로 견제하기 위해 대만과의 교류를 지속적으로 추진해 왔다. 2018년 3월에 트럼프 대통령은 '대만여행법'의 시행법안에 서명했고, 4월에는 미국의 재대만협회건물에 해병대 경비병력을 주둔시키기로 결정하여 중국과 갈등을 예고했다. 미국은 1979년 미 · 중 수교에 따라 대만에서 철수한 이후 39년 만에 다시 병력을 주둔시킴으로써 대만문제를 핵심이익으로 간주하는 중국을 정치적으로 자극하는 행보를 보였다.

한편 신형 핵무기를 공개하며 신냉전 구도를 형성하고 있는 러시아에 대응하기 위해 미국은 영국, 프랑스와 함께 시리아에 대한 공습을 감행했다. 시리아는 러시아의 주요 동맹국이자 중동진출의 교두보였다. 아울러 주요 방산무기 수출국으로서 지정학적 · 경제적으로 중요한 우방국가였다. 따라서 시리아 공습은 화학무기 사용에 대한 응징이라는 표면적 이유 외에도 러시아를 견제한다는 실질적 명분도 갖고 있었다. 미국은 아시아-태평양 지역의 강대국으로 부상하고 있는 중국 및 향후 패권국으로 부활하려는 러시아와 신냉전적 대결구도에 놓이게 되었다. 당시 미국은 패권국의 위상을 회복하고 현존 위협을 제

---

17 홍관희, "트럼프 행정부의 국가안보전략(NSS)과 핵전략(NPR)," 북한연구소,『북한』, 제554호, 2018, p.70.

거하기 위해 위험감수(risk-taking) 전략을 채택할 것으로 예상되었다. 이는 동시에 미국이 북한에 대한 군사적 공격을 감행할 수도 있다는 것을 의미했다. 이러한 상황 속에서 북한은 상당한 심리적 압박과 함께 군사적 위협에 직면하게 되었다.

2) 중국의 입장변화와 북한의 위기

중국은 지속적인 경제성장을 토대로 강력한 군사력을 건설해 왔으며(强軍夢), 시진핑 주석의 장기집권체제를 공고화함으로써 대내적으로 안정적인 정치기반을 구축했다. 하지만 미국은 트럼프 행정부 출범이후 자국 우선주의와 보호무역주의 등 일방주의 정책으로 중국을 압박했으며 아시아-태평양 지역에서 중국의 패권강화를 견제해 왔다. 특히 북핵문제 관련하여 중국의 책임있는 역할을 강조해온 트럼프 대통령은 중국의 역할이 미흡할 경우 미국이 직접 해결하겠다는 입장을 표명하며 시진핑 주석을 정면으로 압박했다. 중국은 미국이 군사적 옵션을 통한 북핵문제 해결시 한반도에서의 영향력이 약화되고 미국의 아시아-태평양 진출을 견제하기 위한 균형전략에도 차질이 발생할 것을 우려했다. 따라서 북핵 문제를 안정적으로 관리하고 해결함으로써 한반도 문제에서의 영향력을 유지하고자 했다. 당시 중국은 한반도 안정화 전략기조를 유지하는 가운데 현재 진행중인 북한 비핵화 논의에서 영향력을 행사할 것으로 전망되었다.

한편 김정은 집권 이후 북·중 관계는 북한의 지속적인 도발로 인해 냉각기를 이어왔다. 2013년 3차 핵실험을 시작으로 중국과 대규모 경제협력 프로젝트를 추진해온 장성택의 숙청은 북·중 관계를 악화시키는 본격적인 계기가 되었다. 특히 2017년 11월 화성-15형 시험발사는 북핵문제의 해법으로 중국이 제시한 쌍중단[18](雙中斷) 무색하게 만들었다. 김정은 집권 이후의 북·중 관계는 과거 김일성, 김정은 시대와 달리 '혈맹에 기반한 전통적 우호관계'에서 '정상적인 국가관계'로 변화되었다.[19] 여기서 '정상적인 국가관계'는 중국이 과거 북한과의 혈맹관계에서 중시했던 '이념과 명분' 대신 국가적인 실리를 추구하게 된 것을 의미하는 것으로 북한의 독자노선과 외교적 고립을 심화시킨 요인으로 작용했다.

북한은 2013년 3월, 당 중앙위 제6기 23차 전원회의에서 채택한 '핵·경제건설 병진노선'을 강력히 추진해왔고 2017년 9월 6차 핵실험을 통해 국가핵무력을 완성했다. 하지만 핵무기와 대륙간탄도미사일을 고도화하는 과정에서 미국과 유엔을 비롯한 국제사회의 강력한 대북제재에 직면하게 되었다. 또한 전통적인 혈맹국가인 중국이 대북제재에 적극 동참하는 최악의 상황에 직면했다. 유엔을 비롯한 국제사회의 대북제재가 장기화되고 핵·미사일 도발수위에 비례하여 점차 강화되면서 북한은 심각한 경제난에 직면하게 되었다.

3) 북한의 위험회피전략

북한에 대한 선제타격론이 힘을 얻으며 북·미간 군사적 긴장이 고조되었던 2018년 1월, 김정은 국무위원장은 신년사를 통해 평창 동계

18 쌍중단(雙中斷) : 북한의 핵미사일 도발과 한·미 연합군사훈련의 동시적인 중단

19 김지영, "김정은 시대 중국 대북정책의 변화와 지속: '중국 대북포기론'의 담론과 실천," 국제정치학회 동계학술대회 패널발표, 2015, p.3.

올림픽 참가의사를 밝히며 변화된 입장을 보였다. 이후 남 · 북한은 평창 동계올림픽을 계기로 고위급회담과 특사단 교환방문 등 대화채널을 가동시켰고, 남 · 북 정상회담과 북 · 미 정상회담 개최까지 합의했다. 한편 2018년 4월 20일, 북한은 노동당 중앙위원회 제7기 제3차 전원회의에서 '핵 · 경제 병진노선'의 성공적 완성을 선언하고 '사회주의경제건설'을 새로운 전략적 노선으로 채택했다. 본 회의에서 추가적인 핵실험과 대륙간탄도미사일(ICBM) 시험발사 중단, 함경북도 풍계리 핵실험장 폐기를 선언했다. 또한 2018년 4월 27일, 성공적으로 개최된 3차 남북정상회담에서는 "한반도 비핵화를 위한 국제사회의 지지와 협력을 위해 적극 노력한다"는 내용의 판문점 선언을 문재인 대통령과 공동으로 발표했다. 불과 수 개월 전까지 미국과 핵전쟁도 불사하겠다고 공언했던 북한이 갑자기 비핵화 의지를 표명하며 협상테이블에 등장했던 배경은 무엇일까? 또한 국가핵무력을 완성함으로써 충분한 대미협상력을 확보했다고 공언한 북한이 핵 · 경제 병진노선을 폐지하고 유화정책으로 전환하게 되었던 근본 요인은 무엇인가? 북한의 준거점 변화와 전략적 선택을 전망이론적 관점에서 살펴보면 〈표 4〉와 같다.

<표 4> 북한의 준거점 변화와 전략적 선택

안보상황 평가		위협회피 전략
· 위협증가 요인 - 미국의 대북 강경노선 - 북 중 관계 악화 - 대북제재 강화 · 위협감소 요인 - 안정적 통치권력 구축 - 핵 미사일기술 고도화	준거점 변 화 (손실영역)	· 핵 경저 병진노선 폐지 · 유화정책 전환 - 평창 동계올림픽 참가 - 남북, 북미 정상회담 - 비핵화 선제적 조치 · 중국과 관계회복 * 김정은 방중 정상회담

북한의 6차 핵실험과 신형 대륙간탄도미사일(ICBM) 화성-15형 시험발사는 미국 본토를 타격할 수 있다는 점에서 미국인들에게 현실화된 위협으로 인식되었다. 다시말해 북한의 핵무기와 장거리미사일은 일종의 '게임체인저(game changer)'로서 미국의 핵확산금지전략을 뒤흔드는 중대한 도전으로 간주되었다. 미국 의회는 북한의 핵 · 미사일 위협을 심각하게 받아들였고 군사적 옵션을 시행하더라도 반드시 위협을 제거해야 한다는 입장을 고수했다. 이러한 안보상황 속에서 북한은 손실영역(Loss frame)으로 준거점이 변화되었고 체제 안전보장을 위해 '위험회피(Risk-aversion) 전략'을 선택한 것으로 판단된다. 북한은 국가핵무력을 완성한 시점에서 더 이상 무모한 군사적 모험을 지속할 이유가 없어졌기 때문에 '핵 · 경제 병진노선'을 폐지했다고 볼 수 있다. 북한의 평창올림픽 참가, 남 · 북 정상회담 등 당시 북한이 취했던 유화정책들은 이러한 전략적 변화를 설명해주는 사례들로 볼 수 있다.

Ⅴ. 결론

2018년 평창 동계올림픽을 계기로 군사적 위기가 고조되었던 한반도에 평화의 봄이 찾아왔다. 북한 김정은 국무위원장의 신년사를 계기로 오랫동안 단절되었던 남북간 대화채널이 가동되었고 남북고위급회담과 특사단 교환방문이 성사되면서 역사적인 4.27 남북정상회담이 개최되었기 때문이다. 문재인 대통령과 김정은 위원장은 세계인이 주목한 '도보다리 회담'에서 한반도 비핵화와 평화체제 구축을 위해 허심탄회한 대화를 나눴고 〈한반도의 평화와 번영, 통일을 위한 판문점 선언〉을 공동발표했다. 제3차 남북정상회담은 남과 북이 완전한 비핵화를 통해 핵없는 한반도를 실현한다는 공동목표를 확인함으로써 '6.12 북·미 정상회담'의 마중물, 다시말해 디딤돌 역할을 한 것으로 평가된다.

2017년 6차 핵실험과 신형 대륙간탄도미사일 화성-15형 시험발사를 계기로 북한은 국가핵무력 완성을 국제사회에 선언했다. 미국을 비롯한 국제사회는 북한의 고도화된 핵·미사일 위협을 일제히 규탄했으며 유엔 안보리는 그 어느 보다 강력한 대북제재결의안을 채택하며 대응에 나섰다. 특히 미국의 트럼프 대통령과 북한 김정은 위원장이 말폭탄을 주고받으며 위기는 한층 고조되었다. 워싱턴 정가에서는 2018년 한미 연합훈련 개시전까지를 북핵문제 해결의 데드라인으로 설정하고 군사적 옵션을 검토하기도 했다. 그런데 북·미간 군사적 긴장이 최고조에 달했던 시기에 북한 김정은 위원장이 평창 동계올림픽 참가의사를 밝히면서 북핵위기는 새로운 국면으로 전환되었다. 불과 수 개월만에 남 · 북 정상회담이 개최되었고 6.12 북 · 미 정상회담이 이루어졌다. 따라서 본 연구에서는 한반도의 위기상황이 대화국면으로 전환된 주요 원인을 분석하기 위해 평창 동계올림픽의 성과와 의미를 짚어봤고, 전망이론적 관점에서 남 · 북한의 준거점 변화를 고찰하였다.

당시 한국은 한미동맹을 기반으로 '국방개혁 2.0'을 추진하는 등 대북억제력을 강화해 왔지만 북한의 핵 · 미사일 위협 고도화로 심각한 안보위협에 직면하였고 손실영역으로 준거점이 변화되었다. 새롭게 출범한 문재인 정부는 평창 동계올림픽을 앞두고 한반도 위기감소와 평화분위기 조성을 위해 위험회피전략을 선택했다. 베를린 선언과 우엔총회 기조연설을 통해 진정성있는 대북 포용의지를 천명했고 북한을 대화국면으로 이끌었다. 한편 북한은 국가핵무력을 완성했으나 국제사회의 강도높은 대북제재와 미국의 군사옵션 가능성에 직면했다. 손실영역으로 준거점이 변화된 북한은 체제생존을 위해 위험회피전략을 선택한 것으로 판단된다. 남 · 북한은 동북아 정세변화와 미 · 중간 패권경쟁의 흐름 속에서 준거점 변화에 따른 합리적 생존전략을 모색한 것으로 평가된다. 결과적으로 역사적인 3차 남북정상회담과 6.12 북미정상회담이 성사되었고 한반도 비핵화와 평화체제 구축의 역사적 전기가 마련되었다.

본 연구에서 고찰한 제3차 남북정상회담의 개최 동인(動因)에 대한 전망이론적 분석은 2019년 2월 하노이에서 개최된 제2차 북 · 미 정상회담의 결렬 이후 현재 교착상태에 빠져있는 북한 비핵화 협상과 한반도 평화체제 구축을 풀어나가는 과정에서 매우 중요한 함의를 갖는다고 판단된다. 북한 비핵화와 한반도의 영구적인 평화체제 구축은 남북관계의 개선만으로는 해결할 수 없는 문제이며 현실적으로 미국과 중국, 러시아의 협조와 지지, 국제사회와의 공조가 필요한 사안이다. 따라서 동북아 안보정세와 주변열강의 안보전략 등 대외적 요인과 연계하여 북한의 의사결정을 분석하고 대응전략을 수립하는 것이 무엇보다도 중요하다. 그런 측면에서 최근 불확실성이 증가하고 있는 한반도 주변정세와 국제질서 양상을 고려해 볼 때, 전망이론은 여전히 유효한 분석모델이라고 판단된다. 향후 전망이론적 관점에서 북한과 주변열강의 대외전략을 이해하고 의사결정 프레임의 기준이 되는 준거점(reference point)을 정확히 진단하는 것은 북한의 군사위협에 효과적으로 대응해 나가는 과정에서 매우 중요한 요인이 될 것이다. 최근 신냉전의 국제질서가 구조화하고 있는 전환기적 안보상황 속에서 한국은 향후 북한의 준거점 변화를 정확히 평가하고 대응전략을 수립하되, 제3차 남북정상회담의 교훈을 되살려 평화의 길과 해법을 모색해야 할 시대적 과제를 안고 있다.

강성훈, "G2 패권경쟁과 한반도 통일 · 안보환경의 변화,"『통일전략』, 제16권 4호(한국통일전략학회, 2016).

김강녕, "분단체제극복을 위한 남북한정부의 과제,"『통일전략』, 제15권 3호(한국통일전략학회, 2015).

김관옥, "한국 사드(THAAD) 배치와 미중 군사전략 충돌,"『The Society of China Culture in Korea』Vol.54, 2017.

김예경, "시진핑 주석의 중국 19차 당대회 보고 주요내용과 시사점,'『이슈와 논점』제1370호(국회입법조사처, 2017).

김지영, "김정은 시대 중국 대북정책의 변화와 지속," 국제정치학회 동계학술대회(국제정치학회, 2015).

남성욱, "북한의 6차 핵실험 이후 트럼프 미행정부의 대한반도 정책의 변화와 전망,"『통일전략』, 제17권 4호(한국통일전략학회, 2017).

박휘락, "제7차 당대회 후 북한의 대남 군사정책 전망,"『통일전략』,제16권 3호(한국통일전략학회, 2016).

변창구, "북한의 6차 핵실험에 대한 인식과 대응,"『통일전략』, 제17권 4호(한국통일전략학회, 2017).

신진, "한국정부의 대중국외교에 대한 전망이론적 분석,"『대한정치학회보』, 제6집 2호(대한정치학회, 2018).

이소영, "2016 미국 대선과 미국사회의 균열,"『의정연구』 제22권 제3호(한국의회발전연구회, 2016).

조경근, "북한 핵개발의 고도화와 한국의 대응",『통일전략』, 제17권 3호(한국통일전략학회, 2017).

홍관희, "트럼프 행정부의 국가안보전략(NSS)과 핵전략(NPR),"『북한』 554호(북한연구소, 2018).

Chip Heath, Richard P. Larrick and George Wu,, "Goals as Reference Points," Cognitive Psychology, Vol.38, 1999.

Daniel Kahneman, Thinking, Fast And Slow, New York: Farrar, Straus and Giroux,

2011.

Kahneman, D., & Tversky, A., “Prospect theory: An analysis of decision under risk,” Econometrica, 47, 1979.

N. Geva & A. Minz(eds.), Decision-making on War and Peace: The Cognitive-Ration Debate(Colorado: Lynne Rienner Publisher, 1997).

Rose Mcdermott, “Prospect Theory in Political Science: Gains and Losses From the First Decade,” Political Psychology, Vol.25, No.2, 2004.

Tversky, A., & Kahneman, D., “Advances in prospect theory: Cumulative representation of uncertainty,” Journal of Risk and Uncertainty, Vol.5, 1992.

Tversky, A., & Kahneman, D. “The framing of decisions and the rationality of choice,” Science, Vol.221, 1981.

https://www.sankei.com/politics/news/171207/plt1712070005-n2.html(검색일: 2018년 4월 27일).

http://www1.president.go.kr/articles/57(검색일: 2018년 4월 10일).

https://www.cbsnews.com/video/mike-pompeo-met-with-kim-jong-un-north-korea/ (검색일: 2018.4.20).

https://www.whitehouse.gov/wp-content/uploads/2017/12/NSS-Final-12-18-2017-0905.pdf(검색일: 2018년 4월20일)

https://www.ft.com/content/6e8e787e-b15f-11e5-b147-e5e5bba42e51(검색일: 2018년 4월 28일).

ABSTRACT

A Prospect theoretical Analysis on the Drivers of the Third South-North Summit

In 2017, North Korea's sixth nuclear test and the launch of an ICBM Hwasong-15 missile test increased the crisis on the Korean Peninsula. However, the 2018 Pyeongchang Winter Olympics opened the door to inter-Korean dialogue. And the two Koreas agreed to held a summit through an exchange visit of special envoys. The 2018 inter-Korean summit took place on 27 April, on the South Korean side of the Joint Security Area, between Moon Jae-in, President of South Korea, and Kim Jong-un, Chairman of the Workers' Party of Korea, and Supreme Leader of North Korea. The summit took place after the two sides held several meetings in preparation for the joint attendance at the 2018 Winter Olympics. The summit was focused on the North Korean nuclear weapons program and denuclearization of the Korean Peninsula. After the summit, the two leaders jointly announced the Panmunjeom Declaration for Peace, prosperity and unification on the Korean Peninsula.

In this paper, we looked at the performance and significance of the Pyeongchang Winter Olympics to analyze the major factors that changed the crisis situation on the Korean Peninsula into a dialogue phase, and considered the change in the reference point of the two Koreas from a theoretical perspective. South Korea has been strengthening its deterrence against North Korea, but it faced serious security threats due to the North's nuclear and missile threats and changed its focus to the area of loss. South Korea has chosen a risk-averse strategy to build peace and stability on the Korean Peninsula ahead of the Pyeongchang Winter Olympics. Meanwhile, North Korea completed its nuclear program but faced strong sanctions from the international community. It is believed that North Korea, which has changed its focus to the loss zone, has chosen a strategy to avoid danger in order to survive the regime. It is analyzed that South and North Korea have sought a survival strategy in response to the change of reference point, considering the situation in Northeast Asia and the competition for hegemony between the U.S. and China. As a result, the third inter-Korean summit and the North Korea-U.S. summit were held, and a milestone in the denuclearization of the Korean Peninsula and the establishment of a peace regime was prepared.

key words Prospect Theory, Reference Point, Pyeongchang Winter Olympics, Inter-Korean summit, Denuclearization of Korean Peninsula

요약

북한 핵 억지를 위한 우주기반 운동에너지 무기체계 연구

북한의 핵과 미사일 개발은 현재 완성단계에 있다. 핵탄두 보유는 이미 20발 이상인 것으로 보이며 미사일도 전통적인 스커드 계열 외에도 러시아의 이스칸데르와 유사한 KN-23과 잠수함 발사 탄도미사일인 북극성 계열도 실전 배치를 앞둔 것으로 알려졌다.

이에 대응하는 한국의 미사일 방어체계는 종말단계 저층방어에 집중되어 있다. 이를 보완하기 위해 상승단계와 중간단계의 방어망 확충이 필요하다. 이에 대한 대안으로 '우주기반의 운동에너지 무기체계'의 개발과 도입이 효율적이다. 1950년대부터 연구되어온 동 체계는 그간은 높은 기술적 난이도와 재정 문제로 실현되지 못하여 왔으나 현재 미국과 중국 등에서 활발히 연구가 진행 중이다. 우주기반의 운동에너지 무기체계는 정찰위성, 탐지위성, RFG위성으로 구성되어 우주공간에서 24시간 대기하며 실시간으로 탄도미사일을 요격하는 시스템으로서 가까운 미래에 한국의 미사일 방어의 새로운 '게임체인저'가 될 것으로 기대된다.

key words 북 핵미사일, 탐지위성, RFG위성, 운동에너지 무기, 우주기반

신뢰와 국제안보 • 1편

03

북한 핵 억지를 위한 우주기반 운동에너지 무기체계 연구*

김종욱**, 신진***

Ⅰ. 서론

북한의 핵은 2006년부터 2016년까지 6차례의 실험을 통하여 완성 단계에 이르렀다. 해커 박사와 올브라이트 전 국무장관은 과거 2016년까지 10~20개의 핵탄두를 보유하였을 것으로 추정하였고, 미국의 RAND(Research ANd Development) 연구소는 2020년 30~100개의 핵탄두를

* 김종욱, 신진, 북한 핵 억지를 위한 우주기반 운동에너지 무기체계 연구, 대한정치학회보, 29집, 2호, 2021. 5월, pp.75-101 를 수정게재하였음.

** 제1저자, 충남대학교 대학원 박사과정, 국방과학연구소 방위산업기술지원센터 기술원

*** 교신저자, 충남대학교 정치외교학과 교수, jinshin@cnu.ac.kr

보유할 수 있다고 예측한 바 있다.[1]

북한의 미사일 개발은 단거리 SCUD-B/C, 중거리인 노동, 대륙간탄도미사일 화성-13/14/15를 잇달아 성공하였다. 최근에는 북한판 고체연료를 사용하는 단거리 미사일을 개발하였고, SLBM(Submarine Launched Ballistic Missile)인 북극성-2/3의 시험발사와 더불어 탄도미사일 1발에 다수의 탄두를 탑재하는 MIRV(Multiple Independently-targetable Reentry Vehicle)도 개발하고 있다는 소식마저 들려오고 있다.

이에 반해 한국이 북한의 핵미사일 위협에 대응하기 위해 구축 중인 한국형미사일방어체계(KAMD: Korea Air & Missile Defense)는 종말단계의 하층방어에 집중되어 있다. 탐지수단에 대해서는 425[2]사업과 초소형군집위성[3] 사업의 추진으로 어느 정도 보완이 예상된다. 그러나 타격수단에 대해서는 또 다른 종말 단계의 방어망인 L-SAM의 개발 외에 뚜렷한 혁신적 조치는 없다. 핵은 단 1격에도 괴멸적 피해를 줄 수 있고 종말 단계에서 요격에 성공해도 미사일 잔해의 낙하에 의한 부수적인 피해가 발생할 수 있다.

따라서 본 논문에서는 북한의 핵미사일 위협에 대응하기 위한 새로운 대안으로 우주기반 운동에너지 무기체계를 분석한다.

우주기반 운동에너지 무기체계는 위성에서 지상, 상승 및 중간단계의 탄도미사일을 운동에너지 무기로 요격하는 개념으로, 1950년대부

1 "DPRK Nuclear Weapon Capability", Research Center for Nuclear Weapons Abolition, Nagasaki University, http://www.recna.nagasaki-a.ac.jr(검색일 : 2020. 10. 30.)

2 "군 통신위성 다음엔 정찰위성...킬 체인 완성될지 주목", 『뉴시스』(온라인), https://newsis.com/view/?id=NISX20200721_0001103099(검색일: 2020. 09. 21.)

3 "초소형 위성 11기 개발에 2027년 까지 2133억 투입", 『연합뉴스』(온라인), https://www.yna.co.kr/view/AKR20200211038100017(검색일: 2021. 02. 03.)

터 연구가 시작되어 레이건 행정부 시절 SDI(Strategic Defense Initiative)로 구체화 되어 "신의 지팡이(RFG, rods from God,)"[4] 라고 명명되었다. 그러나 기술적 어려움과 과다한 개발비 등으로 후임 행정부들에 의해 사장되었다가 부시 행정부에서 다시 논의하기 시작[5]했으며, 트럼프 행정부는 이 프로그램을 부활시켰다.

본 논문에서는 선행연구, 각종 보고서 및 보도자료 등의 참고문헌을 통하여 우주기반 운동에너지 무기체계의 역사와 법적 문제를 다루고, 이어 북한의 핵미사일의 위협과 이에 대한 KAMD의 문제점과 우주기반 운동에너지 무기체계로의 타당성에 대해 분석하였다. 분석은 무기효과지수의 무기체계 평가 항목을 기준으로 정략적 · 정성적 방법을 혼용하였다.

Ⅱ. 법적 제도적 배경 및 이론적 틀

1. 우주기반 운동에너지 무기체계의 역사

우주로부터 내려오는 어떠한 무기체계에 대한 최초의 언급은 19세

4 John Arquilla, "RODS FROM GOD / Imagine a bundle of telephone poles hurtling through space at 7,000 mph", SFGATE, 2012.01.15., https://www.sfgate.com/opinion/article/RODS-FROM-GOD-Imagine-a-bundle-of-telephone-2539690.php(검색일:2021.03.25.)

5 Blake Stilwel, "The Air Force's 'rods from god' could hit with the force of a nuclear weapon — with no fallout," INSIDER, https://www.businessinsider.com/air-force-rods-from-god-kinetic-weapon-hit-with-nuclear-weapon-force-2017-9#:~:text=The%20%22rods%20from%20god%22%20idea,bunkers%20or%20secret%20underground%20sites(검색일 2021. 03. 25.)

기 H. G. Wells에 의해 창작된 화성인의 침공에 대한 소설 'The War of the Worlds'(1898)[6]에서 였다.

소련은 1924년에 로켓 추진 위원회를 결성하고, 1926년에 액체 연료 로켓을 최초로 발사하였다.

독일은 1932년에 로켓개발 프로그램을 시작하였고, 그 결과로 V1, V2 로켓을 개발하였다. 이 시기에 미국은 핵폭탄 개발에 성공하였다.

1945년 독일은 대륙간탄도미사일의 프로토타입을 시험하였다. 1945년 11월 미 해군은 육군과 공동으로 RAND에 의뢰해 저고도의 500파운드 위성에 관한 보고서를 발표했다. 보고서에는 위성을 정찰, 기상 관측, 통신 중계 및 무기체계 등에 사용할 수 있음을 명시하였다. 여기서 무기체계란[7] 사실상 위성 자체의 자폭 무기화를 고려한 것이었다.

1940년대까지 위성의 군사적 이용에 회의적이던 미국의 아이젠하워 대통령은 소련의 핵 공격을 사전에 알아채기 위한 위성의 활용에 대해 인식하였지만, 군과 민이 우선권에 대한 지루한 논의만 계속되었다.

그런데 1957년 소련이 Sputnik를 성공적으로 발사함으로써 모든 것이 바뀌게 된다. 1957년 12월 아이젠하워 대통령은 정찰위성 제작을 명령한다. 이후 1960년까지 정찰, 기상, 미사일 경보 및 통신위성 등을 각각 발사한다.

RAND는 1958년에서 1960년까지 포격위성에 관한 상세한 연구가

---

6 H. G. Wells, *The War of the Worlds, Planet PDF*, 1898. http://www.gutenberg.org(검색일 : 2020. 11. 01.)

7 "Preliminary Design of an Experimental World-Circling Spaceship", Douglas Aircraft Company Inc., Santa Monica Plant Engineering Division, Report No. SM-11827, 1946.6.2., p.10.

진행하였다. 소련도 궤도 포격에 대한 시험을 계속했다. 이들은 탄도탄보다 낮은 160km의 궤도로 조기경보위성에 탐지가 되지 않는 것이 특징이다. 현재 러시아가 자랑하고 있는 핵 순항 미사일과 원리가 비슷한데, 러시아는 이때의 경험으로 핵 순항미사일을 개발한 것으로 보인다.[8]

우주무기의 출현은 이에 대한 방어무기의 개발로 이어졌다. 이러한 방어용 미사일 경쟁은 1960년대까지 미국과 소련 모두에게 커다란 재정적 골칫거리였고, 결국 1972년 Strategic Arms Limitation Talks(SALT Ⅰ)[9]과 ABM[10]이 체결로 귀결되었는데 ABM에는 구체적인 방어무기 제한을 포함하고 있었다.

레이건 행정부 시절에는 SDI가 부각 되었다. 이에는 요격체[11], 지향성 에너지, 핵 등이 포함되었으며, 소련의 우주 선점을 막기 위해 여러 논란에도 불구하고 추진되었다.

냉전이 끝난 이후로 미국은 우주의 이용에 관해 감시, 정찰, 항법 등 전통적인 영역에 집중했으나, 2002년 발간된 미 공군의 "The U.S. Air Force Transition Flight Plan"[12]에는 미래에 보유해야 할 무기체계의 목

---

8 러시아식 표기법으로 9M730 '부레베스니크'이며 나토명은 SSC-X-9 '스카이폴'이다.

9 "Strategic Arms Limitation Talks", Wikipedia, http://en.wikipedia.org/wiki/Strategic_Arms_Limitation_Talis(검색일 : 2020. 11. 22.)

10 Anti-Ballistic Missile Treaty : 1972년 5월 26일 미국과 소련이 체결한 탄도탄 요격미사일을 제한하는 조약으로 2002년 미국에 의해 일방 파기되었다. "The Anti-Ballistic Missile (ABM) Treaty at a Glance", *Arms Control Association*, http://www.armscontrol.org/factsheets/abmtreaty(검색일 2021.2.2.)

11 여기에서 요격체는 운동에너지 무기를 의미한다.

12 "The U.S. Air Force Transition Flight Plan", Headquarters, U.S. Air Force XPXC, http://www.au.af.mil/au/awc/awcgate/af/af_trans_flightplan_nov03.pdf(검색일 : 2020. 11. 1?.)

표로 '극초음속 rod bundle'의 세부적 개발 개념[13]을 명시했다. 또한, 2019년 트럼프 행정부는 Missile Defense Review에서 우주기반 요격에 대한 연구를 재개한다고 밝혔다.[14]

한편, 중국의 경우 최근에 우주기반 무기체계에 대한 연구를 굉장히 활발히 진행하고 있는데, 인터넷상에서 우주기반 무기체계에 대해 검색해 보면 많은 수의 중국계 논문을 확인할 수 있다. 또한, 특허 등록된 것도 눈에 띄는데 9개의 위성으로 중국 전역을 담당할 수 있다는 내용의 특허[15]이다. 동 무기체계에 대한 언론 보도나 구체적 개발 흔적을 찾을 수는 없지만, 중국정부 차원에서 관심을 갖고 연구를 진행 중인 것으로 보이며 그만큼 실전에 적용이 가능한 무기체계임을 반증하는 사례라 할 수 있다.

2. 국제 우주법적 문제

우주물체의 발사에 관한 직접적인 내용은 1967년의 우주조약 제4조로 "지구 주변의 궤도에 핵 또는 대량살상무기를 배치할 수 없다."로 명시하였다. 그러나 김한택에 의하면, 이는 재래식 무기 등을 지구궤도에 올리거나 이를 이용하여 군사적 목적으로 사용하는 것은 가능하다는 해석이 도출할 수 있다고 한다.[16] 본 연구가 주장하는 우주기반

13 Daniel C Sproull, "Kinetic Energy Weapons The Beginning of an Intergency Challenge", *InterAgency Journal*, Vol. 8, Issue 2, 2017, p.62

14 Jon Harper, "Special Report : Pentagon Reexamining Space-Based Interceptors", *National Defense*, 2019. 04. 22. p.2

15 나건군 외, 발명특허 201610388969.X, 중화인민공화국국가지식권국. 2016. 06. 02.

16 김한택, "우주의 평화적 이용에 관한 국제법 연구", 『항공우주정책/법학회지』, 제30권, 제1호, 2015.

운동에너지 무기는 핵무기나 대량살상무기가 아니다.

우주조약의 후속 조약 중에 '우주물체에 의하여 발생한 손해에 대한 국제책임 협약'의 경우 우주발사체의 발사로 인한 피해 발생 시 보상 절차가 있으나, 이 경우에도 방어를 위한 우주기반 무기의 권리는 상당히 주장할 수 있으리라 판단 된다. 아울러 자국의 현실적 안보를 위해 탈퇴 신고를 하면 이러한 조약들은 1년 후에 효력이 정지된다.

공격적 현실주의 관점에서는 국제법이라는 것은 진영의 논리에 따라 아무런 효과를 발휘하지 못하는 것을 당연하게 받아들인다. 2020년 9월 러시아는 핵 추진 순항미사일을 개발했다고 영국 텔레그래프 등이 보도했다. 이 무기는 우주조약 위반 가능성이 있는데도 안보리 상임이사국인 러시아의 위치 때문에 제재할 수 없다는 것이다. 이에 대해 영국에 있는 파이브 아이즈 정보 기관의 짐 하크헐 국장은 "러시아가 신무기를 개발하면서 과학의 경계를 허물고 국제 조약들을 무력화하고 있다."라고 평가하기도 하였다.[17]

ABM의 경우 이의 배치를 줄이면 핵무기의 배치도 줄이게 된다는 논리하에 체결되었다. 그러나 이는 레이건 행정부 시절 SDI가 추진되면서 유명무실해졌으며, 2002년 미국에 의해 일방 파기되었다.

SFGATE에 의하면 미국은 체코와 폴란드에 미사일 요격시스템을 설치할 계획을 가지고 있었다. 이에 중국과 러시아는 미국의 요격시스템을 차단하기 위해 우주무기에 대한 금지조약을 체결하자고 제안하

---

06. p.282

17 임규민, "365일 지구를 날다가 때린다고? 푸틴의 그 핵미사일 진짜였다.", 『조선일보』(온라인), https://www.chosun.com/international/europe/2020/09/14/H5D6ON5WK5F4PCDWMTAREJWOPE(검색일: 2020. 11. 15.)

였다. 게다가 이들은 우주로 발사하는 중국과 러시아의 미사일에 대하여는 금지조항 속에 포함시키지 않음으로써 전략적으로 미국의 우주방어능력을 제한하려는 계획을 보여주었을 뿐이었다. 이에 부시행정부는 1972년에 체결된 탄도탄 요격미사일 조약(Anti-Ballistic Missile Treaty)을 탈퇴하면서 2006년 10월에 미국의 우주 무기권리를 주장하였다.[18] 이어서 미국의 트럼프 행정부에서도 프로젝트 토르(Project Thor)를 통해 RFG(신의 지팡이)계획을 추진하고 있다고 밝혔다. 1967년에 체결된 우주의 평화적 이용에 관한 국제협약은 우주 공간에 핵무기, 생화학 무기 등 대량살상무기를 배치하는 것을 금지하고 있지만, 미국의 공군이 추진하는 RFG 계획은 이에 구속되지 않는다. 약 10톤의 텅스텐 막대기를 인공위성에 배치하여 마하 10의 속도로 타격함으로 지하의 미사일이나 핵무기를 파괴하는 무기체계다.[19]

종합해 보면 우주조약에서는 핵과 대량살상무기에 대한 배치와 사용을 금지하고 있으나 이는 선언적인 것으로 보이며, 비핵, 비대량살상에 해당하는 우주기반 무기체계는 얼마든지 가능하고 ABM은 이미 폐기된 것으로 북한의 핵 위협에 당면한 한국에게는 큰 제한사항으로 작용하지 않는다고 판단된다.

---

18 Bradley S. Klapper, "China, Russia push ban on space weapons", SFGATE, 2012.02.11., https://www.sfgate.com/news/article/China-Russia-push-ban-on-space-weapons-3294612.php(검색일: 2021. 03. 25.)

19 "Project Thor: What America's 'Rods from God' Space Based Superweapon Can Do", MILITARY WATCH, https://militarywatchmagazine.com/article/project-thor-what-America-s-new-rods-from-god-space-based-superweapon-can-do(검색일:2021.03.25.)

3. 이론적 틀

우주기반 무기체계로서 타당성을 분석하기 위하여 한국의 국방연구원에서 사용하고 있는 전력지수평가기준을 사용한다. 김세일[20]에 의하면, 한국국방연구원은 미군의 JICM(Joint Integrated Contingency Model) 모델을 기준으로 무기체계별 상대점수를 산출하고 그 성능을 화력, 기동성, 생존성, C4ISR 등의 요소로 비교 평가하여 종합하고 범주별 전력지수를 산출한다.

이것을 토대로 기동성을 운용성으로 재분류하여, 가중치를 적용하여 평가할 수 있다. 또한, 정연오[21]에 의하면, 무기체계의 기능지수를 활용하면, 서로 다른 무기체계 운용의 임무와 기능 간의 조합이라고 할 수 있는 질적인 능력을 평가할 수 있다는 점에서 유용하다고 한다.

본 연구에서는 우주기반 운동에너지 무기체계의 타당성 분석을 위해 효용성/화력, 운용성, 생존성 및 C4ISR 측면에서 기존 KAMD와 무기효과지수 평가 기준을 이용하여 비교하였다. 또한, 한국이 처한 국제정치적 현실에서 신무기 체계의 개발 및 배치에도 주변국의 반발이 상존하기 때문에 실현가능성 차원의 국제정치적 환경을 추가하였다. 단, 아직 실전 배치되지 않은 무기체계의 특성상 가중치는 부여하되 이를 계산하지는 않았다. 표 1은 평가척도와 기준을 보여준다.

---

20 김세일, "무인기 대응을 위한 무기체계연구", 『충남대학교 박사학위논문』, 2021. 02. 15, pp.10-11.

21 정연오, "무기체계의 다양한 기능을 고려한 군사력 비교 · 평가 방법," 『주간국방논단』, 제1619호, 2016. 05. 16, pp.1-8

표 1. 무기효과지수(무기점수) 가중치 평가 적용 기준(例)(김세일, "무인기 대응을 위한 무기체계연구", 충남대학교 박사학위논문, 2021.2.에서 재구성)

구분(가중치)	적용 기준	무기체계
화력(30%)	유효사거리	
	탄약적재량	
	탄약 장전	
	구경	
기동성(30%)	항속거리	
	도하 수심	
	조종수 관측경	
	톤당 마력	
생존성(20%)	전면장갑	
	화생방양압장치	
	능동방호	
C41SR(20%)	피아식별기	
	C4I 연동	
	전장관리체계	
최종평가(100%)		

구분(가중치)	적용 기준	무기체계
효용성/화력(25%)	효용성	
	운용범위	
	치명성	
운용성(25%)	실시간대응	
	탑재/재보급	
	경제성	
생존성(20%)	포대	
	요격체	
C4ISR(20%)	피아식별	
	C4I 연동	
국제정치적 환경(10%)		
최종평가(100%)		

Ⅲ. 북한의 핵미사일 위협과 한국형 방어체계의 한계

1. 북한의 핵미사일 능력

북한은 1950년대에 소련의 원조로 실험용 원자로를 영변에 설치하였다. 1986년에 5MWe급 원자로를 건설하였으며, 이를 통해 연간 6kg 정도의 플루토늄을 생산하여 왔다.[22] 미국의 헤커 박사는 1981년부터 2015년까지 북한이 42~63kg의 플루토늄을 생산했을 것으로 예측했다.[23]

또한, 헤커 박사는 북한이 고농축우라늄(HEU) 생산을 통해 2016년까지 10~20개의 우라늄 폭탄을 보유한 것으로 추정하였다.[24]

RAND는 북한은 2020년까지 최소 30개에서 최대 100개까지 늘릴 수 있다고 전망한 바 있다.[25]

북한은 1960년대부터 구소련, 중국 등으로부터 단거리 미사일을 도입하여 역설계 등을 통하여 관련 기술을 습득하였고 1981년에는 이집트로부터 도입한 SCUD-B 2기를 모방하여 1985년에 자체 생산했다.

1990년대 스커드-C, 노동 미사일 및 대포동 1호 등의 발사에 성공한 북한은 2006년에는 사거리 6,700km급의 대포동-2를 시험발사를 하였으며, 2007년에는 4,000km 사거리의 무수단을 실전 배치하였다. 2012년에는 사거리 10,000km의 대포동-3호를 발사하였다.[26]

2012년에는 이동식 발사대에 실린 탄도미사일이(화성-13) 포착되었고, 2017년 7월 4일에 사정거리가 9,500km에 이르는 화성-14를 발사하였다. 2017년 11월에는 사거리 13,000km의 화성-15의 시험발사가 있었다.[27]

---

22 최정민, "북한 핵 억제 전략 연구를 통한 한국의 군사적 대응방향 제시", 『군사논단』, 제97호, 2014. 봄, p.24

23 Siefried S. Hecker, Chain Brsun, eds., "North Korea's Stockpile of Fissile Material", *Korea Observer*, Vol. 47, No.4, 2016, pp.721-749

24 David Albright, "Future Direction in the North Korea's Nuclear Program : Three Scenarios for 2020", US-Korea Institute at SAIS, 2015.

25 "북한 핵 · 미사일 보유 현황 주목 : 핵무기 최소 20개 보유 : 비밀시설 핵물질 생산", 『VOA』(온라인), https://www.voakorea.com/korea/korea-politics/4806803(검색일: 2019. 11. 27.)

26 권용수, "북한 탄도미사일의 기술 분석 및 평가", 『국방연구』, 56-1, 2013. 03, pp.3-5

27 "Whasong-15 Development", CSIS, http://Missilethreat.csis.org/millile/hwasong-15-kn-22(검색

2019년 5월 4일에는 240km 거리를 40km~50km의 낮은 고도로 비행하는 탄도미사일을 발사했다. 이러한 종류의 미사일은 낮은 고도로 종말단계에 회피기동까지 하므로 요격하기가 매우 까다롭고 450kg대의 탄두중량은 핵 탑재를 가능하게 한다.[28]

한편, 2019년 10월 3일에는 신형 잠수함발사탄도미사일(SLBM)인 북극성-3형을 실험하였으며, 이 미사일의 사거리는 3,000km에 달하는 것으로 알려졌다.[29] 동시에 3,000톤급 신형 디젤 잠수함을 건조하고 있는데 여기에 3발의 북극성-3형을 탑재할 것으로 전망되며 북극성 3형은 JL-2와 매우 유사하여 MIRV를 탑재할 수 있을 것으로 많은 전문가들은 예측하고 있다.

결론적으로 북한은 현재까지는 15~30기의 핵탄두와 탄도미사일, TEL[30], SLBM을 조합하여 생존성 향상을 추구하고 있으며, 2020년대 중반까지 100여발의 이상의 핵 탄두를 확보할 가능성이 있어 파키스탄과 필적하거나 능가하는 핵 억지력을 보유할 것으로 추정된다.

2. 한국의 미사일 방어 체계

현재 미국은 상승, 중간, 종말 단계에서 요격이 가능한 다양한 무기체계를 구축하고 있다. 상승단계는 ABL(Air Born Laser), 성층권 기구 등을

일: 20. 11. 20)

28 이혁수, "최신 미사일 시스템 이스칸데르-M", 『방공저널』, 제131호, 2019. pp.17-30.

29 "북 다탄두 SLBM 개발하나...북극성 3형, 중 JL-2 닮았다.", 『조선닷컴』(온라인), https://www.chosun.com/site/data/html_dir/2019/10/03/2019100300916.html(검색일: 2019. 11. 27.)

30 Transporter Erector Launcher(이동식발사대)

연구하였고, 무인기 등을 이용한 요격도 추진하고 있다. 중간단계는 SM-3, GBI(Ground Based Interceptor), 우주기반 레이저 등을 활용하고 종말단계에서는 THAAD, 패트리어트, LASER, Rail Gun 등을 사용한다. 또한, 효과적인 조기경보를 위해 세계 곳곳에 X-밴드 레이더 기지를 운용하고 있으며, 탄도미사일의 발사를 탐지할 수 있는 조기경보레이더를 배치하고 있다.[31]

한국의 미사일 방어는 각종 탐지 및 정보자산으로 북한의 탄도미사일 발사를 탐지하면 지상요격체계로 요격을 시도하는 것을 핵심으로 한다. 세종대왕급 이지스함에서의 해상 요격도 가능하지만 SM-3 미사일이 도입되지 않아 현재까지는 조기경보 역할만 수행하고 있다.

발사된 미사일은 K-TMO cell의 표적 할당에 의해 요격이 시작된다. 현재 한국군은 종말단계 요격체계만 갖추고 있다. 150km 고도에서 주한미군의 THAAD, 그 이하에서는 L-SAM, 패트리어트, 천궁 등으로 요격한다. 이어 수도권 지역을 위한 한국형 아이언 돔의 개발[32]을 계획하고 있다.

KAMD는 비록 종말단계 저층방어에 집중되었으나 제법 촘촘하게 방어망을 구성해 가고 있다. 그러나 여기에는 치명적인 몇 가지 문제점이 있다.

첫째, 이러한 방어망의 구축에도 요격 확률은 낮을 수 있다. 북한이 보유한 1,000여발의 탄도미사일중에서 핵탄두가 탑재된 미사일을 알

31 박상건, 이경행, "미국의 MD를 고려한 능력기반 다층방어체계 구축방안 연구", 『Journal of the KNST』, 3(1), 2020. 03, pp.47-48.

32 정빛나, "북 장사정포 막을 '한국판 아이언돔'개발 · 4천톤급 잠수함도 추진(종합)", 『연합뉴스』(온라인), https://www.yna.co.kr/view/AKR20200810000700504(검색일: 2020. 11. 20.)

아내는 것은 불가능에 가깝기 때문에 모든 미사일에 대응해야 하는데, 북한이 핵심 표적에 대한 대량 집중 공격시 이를 모두 요격하는 데 한계가 있기 때문이다.

둘째, 탄도탄을 종말 단계에서 요격에 성공해도 그 유탄이 우리지역에 떨어져 부수적인 피해를 입힌다는 것이다. 더욱이 핵미사일은 누구도 실제로 요격해 본 적이 없으며, 요격 후 떨어지는 파편이 어떤 효과를 일으킬지 현재로서는 알 길이 없다.

셋째, 현재 구축 중인 KAMD 시스템은 지대지 전력에 초점이 맞춰져 있다는 것이다. 지금 북한에서 개발 중인 잠수함발사탄도탄이 공격을 시도한다면 북쪽 방향으로 고정된 그린파인, THAAD, 패트리어트의 효용성은 크게 떨어지게 되고, MIRV는 이를 더욱 가중시키게 될 것이다.

Ⅳ. 우주기반 운동에너지(RFG: Rods From God) 무기체계의 평가

1. 효용성과 화력

RFG(우주기반 운동에너지 무기체계)의 효용성은 서민수, 마정욱이 발표한 논문의 '미사일 방어체계의 요격확률'[33]을 기반으로 우주기반 운동에

33 서민수, 마정욱, "수리모형을 이용한 요격확률 및 비용 기반의 다층 방어 요격미사일 운용방법 연구", 『한국시뮬레이션학회논문지』, 29(2), 2020. 06. pp.49-61

너지 무기체계를 적용하여 분석하였다.

평가기준은 미 공군의 교전효과(engagement effectiveness)이며 종말 단계의 다층방어에서 방어목표의 중요도에 따라 발사하는 요격미사일의 수를 나눠어 놓은 것이다.[34]

교전효과의 수준은 0에서 4까지로 수준이 높아질수록 발사하는 요격미사일의 숫자는 늘어난다. 수준 4의 경우 매우 높은 방어목표로 4발을 발사한다. 일반적으로 수준 1~2에서는 1 Tier(상층 또는 하층)를 사용하며 수준 3~4에 대해서는 2 Tier(상층과 하층)을 적용한다. 이는 절대적인 것은 아니어서 수준 1~4 모두 1 Tier를 사용해도 관계는 없다.

본 논문에서는 요격미사일 3발을 사용하는 방어수준 3를 적용하였고, 서민수, 마정욱의 미사일 방어체계의 요격확률(P1)[35]은 식(1)과 같다.

$$P^1 = (1-(1-SSEKP_1)^2) + (1-SSEKP_1)^2(1-(1-SSEKP_2)^2) \quad (1)$$

SSEKP는 Single Shot Engagement Kill Probability의 약어로 요격미사일의 단발요격 확률을 의미한다. 식(1)을 탄도미사일의 수를 W, 상층 방어와 하층 방어에서 발사하는 요격미사일의 수를 T1, T2, 요격확률 P1는 식(2)와 같이 일반화할 수 있다.

$$P^W = \sum_{n=0}^{w} \binom{W}{n} (p_1)^{(W-n)} (1-p_1)^{(n)} (p_2)^{(n)} \quad (2)$$

적 탄도미사일의 발사수는 1개의 표적에 대해 20발을 동시에 발사

34 *Field Manual 3-01.85(FM 44-85): Patriot Battalion and Battery Operations*, Headquarters Department of The Army, 2002. 05., chapter 5-82 · 5-83.

35 서민수, 마정욱, "수리모형을 이용한 요격확률 및 비용 기반의 다층 방어 요격미사일 운용방법 연구", 『한국시뮬레이션학회논문지』, 29(2), 2020. 06. p.52

하는 것으로 가정하였다. 따라서 지상발사 요격미사일은 총 3~60발을 대응 사격하게 된다. 계산된 요격확률은 표 2의 KAMD 요격확률이다.

표 2에서 보는 바와 같이 요격확률은 적 탄도미사일이 1발일 경우 98.2%, 20발일 경우 69.54%로 적 탄도미사일이 동시에 많은 수량이 발사될수록 요격확률은 현저히 낮아짐을 알 수 있다.

표 2. 적 탄도미사일 발사수량에 따른 교전효과 3의 방어 효율

탄도 미사일 발사수	KAMD 요격확률	RFG+ 확률	탄도 미사일 발사수	KAMD 요격확률	RFG+ 확률
1	98.20	99.84	11	81.89	98.20
2	96.43	99.68	12	80.42	96.43
3	94.70	99.52	13	78.97	94.70
4	92.99	99.36	14	77.55	92.99
5	91.32	99.20	15	76.15	91.32
6	89.67	99.04	16	74.78	89.67
7	88.06	98.88	17	73.43	88.06
8	86.48	98.72	18	72.11	86.48
9	84.92	98.56	19	70.81	84.92
10	83.39	98.40	20	69.54	83.39

RFG의 효용성 분석을 위해 표2의 요격확률에서 RFG위성을 추가하여 분석하였다. 여기에서 RFG위성은 통상 10발의 요격체를 탑재하는 것으로 검토된 바 있다.[36] RFG와 KAMD를 각각 상부 Tier와 하부 Tier로 구분하고, 하부 Tier는 탄도미사일 1발에 3발의 요격미사일 사용을

36 Christopher J. Cunningham, "The Space-Based Interceptor", *AIP Conference Proceeding 178*, 261(1988), p.264

가정하였다. RFG 요격확률은 80%로 가정하였다. RFG 의성의 요격확률을 실제적으로 검증하여 수리적으로 분석한 연구는 아직 없기 때문에 일반적으로 사용되는 지상발사 요격미사일의 요격확률을 보수적으로 적용하였다. 결과는 표 2의 RFG+의 확률과 같다.

표 2에서 보는 바와 같이 기존의 KAMD에 RFG를 추가 구성하면 탄도미사일을 20발을 한 번에 발사시 성공률은 69.54에서 83.39%로 상승하게 된다. 그러나 RFG 위성에서 적 탄도미사일의 요격에 성공하는 수량만큼 지상발사 요격미사일에 여유가 생기므로 교전효과 3을 교전효과 4로 가져갈 수 있다. 따라서 RFG위성에의 요격 성공은 그만큼 전체 요격 성공률을 지수적으로 상승시킬 수 있다고 추론하는 것이 가능하다.

RFG위성의 운용 범위를 확장하기 위해서는 위성의 고도를 낮춘다. 위성의 고도가 낮아지면, 지구의 중력으로 인해 위성에서 발사하는 발사체의 초기 속도가 커지기 때문이다. 그림 1[37]은 RFG위성의 고도에 따른 사거리를 나타낸 것으로 1,000km 고도에서는 1,360km정도가 최대 사거리지만 500km 고도에서는 100km정도가 더 늘어난 1,460km 정도가 된다. 1,460km의 사거리는 휴전선 인근에서 일본 전역이 사정권에 들어간다. 작전운용 반경이 200km 정도인 THAAD와 비교하여 훨씬 탁월한 방어권역을 보여준다.

---

37 A.T. Aydin, P.E. Pace, eds., "Orbit Selection for Space Based Interception of a Select ICBM Case", Naval Postgraduate School, 2006. 01. 10. p.6

그림1 RFG 위성 고도에 따른 사거리

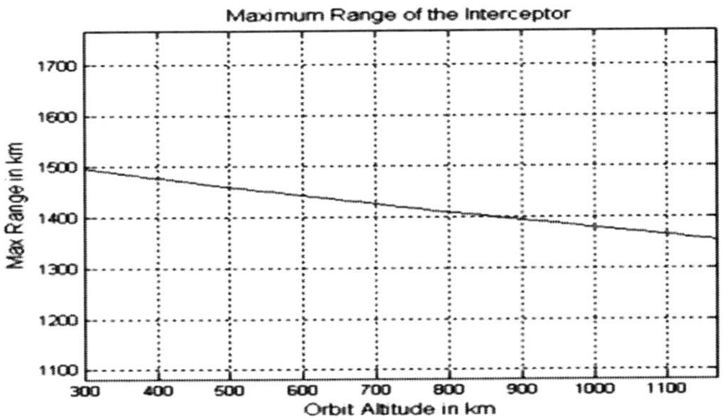

Aydin과 Tummala에 의하면 500km 고도에서 하방각은 12.2도이다. 따라서 360을 12.2로 나누면 29.51정도가 나온다. 이는 30기의 군집위성으로 한반도 전역에 대한 커버리지를 상시 가질 수 있다는 것을 의미한다.

RFG는 지상, 상승 또는 중간단계의 탄도미사일을 우주에서 운동에너지 무기체계를 활용하여 요격하는 개념이기 때문에 현재의 방어수단으로서는 북한의 탄도미사일을 제압할 수 있는 가장 효율적인 무기체계라고 할 수 있다. 특히, 상승단계의 탄도미사일은 표적이 매우 크고 속도도 느리기 때문에 외부로부터의 작은 충격조차도 탄도미사일의 동력을 상실하게 만들거나 또는 탄도미사일의 처음 계획했던 좌표로의 유도를 불가능 하게 만든다. 이는 요격에 성공해도 낙탄과 파편 등에 의한 부수피해를 걱정해야 하는 지상기반의 종말단계 요격체계의 단점을 보완할 수 있는 것이다.

표 3은 북한의 대표적인 탄도미사일인 스커드-B/C, 노동미사일에

대한 지상에서 정점 고도까지 상승시간을 분석한 것이다. 이는 발사된 이후 얼마의 시간 동안 요격이 가능한 것인지를 판단[38]하기 위한 것으로 각 탄종별 169~282초(2~5분)가 소요됨을 알 수 있다.

위성에서 발사한 요격체가 지상 또는 상승단계의 탄도미사일을 요격하기 위해서는 표적이 요격 범위를 넘어서기 전에 접촉할 수 있어야 한다. 따라서 탄도미사일의 지면에서 정점고도까지의 상승시간과 요격체의 하강 시간을 비교하였다.

표 3. 북한의 주요 탄도미사일의 상승시간 비교
(김지원, 권용수 등의 탄도미사일 고도특성 그래프를 재구성)

구 분	스커드-B	스커드-C	노동
사거리(km)	300	500	1,000
정점 고도(km)	80	130	265
도달 시간(초)	169	210	282

위성은 만유인력과 원심력이 평형을 이루어야 지구에 접근하거나 멀어지지 않고 원운동을 할 수 있기 때문에 고유의 접선속도를 갖고 있다. 이 속도는 식(3)으로 구할 수 있다. 식에서 G는 만유인력상수, M은 지구질량, m은 위성의 질량, h는 위성의 고도 R은 지구반지름이다. 계산해보면 500km 고도에서는 7.61km/s, 400km에서는 7.67km/s, 300km에서는 77.73km가 된다. 이 속도는 요격체의 거리 이동 속도가 된다.

38 중간단계에서 정점을 지나 하강할 때에도 요격은 시도할 수 있으나, 정점을 지난 후 요격할 경우 파편들이 관성에 의해 궤적을 유지할 가능성이 커 본 연구에서는 논외로 하였다.

$$\sqrt{\frac{GM}{R+h}} = m\frac{v^2}{R} \qquad (3)$$

또한, 요격체는 지구 인력에 의해 지면으로 떨어지게 되는데 이 속도는 식 (5)로 구할 수 있다. 여기서 h는 위성의 고도, g는 중력가속도이다.

$$h = v_0 t + \frac{1}{2}gt^2 \qquad (4)$$

요격체와 탄도미사일이 접촉이 가능한지 여부는 두 속도중에 상대적으로 느린 요격체가 지면에 닿는 시간과 탄도미사일의 상승시간을 비교하여 평가하였다.

그림 2는 요격체가 부스터를 이용한 가속 없이 단순히 자유낙하 했을 때의 지면까지 도달하는데 소요된 시간이다. X축은 낙하시간 Y축은 고도이며, 요격체와 탄도미사일이 서로 교차하고 그 이후 탄도미사일의 그래프가 우상향하는 것이 길수록 여유가 많은 것이다.

그림 2. 자유낙하시 요격가능성 분석

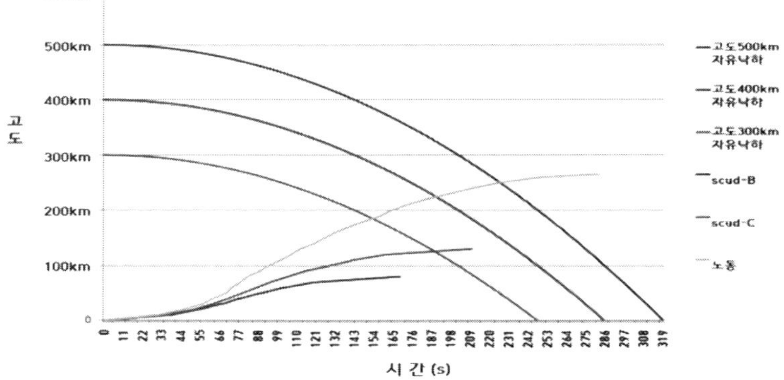

그림 2를 보면 자유낙하 만으로는 500~400km 고도에서는 노동미사일만 접촉할 수 있고 300km 고도에서도 스커드-C는 접촉할 수 없는 것을 알 수 있다.

이 문제를 해결하기 위해 부스터를 이용하여 요격체를 가속해 준 경우를 가정해 보았다. 미 의회예산처는 2004년 보고서에서 2km/s, 4km/s, 6km/s의 속도로 요격체를 가속하여 성능을 비교한 바 있다.[39] 본 연구에서는 중간값인 4km/s로 가속한 경우를 상정하여 계산하였다. 그림 3은 그 결과를 보여준다.

그림 3. 4km 가속시 요격 가능성 분석

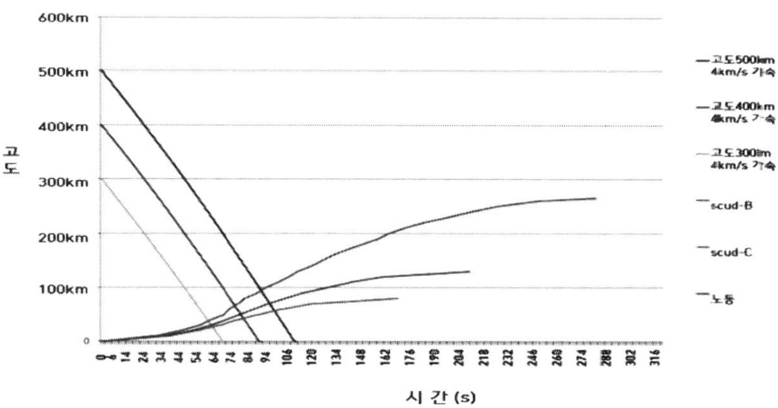

그림 3에서 보는 바와 같이 500~300km 고도에서 각 탄도미사일에 대해 모두 상당히 빠른 시간에 접촉하는 것을 알 수 있다. 따라서 표적의 궤도를 계산하는 시간, 진입 각도에 따른 거리 증가, 대기의 항력

39 "Alternatives for Boost-Phase Missile Defense", *A CBO Study*, 2004. 07. 03. p.19

등으로 인한 시간 지연을 고려해도 상당히 여유 있게 북한의 탄도미사일을 요격할 수 있음을 알 수 있다. 더 상세한 낙하시간에 대한 계산은 이 연구의 범위를 벗어나는 것으로 논외로 하였다.

2. 운용성

RFG 무기체계는 정찰, 탐지, RFG 위성의 3가지 시스템으로 구성된다. 정찰위성은 저궤도에 위치하며 주기적으로 북한의 미사일 기지를 관찰하고 발사징후 포착 시 RFG 위성에 그 좌표를 전송한다. 현재 추진 중인 소형군집위성, 425 사업의 SAR, EO/IR 위성의 경우가 이에 해당한다.

탐지위성[40]은 정지궤도에서 북한의 활동을 감시하는 위성으로 적외선 탐지장비를 장착하여 북한이 미사일을 발사할 때 이를 탐지하고 그 정보를 킬러 위성에 제공한다. RFG위성은 정찰위성과 탐지위성에서 받은 정보를 바탕으로 요격을 수행한다. 먼저 정찰위성이 지상에서 발사전 정보를 적시에 받을 경우 제공 받은 좌표에 대한 공격을 감행한다. 이때는 자유낙하를 이용한 표적좌표에 대한 공격이 된다. 그림 4는 우주기반 운동에너지 무기체계의 운용 개념을 도시한 것이다.

지상의 표적을 요격하기 위해 사용하는 탄체는 순수 텅스텐 로드로 공기저항을 최소화 하고 재진입시 발생하는 고열을 견디도록 설계하여야 한다. 지상에서의 요격에 실패할 경우 상승하는 탄도미사일은

40 미국의 DSP(Defense Support Program), SBIRS(Space-Based Infrared System)와 같이 탄도미사일 발사시 발생하는 대량의 적외선을 탐지하여 경보하는 위성

탐지위성의 좌표전달로 RFG위성에서 재차 요격을 시도한다.[41]

그림 4 우주기반 운동에너지 무기체계 운용 개념도

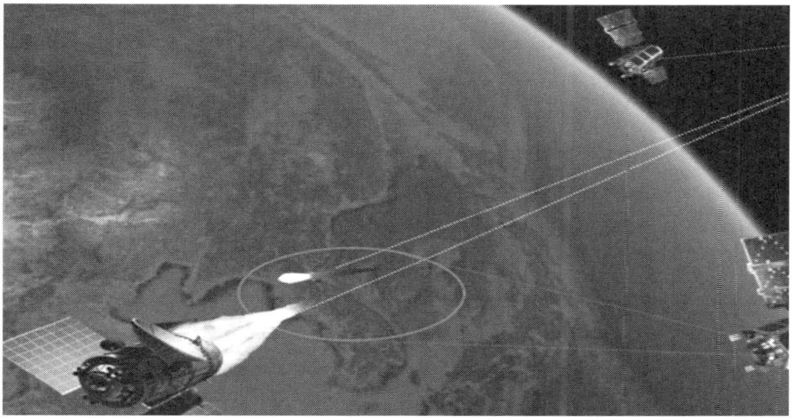

탐지위성은 발사된 탄도미사일의 위치와 궤도를 계산하고 이 정보를 RFG위성에 전달하고 RFG위성은 이를 수신하여 요격체에 입력한다.

요격체는 발사된 후 자체 방향전환 추진제에 의해 방향을 제어하여 표적의 예상 위치로 유도되며, 직격(hit-to-kill) 방식으로 요격을 시도한다. 그림 5는 우주기반 운동에너지 무기체계의 운용 절차이다.

아울러, 우주공간에서 24시간 대기하며 전방위 방어능력을 확보함으로써 잠수함발사 탄도미사일에도 대응이 가능하다. 따라서 기존 KAMD가 원천적으로 갖고 있는 취약한 운용성을 상당부분 보완할 수 있다.

41 상승중인 탄도미사일의 요격은 60kn 이상에서 요격하는 것이 유리하다는 견해도 있으나, 효과적인 공력 활용을 위해서는 30km 이내에서 요격해야 한다는 주장도 있다. 북한은 이스칸데르와 유사한 KN-23을 보유하여 60km이상 상승하지 않으므로 지상, 30km이전, 60km이후 요격을 위한 다종의 요격체 탑재도 고려할 필요가 있다,

현재의 기술수준과 경제성으로는 우주기반 운동에너지 무기체계의 재보급을 위해서는 또 다른 위성을 발사하는 것이라고 할 수 있으나, 우주선의 도킹 기술이 발달하면, 요격용 발사체를 재보급하여 위성을 지속적으로 활용할 수 있는 경제적 방법이 나타날 가능성이 크다고 할 수 있다.

그림 5 우주기반 운동에너지 무기체계 운용 절차

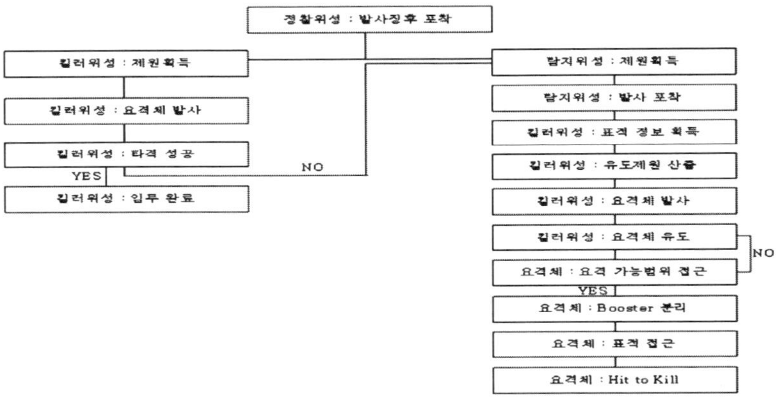

American Physical Society의 2004년 연구[42]에 따르면 요격체를 탑재하기 위한 위성의 구성요소(Life Jacket)를 갖추는데 요격체 무게의 50% 정도를 차지할 것이며 4km/s의 가속능력을 갖는 요격체를 탑재하기 위한 위성의 총 무게를 400~500kg으로 계산하였다. 그러나 미 의회예산처는 Life Jacket의 무게를 요격체의 20%까지 줄일 수 있다고 전망했

42 David K. Barton eds., "Report of the American Physical Society Study Group on Boost-Phase Intercept System for National Missile Defense: Scientific and Technical Issues", American Physical Society, 2004. 10. 05. p. S113

다.[43] 그러므로 기술의 발달에 따라 요격체의 무게 자체도 점차 줄어들어 500에서 1,000kg의 위성에 수발의 요격체를 탑재하여 동시 요격 능력을 갖출 수 있으리라 전망된다. 따라서 지상기반 요격체계에 비하여 적재량이나 경제성 측면에서도 유리할 가능성도 있는 것으로 판단할 수 있다.

미 의회예산처는 2004년 보고서에서 개발에 129(14.2조)억 달러, 생산에 69(7.6조)억 달러 20년간 유지비로 200(22조)억 달러가 소요될 것으로 전망했다.[44] 그러나 최근 기술발달로 이 비용은 상당히 축소될 것이며, 미국의 경우 전 세계가 대상이나 한국은 한국전구에 국한된 측면도 봐야 한다.

L-SAM 개발에는 2024년까지 총 9700억원[45], 양산에도 수조원이 투입된 것으로 추정된다. 패트리어트 도입에는 15억 달러(약 1조 7천억원)를 소요되었고[46] 패트리어트 Pac-3 도입에 14.5억달러(약 1조 6천억원)을 사용하였다.[47] M-SAM 개발에 4075억원, 개량에 1600억원 양산에 수조원이 소요된 것으로 추정된다.[48] 종합해 보면 합계 10조원이 넘는 비용이 소요되었으며, THAAD 같은 전구급 미사일을 추가 도입하면 다시 수조

43 "Alternative for Boost-Phase Missile Defense", Congress of the United States Congressional Budget Office, 2004. 7, p.29

44 *Ibid* p.42

45 "장거리 지대공유도무기 'L-SAM'체계 개발, 이달 계약 체결", 『뉴스1』(온라인), https://www.news1.kr/articles/?3785634(검색일: 2021. 03. 05.)

46 "한국, 패트리어트 미사일 내년부터 도입", 『KBS』(온라인), https://news.kbs.co.kr/news/view.do?ncd=1228931(검색일: 2021. 03. 05.)

47 "한국, 미국산 PAC-3 도입...북 탄도미사일 요격 가능", 『VOA KOREA』(온라인) https://www.voakorea.com/korea/korea-politics/2511723(검색일 2021. 03. 05.)

48 "오락가락하더니…. 국산 요격미사일 '천궁' 양산 최종 결정", 『SBS』(온라인), https://news.sbs.co.kr/news/endPage.do?news_id=N1004490165(검색일: 2021. 03. 05.)

원이 추가 소요될 것이다. 또한, 해군에서는 한발에 120억원을 상회하는 SM-3 도입을 추진하고 있다. 이 또한 수조원이 소요될 것이다.

결국, 점점 낮아지는 위성 발사 비용과 이를 운영 유지하는데 소요되는 인건비 등을 고려하면 우주기반 무기체계의 비용이 결코 과도한 비용이 소요된다고 할 수는 없을 것이다.

또한, 세계적인 추세도 위성발사 비용이 크게 줄어들고 있음을 보여주고 있다. 1960년대 Vanguard 로켓은 1kg의 물체를 지구 저궤도에 올려놓는데 100만달러가 소요됐다. 그러나 최근 Falcon-9 로켓은 kg당 2700달러, Falcon Heavy는 1400달러로 낮아졌다. 스페이스-X의 일론 머스크는 2030년까지 kg당 22달러까지 낮추겠다고 공언하고 있다. 다소 무리한 주장일 수는 있으나, 위성 발사 비용이 지속적으로 줄어드는 것은 분명해 보인다.[49]

한국항공우주연구원에 따르면 한국은 2021년 300톤급의 발사체를 발사할 계획으로 1.5톤 중량의 위성을 600~800km 고도에 올릴 수 있는 능력을 갖출 계획이다. 위성의 무게를 500kg 정도로 소형화하고 고도를 300~500km로 낮추면 최대 3~4기까지 한 번에 발사할 수 있을 것으로 보인다. 또한, 최근 해제된 우주발사체에 대한 고체연료 사용은 이러한 킬러 위성의 발사를 더욱 작은 비용으로 쉽게 할 수 있을 길을 열어주었다.

49 김정호, "우주투자 시대 열렸다. Elon Musk 덕분에 로켓요금 급락. 우주 길이 뚫렸다.",『김정호의 경제 TV』(검색일 : 21. 02. 25.)

3. 생존성

우주기반 운동에너지 무기체계를 국방과 관련한 주어진 임무를 수행하는 하나의 전투시스템으로 볼 때, 생존성은 외부 위협에 의한 피해를 차단, 회피하거나 일부 피해를 입더라도 지속적인 임무 수행이 가능한 정도라고 정의할 수 있다.[50]

우주기반 운동 에너지 무기체계에 대한 생존성에서는 두 가지로 나누어 볼 수 있다. 첫째는 요격체를 운용하는 RFG위성과 RFG 위성을 지원하는 탐지 및 정찰위성에 대한 요격이다. 둘째는 RFG위성에서 발사한 요격체에 대한 피격에 대한 것이다.

미국, 러시아, 중국 등은 위성에 대한 요격기술을 가지고 있다. 중국은 2007년 탄도미사일로 자국의 기상위성을 파괴했고 2008년 미국도 요격미사일로 자국의 정찰위성을 파괴했다. 러시아 역시 2015년 비슷한 탄도미사일 발사에 성공한 것으로 알려져 있다.[51]

그러나 탄도미사일로 위성을 요격하는 것은 일반적인 위성에 대한 것이다. 우주기반 운동에너지 무기체계는 떠오르는 탄도미사일을 요격하는 능력을 갖추기 때문에 이를 요격하기 위한 무기체계(탄도미사일)도 요격의 대상이 된다. 그러므로 이론적으로 탄도미사일을 이용한 요격은 요격체의 여유가 있는 한 불가능한 것이 된다.

또 하나의 가능성은 가용 중인 인공위성의 궤도를 바꿔서 위성끼리

50 황춘규 외, "전투 시스템 생존성 분석을 위한 3차원 관통 해석 프로그램 개발_전차 모델을 대상으로", 『한국정보통신학회논문집』, 17(1), 2015. p.245

51 "인공위성 요격, 미/중/러 우주 군비경쟁 막 열렸다.", 『한국일보』(온라인). https://www.hankookilbo.com/News/Read/201811122202035638(검색일 : 2021. 02. 22)

충돌하게 하는 방법을 생각할 수 있지만, 이는 RFG 위성의 궤도도 수정할 수있으므로 충분히 회피가 가능할 것으로 판단 된다.[52]

RFG위성에서 발사한 요격체를 요격하는 것은 가능한 것일까? S-400이나 S-500과 같은 고고도 방어무기로 요격을 시도할 수도 있겠지만 우주에서 연속적으로 발사되어 초당 수 km의 속도로 낙하하는 금속물체를 요격하는 것은 사실상 불가능할 것이다.

결론적으로 우주기반 운동에너지 무기체계의 생존성은 고정 진지를 활용하는 지상기반 요격체계는 물론 현존하는 어떠한 무기체계보다 우수하다고 판단된다.

4. C4ISR

한국군은 425 사업으로 확보할 정찰위성(SAR 4기, EO/IR 1기)[53]은 5대 이다.[54] 그러나 5기의 위성으로는 조기경보에 한계를 나타낼 것이다. 임정흠 등의 연구[55]에 따르면 재방문 주기는 위성의 고도, 경사각, 궤도주기에 따라 다르지만, 2기의 위성으로 위상차 180도일 때 2.3일 정도의 재방문 주기를 갖는다고 한다. 따라서 5대의 위성으로는 하루 2차례 정도 관찰하는데 그칠 수 있다. 아울러 광학 위성은 날씨가 따라 관

---

52 "우주위성 충돌...초속 10km파편 '충돌 도미노' 대책은?", 『테크플러스』(온라인), https://1boon.kakao.com/techplus/5d8850545e65dc2f3544d99e(검색일: 2021. 02. 22.)

53 Synthetic Aperture Radar(능동형 전자파 레이다 센서), Electro-Optical/Infra-Red(전자적 광학 카메라와 적외선 카메라를 통합한 센서)

54 "킬체인의 눈 정찰위성 2023년까지 5기 발사한다.", 『중앙일보』(온라인), https://news.joins.com/article/21876778(검색일: 2020. 11. 11.)

55 임정흠 외, "저궤도 편대비행 및 군집비행 위성 시스템 계발동향", 『한공우주산업기술동향』, 15권, 2호, 2017, pp.152-159.

측능력에 한계가 있다. 국방부는 5기의 위성으로 2시간의 재방문 주기를 갖는다고 하지만 이는 가장 빠른 재방문 주기인 최소 재방문 주기를 바탕으로 한 주장일 것이다. 국방부의 주장대로 2시간의 재방문 주기를 갖는다고 해도 2시간 내에 북한은 많은 것을 할 수 있다. 따라서 재방문 주기는 가능한 최소화 해야 하며 이를 위해서는 위성수를 늘리는 것이 최선이다.

이러한 단점을 개선하기 위해 현재 국방부는 국방과학연구소와 초소형 군집위성을 개발하고 있다. 이는 100kg급 초소형 군집위성 11기로 30분 간격으로 정찰하고자 하는 사업으로 2027년까지 추진하는 계획이다.[56] 위성 외에도 글로벌호크와 중고도무인정찰기, 새매, 금강 등의 항공정찰 자산을 보유하고 있으나 현실적으로 평양이북의 내륙지역은 관측이 어렵다.

지상 감시자산으로는 이스라엘에서 도입한 그린파인 레이더가 있다. 탄도탄을 탐지하기 위해 특화된 레이더로 북한 전역을 감시할 수 있으며 KTMO Cell과 연동되어 실시간 전파가 가능하다.

우주기반 운동에너지 무기체계는 이러한 C4ISR의 지원이 있어야 성공할 수 있다. 현대 대부분의 무기체계도 마찬가지이지만 우주기반 무기체계는 더더욱 그러하다. 따라서 탐지위성 등 고가치자산의 경우 장기적으로는 자체확보를 추진하되 단기적으로는 동맹인 미국

56 "초소형위성 11기 개발에 2027년까지 2133억 투입", 『The Science Times』(온라인), https://www.sciencetimes.co.kr/news/%EC%B4%88%EC%86%8C%ED%98%95%EC%9C%84%EC%84%B1-11%EA%B8%B0-%EA%B0%9C%EB%B0%9C%EC%97%90-2027%EB%85%84%EA%B9%8C%EC%A7%80-2133%EC%96%B5-%ED%88%AC%EC%9E%85/(검색일: 2020. 02. 12.)

과의 적극적인 협조를 통해 부족한 전력을 보완해 가는 것이 필요할 것이다.

결론적으로 기존 무기체계나 우주기반 운동에너지 무기체계 역시 정찰위성과 탐지위성의 지원을 받고 전구 미사일방어체계와 연동이 되어야만 정상적인 능력을 발휘할 수 있다는 점에서 C4ISR의 발전은 공통사항이라 할 수 있겠다.

5. 국제정치적 환경

한국이 우주기반 운동에너지 무기체계를 개발한다고 하면 북한은 물론 중국, 러시아 등도 반발할 가능성이 크다. 이들은 대량살상무기의 확산 방지에 도움이 되지 않는다는 논리를 내세울 것이나, 내심은 미국의 MD 체계에 편입하게 되는 것을 우려하기 때문일 것이다.

특히, 중국은 사드 도입 때처럼 경제보복 조치 등을 시도할 수도 있다. 그러나 당시의 경제보복은 중국에 영향이 미미한 범위에 대해 시행되었고 한국내 산업에 영향도 제한적이었다.[57] 이민규의 연구에 따르면 중국은 사드 배치를 무력사용까지 불사하는 국가의 핵심이익으로 분류하지는 않았다.[58] 따라서 사드사태와 유사하게 초반에는 강하게 반대하지만, 이후에는 지속적인 입장을 표명하는 정도로 그칠 가능성도 크다.

57 송지연, "사드(THAAD) 배치를 둘러싼 한국과 중국의 정치적 갈등이 경제관계에 미치는 영향", 『한국과 국제정치』, 제36권, 제3호, 통권 제110호, 2020, p.162

58 이민규, "한국의 사드배치 결정과 중국의 대한반도 정책 인식 변화 연구: 중국의 '핵심이익' 논쟁을 중심으로", 『국방정책연구』, 제33권, 제2호, 2017년 여름(통권 제116호), p.26

동시에 중국 등 주변국에 RFG가 철저한 방어무기임을 강조할 필요성이 있다. 핵무기는 단 1발에도 국가의 생존을 위태롭게 하는 사활적 이익이 걸린 문제이며 유엔헌장 제51조[59]에 명시된 자위권 차원의 무기체계이기 때문이다. 또한, 동 무기체계가 대량살상무기가 아닌 부분도 중요하다. 수십 kg짜리 텅스텐 로드의 운동에너지는 지상에 떨어져도 표적외에는 큰 영향을 끼치지 않으며 부수적인 피해도 없다.

또한, 한국과는 달리 미국과 공식적으로 MD에 함께 하겠다고 밝힌 일본이 비교적 국제적 마찰이 없이 미사일 방어 자산을 하나, 둘 구축해 나간 것도 참고해야 한다.[60] 미국 조차도 현재까지는 과도한 비용으로 쉽게 개발을 시도하지 못해왔지만, 한국이 북한에 대한 일정 부분을 책임진다는 명분으로 공동 연구를 추진한다면 기술적 어려움도 극복할 수 있고 체계 구축시 탐지위성의 정보도 제공받을 수 있어 기술적 · 경제적 리스크도 줄일 수 있을 것이다.

그러나 무엇보다 중요한 것은 북한 핵으로부터 한국이라는 국가를 보호하겠다는 국민적 공감대 형성과 지도자의 의지가 중요하다고 생각된다. 사드 배치 문제에 있어서도 박근혜 정부 때부터 중국을 과도하게 의식하는 행보를 보였다. 특히, 친북적 시민단체들이 격렬한 방해와 여론몰이를 통해 여론은 극렬히 분열되었다. 이를 극복하기 위해서는 국가적 의지를 갖고 탐색개발 단계에서부터 그러한 문제를 염두에 두고 단계적으로 추진할 필요가 있다.

---

59 United Nations, Chapter Ⅶ, http://www.un.org/en/sections/un-chapter/chapter-vii/index.html (검색일 : 2021. 04. 28.)

60 양혜원, "한국과 일본의 사드 배치 과정 비교에 관한 연구", 『The Journal of Social Convergence Studies』, Vol.4, No.6, 2020. 12, p.158.

V. 결론

북한의 생존을 위하여 1960년대부터 미사일과 핵을 개발하여 왔다. 최근에는 북한판 이스칸데르급 단거리 미사일, 화성-15형급 대륙간탄도미사일 및 SLBM인 북극성 3형 등을 실험하였다. 북한은 많은 연구가들에 의해 최소 15~30발 정도의 핵탄두를 보유하고 있으며, 가까운 시기에 최대 100기 정도의 핵탄두를 보유할 것으로 예측되고 있다.

한국군은 북한의 핵미사일에 대비하여 한국형 미사일 방어체계를 구축하고 있다. 여기에는 425사업, 군집위성, 공대공 미사일을 이용한 상승단계 요격, L-SAM 및 SM-3의 도입 등이 포함된다.

그러나 한국형 미사일 방어망의 구축 방향은 종말단계의 저층방어에 집중되어 있다. 또한 이러한 방어체계는 SLBM의 출현에 방어가 더욱 어려워졌으며, 저층요격에 따른 부수적인 피해 발생 등 여러 가지의 문제점이 존재한다. 이에 미사일 방어체계는 저층방어망과 더불어 적의 미사일의 상승단계와 중간단계의 요격이 필요하다. 이에 상승단계의 미사일을 요격할 수 있는 RFG 무기체계의 중요성이 있다.

RFG 무기체계는 이미 1950년대에 착안되었으며, 미국의 부시행정부에 이어서 트럼프 행정부에서 적극적으로 추진하고 있다. 북한의 핵무기는 북한의 보유 그 자체로서 한국의 안보에 위협이 되고 있다. 따라서 핵미사일의 상승단계에서 핵미사일을 요격하는 무기체계는 북한이 보유한 핵미사일의 효과를 완전히 상쇄할 수 있는 효과를 가지고 있다. 즉, 핵미사일이 상승단계에서 요격되면, 핵폭발이 발사처

인근에서 발생할 수 있으므로 핵폭발의 피해가 전적으로 북한 지역에서 발생하기 때문이다. 여기에 RFG무기체계의 북한 핵무기 억제능력이 있다고 할 수 있다.

지구 궤도 300km~500km의 고도에 위치한 요격용 위성으로부터 RFG를 사용하면, 북한이 보유한 노동 미사일과 SCUD-B, SCUD-C 미사일 모두에 대하여 상승단계인 110초 이내에 모두 요격할 수 있는 것으로 분석되었다. 즉, 300km고도의 위성으로부터 발사된 RFG는 상기 3종류의 북한 핵탄두 미사일에 대하여 상승단계 70초 이내에 모두 요격이 가능한 것으로 나타났다. 또한 400km 고도의 요격용 위성은 북한의 핵탄두 미사일에 대하여 상승단계에 돌입한 후 80초 이내에 요격이 가능하다. 그리고 500km고도에 위치한 요격용 위성으로부터 발사된 RFG는 북한의 핵탑재 미사일 3가지 종류를 모두 상승단계인 110초 이내에 요격에 성공할 수 있는 것으로 분석되었다. 한국도 각종 정찰 위성과 자체 발사체를 보유하여 RFG무기체계의 구축 가능성을 증가시키고 있다. 본 논문의 연구 결과는 RFG 무기체계가 효용성이 있다는 것이며, 후속적으로 몇 기의 위성을 어떤 궤도에 올려놓아야 할 것인지와 비용문제 등에 대해서는 좀 더 구체화 된 후속연구가 필요하다.

김세일, “무인기 대응을 위한 무기체계연구”, 『충남대학교 박사학위논문』, 2021. 02. 15.

김한택, “우주의 평화적 이용에 관한 국제법 연구”, 『항공우주정책/법학회지』, 제30권, 제1호, 2015. 06.

권용수, “북한 탄도미사일의 기술 분석 및 평가”, 『국방연구』, 56-1, 2013. 03.

박상건, 이경행, “미국의 MD를 고려한 능력기반 다층방어체계 구축방안 연구”, 『Journal of the KNST』, 3(1), 2020. 03,

서민수, 마정욱, “수리모형을 이용한 요격확률 및 비용 기반의 다층 방어 요격미사일 운용방법 연구”, 『한국시뮬레이션학회논문지』, 29(2), 2020. 06.

송지연, “사드(THAAD) 배치를 둘러싼 한국과 중국의 정치적 갈등이 경제관계에 미치는 영향”, 『한국과 국제정치』, 제36권, 제3호, 통권 제110호, 2020.

정연오, “무기체계의 다양한 기능을 고려한 군사력 비교 · 평가 방법”, 『주간 국방논단』, 제1619호, 2016. 05. 16.

이민규, “한국의 사드배치 결정과 중국의 대한반도 정책 인식 변화 연구: 중국의 '핵심이익' 논쟁을 중심으로”, 『국방정책연구』, 제33권, 제2호, 2017년 여름(통권 제116호)

이혁수, “최신 미사일 시스템 이스칸데르-M”, 『방공저널』, 제131호, 2019.

임정흠 외, “저궤도 편대비행 및 군집비행 위성 시스템 계발동향”, 『한공우주산업기술동향』, 15권, 2호, 2017.

양혜원, “한국과 일본의 사드 배치 과정 비교에 관한 연구”, 『The Journal of Social Convergence Studies』, Vol.4, No.6, 2020. 12.

최정민, “북한 핵 억제 전략 연구를 통한 한국의 군사적 대응방향 제시”, 『군사논단』, 제97호, 2014. 봄.

황춘규 외, “전투 시스템 생존성 분석을 위한 3차원 관통 해석 프로그램 개발_전차 모델을 대상으로”, 『한국정보통신학회논문집』, 17(1), 2015.

김정호, “우주투자 시대 열렸다. Elon Musk 덕분에 로켓요금 급락. 우주 길이 뚫렸다.”, 『김정호의 경제 TV』(검색일 : 21. 02. 25.)

정빛나, “북 장사정포 막을 ‘한국판 아이언돔’개발 · 4천톤급 잠수함도 추진(종합)”, 『연합뉴스』(온라인), https://www.yna.co.kr/view/AKR20200810000700504(검색일: 2020. 11. 20.)

임규민, “365일 지구를 날다가 때린다고? 푸틴의 그 핵미사일 진짜였다.”, 『조선일보』(온라인), https://www.chosun.com/international/europe/2020/09/14/H5D6ONSWK5F4PGDWMTAREJWOPE(검색일: 2020. 11. 15.)

______, “군 통신위성 다음엔 정찰위성...킬 체인 완성될지 주목”, 『뉴시스』(온라인), https://newsis.com/view/?id=NISX20200721_0001103099(검색일: 2020. 09. 21.)

______, “북 다탄두 SLBM 개발하나...북극성 3형, 중 JL-2 닮았다.”, 『조선닷컴』(온라인), https://www.chosun.com/site/data/html_dir/2019/10/03/2019100300916.html(검색일: 2019. 11. 27.)

______, “북한 핵 · 미사일 보유 현황 주목 : 핵무기 최소 20개 보유 : 비밀시설 핵물질 생산”, 『VOA』(온라인), https://www.voakorea.com/korea/korea-politics/4806803(검색일: 2019. 11. 27.)

______, “인공위성 요격, 미/중/러 우주 군비경쟁 막 열렸다.”, 『한국일보』(온라인), https://www.hankookilbo.com/News/Read/201811122202035638(검색일 : 2021. 02. 22)

______, “우주위성 충돌...초속 10km파편 '충돌 도미노' 대책은?”, 『테크플러스』(온라인), https://1boon.kakao.com/techplus/5d8850545e65dc2f3544d99e(검색일: 2021. 02. 22.)

______, “오락가락하더니…. 국산 요격미사일 '천궁' 양산 최종 결정”, 『SBS』(온라인), https://news.sbs.co.kr/news/endPage.do?news_id=N1004490165(검색일: 2021.03. 05.)

______, “장거리 지대공유도무기 'L-SAM'체계 개발, 이달 계약 체결”, 『뉴스1』(온라인), https://www.news1.kr/articles/?3785634(검색일: 2021. 03. 05.)

______, “초소형 위성 11기 개발에 2027년 까지 2133억 투입”, 『연합뉴스』(온라인), https://www.yna.co.kr/view/AKR20200211038100017(검색일: 2021. 02. 03.)

______, “초소형위성 11기 개발에 2027년까지 2133억 투입”, 『The Science Times』(온라인), https://www.sciencetimes.co.kr/news/%EC%B4%88%EC%86%8C%ED%98%95%EC%9C%84%EC%84%B1-11%EA%B8%B0-%EA%B0%30%

9C%EB%B0%9C%EC%97%90-2027%EB%85%84%EA%B9%8C%EC%A7%80-2133% EC%96%B5-%ED%88%AC%EC%9E%85/(검색일: 2020. 02. 12.)

______, "킬체인의 눈 정찰위성 2023년까지 5기 발사한다.", 『중앙일보』(온라인), https://news.joins.com/article/21876778(검색일: 2020. 11. 11.)

______, "한국, 패트리어트 미사일 내년부터 도입", 『KBS』(온라인), https://news.kbs.co.kr/news/view.do?ncd=1228931(검색일: 2021. 03. 05.)

______, "한국, 미국산 PAC-3 도입…북 탄도미사일 요격 가능", 『VOA KOREA』(온라인) https://www.voakorea.com/korea/korea-politics/2511723(검색일 2021. 03. 05.)

______, Field Manual 3-01.85(FM 44-85): Patriot Battalion and Battery Operations, Headquarters Department of The Army, 2002. 05.

A.T. Aydin, P.E. Pace, eds., "Orbit Selection for Space Based Interception of a Select ICBM Case", Naval Postgraduate School. 2006. 01. 10.

Christopher J. Cunningham, "The Space-Based Interceptor", AIP Conference Proceeding 178, 261(1988), p.264

David Albright, "Future Direction in the North Korea's Nuclear Program : Three Scenarios for 2020", US-Korea Institute at SAIS, 2015.

Daniel C Sproull, "Kinetic Energy Weapons The Beginning of an Interagency Challenge", InterAgency Journal, Vol. 8, Issue 2, 2017

David K. Barton eds., "Report of the American Physical Society Study Group on Boost-Phase Intercept System for National Missile Defense: Scientific and Technical Issues", American Physical Society, 2004. 10. 05.

H. G. Wells, The War of the Worlds, Planet PDF, 1898. http://www.gutenberg.org(검색일 : 2020. 11. 01.)

Jon Harper, "Special Report : Pentagon Reexamining Space-Based Interceptors", National Defense, 2019. 04. 22.

Siefried S. Hecker, Chain Brsun, eds., "North Korea's Stockpile of Fissile Material", Korea Observer, Vol. 47, No..4, 2016.

Bradley S. Klapper, "China, Russia push ban on space weapons", SFGATE, 2012.02.11., https://www.sfgate.com/news/article/China-Russia-push-ban-on-space-weapons-3294612.php(검색일: 2021. 03. 25.)

Blake Stilwel, “The Air Force's 'rods from god' could hit with the force of a nuclear weapon— with no fallout,” INSIDER, https://www.businessinsider.com/air-force-rods-from-god-kinetic-weapon-hit-with-nuclear-weapon-force-2017-9#:~:text=The%20%22rods%20from%20god%22%20idea,bunkers%20or%20secret%20underground%20sites, (검색일 2021. 03. 25.)

John Arquilla, “RODS FROM GOD / Imagine a bundle of telephone poles hurtling through space at 7,000 mph,” SFGATE, 2012.01.15., https://www.sfgate.com/opinion/article/RODS-FROM-GOD-Imagine-a-bundle-of-telephone-2539690.php(검색일:2021.03.25.)

______, “Alternatives for Boost-Phase Missile Defense”, A CBO(Congress of the United States Congressional Budget Office) Study, 2004. 07. 03

______, Project Thor: What America’s ‘Rods from God’ Space Based Super weapon Can Do”, MILITARY WATCH, https://militarywatchmagazine.com/article/project-thor-what-America-s-new-rods-from-god-space-based-superweapon-can-do(검색일:2021.03.25.)

______, “Preliminary Design of an Experimental World-Circling Spaceship”, Douglas Aircraft Company Inc., Santa Monica Plant Engineering Division, Report No. SM-11827, 1946. 06. 02.

______, "The U.S. Air Force Transition Flight Plan,"Headquarters, U.S.Air Force XPXC, http://www.au.af.mil/au/awc/awcgate/af/af_trans_flightplan_nov03.pdf(검색일 : 2020. 11. 11.)

______, “The Anti-Ballistic Missile (ABM) Treaty at a Glance”, Arms Control Association, http://www.armscontrol.org/factsheets/abmtreaty(검색일 2021.2.2.)

______, “Whasong-15 Development”, CSIS, http://Missilethreat.csis.org/millie/hwasong-15-kn-22(검색일: 20. 11. 20)

“DPRK Nuclear Weapon Capability”, Research Center for Nuclear WeaponsAbolition, Nagasaki University, http://www.recna.nagasaki-a.ac.jr(검색일 : 2020.10.30.)

Missile Defense Agnecy, Missile Defense System, http://www.mda.mil/system/system,html(검색일 2020.11.22.)

“Strategic Arms Limitation Talks”, Wikipedia, http://en.wikipedia.org/wiki/Strategic_

Arms_Limitation_Talis(검색일 : 2020. 11. 22.)
United Nations, Chapter Ⅶ, http://www.un.org/en/sections/un-chapter/chapter-vii /index.html (검색일 : 2021. 04. 28.)
나건군 외, 발명특허 201610388969.X, 중화인민공화국국가지식권국. 2016. 06. 02

ABSTRACT

A Study on Space-Based Kinetic Energy Weapon System to Deter North Korea's Nuclear Weapons

North Korea's nuclear and missile development, which began in the 1950s, is currently in the completion stage. It seems that the nuclear warhead already possesses more than 20 rounds, and the missile power expands day by day, and in addition to the traditional SCUD series, the KN-23 similar to Russia's Iskander and the submarine-launched ballistic missile, North Star(Bukuksung), are believed to be ahead of actual deployment.

The Korean missile defense system in response to this is concentrated on low-level defense of the terminal phase. In order to compensate for this, it is necessary to expand the defense networks in the boost and midcourse phase. As an alternative to this, it is necessary to develop a 'space-based kinetic energy weapon system'. This system, which has been studied since the 1950s, has not been realized due to high technical difficulty and financial problems, but is currently being actively researched in the United States and China. Consisting of reconnaissance satellites, detection satellites, and RFG satellites, this weapon system waits 24 hours in outer space and intercepts ballistic missiles in real time, and is expected to become a new 'game changer' in Korea's missile defense in the near future.

key words North Korea's Nuclear/Missile, Detection satellite, RFG satellite, Kinetic energy weapon, Space Based

신뢰와 국제안보

2편

요약

국가정보수집 활동에 대한 미국과 중국의 가치체계 충돌

미국과 중국은 무역전쟁 뿐만 아니라 사이버 상에서도 국가의 정보수집 활동의 범위와 수집한 정보의 활용범위에 대하여 충돌하며 가치체계 갈등을 겪고 있다.

미국은 중국이 국가의 안보를 위하여 수집한 정보를 민간기업의 기술발전 등에 활용하는 것에 대하여 국가간 정당한 정보활동의 범위를 벗어난다고 비난한다. 또한 중국정부는 2016년 국가정보법을 발효시켜 중국의 모든 개인이나 단체, 회사 등이 중국의 국가 안보에 적극 협력해야 할 의무를 규정하고 있다. 중국정부가 모든 중국인을 정보요원으로 활용하는 것은 전세계 평화와 자유의 진작에 악영향을 미친다. 그런데도 중국은 이러한 활동이 중국의 당연한 문화이며 권리라고 주장한다. 또한 중국은 중국내 기업이 만드는 제품에도 중국정부가 요구하는 정보탈취 기능을 설치해야 하는 의무를 가지고 있다.

이에 본 연구는 이러한 주장에 대하여 논쟁과 국제사회의 방향을 제시한다.

key words 중국 국가정보법, 정보수집활동, 사이버 해킹, 해킹정보의 산업활용, 국민의 정보수집의무

01

국가정보수집 활동에 대한 미국과 중국의 가치체계 충돌*

신진**

I. 서론

사이버 상에 있어서 국가간 첩보활동, 정보수집활동의 범위를 어디까지 정당화할 것인가. 미국을 비롯한 선진국에서는 국가간 정보수집활동, 첩보활동을 정당한 안보활동의 하나로 간주하였다. 그러나 국가의 안보를 위한 정보수집행위를 통하여 수집한 정보가 민간기업의 경제활동에 사용되는 것은 국가간 정당한 정보수집행위의 범주를 벗어난다고 보는 것이 서양사회의 보편화된 견해다.

* 이 글은 2020년 5월에 대한정치학회보 28권2호에 게재된 논문을 수정 게재하였음.

** 충남대학교 정치외교학과 교수

또한 수집한 정보를 토대로 자국의 국방력을 강화하는 것은 안보를 위한 정당한 행위라고 할 수 있다. 그러나 사이버 상의 정보수집활동을 통하여 획득하게 된 군사정보, 무기체계개발정보, 첨단 무기체계 기술 등을 직접 자국의 국방무기체계 개발에 활용하는 것이 범죄에 해당하는 지에 관해서는 논쟁의 소지가 있다. 나아가 사이버 해킹과 좀비 프로그램을 통하여 상대방의 안보활동을 약화, 무력화시키는 행위 등은 군사적 공격과 동일하다고 간주한다.

2019년 미국과 중국 간에 분쟁이 되고 있는 무역협상의 핵심이슈로 중국 화웨이(Huawei)의 기술탈취 혐의가 있다. 미국의 주장은 화웨이가 미국의 안보와 국방상 핵심기술을 훔쳤으며 지속적으로 정보를 유출할 수 있는 하드웨어를 정상적인 무역거래를 통하여 미국의 안보망에 심어놓고 있다는 것이다. 그리고 일단 유사시에 중국의 의도대로 안보망을 통제할 수 있도록 구축하고 있다는 의심을 제기하고 있다. 이에 대하여 중국은 중국의 법률에 따른 합법적인 과정이라고 대응하고 있다.

중국은 주은래 당서기의 시대와는 달리 시진핑 시대에 이르러 공산당 주도의 정경일체 운용정책을 더욱 강하게 추진하고 있다. 실제로 공산당정부가 직접 운영하거나 관여하는 대기업도 상당히 많다. 물론 국가의 정책이 경제와 산업 전반에 직접 영향을 미친다. 또한 시진핑 정부는 국가가 주도하는 사이버 작전과 첩보활동을 통하여 획득한 정보를 중국의 기업에 직접 제공함으로써 중국의 산업발전과 기업발전에 적극적으로 활용하는 정책을 추진하고 있다.

게다가 중국의 국가정보법은 컴퓨터 통신망을 통한 기술절도와 정보탈취, 지속적인 정보탈취를 위한 하드웨어의 의도적 저가보급 등의 의심을 받는 중국의 화웨이의 백도어(Backdoor)를 통한 정보탈취 등을 합법화 하고 있다.

국가가 주도하는 이러한 "불법적인 정보수집과 산업적 활용" 에 대하여 미국등 서방 선진국들은 강하게 반발하고 있다. 안보 목적을 의한 정보수집은 안보관련 정책적 판단을 하는 데에 사용하는 것으로 국한해야 한다는 것이다. 이러한 정보를 기업에 제공하여 기업의 산업활동에 활용하도록 하는 것은 국가의 정보수집활동과 그 보호를 전제하고 있는 국제 프로토콜을 위반하는 것이라는 비판이다. 즉, 외교관의 활동을 면책특권의 범위에서 허용하고, 보호하는 것은 이러한 국제프로토콜을 상호 인정하기 때문이다.

그러나 중국은 후발 개발도상국으로서 국가가 모든 자원과 국가 발전 계획을 독점하고 있으며, 국가 주도의 경제성장 정책을 추진하는 과정에 있는 바, 국가가 수집한 산업정보를 정부의 산하 기업들이 활용하도록 하는 것은 당연하다는 주장이다. 게다가 중국은 국가정보법을 발효하여 중국의 국민이나 산업은 공산당 정부의 정보수집 업무에 적극적으로 협력해야 한다는 의무조항까지 신설하였다. 또한 중국의 대기업은 정부가 상당한 지분을 가지고 있어서 사실상 중국 정부가 직접 경영하고 있는 기업이라고 할 수 있다. 따라서 중국 입장에서는 정보기관이 상당한 비용과 노력을 지불하여 획득한 첨단 산업기술 관련 정보를 정부의 산하 기업이 활용하는 것은 오히려 당연하다고 주장한다.

이에 본 연구는 국가의 정보수집활동에 대하여 미국과 중국이 서로 상대방을 비난하고 있는 실태와 과정을 분석하고, 갈등의 원인을 규명함으로써 향후 미래 국제관계의 가치체계에 대한 방향을 전망하는 데에 기여하고자 한다.

본 연구는 중국의 이러한 정보수집활동과 해당 정보의 산업적 활용에 대한 중국의 주장과 이에 대한 미국 등 서방세계의 반응과 주장을 분석함으로써 미중간의 해외 정보수집활동과 사이버 관련 갈등이 향후 미래의 국제질서 형성의 기반이 되는 가치체계의 방향을 보여주고자 한다. 이러한 분석을 위하여 국가정보기관의 정보수집의 범위와 한계 등에 대하여 미국과 중국 간의 가치체계의 차이를 분석한다.

이러한 분석을 통하여 본 연구는 미중간의 사이버 관련 이슈상의 갈등은 단순한 국방이나 안보차원의 갈등을 넘어 향후 국제질서가 어떻게 편성될 것인가를 보여줄 것이다. 또한 미국과 중국 간에 전개되는 사이버 상에서의 첩보활동의 실제와 갈등이 향후, 한국의 사이버 안보를 강화하기 위한 정책형성에 기여할 것이다.

II. 국가정보수집활동의 목표와 한계

1. 미국의 국가정보공동체의 전략적 목표

대부분의 국가들을 자국의 안보와 발전을 위하여 해외로부터 정보를 수집한다. 국가들마다 정보를 수집하는 방법과 과정은 다르지만,

일반적으로 공개된 정보를 먼저 수집하고, 수집한 정보 중에 구체적인 정보가 더 필요한 경우에는 정보요원이 개입하여 필요한 정보를 획득하는 과정을 갖는다. 공개된 정보 수집은 언론 등의 기사내용은 물론이고, 세미나, 포럼, 전문가 모임 등의 다양한 방법을 통하여 수집하며, 교수나 전문가들과의 1:1 면담과정을 통해서도 수집한다.

정보요원은 신분이 공개된 요원과 공개되지 않고 위장된 신분을 가지고 활동하는 요원 등이 있다. 이들은 주재국의 전문가, 교수, 기자, 과학자 등과 접촉하여 정보를 수집한다. 일부 국가들은 유학생이나, 주재원 등 주재국에 거주하고 있는 자국민인 일반인들을 활용하여 지속적으로 정보수집활동을 한다. 오픈정보전문가인 Robert David Steele는 학생이 갈 수 있는 곳에 스파이를 보내지 말라는 것이 중요한 지침이라고 한다. 그 이유는 학생이 공개적으로 수집할 수 있는 정보는 스파이가 수집할 수 있는 정보보다 훨씬 가치가 있으며 정보의 양도 많기 때문이다.[1]

이렇게 인적 자원을 통하여 획득하는 정보를 인간정보라고 한다. 정보수집의 방법에 따라 정보의 종류를 분류하면 다음과 같다. 인간정보(HUMINT, Human Intelligence, 휴민트), 신호정보(SIGINT, Signals Inteligence, 시긴트), 영상정보(IMINT, Imagery Intelligence, 이민트), 공개출처정보(OSINT, Open Source Intelligence, 오신트), 기술정보(TECHINT, Technical Intelligence, 테킨트) 측정정보(MASINT, Measurements and Signature Intelligence, 매신트)등이 있다. 신호정보

1 Nafeez Ahmed, "The open source revolution is coming and it will conquer the 1% - ex CIA spy," *The Guardian*, June 19, 2014, https://www.theguardian.com/environment/earth-insight/2014/jun/19/open-source-revolution-conquer-one-percent-cia-spy, 검색일: 2020.04.11.

는 통신, 인터넷 등을 통하여 획득하는 정보이며, 영상정보는 첩보위성, 무인정찰항공기 등을 통하여 획득하는 사진 등을 통한 정보다. 기술정보는 녹화장치나 도청장치 등을 통하여 획득하는 정보다. 여기에 더하여 최근에는 각국이 컴퓨터 해킹을 통하여 보다 적극적으로 해외정보를 획득하고 있다. 중국이나 북한 등은 미국이나 유럽 국가들에 대한 해킹을 목적으로 약 6,000 여명의 전문요원들은 중국인민해방군 소속으로 운용하면서 서방 국가들의 핵심 기술과 정보들을 탈취하고 있다고 한다.[2]

논쟁이 되고 있는 것은 이렇게 해서 수집한 정보를 어떻게 사용하는가 하는 것이다. 미국은 국가정보 공동체의 목표를 "미국의 가치"에 대한 입증으로서 법치주의를 전제로 하여 사생활의 보호, 시민의 자유와 인권존중 등과 조화를 이루는 정책을 추진하는 것이라고 명시하고 있다. 그리하여 국제안보환경에 대한 지속적인 모니터링과 분석을 하여 정책 결정권자들에게 위협요인을 알려주고, 기회에 관한 정보를 제공하는 것이며, 이를 바탕으로 외교관, 미국의 군사조직, 사법기관들에게 직접 사용할 수 있는 정보를 제공하는 것이라고 천명하고 있다.

미국의 통합정보공동체의 보다 구체적인 목표는 다음과 같다.[3]

---

2 http://www.spiegel.de/netzwelt/netzpolitik/bnd-gruendet-neue-abteilung-zur- abwehr-von-hackerangriffen-a-890616.html: 2014년 10월 29일 검색, 정태진, 임준태, "인적정보(HUMINT) 역량 강화를 통한 사이버 안보위협 및 범죄대응전략," 『한국경찰연구,』 제13권4호, 2014, pp.297-298. 재인용

3 국회입법조사처, "미국의 국가정보시스템 변화에 관한 연구, -ODNI를 중심으로", *INTELLIGENCE REFORM AND TERRORISM PREVENTION ACT OF 2004, ODNI; "RESPONSIBILITIES AND AUTHORITIES OF THE DIRECTOR OF NATIONAL INTELLIGENCE,* George Bush, The White House, July 30, 2008.

Mission Objectives

MO1 : Combat Violent Extremism (폭력적인 극단주의에 대한 전투)
테러리스트의 공격에 대한 신속한 경고조치를 하며, 이들의 조직을 파괴하여 공격을 무산시키며, 대량살상무기에 의한 공격을 방지한다.

MO2 : Counter WMD Proliferation (대량살상무기의 확산 저지)
대량살상무기의 소유, 사용, 계획등을 포기하도록 하며, 저지하고, 관리할 수 있는 능력을 강화한다.

MO3 : Provide Strategic Intelligence and Warning (전략적 정보와 경고의 제공)
전문가들의 경제, 에너지, 자원, 비군사 기술분야에서의 전문성을 강화하고 작전현장에서의 문화적, 정치적, 종교적, 경제적, 인종적 이해를 더욱 확대하여 미국의 정책결정권자등과 군인, 민간기관이 효과적으로 위협에 대응하고 대응할 수 있도록 지속적인 트렌드를 제공하고, 경고를 해 주어야 한다.

MO4 : Integrate Counterintelligence (통합적 내부정보 통제)
미국에게 해를 입히는 내부정보 유출자의 색출과 적대적인 외부 정보기관의 정보탈취 방지, 미국의 중요한 인프라를 보호하기 위한 사이버 관련 인재 활용, 외국의 무단 정보 탈취를 방지하기 위한 국가정보 공급사슬 보호

MO5 : Enhance Cybersecurity (사이버안보 능력의 향상)
국가 정보관련 인프라를 보호할 수 있도록 사이버 관련 정부. 산업계 학계 등의 전문성을 강화하고, 사이버 작전을 실행하는 근본적인 역량을 제공하는 능력과 절차를 강화

MO6 : Support Current Operations (기존 작전에 대한 지원)
현재 진행중인 외교적 군사적 법률적 작전과 안보 재건, 국경 보호 등과 정보 교류능력의 강화

2. 중국의 국가정보법과 가치체계

캐나다 정부가 조사한 바에 의하면, 2016년 발효된 중국의 국가정보법(Chinese National Intelligence Law of 2016)은 중국의 모든 개인과 회사는 국가의 정보업무를 지지하고, 조력을 제공해야 하며, 협조해야 하는 것

을 의무라고 규정하였다. 또한 이 법은 중국의 모든 시민과 기업은 중국내에 있거나, 해외에 체류하고 있는가에 상관없이 중국정부의 정보업무에 적극적으로 참여하는 것은 의무라고 규정하고 있다. 국가정보법은 2014년부터 시행되기 시작하여 2016년에 수정하여 발효되었으며, 2020년 현재 시행중이다. 이 국가정보법의 가장 큰 특징은 모든 국민은 국가안보에 책임을 진다고 규정하고 있다는 점이다. 국가정보법 제 14조에 의하면, 국가정보기관은 모든 기관, 조직, 단체, 시민들에게 필요한 정보를 요청할 수 있으며, 요청을 받은 대상은 국가정보업무를 지원하고, 보조해야 하며, 협력해야 한다고 규정하고 있다. 또한 동법 16조는 국가정보기관의 요원은 법으로 제한된 어떤 기관이나 장소, 개인 주택까지도 들어갈 수 있으며, 필요한 정보와 자료를 수집하고, 청취할 수 있다고 규정하고 있다. 더구나 중국정부는 중국정부나 당의 권위를 손상시키는 자는 누구든지 가혹한 처벌을 하고 있다고 밝히고 있다.[4]

그리하여 중국의 정보기관원은 아무 때고, 개인 집이나 개인 회사까지도 영장없이 침입하여 수색, 압수, 조사할 수 있는 권한을 가지고 있다. 이에 저항하는 것 자체가 중국 정부나 당의 권위를 실추시키는 것이기 때문에 처벌을 받게 된다. 따라서 정보기관원의 요구에 반드시 순응해야 한다. 게다가 중국의 국민은 해외에 있어도 중국정보기관의

4 Government of Canada, "China's intelligence law and the country's future intelligence competitions," https://www.canada.ca/en/security-intelligence-service/corporate/publications/china-and-the-age-of-strategic-rivalry/chinas-intelligence-law-and-the-countrys-future-intelligence-competitions.html, (검색일: 2019.10.15.); Finite State, "Fine State Supply Chain Assessment-Huawei Technologies co., Ltd.- 2019", https://finitestate.io/wp-content/uploads/2019/06/Finite-State-SCA1-Final.pdf. pp.5-6. (검색일: 2019.07.06.)

통제를 받으며, 정보기관이 원하는 정보를 의무적으로 보고해야 한다고 규정하고 있다.

3. 중국 국가정보법 비판

각국의 주권적 관할 범위를 어디까지 인정하는가 하는 것이 중요한 이슈가 되고 있다. 해외에서 거주하고 있는 자국민에게 본국의 정보 수집 업무에 적극적으로 협력해야 하는 의무를 부과하고 있는 중국의 국가정보법을 인정해야 할 것인가.

국제법상으로는 중국의 국가정보법은 중국의 영토 범위 내에서만 효력을 발휘한다. 그러나 해외에 거주하고 있는 중국 국적의 주민에게 부과하는 중국의 국가정보법은 실질적으로는 해외 거주 중국인에게도 효력을 발휘한다. 중국은 해외거주 중국인을 정보요원으로 활용하는 법률체계를 가지고 있는 것이다. 그러나 일반적으로 해외의 중국인이 거주하고 있는 주재국의 정부는 중국 국적의 거주민이 중국 정부의 정보요원의 역할을 하는 것을 용납하지 않는다. 주재국 정부는 선량한 거주자로서의 중국인의 주재국 체류를 허락하는 것이지, 중국 정부의 정보요원 역할을 하도록 허락하는 것이 아니기 때문이다. 그럼에도 불구하고 중국 정부가 해외거주 중국인에게 중국정부의 정보수집 업무에 적극적으로 협조해야 한다는 의무를 부과하고 있는 중국의 법률은 국제법상 갈등을 야기하기에 충분하다. 해외거주 중국인들이 주재국의 민감한 정보를 수집하여 중국정보기관에 보고하는 일이 자주 발생한다면, 주재국은 중국인의 주재국 체류를 거부할 것이기 때문이다. 이러한 사례는 현대의 자유로운 인적교류를 허용하고 있는 국제사회의 국제법의 기본정신을 훼손하는 것이다. 따라서 이러한 중국의 국가정보법은 전세계를 상대로 적대적 행위를 하고 있는 것이나 다름없다. 중국이 평화로운 국제교류를 지속하기를 원한다면, 국제법과 국제관례에 따라 중국의 국내법을 개정해야 한다. 그렇지 않으면, 세계 각국은 중국인의 입국을 거부할 것이기 때문이다.

캐나다 정부의 보고서 역시 중국의 국가정보법이 중국 국민 모두를 정보요원으로 강제로 동원하고 있다고 비판하고 있다. 보고서는 2016년의 중국의 국가정보법이 중국 국적의 모든 국민과 개인 그리고 중국인 소유의 기업과 회사는 중국정보기관의 정보획득업무에 협조해야 한다고 명시하고 있어서 중국 국민의 의무조항으로 규정하고 있다는 것을 가장 중요한 사항으로 지적하고 있다. 중국은 국가정보법의 원활한 시행을 위하여 4월 15일을 〈국가안보교육의 날〉로 지정하여 안보교육의 중요성을 국민들에게 교육하고 있으며, 중국국민이 국가안보와 정보수집 업무에 자발적으로 협조하도록 계속 격려와 세뇌를 시키고 있다고 하는 점 역시 우려할 사항이라고 지적하고 있다.[5]

법학자인 Silver 박사 역시 더욱이 문제가 되고 있는 것은 이러한 정보수집 업무는 중국 영토내의 개인과 중국인 소유의 회사에만 국한되는 것이 아니라고 하면서, 심지어 미국에서 활동하는 중국인 소유의 기업과 중국인 개인도 중국 정부가 요구하는 정보수집 활동에 적극적

5 Government of Canada, "China's intelligence law and the country's future intelligence competitions," https://www.canada.ca/en/security-intelligence-service/corporate/publications/china-and-the-age-of-strategic-rivalry/chinas-intelligence-law-and-the-countrys-future-intelligence-competitions.html, (검색일: 2019.10.15.)

으로 협조해야 할 의무를 지고 있다고 규정하고 있다는 점을 주목하고 있다.[6] 이러한 규정은 중국인 모두를 정보수집요원으로 활용하겠다고 전 세계에 공표한 것이나 다름없다. 이에 대하여 국제사회가 명백하게 지적하지 않는 이상, 해외에 거주하고 있는 중국 국민이나, 기업이 스파이 활동을 하여 적발이 되더라도 중국은 자국의 합법적인 법률에 의한 적법한 활동이라고 강변할 것이다.

캐나다 정부의 보고서는 중국의 국가정보법이 중국의 회사가 생산한 제품도 국가의 정보수집업무에 협조해야 한다고 규정하고 있는 점을 지적하면서 국가정보법을 강하게 비판하고 있다.[7] 특히 중국 기업이 제조한 IOT (Internet of Things) 제품도 중국 국가기관의 정보수집업무에 협조해야 한다고 규정한 점을 지적하고 있다. 해외로 판매된 화웨이 제품을 통하여 중국의 정보기관이 필요한 정보를 수집할 수 있도록 해야 한다고 규정했기 때문이다. 즉, 이 법은 중국의 정보기관이 해외에 판매된 화웨이 제품에 원격으로 직접 접속하여 필요한 정보를 취득할 수 있도록 강제하고 있다는 점이다. 중국 당국이 이러한 화웨이 제품들을 통하여 직접 정보를 취득하려고 하는 대상 국가들은 중국의 동맹들은 물론이고, 미국과 유럽 국가들, 그리고 개발도상국의 국가들이다.

---

6 Jason Silver, "China's Asymmetric Intelligence Advantage: The State Security Law," Orbis, Vol.59, Issue 3, 2015, pp.389-397., https://doi.org/10.1016/j.orbis.2015.05.005

7 Government of Canada, "China's intelligence law and the country's future intelligence competitions," https://www.canada.ca/en/security-intelligence-service/corporate/publications/china-and-the-age-of-strategic-rivalry/chinas-intelligence-law-and-the-countrys-future-intelligence-competitions.html, (검색일: 2019.10.15.)

<사례1. 중국내 기업의 정부수집 협조의무>

2019년 10월 한국경제의 보도에 따르면, 중국내에서는 사용자가 애플의 인터넷검색 프로그램인 사파리(Safari)를 이용하여 특정한 웹사이트를 방문하여 인터넷 검색을 할 때, 이 사파리는 이 웹사이트에서 식별된 정보를 중국기업인 텐센트에 전송하도록 의무화 하고 있다. 이렇게 하는 이유에 대하여 중국 당국은 이 웹사이트가 위조된 웹사이트인지를 확인하는 안전 확보 과정이라고 주장하고 있으나, 실제로는 중국국민의 인터넷 활동을 세밀하게 감시하고 있는 것이다. 중국의 소비자들 역시 텐센트로 전송된 개인의 IP 정보와 인트넷 검색 내용을 중국정부가 정치적 목적으로 감시, 악용하고 있는 것이라고 반발하고 있다. 불룸버그 통신 역시 텐센트가 중국정부와 밀접한 관계를 가지고 있기 때문에 사용자의 위치와 검색한 내용, 검색 시간등의 민감한 정보등을 중국정부에 제공할 것이며, 중국정부가 개인에 대한 감시 목적으로 이러한 정보를 사용할 우려가 있다고 보도했다.[8]

서구 선진국들과 비교하여 중국의 국가정보법이 가지고 있는 중요한 차이점은 중국정부의 정보취득 활동은 중국의 산업과 기업 성장에 기여해야 한다고 규정하고 있다는 점이다. 이에 대하여 캐나다 정부는 중국의 국가정보법은 국가정보기관이 중국의 경제성장을 지원해야 한다고 명시하고 있다는 점이 미국 및 서방세계와 가장 큰 차이점이라고 지적한다. 실제로 중국의2015년 국가안보법은 경제안보가 국가안보의 기반이라는 점을 강조했으며, 2016년의 국가정보법은 국가정보업무가 경제와 사회적 이익을 지원해야 한다고 명시하고 있다. 즉, 중국의 정보기관이 획득한 정보를 중국의 기업이 활용하도록 하여 기업의 성장에 사용하는 것은 법으로 규정된 의무이자 당연하다는

8 노정동, “잘 팔리는 아이폰 초 칠라…중국 앞에 엎드린 애플,” 『한국경제,』 2019년10월18일, https://www.hankyung.com/it/article/201910183502g, (검색일: 2019.10.18.)

것이다.[9]

<사례2. 중국 제품의 중국당국의 정보취득 협조>

2020년의 한국에서 중국 코로나 바이러스(COVID19)로 인하여 학교 수업을 온라인 수업으로 대체해야만 했다. 문재인 정부는 전국의 540만명의 초중고생이 "화상회의 프로그램" 인 줌(zoom)을 이용하여 온라인 수업을 받으라고 권장하고 있다. 그런데 중국인이 만든 이 프로그램은 회의의 고유한 접속번호만 알면, 누구나 회의내용을 탈취할 수 있도록 되어 있다. 캐나다 토론토 대학교가 조사한 바에 의하면, 중국 내의 서버가 미국 내에서 개최되는 회의의 암호키를 발급하고 있기 때문에 중국 정부가 원하면 언제든지 미국에서 진행되는 회의 내용을 있는 그대로 탈취하여 감시할 수 있다고 지적하고 있다. 이에 대하여 줌의 CEO인 에릭 위안은 보안조치를 약속했다고 한다.[10]

이와 같이 중국의 국가정보법은 중국인, 또는 중국의 기업이 만든 제품까지도 중국 당국의 정보수집 업무에 적극적으로 협력해야 하는 의무를 지고 있다는 것이 서양 국가들과의 가치체계에서 가장 큰 차이를 보여주고 있다.

---

9 Government of Canada, "China's intelligence law and the country's future intelligence competitions," https://www.canada.ca/en/security-intelligence-service/corporate/publications/china-and-the-age-of-strategic-rivalry/chinas-intelligence-law-and-the-countrys-future-intelligence-competitions.html, (검색일: 2019.10.15.)

10 임규민, "내일 온라인 개학인데... 세계는 지금 화상 앱 '줌 금지령'," m.chosun.com, 2020.04.08., https://m.chosun.com/svc/article.html?sname=news&contid=2020040804290&utm_source=dable, 검색일: 2020.04.08.

III. 국가정보수집활동과 활용의 범위에 대한 논쟁

미국은 2014년 백악관의 공식 발표를 통하여 미국 정보기관의 정보수집활동의 정당성을 전 세계의 모든 국가들이 동의할 수 있는 원칙하에서 수행하고 있다고 주장했다. 미국의 대통령이 미국의 첩보활동의 범위와 활동 기준에 대하여 직접 원칙과 규범을 공개하였는바, 미국은 세계 모든 나라들과 마찬가지로 국가안보와 외교정책의 결정을 위하여 정보를 수집하고 있으며, 수집된 정보들은 정책결정권자들이 적절하고 정확한 판단을 내릴 수 있도록 도와주는 것이라고 밝혔다. 이러한 정보수집활동은 미국과 동맹국들의 국가 안보와 외교정책 수립의 이익을 위하여 필수적인 것이라고 주장하면서 이러한 정보수집활동은 국제사회에서 품위 있고, 존중받는 행위의 범주에 들어야 한다고 백악관 관리는 주장하였다.[11]

11 The White House Office of the Press Secretary, "Presidential Policy Directive — Signals Intelligence Activities," Jan,17, 2014, https://obamawhitehouse.archives.gov/the-press-office/2014/01/17/presidential-policy-directive-signals-intelligence-activities, (검색일: 2019.07.03.)

<사례3. 중국정부의 미국 인사관리처 해킹사건>

중국정부가 미국 연방의 인사관리처(the Office of Personnel Management, OPM) 전산망을 해킹하여 2,150만명의 전 현직 연방공무원들에 대한 인사정보를 탈취해 갔다. 2014년 3월의 해킹은 <Axiom> 이라는 단체의 소행이며, 2015년 4월의 사건은 <Deep Panda>나 <Shell Crew> 라는 단체의 행위라고 분석되었다. 이 단체들은 중국정부의 지시에 따라 활동하는 단체다. 이들은 미국연방정부의 인사관리처의 컴퓨터 관리업체인 <Keypoint Systems>의 인사관리처 VPN 크리덴셜을 훔치는 데에 성공하였다. 그리고 이 정보를 가지고 실제 <Keypoint Systems> 인것처럼 위장하여 연방정부의 인사관리처의 네트웍에 접속하여 정보를 탈취하였다.[12]

미국 FBI는 이러한 해킹의 주범중 하나인 유 핀간(Yu Pingan)이 중국의 상해에서 이러한 해킹을 했다는 사실을 확인하였으며, 유 핀간이 회의 참석차 LA 국제공항에 도착했을 때, 그를 체포하였다. 그는 "GoldSun"이라는 사이트를 운영하면서 "Sakula" 라고 하는 멀웨어를 침투시켰다. 이것은 잘 사용되지 않는 트로이목마 바이러스인데, 유핀간은 미국 OPM을 관리하는 회사의 컴퓨터에 침입하여 미국 OPM에 접속할 수 있는 VPN 크리덴셜을 절취함으로서 연방정부의 OPM에 접속하였다. 유핀간은 이러한 임무를 위하여 2011년 6월부터 다른 해커의 도움을 받아 트로이의 목마(Trojan)를 관리회의에 침투시키려고 노력하였으며, 결국 2014년에 성공함으로써 미국 연방정부의 OPM 정보를 탈취하는 데에 성공하였다.[13]

중국정보기관이 미국 인사관리처를 해킹하는 데에 성공함으로써 미국은 중국을 비롯한 전 세계에 배치한 정보원의 신원이 노출되었다. 그리고 이들의 안전을 위협받게 되었다. 중국정부가 해킹하여 확보한 인적사항은 미국이 고용한 정보원의 현직은 물론 전직 정보원들의 상세한 신원정보였기 때문에 중국은 첩보활동에서 최대의 성과를 획득했다. 중국정부는 자체적으로 수집해 온 파편적 정보에 해킹을 통하여 획득한 정보를 맞춤으로써 정보원과 정보작전의 실체를 파악할 수 있는 "big data analytics" 를 사용할 수 있게 되었기 때문이다.[14]

---

12 문가용, "최악의 해킹사건 중 하나로 꼽히는 OPM, 결론났지만...,"『보안뉴스』 2016.09.09., https://www.boannews.com/media/view.asp?idx=51750, (검색일: 2019.07.03.)

13 Mariella Moon, "FBI nabs Chinese national linked to massive OPM hack." engadget, 2017.08.25. https://www.engadget.com/2017/08/25/fbi-nabs-chinese-national-opm-hack/ (검색일: 2019.07.03.)

14 Mark Mazzetti and David E. Sanger, "U.S. Fears Data Stolen by Chinese Hacker Could Identify Spies," The New York Times, 2015.07.24.

미국의 연방정보수장(director of national intelligence)인 James R. Clapper Jr.는 미국 의회에서의 보고를 통하여 중국이 미국연방정부의 인사관리처(OPM)의 2,200만명의 인사정보를 절취해 간 것에 대하여 미국의 안보에 대한 "공격(attack)" 이라고 간주할 수 없다고 보고했다. 왜냐하면, 이것은 국가의 안보를 위한 정보수집행위이며, 미국도 이러한 행위를 하고 있기 때문이라[15]고 밝혔다. 중국정부의 미국정부의 인사관리처(OPM)를 해킹하여 수백만명 이상의 인적 정보를 탈취한 사건에 대하여 미국 정부는 중국의 정상적인 정보수집활동의 하나로 간주한다고 발표하였다. 또한 중국이 광범위한 범위에서 미국의 지적재산권을 탈취하고 있지만, 이 사건을 중국 정부의 불법행위에 포함하지 않았다.[16]

즉, 미국정부는 한 국가가 자국의 안보를 위하여 활동하는 행위 중 정보수집 행위는 전 세계 국가가 공통적으로 하는 행위들이며, 이것은 전 세계가 동의하고 있는 국제적 정보수집활동이라는 원칙이라고 하면서 중국의 이러한 정보수집행위를 정당하다고 인정하였다.

그러나 미국 정부는 이러한 정보수집활동에도 지켜야할 조건이 있다고 주장한다. 정보기관이 외국 정부의 네트웍에 침입하여 정보를 수집하더라도 그것은 정당한 국가이익을 위하여 수집하는 것에 국한하며, 이렇게 수집한 정보는 정치적 판단과 국제정세 판단에 사용하는 것으로 제한되어야만 한다는 것을 강조했다. 즉, 국가의 정보기관은 이렇게 수집한 정보를 기업의 경쟁력을 증가시킬 수 있도록 기업

15 David E. Sanger, "U.S. and China Seek Arms Deal for Cyberspace," *The New York Times*, 2015.09.19.,https://www.nytimes.com/2015/09/20/world/asia/us-and-china-seek-arms-deal-for-cyberspace.html?_r=0, (검색일: 2019.07.03.)

16 Ibid.

에 제공해서는 안되며, 지금까지 기업에 제공하는 국가도 없었다고 주장한다.[17]

미국 정부는 중국의 사이버상의 정보수집행위의 비도덕성과 국제적 수준의 규범위반 행위에 대하여 중국정부와 다양한 경로와 값은 기회에 협의를 통한 합의를 모색했다고 설명하였다. 그러나 미국은 중국과 많은 합의를 했음에도 불구하고 중국은 합의를 지키지 않고 있으며, 워싱턴당국은 북경당국이 합의 자체를 존중하지 않는다고 비난한다. 중국의 국제정치에 관한 정책과 규범은 미국과는 근원적으로 상이하기 때문이다.

IV. 중국식 사이버 절도행위에 대한 비판

미국의 국무성의 고위 행정관료는 다음과 같이 발표했다. 즉, 중국의 사이버상의 절도와 탈취 등의 불법행위, 즉 지적 재산권의 절도, 무역상의 비밀, 사업상의 재산권적 정보 등에 관한 사이버를 통한 도둑질을 금지해 달라고 중국에게 다양한 경로를 통하여 요구했다고 밝혔다. 이에 대하여 중국정부는 자신들의 행위는 경제적 절도행위가 아니라 첩보활동이라고 주장하고 있다고 소개하였다. 미국정부는 이에

17 David E. Sanger and Nicole Perlroth, "N.S.A. Breached Chinese Servers Seen as Security Threat," *The New York Times*, 2014.03.22.,https://www.nytimes.com/2014/03/23/world/asia/nsa-breached-chinese-servers-seen-as-spy-peril.html?module=inline, (검색일: 2019.07.03.)

대하여 다시 다음과 같이 확인하였다. 모든 국가들이 자국의 안보를 위하여 행하는 첩보, 정보수집활동은 인정된다. 그러나 안보 목적이 아니라, 그 국가의 산업 활동의 이익을 위하여 행하는 지적재산권의 절도행위는 명확하게 구분되어야 한다고 주장했다. 그리고 이런 산업이익을 위한 절도와 같은 파렴치한 행위는 미국은 물론이고 중국을 제외한 어떤 정상적인 국가도 그런 행위를 하지 않고 있다고 주장했다.[18]

미국정부는 중국이 사이버 해킹을 통하여 취득한 정보를 중국의 산업적 생산을 위하여 사용하는 행위는 명백하게 불법이며, 절도행위라고 비난하고 있다. 유럽 등 선진 국가에서는 국가가 자국의 안보를 위하여 수집한 정보 등은 순전히 안보의 목적을 위한 정책적 판단을 위한 정보로 활용하는 데에 제한되는 것이 국제관례라고 주장한다. 국가의 정보기관이 취득한 이러한 정보를 자국의 산업발전을 위하여 민간 기업등의 사기업에게 제공하여 사용하도록 하는 것은 현재의 국제법이나 국제관례상 불법이며, 파렴치하다는 것이다.

현재의 국제사회가 각 국에 파견되어 있는 외교관에 대하여 면책특권을 인정해 주고, 외교행랑에 대하여는 세관에서 검색을 하지 않은 것은 외교관이 경제적 활동을 하는 것이 아니라 자국의 안보를 위하여 정보수집과 정책결정을 보조하기 위한 행동을 하는 것으로 간주하고 있기 때문이다. 그래서 세관검사를 면제하고 있는 것이다. 외교관

18 U.S. Department of State, Office of the Spokesperson Senior Administration Officials, "Senior Administration Officials On the First Day of the Strategic and Economic Dialogue and U.S.-China Relations," July 11, 2013, https://2009-2017.state.gov/r/pa/prs/ps/2013/07/211801.htm, (검색일: 2019.07.03.)

이 외교행랑을 통하여 마약이나, 경제적 상품들을 지속적으로 반입하여 판매하여 경제적 이익을 획득한다는 정보를 입수하게 되면, 세관은 외교행랑에 대하여 세관검사를 할 것이다. 경제적 목적으로 외교행랑을 이용하는 행위는 국제법과 국제관행을 어기는 행위로서 명백하게 불법이다. 또한 외교행랑에 대하여 세관검사가 지속적으로 이루어져야 한다면, 양국 간의 외교관계에 갈등을 야기한다. 결국 두 국가는 이러한 관계가 악화되면, 국교를 단절하고, 적대적인 될 것이다. 따라서 미국의 주장은 국가 정보기관이 외국으로부터 취득하고자 하는 정보활동은 정책적 판단자료에 국한되고 제한되어야만 한다고 주장한다. 이렇게 획득한 정보를 산업용이나, 사기업의 기술개발에 직접 활용하도록 하는 것은 국가차원의 도둑질이라고 주장한다.

그리하여 미국은 중국과 사이버 군축조약을 체결하여 중국을 국제법의 체계 안으로 포용하고자 노력했다. 뉴욕 타임즈에 의하면, 미국의 오바머 대통령은 2015년 미국을 국빈방문하게 된 중국의 시진핑을 상대로 역사상 처음으로 "사이버 군축조약(arms control accord for cyberspace)"을 체결하게 되었다. 이 조약은 평시에는 누구든지 먼저 상대방의 핵심적 기간산업을 공격해서, 장애를 야기할 수 있는 사이버무기를 "먼저 사용하지 않는(no first use)" 조약이다. 미국과 중국 양극은 상대방의 전력생산시설, 은행시스템, 이동전화 시스템, 병원 등 에 대한 공격을 하지 않기로 한 것이다. 이것은 미국과 중국의 안보에 최고의 핵심적으로 중요한 사항에 관하여 체결된 최초의 미-중 사이버 군축조약이다. 이 조약은 사이버무기를 핵무기나, 생화학무기 와같이 정부가 통제해야 할 필요가 있는 군사적 능력으로 인식하여 체결한 최초의 조약이다. 이 조약은 1963년에 미국의 케네디대통령이 소련과 맺은 핵무기 실험 금지조약에 비교될 만큼 사이버공격에 있어서 자기 규제(self-restrained)에 관한 "일련의 행위규범(a set of norms of behavior)"을 마련한 것이라고 할 수 있다.[19] 그러나 미국의 이러한 노력에도 불구하고 중국의 사이버 행태는 전혀 변화되지 않았다. 이 조약을 체결했음에도 불구하고 중국의 행태는 전혀 변하지 않았다. 이러한 조약과 합의 자체를 인정하지 않고 있다.

이에 대하여 오히려 중국은 미국의 이러한 주장을 반박하며 미국의 주장을 수용하지 않고 있다. 중국은 서방과는 다른 가치체계와 정치, 문화체계를 가지고 있다. 중국의 국내법은 모든 중국인은 당과 국가의 업무에 적극적으로 협력해야 하며, 중국정부가 취득한 정보를 중국정부가 운영하는 기업의 생산활동에 적극적으로 활용하는 것은 당연하며, 합법적이라는 주장이다. 즉, 중국의 정보기관이 사이버 해킹을 통하여 획득하게 된 첨단 과학기술 정보를 중국의 기업과 산업체에 제공하여 중국의 국방력과 산업경제생산능력을 제고하는 것은 합법적인 활동이라는 주장한다.[20]

게다가 중국의 사이버 공격능력과 사이버 하드웨어 공급능력이 상당한 정도로 성장했기 때문에 사이버 공간에 관한 문제 즉, 사이버세

19 David E. Sanger, "U.S. and China Seek Arms Deal for Cyberspace," *The New York Times*, 2015.09.19.,https://www.nytimes.com/2015/09/20/world/asia/us-and-china-seek-arms-deal-for-cyberspace.html?_r=0, (검색일: 2019.07.03.)

20 U.S. Department of State, Office of the Spokesperson Senior Administration Officials, "Senior Administration Officials On the First Day of the Strategic and Economic Dialogue and U.S.-China Relations," July 11, 2013, https://2009-2017.state.gov/r/pa/prs/ps/2013/07/211801.htm, (검색일: 2019.07.03.)

계의 규정과 제재, 규범 등에 관한 문제에 있어서 중국은 더 이상 방어자가 아니다. 이미, 중요한 행위자이며, 전세계의 사이버공간을 규율하는 규범을 제정하는 역할을 수행할 정도로 세력이 성장했다. 중국의 최고 지도자 시진핑은 인터넷 안보 없이는 국가안보도 없다고 강조하고 있다. 중국은 사이버 능력을 성장시키는 데에 역점을 둔 결과, 2015년에는 중국의 CAC(Cyberspace Administration of China)가 직접 세계인터넷 국제회의를 조직하였다. 그리고 시진핑은 기조연설을 하였는데, 사이버안보에 있어서는 사이버 주권이 인정되어야 한다고 주장했으며 세계적인 지원을 요청하였다. 중국의 주장은 모든 국가가 사이버 주권을 인정해야 하며, 사이버공간을 얼마나 발전시킬지, 혹은 얼마나 규제할 것인가에 대한 각국에게 스스로 결정할 권리가 있다고 주장하였다.[21] 중국은 중국의 사이버 해킹을 통한 정보탈취와 그 정보의 경제적, 산업적 활용은 정당한 것이라고 하는 중국의 주장에 대하여 국제사회의 지지를 확보하기 위한 활동을 적극적으로 하고 있다.

그러나 미국정부는 중국 인민군이 수행하는 사이버 해킹을 통하여 취득한 지적재산권적 정보를 중국정부가 소유하고 있는 산업체의 생산 활동에 사용하는 것은 범죄행위라는 사실을 강하게 지적하고 있다.

21 ResearchGate, Weishan Miao, Wei Le, "Policy review: The Cyberspace Administration of China," *Global Media and Communication* 12(3):337-340 December ,2016. https://www.researchgate.net/publication/311505481_Policy_review_The_Cyberspace_Administration_of_China, (검색일: 2019.07.03.); Cyberspace Administration of China. 2015. 'The Cyber Perception of President Xi Jinping: To build a cyber power, and let the development benefit the people," http://www.cac.gov.cn/2015-12/10/c_1117414086.htm. (검색일: 2019.07.03.).

V. 결론

북경당국은 정부기관이 정보활동을 통하여 취득한 정보는 자의적으로 사용해도 되는 전리품이라는 인식을 가지고 있다. 중국은 국가안보는 중국내 대기업의 성장과 직결되어 있으며, 정부가 취득한 정보를 대기업에게 제공하는 것은 당연한 일이라고 주장한다. 실제로 중국의 경제성장은 정부의 정책과 지도에 의해서 이루어지고 있으며, 중국의 거대기업들은 대부분 정부의 직접적 지도와 관여로 운영된다. 따라서 중국의 공산당이 집권하고 있는 체제에서 경제와 정치는 분리된 것이 아니라 일체의 운영체제다. 중국에서는 기업이 손해를 당하더라도 정부의 정책을 따라야 하며, 마찬가지로 정부는 기업을 직접 운영하고 지도하는 것과 유사하기 때문에 정부가 기업의 이익을 위하여 직접적으로 활동하는 것은 당연한 것이라고 인식한다. 따라서 중국이 사이버 해킹을 통하여 획득하는 정보들은 지적재산권이나, 안보관련 내용을 막론하고 중국의 안보와 중국의 기업에 이익이 된다면 얼마든지 활용할 수 있다고 간주한다.

중국의 가치관과 문화는 미국 및 서방세계와 상당히 다른 차이를 보인다. 중국의 경제성장은 국가와 당의 주도로 이루어지고 있으며, 국가의 중요한 기간산업과 대기업에는 대부분 중국의 정부가 직접 경영하는 기업도 많으며, 그 밖에도 정부의 자본이 일정지분으로 참여하는 형태로 기업을 지배하고 있다. 또한 중국에서 사업을 영위하기 위

해서는 중국정부의 지시에 순응해야 한다.[22]

서방의 국가들은 국가의 안보를 위한 첩보활동은 안보와 정책수립을 위한 자료 사용으로 국한했고, 또한 첩보활동을 통하여 획득한 정보를 상업적으로 사용하는 것을 철저하게 구분하여 차단했다. 그러나 중국은 국가가 주도하여 경제와 산업을 성장시키고, 국가가 주도하여 기업을 운영하고 있기 때문에 중국 당국은 국가와 중국인민군이 획득한 정보를 산업체가 활용하는 것은 당연하다고 간주한다. 중국과 미국 및 서방국가들 간의 이러한 문화적 차이는 사이버 안보의 규범과 국제적 질서를 형성하는 데에 지속적으로 장애가 되고 있다.

중국은 시진핑 시대에 들어서 공산당주도의 정경 일체 운영체제를 더욱 강화하고 있다. 중국의 국가정보법에 따르면 중국 국민은 중국정부의 정보수집업무에 적극적으로 협조해야 하는 의무를 가지고 있다. 또 중국정부는 획득한 정보를 중국의 산업발전을 위하여 활용하는 것은 당연하다는 주장을 한다.

중국의 국가정보법은 중국의 영토 범위에 있는 중국인과 외국인 모두를 지배한다. 중국의 영토내에서 활동하는 외국인 소유의 기업에게도 중국 정보기관의 정보획득활동에 적극적으로 협조하도록 압력을 가하고 있다. 이에 순응하지 않을 경우, 중국당국은 외국기업의 중국내에서의 기업 활동을 제한한다. 중국의 이러한 조치는 자유무역의

22 미국의 상원의원 Mark Warner 도 중국의 대기업은 전부 중국정부의 지시를 따라야 한다고 주장한다. 또한 화웨이의 미국 5G 통신망 사업 참여는 미국의 국가 안보를 심각하게 위협할 것이라고 주장한다. Nick Statt, “Huawei will help build Britain’s 5G network, despite security concerns-Experts and policymakers are wary of letting China get involved in domestic infrastructure,” 2019.04.23.,https://www.theverge.com/2019/4/23/18513295/huawei-5g-great-britian-uk-theresa-may-china-hacking-fears-infrastructure, (검색일:2019.07.04.)

혜택을 가장 많이 받고 있는 중국이 오히려 약탈적 행위를 하고 있다고 할 수 있다. 미국이나 서방에 주재하고 있는 중국인 소유의 기업에 대하여 서방 주재국들은 중국인 소유의 기업에 대하여 이러한 약탈적 요구를 하지 않는다. 그런데 중국 정부만 일방적으로 정보획득업무에 협조하도록 강요하고 있는 것이다.

또한 중국정부가 해외에 체류하고 있는 중국인에 대하여 중국당국의 정보획득업무에 적극적으로 협조해야 하는 의무를 부과하고 있는 것은 국제사회의 일반적 국제법에 위배된다고 할 수 있다. 이것은 해외체류 중국인을 모두 중국의 정보요원으로 활용한다는 것을 법률로 규정한 것이기 때문이다. 특정 국가에 체류 하고자 하는 중국인이 정보수집을 위하여 입국하는 것을 체류국 정부가 안다면, 체류국 정부는 중국인의 입국을 허용할 까닭이 없다. 중국이 이러한 법률체계를 고집한다면, 중국인은 전 세계로부터 격리될 것이며, 세계평화와 자유에도 치명적 영향을 미칠 것이다. 따라서 중국의 국가정보법이 중국의 국내법이라고 하더라도 해외에 까지 영향을 미치도록 방치해서는 안 된다.

어떠한 법률이나 규정이 옳은지 아닌지를 테스트하기 위해서는 칸트가 정의한 대로 일반화를 시켜보면 된다. 즉, 전 세계 모든 국가들이 자국민에게 해외에 나가서 주재국의 민감한 정보를 수집하는 정보요원으로 활용하도록 국내법을 입법한다면, 전 세계는 만인의 만인에 의한 감시체제가 될 것이다. 또한 전 세계는 타국민을 자국에 입국하도록 허용하지도 않을 것이다. 이러한 상황은 인류의 역사발전에 역행하는 것이며, 인간의 자유의 확대에 치명적 해악을 끼치는 행위가 될 것이다. 따라서 중국의 이러한 국가정보법은 국제법과 국제관례에 맞게 개정되어야 할 것이다.

Government of Canada, "China's intelligence law and the country's future inteligence competitions," https://www.canada.ca/en/security-intelligence-service/corporate/publications/china-and-the-age-of-strategic-rivalry/chinas-intelligence-law-and-the-countrys-future-intelligence-competitions.html,

Mazzetti, Mark and David E. Sanger, "U.S. Fears Data Stolen by Chinese Hacker Could Identify Spies," The New York Times, 2015.07.24. https://www.nytimes com/2015/07/25/world/asia/us-fears-data-stolen-by-chinese-hacker-could-identify-spies.html, 검색일 2019.07.03.

Miao, Weishan Wei Le, "Policy review: The Cyberspace Administration of China," in ResearchGate, Global Media and Communication 12(3):337-340 December ,2016. https://www.researchgate.net/publication/311505481_Policy_review_The_Cyberspace_Administration_of_China,

Moon, Mariella "FBI nabs Chinese national linked to massive OPM hack." engadget, 2017.08.25. https://www.engadget.com/2017/08/25/fbi-nabs-chinese-national-opm-hack

Porter, Jon, "'Hidden backdoors' were found in Huawei equipment, reports Bloomberg

SANGER, DAVID E. "Obama Order Sped Up Wave of Cyberattacks Against Iran," 2012.06.01.https://www.nytimes.com/2012/06/01/world/middleeast/obama-ordered-wave-of-cyberattacks-against-iran.html?_r=0&module=inline,

Sanger, David E. and Nicole Perlroth, "N.S.A. Breached Chinese Servers Seen as Security Threat," The New York Times, 2014.03.22.,https://www.nytimes.com/2014/03/23/world/asia/nsa-breached-chinese-servers-seen-as-spy-peril.html?module=inline,

Sanger, David E., "U.S. and China Seek Arms Deal for Cyberspace," The New York Times, 2015.09.19.,https://www.nytimes.com/2015/09/20/world/asia/us-and-china-seek-arms-deal-for-cyberspace.html?_r=0,

Silver, Jason "China's Asymmetric Intelligence Advantage: The State Security Law," Orbis, Vol.59, Issue 3, 2015, pp.389-397., https://doi.org/10.1016/

j.orbis.2015.05.005

Statt, Nick, "Huawei will help build Britain's 5G network, despite security concerns-Experts and policymakers are wary of letting China get involved in domestic infrastructure,"2019.04.23.,https://www.theverge.com/2019/4/23/18513295/huawei-5g-great-britian-uk-theresa-may-china-hacking-fears-infrastructure,

The White House Office of the Press Secretary, "Presidential Policy Directive — Signals Intelligence Activities," Jan,17, 2014, https://obamawhitehouse.archives.gov/the-press-office/2014/01/17/presidential-policy-directive-signals-intelligence-activities,

The White House Office of the Press Secretary, "Presidential Policy Directive — Signals Intelligence Activities," Jan,17, 2014, https://obamawhitehouse.archives.gov/the-press-office/2014/01/17/presidential-policy-directive-signals-intelligence-activities,

U.S. Department of State, Office of the Spokesperson, Senior Administration Officials, "Senior Administration Officials On the First Day of the Strategic and Economic Dialogue and U.S.-China Relations," July 11, 2013, https://2009-2017.state.gov/r/pa/prs/ps/2013/07/211801.htm,

Wakefield, Jane, "Huawei laptop 'backdoor' flaw raises concerns," 2019년4월3일, https://www.bbc.com/news/technology-47800000

노정동, "잘 팔리는 아이폰 초 칠라…중국 앞에 엎드린 애플," 한국경제, 2019년10월18일, https://www.hankyung.com/it/article/201910183502g,

문가용, "최악의 해킹사건 중 하나로 꼽히는 OPM, 결론났지만...," 보안뉴스, 2016.09.09., https://www.boannews.com/media/view.asp?idx=51750

ABSTRACT

Conflict of the US-China Value System on National Intelligence Activities

The United States and China are clashing not only about trade wars, but also on the extent of national intelligence gathering activities and the use of the information they collect in cyberspace. The United States accuses China of using information gathered for national security in technological development of private companies, which is beyond the scope of legitimate information activities between nations. In addition, the Chinese government enacted the National Information Act in 2016, which stipulates that all individuals, organizations and companies in China should actively cooperate with China's national security. The use of all Chinese people as intelligence agents by the Chinese government adversely affects the promotion of peace and freedom around the world. Nonetheless, it is argued that this is China's natural culture and right. In addition, China is obliged to install information stealing functions required by the Chinese government in products made by companies in China.

Therefore, this study suggests the debate and direction of the international community.

key words China National Information Act, intelligence activities, cyber hacking, industrial use of hacking information, citizens' obligation to collect information

요약

지능정보사회에서 국가위기관리의 지능화에 관한 연구

4차 산업혁명기에는 정보통신기술(ICT)의 발전으로 정형 및 비정형데이터를 다양한 수단으로 수집하여 분석하고 가공하여 사회적 가치를 창출하는 것이 가능하다. 정부는 4차 산업혁명기의 전개에 따라 초연결화를 바탕으로 초지능화를 확보하여 지능정보사회를 이루고 지능형 정부를 구현하기 위한 다양한 정책을 추진하고 있다. 따라서 지능정보사회에서 국가위기관리의 지능화를 구현하기 위하여 인공지능(AI)을 기반으로 하는 국가위기관리체계를 구축할 필요가 있다.

본 연구의 목적은 지능정보사회에서 국가위기관리의 지능화를 위해 인공지능(AI)을 기반으로 하여 안보와 재난분야에서 포괄적인 국가위기관리체계의 구축을 위한 정책적 방안을 모색하는 것이다. 이를 위해 인공지능(AI)을 적용하는 국가위기관리의 필요성에 대하여 고찰하고, 주요 국가들의 인공지능(AI) 정책을 살펴 본 후, 인공지능(AI) 기반의 국가위기관리체계 구축을 위한 방안을 연구하였다.

key words 지능정보사회, 인공지능, 위기관리, 포괄안보, 4차 산업혁명

02

지능정보사회에서 국가위기관리의 지능화에 관한 연구*

최원상*, 신진**

Ⅰ. 서론

지난 2016년 스위스 다보스에서 개최된 세계경제포럼에서 '4차 산업혁명의 이해'가 논의되면서 미국 등 주요 국가들은 인공지능(AI: Artificial Intelligence) 등 정보통신기술(ICT: Information Communications Technologies)을 국가 정책에 적용하기 위해 다양한 분야에서 계획을 수립하고 추진하고 있다. 정보통신기술(ICT)의 발전은 전 산업 분야에서 기존의 체

* 최원상, 신진, 지능정보사회에서 국가위기관리의 지능화에 관한 연구.Crisisonomy, 16권, 1호, 2C20. pp.153-173 를 수정 게재하였음.

** 주저자, 충남대학교 대학원 군사학과 박사과정

*** 교신저자, 충남대학교 정치외교학과 교수, Jinshin@cnu.ac.kr

계를 혁신적으로 변화시키고 있다. 이러한 변화의 동인은 정보통신기술(ICT) 발전의 속도와 영향력이 3차 산업혁명시대인 정보화 시대의 그것과는 전혀 다르다는 것에 있다. 기술의 발전에 의존했던 이전의 산업혁명들과는 달리 기계나 시스템이 스스로 진화하는 것이다. 사물인터넷(IoT: Internet of Things) 기반의 센싱기술이 적용된 통신네트워크를 통해 사물이 데이터를 수집하고 공유하여 초연결화(Hyper-connected)되고, 빅데이터를 통해 기계는 딥러닝(Deep Learning) 알고리즘에 의하여 스스로 자기학습을 하며 초지능화(Hyper-intelligence)되어 예측하고 대응하는 것이 가능해진다. 새로운 변화와 가치 창출을 이끌 4차 산업혁명의 핵심 기술은 인공지능(AI)이라고 할 수 있다. 4차 산업혁명시대에서 중요한 정보통신기술(ICT)로 여겨지는 인공지능(AI), 사물인터넷(IoT), 빅데이터, 무인자율체계 등은 이전에 불가능하다고 여겨지던 수많은 산업난제뿐만 아니라 사회문제, 자연 및 사회재해 등은 물론이고 인간 삶의 질 향상까지 해결 가능한 혁신을 야기하고 있다. 의료, 금융, 교육, 교통, 법률, 국방 등 다양한 분야에서 인공지능(AI)의 적용을 위한 연구가 활발히 진행되고 있으나, 인공지능(AI)을 기반으로 하는 지능형 국가위기관리를 위한 연구와 적용은 아직 활성화되어 있지 않다. 따라서 4차 산업혁명기 지능정보사회에서 지능형 정부의 초연결화(Hyper-connected), 초지능화(Hyper-intelligence)된 인공지능(AI)을 기반으로 하는 국가위기관리의 지능화를 위한 연구와 적용이 필요하다. 급속하게 발전하는 정보통신기술(ICT)은 국가위기관리를 위한 범정부적인 인프라를 갖추고 플랫폼을 마련하는 것을 가능하게 해준다. 이로써 정부는 초연결화(Hyper-connected)를 바탕으로 초지능화(Hyper-intelligence)를 확보하여 이전과 다른 패러다임으로 국가위기관리를 할 수 있다.

현 정부 출범 시 국정기획자문위원회가 발표한 국정운영 5개년 계획(State Affairs Planning Advisory Committee, 2017)에서는'4차 산업혁명'을 강조하면서 국가적 방향전환의 계기로 삼고 있다. 2017년에는 대통령 직속으로'4차 산업혁명위원회'가 발족되어 필요한 정책들을 마련하고 있으며, '4차 산업혁명 대응 전자정부협의회'를 통하여'지능형 정부 기본계획'을 추진하고 있다. 따라서 국가위기관리도 이러한 기술의 변화를 이해하고 대응해야 할 필요가 있다. 급격하게 발전하는 산업혁명은 이에 대응하지 못하는 국가들과 커다란 격차를 갖게 한다. 또한 재래식 폭동, 국가 분쟁, 테러, 사이버 공격, 대규모의 사회 및 자연재난 등에 이르기까지 국가의 안보를 위협하는 위기 상황은다양하게 나타나고 있다(Choi & Shin, 2019). 정보통신기술(ICT)의 발전은 이러한 다양한 형태의 위기상황을 효율적이고 효과적으로 대응할 수 있도록 정책결정자의 의사결정을 지원해 주는 것이 가능하다.

본 연구는 국가위기관리가 수많은 정책적 결정과 집행에도 불구하고 왜 기대하는 수준의 결과가 나타나지 않는가? 라는 문제의식에서 출발하여 4차 산업혁명기의 도래에 따라 사회적 관심이 커지고 있는 인공지능(AI) 정책에서 그 해결 방안을 찾고자 지능정보사회에서 국가위기관리의 지능화를 위한 정책적 방안을 제언하는 것을 목적으로 한다. 연구의 구성은 제2장에서는 이론적 논의와 선행연구 검토를 하였으며, 제3장에서는 주요 국가들과 한국의 인공지능(AI) 정책을 살펴 본 후, 제4장에서는 국가위기관리의 패러다임 변화 전망과 대응방안을 고찰하고, 제5장에서는 제기한 문제에 대한 결론을 정리하면서 시사점을 도출하고 국가위기관리의 지능화를 위한 정책적 제언을 하였다.

Ⅱ. 이론적 논의 및 선행연구 검토

1. 이론적 논의

사회현상이 다양해지고 국제관계가 더욱 복잡해지면서 국가위기의 개념도 확대되고 있다. 포괄적 안보 개념 하에 국가위기개념도 변화하여 주로 전쟁이나 무력 충돌 등 전통적 안보위기 중심에서 자연재난과 사회재난 등의 재난위기 등을 포괄하게 되었다. 위기관리를 위해 청와대 국가안보실에서 발간하는 최상위 문서인 『국가위기관리기본지침』에서는 '국가의 주권 또는 국가를 구성하는 정치 · 경제 · 사회 · 문화체계 등 국가의 핵심요소나 가치에 중대한 위해가 가해질 가능성이 있거나 가해지고 있는 상태'로 국가위기를 정의하고 있다. 또한 학술적 발전을 위한 실무적 개념 정의에서 더욱 확대된 개념으로서 국가위기의 개념을 '국민의 생명과 재산 및 건강, 국가의 주권과 영토, 그리고 국가를 구성하는 정치 · 경제 · 사회 · 문화체계 등 국가의 핵심요소나 가치에 중대한 위해가 가해질 가능성이 있거나 가해지고 있는 상태'로 정의하고 있다(Lee, 2006).

위기(crisis, 危機)는 사전적 의미로 '위험한 고비나시기'로 정의된다. 위기의 개념은 시대적 안보 상황이나 위기관리 추세에 따라 달라지기도 한다. 이전에는 전통적인 안보 분야의 위기가 국가의 주권을 보존하는 차원에서 개념 되어졌으나, 근래에는 테러 · 지진 · 기후 · 식량 · 감염병 등 인류의 안전과 생명을 위협하고, 대형 복합 재난으로 수많은 인명과 재산의 피해가 빈번하게 발생됨에 따라 각 국가들은 이러한 위기상황들을 국가차원에서 관리 할 필요성을 인지하고 있다. 전통적 안보 분야인 군사적 위기 이외에도 자연재난과 사회재난으로 인하여 발생하는 재난도 위기의 개념에 포함되었다(Kim, 2005). 한국의 국가위기관리 개념은 전통적 안보인 군사 분야 위주로 발전되어 왔다. 그러나 탈냉전 이후 전통적 안보인 군사적 위협보다는 지진, 해일, 태풍 등 자연재난의 급증과 테러, 대형복합사고, 감염병 등의 위협이 증가됨에 따라 위협 인식과 위기관리 유형의 변화와 함께 자연 및 사회적 취약성의 복잡화, 불확실성의 증가, 다양한 분야에서의 새로운 위협요소의 발생 등으로 위협 요소 및 위기관리의 개념과 범위가 점차 확대되고 있다(Jung, 2010).

냉전체제의 영향으로 1970년대 이전까지는 세계 각국의 위기관리는 군사와 안보를 중심으로 이루어졌으나, 1970년대 이후에는 재난대비로 위기관리의 중심이 점차 비중을 확대하기 시작하였다. 문명이 발달할수록 세계 각국은 도시화 및 산업화의 영향이 증가하여 사회적 재난의 발생 증가와, 지진 · 태풍 · 홍수 등 자연재난으로 말미암은 인명 및 재산의 피해에 대비해야 하는 필요성이 증대되어가고 있다. 냉전체제가 와해되기 시작하는 1980년대 말에는 상대적으로 위기관리에 강한 선진국들은 전통적 안보 분야인 군사적 위기관리보다는 재난위기관리 위주로 위기관리를 더욱 강화하기 시작하였다. 특히 지난 2001년 미국에서 발생하였던 9 · 11테러는 새로운 형태의 위협과 위기에 대비하기 위하여 평상시에 적용하여 오던 재난위주의 국가위기관리체계를 전반적으로 재검토하게 하였다. 이에 따라 전통적인 안보

위협인 군사 위협 이외에도 재난, 테러 등 현대사회의 다양한 형태의 위협에 대응하는 사회적 안전보호를 위기관리 대상에 포함하여 '포괄적 위기관리'개념을 정의하였다. 과거에는 국가 위기 사태가 군사적 위협에 국한되었지만 이제는 테러, 에너지, 식량, 기후, 대량 살상무기 및 마약 밀거래, 환경 파괴 등의 비군사 분야까지 대상으로 하고 있다. 이처럼 위기의 개념이 비군사 분야도 대상으로 하여 포괄적으로 바뀌고 이에 따라 위기관리의 중요성이 강조되는 것은 각국가들이 국민들의 생명과 재산 보호를 안보의 목적으로 하였으나 이제는 복지국가를 지향하면서 경제발전과 안보 역할에서 개인과 사회의 복지증진, 인권향상, 환경 보존 등에서도 역할과 책임의 범위가 확대되고 있기 때문이다(Huh, et. al., 2005). 전통적으로는 국가를 기본 단위로 하여 군사적 침략인 안보 위협으로부터 국가 및 국민을 보호한다는 의미에서 안보라는 용어가 사용되었다. 그러나 최근 자원 안보, 에너지 안보, 사이버 안보 등의 용어가 다양한 분야에서 폭 넓게 사용되는 데에서 알 수 있듯이 외부로부터의 군사적 침략뿐만 아니라 일반 국민들의 일상생활에 존재하는 위협인 질병, 기아, 실업, 범죄, 테러, 사회 계층 간의 갈등, 자연환경, 사이버 등을 안보의 대상으로 확대한 소위 '포괄적 안보(comprehensive security)' 개념이 안보 논의에서 중요하게 부각되고 있다(Bae, 2003).

이러한 포괄적 안보 개념 하에서 위기의 개념도 이전과 달리 안보환경의 변화에 대응하여 변화하게 되었다. 즉, 이전에는 전통적 안보위기에 국한되어 국가 위기 의 개념이 주로 전쟁과 무력 충돌을 가정한 군사적 위기에 한정되는 경향이 있었으나, 현대사회에서는 이러한 전통적인 군사 분야 위기뿐만 아니라 자연 및 사회재난 위기, 인구·환경·감염병, 사이버 안보 등 새로운 형태의 위기들을 포함하게 되었다. 이러한 위기관리의 개념 의 변화와 확대는 각국의 위기관리기구의 강화로 이어졌다. 위기관리 선진국은 전통적 안보 위주에서 포괄적 위기관리로 개념을 확대하였다. 전통적 안보위기는 냉전종식으로 인하여 크게 감소된 반면, 자연재난과 사회재난은 대형 복잡화됨에 따라 전통적 안보 외에도 인권·평등·복지 등 인간의 보편적 가치를 보호하고자 하는 안보 개념의 변화, 위기관리 정책의 효과를 극대화하여 국민의 생명과 재산을 보호하고자 하는 안보의 관점이 다양한 관점으로의 변화에서 비롯된 것이라 할 수 있다(Kim, 2005).

미국, 일본 등 위기 관리 선진국에서는 군사 위주의 전통적 안보 분야는 고려하지 않는다. 이들 선진국들은 자주국방 과제를 이미 이루었으며, 정보주도권을 바탕으로 국가의 권위유지와 경제적 이익을 위하고 전쟁을 피할 수 없는 상황일 경우 이를 국내에서 수행하지 않는다는 전제하에서 국가 안보 이외의 다른 분야의 위기관리에 관하여 관심을 집중하고 있다. 이에 반하여 한국을 포함하는 중진국과 개발도상국들은 국가의 역량이 집중되는 국가안보의 개념이 우선적으로 요구되면서 국가의 보존과 국민의 안녕에 직결되는 외부로부터의 군사적 위협에 대처하는 것에 재난관리를 포함하는 포괄적 국가위기관리에 국가적 관심을 집중하고 있다. 이와 같이 위기관리에 대한 개념은 위기관리 선진국과 중진국, 개발도상국 간에 차이를 보이고 있다. 특히 9·11테러 이후 각 국가들은 전통적 안보인 군사 분야 이외에 테러, 마약, 환경, 사이버 등 새로운 위협의 증가와 대형 및 복잡화 되어

가는 자연 및 사회재난에 효율적으로 대비할 제도가 필요하게 되었다. 위기관리 기구가 다양해지고 복잡해지면서 관리의 효율성이 저하되고, 새로운 위협에 통합적인 대비를 위해 기존의 조직을 효율적으로 운영하기 위한 노력을 하고 있다(Choi, 2007).

위기관리를 위한 의사결정 또는 정책결정은 상황을 분석하고 그것을 조치하기 위한 방안을 마련하는 과정이다. 정부의 정책결정의 절차와 과정은 복잡하고 많은 참여자가 관여한다. 관료주의적 성향이 강한 정부의 정책결정은 일반적으로 전문가에 의하여 정해진다. 관련분야의 전문지식을 갖추고 해당 분야에서 오랜 경험과 노하우를 지니고 있는 전문가에 의한 의사결정 또는 정책결정은 정책문제에 대한 대안을 탐색하여 최적의 방안을 제시하는 것이다. 그러나 사회가 급속하게 발전하고 정책문제가 다양해지면서 개인의 경험적 요소와 편견, 전문성의 한계 등으로 제한이 생긴다. 따라서 이러한 제한을 극복하기 위해서 검증된 객관적 자료와 사실에 근거하는 정책결정을 할 필요가 있다. 이를 위해 광범위하게 데이터를 수집하고 분류하여 분석한 후에 이를 근거로 정책결정을 해야 한다. 인공지능(AI)에 의한 정책결정지원은 인간에 의한 결정체계의 오류를 극복할 수 있는 가능성을 제시해 준다. 기존의 전문가에 의한 정책결정은 한계가 있으나, 객관적 데이터에 근거하는 인공지능(AI)에 의한 정책결정지원은 다양한 형태의 정보를 대량으로 수집하여 분석과정을 통하여 할 수 있다. 또한 딥러닝(Deep learning) 기술에 의해 인공지능(AI) 스스로 데이터를 수집하고 분석하는 과정을 피드백(feed back)하면서 학습하여 다양한 변수를 고려하면서 더욱 정밀한 정책결정을 할 수 있다.

Hwang(2017)은 인공지능(AI)이 문제해결을 지원하는 것은 제한되어 인간을 대체할 때 까지는 많은 시간이 필요할 것이라고 하였는데 이는 인공지능(AI) 현실론에 의해서 현재의 기술로는 결정권자들이 생각하는 결과가 나오지 않기 때문이라고 보았다. Goertzel(2016)은 인공지능(AI)에 의한 결정은 인간에 의한 결정보다 더욱 효율적이고 기대효과도 높다고 하였는데 이는 인공지능(AI)이 오직 합리성의 기준에 의해서만 이루어지기 때문이라고 주장하였다. 4차 산업혁명시대가 도래하면서 정부는 아직 민간분야만큼 충분하게 준비하지 못한 것으로 평가되는데(Choi, 2017), Schwab(2016)은 이러한 현상을 두고 4차 산업혁명시대에 거의 모든 분야에서 변화함에도 불구하고 정책결정권자들이 유연하지 못한 사고방식을 유지하고 당면한 상황의 조치에만 몰두하여 4차 산업혁명에 의한 영향력으로 사회와 인간의 미래를 어떻게 준비해야 하는지에 관한 미래 전략적 사고를 못한다고 하였다. 4차 산업혁명의 변화는 정부의 역할과 운영방식의 변화를 요구한다(Fredette et al., 2012). 정부가 당면한 현안 문제 해결 이외에 미래의 변화에 대하여 논의하는 것은 쉽지 않다. 그러나 4차 산업혁명의 기술적 특징을 고려한다면 향후 전개 될 변화의 방향과 영향은 예상 할 수 있다. 특히 정보통신기술(ICT) 중에서도 인공지능(AI) 기술은 지금까지의 정부혁신 수단 중 가장 넓은 영향력의 폭과 크기로 전자정부 패러다임의 틀이 진화하는 지능정부 구현에 가장 크게 기여할 것이며(Hwang, 2017), 이를 통해 지능정보사회에서 국가위기관리의 지능화에도 기여할 것으로 예상 된다.

2. 선행연구 검토

Waltz(1993)는 냉전체제가 종식되었어도 세계는 여전히 끊임없는 분쟁, 전쟁, 자연 및 사회재난 등 수 많은 위협에 직면하고 있으며, 이러한 위협들에 대하여 세계 각 국은 대안을 모색하고 대응태세를 갖추어 가고 있다고 분석하고, 국가간 정치적 이데올로기의 구분은 퇴색해지면서 집단안전보장의 가능성이 높아지고 있다고 주장하였다. Hass(1995)의 연구에서는 현대사회에서는 정보통신의 마비, 테러, 식량, 인구, 난민, 기후, 에너지, 감염병 등 기존의 위기와는 다른 형태의 새로운 형태의 위기가 계속 발생하면서 국가의 안보와 국민의 생명을 위협하는 것으로 분석하였다. 특히 9 · 11테러 이후로 위기관리의 개념은 '포괄적 위기관리'로 전환되고 있으며, 1978년 오히라 마사요시(大平正芳) 일본 총리가 다양한 요소를 포함하는 총체적 국력으로 규정한 군사(전통) 및 비군사(비전통) 분야를 포함하는'포괄적 안보'로 개념을 적용하고 있다(Chapman, et. al.. 1982).

한국도 포괄안보 개념 하에 지난 2004년에 청와대에서 대통령훈령으로 『국가위기관리기본지침』을 제정하여 몇 차례의 개정을 거쳐 현재의 체계를 갖추고 중앙 부처에서부터 읍 · 면 · 동 단위까지 다양한 형태의 위기상황에 대비하고 있다. 그러나 훈령인『국가위기관리기본지침』은 현행법으로서의 효력이 없어 위기관리와 관련된 개별법에 영향력을 행사하기에는 한계가 있으며(Han, et. al., 2010), 개별법간의 연계조항이 미흡하거나 중복 적용으로 위기 상황에서 정부가 효과적으로 대처하지 못하고, 한정된 위기관리 자원의 효율적인 운용도 제한된다

(Ministry of the Interior and Safety, 2011). Lee(2012)의 연구에서는 청와대는 국가위기관리를 기획하고 정보를 분석 및 평가하며 상황을 종합관리하나, 안보 및 재난분야를 총괄하여 국가위기관리 전반에 대한 컨트롤 타워(control tower)의 역할을 수행하기에는 제한사항이 있다고 분석하였다.

예측 불허의 다양한 형태의 위기 상황을 분석하기 위해서 관련 첩보를 수집하고 정보를 생산하여 위기의 실체를 판단하고 그에 맞는 대응 방안을 마련하여 조치를 취하기에는 위기의 형태와 종류가 너무나 다양하고, 대상과 범위조차 알 수 없는 경우가 그렇지 않은 경우보다 더 많기 때문이다. 그러나 이러한 여러 가지 유형의 위기는 현대의 과학기술발전으로 사전에 탐지 · 분석하는 조기경보능력에 의해 상당한 예방이 가능하게 되어, 정보화와 세계화 추세가 급격하게 확장되는 현대사회에서 세계 각 국의 안보 상황은 과거의 어느 때보다 신속하고 효과적인 국가위기관리체계의 구축을 요구하고 있다(Gil & Huh, 2005). 정부는 이러한 위기를 관리하기 위해 사전에 예상되는 위기는 회피하고, 위기상황 발생 시에는 피해의 정도를 최소화하기 위해 기존의 정책을 변화하거나 새로운 정책을 마련한다. 포괄적 안보개념에서 볼 때 위기관리를 위한 폭 넓은 기술혁신과 개발이 필요하며 과학기술의 발달은 더욱 낮은 비용으로 안보유지와 위기관리를 가능하게 한다. 한국이 자주국방을 추진하는 데 있어서 과학기술의 발달은 필수불가결한 것이며 이는 4차 산업혁명기의 주요 기술의 발달과 그 맥락을 같이 한다고 볼 수 있다. 따라서 포괄적 안보 개념을 적용하기 위해서는 새로운 과학기술이 필요하며 이러한 과학기술은 사회적 비용과 노력의 낭비를 감소시키고 제한되는 자원의 효율적 운용을 가능하게 해준다. 또한 안보 및 재난 분야의 위기상황 관리를 가능하게 해준다(Shin, 2000).

위기관리에 관한 연구는 법제, 조직체계, 교육훈련 등의 주제로 주로 연구가 이루어져 왔다. 학술적인 차원에서 위기, 국가위기, 국가위기관리 개념 그리고 포괄안보 개념 하에서의 국가 위기와 국가위기관리의 의의가 제시되었으며(Lee, 2005), 국가위기관리 패러다임이 체계적인 통제시스템을 구축하고 유지하는 관점에서 자연 및 사회 재난 등에 대한 효과적으로 국민을 보호하기 위한 국민보호의 관점이 언급되었다(Jung, 2010). 조직체계 연구에서는 국가위기관리 유형을 포괄형, 주도형, 분산형으로 구분하였는데, 포괄형은 전통적 안보분야를 고려하지 않고 재난관리와 국내적 안보위기를 중심으로 하는 위기관리체계와 전통적인 국가안보위기에 재난 · 국내 안보위기 등 모든 위기를 망라하는 위기관리체계로 분류하고, 한국이 선택해야 할 유형은 후자의 체계로 현재 작동되고 있는 주도형 내지는 분산형 위기관리체계로서 이는 정부 부처 간 협조 등으로 대응이 필요함을 제기하였다(Choi, 2007).

한국의 국가위기관리 조직체계가 효율적이지 못한 원인으로 위기에 대한 인식의 문제, 법 · 제도의 문제, 제도의 경로의존성, 부처이기주의, 컨트롤 타워 부재, 위기관리 리더십 등을 제시하였다(Lee, 2012). 특히, 미래 컴퓨터 기술의 발전과 고도의 과학기술발전으로 위기예방이 상당히 가능할 것을 인식하고 전산정보분야 전문가들과 학제적이며 산학협력적인 연구를 통해 정보기술(IT: Information Technology)과 첨단분석프로그램을 한국적 상황에 응용하면 첨단 국가위기관리프로그램의 개발이 가능하여 대량의 데이터를 자동으로 판독하고 분류하며 실시간으로 분석 · 처리하는 능력이 배양됨으로써 정책결정자에게 정확한 정책대안능력을 제공하기 위한 '21C 첨단 통합 위기관리 프로그램' 장치 개발을 제안한 것은 지금까지의 위기관리 연구 분야에 새로운 가능성을 제시해준 것으로 평가 할 수 있다(Gil & Huh, 2003).

일부 학위논문에서는 국가위기관리 시스템 발전 저해요인을 전통적 및 비전통적 위기관리로 이분하여, 위기관리시스템을 국가안전보장회의(NSC: National Security Council)가 중심이 되는 시스템을 구축하자고 하였으며(Kim, 2010), 한국의 특수한 안보환경에 부합된 평시와 전시를 연계한 조직운영 체계의 통합성과 위기사태 발생 시 적시적인 현장 대응조치가 가능한 실행능력을 제고하기 위한 효율적인 국가위기관리체계 구축을 주장하였다(Lee, 2013).

『국가위기관리기본지침』에 명시되어 있는 재난분야에 대한 연구는 안보분야 연구에 비해 정보통신기술(ICT)을 적용한 연구가 더욱 활발하게 이루어지고 있다. 국가안전관리에 대한 안전한 사회구현을 위하여 국가재난시스템의 한계점을 극복하고 이를 활용한 다차원 공간정보의 활용화 방안, 정보사회에서의 위험은 모든 기기와 사물이 네트워크로 연결됨으로서 전체 사회시스템을 마비시킬 수도 있으므로 정보보호의 중요성, 생명과 직결되는 부분으로 u-헬스케어와 응급의료시스템에서의 정보기술(IT), 화재나 테러 등 대형의 재해나 위기상황이 발생하였을 경우 정보기술시스템과 관련 서비스가 지속적으로 제공되기 위한 연속성 구현, 유비쿼터스 사회를 위한 다양한 차세대 정보기술융합 환경 하에서 네트워크의 실시간 위치인식 재난관리시스템을 제시하였다(Kim, et. al., 2008).

2009년~2010년에 전국적으로 발생하였던 신종플루 감염에 대한 재난위기단계 의사결정 사례를 살펴보며, 빅데이터를 정책의제설정 또는 정부의사결정에 활용할 수 있는 방안을 탐색적으로 모색하여 재난현상을 선행적으로 파악할 수 있게 하는 가능성을 보여주었는데, 이는 빅데이터의 컴퓨터 연산으로서의 알고리즘적 분석과 인간의 정책현상에 대한 해석이 상호 결합되어 효과적으로 사용될 수 있음을 보여주는 것이며, 시민이 중간매체에 의존하지 않고 의견을 정부의 정책결정에 반영할 수 있는 가능성을 보여준 것이다(Lee, 2015). 2014년 진도해상 여객선(세월호) 침몰사고시 위기에 대처하는 정부와 관계기관의 모습에 국민의 불신과 실망감은 컸었다. 지휘체계 미작동, 콘트롤 타워(control tower) 부재 등 의사결정에 신속하고 합리적으로 지원하는 체계의 구축 등 국가위기관리체계의 비군사적 · 초국가적 대응을 위한 획기적인 개선이 요구되고 있다(Korea Research Institute for Strategy, 2014).

국방 분야에서는 미래전 전개 양상에 따른 선제적인 대처를 위해 정보기술(IT)을 활용한 전력발전소요로서 군사력 개선 시스템을 구성하는 전투발전체계와 국방기획관리체계 그리고 국방획득체계상의 각 기능과 조직들이 상호 연계되고, 이해 당사자들 간의 커뮤니티가 활성화되어 4차 산업혁명시대의 패러다임인 집단지성의 가치를 극대화 될 수 있도록 하기 위한 방안을 제시하였고(Seo, et. al., 2017), 4차 산업혁명과 관련된 기술이 미래의 전장 환경에 어떻게 영향을 미치는지를 살펴보고, 이에 따른 미래 항공무인무기체계 발전을 전망하며 정책을 제언하였다(Seol, et. al., 2017). 인공지능(AI) 관련 주요 선진국들의 추진동향과 인공지능의 국방적용을 위한 군사적 활용의 필요성, 그리고 지휘통제체계의 적용을 위한 고려요인들에 중점을 두고, 지휘관의 의사결정을 효과적으로 지원할 수 있는 지휘체계의 개선을 제시하였다(Kim & Kwon, 2017). 인공지능(AI) 정책결정은 일부 전문가나 특정 기술에 의존하는 것이 아니라 모든 분야가 연계되어 융합적인 접근이 필요하고, 경제적 가치를 우선시하여 인공지능(AI)을 도입하는 것보다는 사회적 합의를 거쳐 공감대를 형성하는 것이 필요하다고 보았다(Yun, et. al., 2018). Kim, et. al.(2018)은 물자수송 이동경로 시뮬레이션 실험을 인공지능(AI)을 활용 한 결과 기존 방법보다 수송시간과 실제 운영되는 상용 시스템의 실행시간이 감소한 결과를 확인하였다. Jo, et. al.(2018)은 인공지능 발전의 핵심동력은 빅데이터라 강조하였으며, 인공지능(AI) 시대에는 인공지능(AI) 기술의 도입을 서두르기보다 목적에 적합한 고품질의 데이터를 선행하여 생산하고 빅데이터를 활용해야만 예측의 정확도를 높일 수 있고, 데이터를 분석하는 속도가 향상 될 수 있다고 하였다. Lee, et. al.(2019)은 재난관련 정보는 규격화되어 관리되지 않기 때문에 재난정보의 관리가 미흡하고, 재난안전정보와 재난업무의 불일치성으로 효율적인 재난업무를 수행할 수 없다고 보고 비정형의 재난안전정보를 전자화된 문서로 변환하여 데이터베이스를 구축할 수 있는 기술과 이를 활용할 수 있는 방법을 제시하여 재난의 예방, 대비, 대응, 복구 단계별로 재난정보를 우선 제공하는 기술로 활용하여 인공지능(AI) 기반의 의사결정지원체계를 구축할 것으로 분석하였다. 미국과 영국의 인공지능(AI)기술 발전에 대하여 빅데이터를 토대로 하는 인공지능(AI) 기술이 알고리즘을 구현하고 기계학습으로 향상되어지는 과정을 통해 데이터의 필요를 강조하고, 인공지능(AI) 관련 정책의 변화에서 정부의 대응 능력과 함께 연구 및 개발과 전문 인력의 양성 등 정책적 대응방안을 설명하고 있다(Sung & Hwang, 2017). 4차 산업혁명기에 중요시되는 정보통신기술(ICT)을 정부의 비상대비정책에 어떻게 적용하고 활용하여야 하는가를 탐색하여 인공지능(AI) 등 주요 정보통신기술(ICT)을 활용한 정부의 비상대비정책이 위기관리를 위한 최적의 수단임을 강조하며, 비상대비정책의 효율성을 높이기 위해 인공지능 등 첨단 정보통신기술(ICT)을 활용한 정책수립과 의사결정지원체계의 구축 등이 이루고 이를 통해 비상대비 위기관리기능을 구조적으로 개선할 수 있어 향후 안보환경 변화에 선제적으로 대응하기 위해서 정부 비상대비정책의 패러다임 전환이 필요하다고 하였다(Choi & Shin, 2019).

현재 정부의 위기관리는 지난 2014년 진도해상 여객선(세월호) 침몰사고를 계기로 국가적 차원의 정책과 계획으로 강화되었으며, 사물인터넷(IoT), 빅데이터, 무인자율체계 등을 활용한 예방, 대비, 대응, 복구체계도 더욱 정교하게 정립되었다. 그러나 위기 상황 발생 시 인공지능(AI)을 활용하여 최적의 대응방안을 마련하는 의사결정지원체계 구축 등 심도 있는 연구는 미흡한 것을 이번 연구를 통해 알 수 있었다. 정부의 위기관리체계 및 효율적인 운용방안에 관한 연구는 활발하게 진행되고 있다. 그럼에도 불구하고 다양한 형태로 발생하고 있는 각종 위기를 사전에 예측하고 예방하는 것에 중점을 두면서 위기 발생 시 최적의 대응방안을 마련하는 의사결정체계에 관한 심도 있는 연구가 필요하다. 특히, 재난분야에서 정보기술을 활용한 연구를 볼 때, 안보분야의 향후 연구 방향도 그에 부합되게끔 국가위기관리차원에서 연계성을 갖춰야 할 필요가 있다(Lee, 2012). 그러나 정보통신기술(ICT)이 발전하는 현재는 청와대 국가안보실과 재난 현장이 실시간대로 상황을 공유하고 의사결정을 할 수 있는 것이 가능해졌다.

선행연구들은 포괄안보 개념의 안보환경 변화와 4차 산업혁명기의 도래에 따라 혁신적인 국가위기관리가 필요하다는 것을 강조한다. 따라서 본 연구는 정보통신기술(ICT)의 발전에 따라 지능정보사회의 전개로 안보와 재난분야에 대한 국가위기관리의 지능화를 가능하게 해주는 인공지능(AI) 기반의 국가위기관리의 지능화를 위한 논의를 하였다. 이를 통하여 국가위기관리체계가 이전과 다른 위기관리 패러다임 구축을 위한 초연결화(Hyper-connected) 및 초지능화(Hyper-intelligence)를 바탕으로 하는 정책적 방안을 제시하고자 한다. 이를 도식화한 분석모형은 Fig. 1.과 같다.

Fig. 1. Research Model

Theoretical Discussions and Review of Pre-Progressive Research

▼

Definition, classification, development and operation of AI

▼

Limitations and Prospects of Paradigm Shift in Government Crisis Management

▼

Policy proposal

III. 주요 국가들과 한국의 인공지능(AI) 정책

1. 인공지능(AI)의 정의와 분류

Turing(1950)의 논문에서 인간처럼 생각하고 대화 할 수 있는 기계 또는 시스템을 논의하면서 인공지능(AI)이 시작되었으며, 스탠포드 대학의 McCarthy 교수가 1956년 다트머스 회의(Dartmouth Conference)에서 처음으로 인공지능(AI)이라는 용어를 사용하였다. 이후 인간의 지식을 다양한 분야에서 활용하기 위해 컴퓨터로 구현하는 전문가 시스템(Expert Systems)이 개발되었다(Liebowitz, 1997). 전문 지식분야에 전문가 시스템을 도입하였으나, 인간이 전문가의 지식을 컴퓨터에 구현하는 과정에서 발생 하는 문제들은 기업에서 전문가를 전문가 시스템으로 대체하는데 제한적 요소가 되었다(Boose, 1985). 그래서 이러한 지식획득 문제를 해결하기 위하여 전문가로부터가 아닌 데이터로부터 습득하는 기계학습(Machine Learning) 기술이 개발되었다(Langley & Simon, 1995). 인공지능(AI)은 하드웨어와 소프트웨어의 발전에 따른 컴퓨팅파워의 향상과 데이터량의 기하급수적인 증가로 비정형 데이터까지 학습하고 예측하는 딥러닝(Deep Learning)이 가능하다(Baek et al., 2016). 인공지능(AI) 기술이 다양한 분야에 적용되면서 분야별 적용하는 내용에 따라 그 정의도 다양하다. Table 1은 오랜 기간 연구자들에 의한 인공지능(AI)에 관한 정의이다(Suk & Lee, 2015).

Table 1. Definition of Artificial Intelligence

Research fellow	Definition
McCarthy, *et. al*,. (1955)	The science and engineering of making intelligent machines
Charniak, *et. al.*, (1985)	The study of mental faculties through the use of computational models
Kurzweil, *e.t al.*, (1990)	The art of creating machines that perform functions requiring intelligence when performed by people
Rich, *et. al.*, (1991)	The study of how to make computers do things at which at the moment, people are better
Luger, *et. al.*, (1993)	The branch of computer science that is concerned with the automation of intelligent behavior

Park(2017)은 인공지능(AI)을 인간의 지능과 지성에 비교하여 Table 2와 같이 약한 인공지능, 아주 약한 인공지능, 강한 인공지능, 아주 강한 인공지능 등 4가지로 분류하였다. 약한 인공지능(AI)은 인간 수준의 사고는 제한되나 학습에 근거하여 성과를 낼 수 있고 로봇공학과 결합하면 인공지능(AI)의 주요 역량을 갖출 수 있다고 보았으며, 아주 약한 인공지능(AI)은 인지체계는 갖추었으나 인간지능 수준 이하로 보았다. 강한 인공지능은 지능과 감정을 갖추고 지혜를 발휘 할 수 있으며, 아주 강한 인공지능(AI)은 지식을 조작할 수 있고 인간보다 우수한 합리적 사고를 할 수 있다고 보았다. 인공지능(AI) 기술이 적용되면서 '강한 인공지능' 기술에 관심이 더욱 높아지게 되었다. 인공지능(AI)은 4차 산업혁명을 이끄는 핵심 기술로서 생산성과 혁신을 가속하는 잠재력, 지속적인 글로벌 경제 성장, 인간 삶의 질 향상에 기여 할 것이다. 빠르게 발전하는 인공지능(AI) 기술이 인간 삶에 영향을 주고 있으며, 향후 인공지능(AI)의 도움을 더 많이 받게 될 것으로 전망 된다.

Table 2. Classification of Artificial Intelligence

weak artificial intelligence · Only available in specific areas · Basic data as well as algorithm · You must enter a rule to learn based on it Creation beyond the rules. · A limited level of problem resolution without having to have a human mind	strong artificial intelligence · Use universally in a variety of fields · Designing algorithms will help AI find and learn data on its own. · Learn proactively outside set rules a human-like level of mind
very weak artificial intelligence · A level that imitates intelligence or emotion by following the injected judgment process · the degree to which a person has a recognition	very strong artificial intelligence. · A human be beyond rational thought? · complete possible action to the level of free will.

2. 주요 국가들의 인공지능(AI) 정책

미국 · 중국 · EU · 일본 등 4차 산업혁명의 선도적 국가들은 공통적으로 범국가적 차원에서 인공지능(AI) 개발정책을 마련하여 민 · 관이 함께 주체가 되어 대규모 R&D 투자를 추진하고 정부 조직과 법규까지 지원하면서 적극적으로 인공지능(AI) 개발정책을 추진하고 있다. 미국은 백악관을 중심으로 범정부차원에서 2013년에 브레인이니셔티브(BRAIN Initiative: Brain Research through Advancing Innovative Neurotechnologies Initiative) 정책을 수립하고 체계적인 인공지능(AI) 기술개발을 통해 대통령 산하 과학기술정책국(OSTP: Office of Science and Technology Policy)에서 인공지능(AI) 원천기술 확보를 추진하고 있다(The White House, 2016). 중국의 인터넷 포털사이트인 바이두의 회장은 2015년에 중국 최대의 정치회의체인 양회(兩會)에서 국가적 지원을 통해 인공지능(AI) 기술을 개발하여 인공지능(AI) 최강국을 목표로 하는 차이나브레인(China Brain) 프로젝트를 제안하였다. EU는 인간의 뇌에 관한 연구를 통하여 혁신적인 정보통신기술(ICT) 개발이 가능하다고 판단하고, 신기술 분야를 주도하기 위해서 정보통신기술(ICT)을 기반으로 하여 뇌 연구를 전략적으로 추진하기 위한 인간 뇌 연구 프로젝트(HBP: Human Brain Project)를 추진하고 있다(EU, 2016). 일본은 2016년을 인공지능(AI) 원년으로 선정하고 2015년부터 민·관이 함께 인공지능(AI) 연구를 시작하였다(NIKKEI(日經), 2015). 민간기업 중에서는 2015년에 리크루트 홀딩스사가 기술연구소를 인공지능(AI) 연구거점으로 개편하여 미국 실리콘 밸리로 거점을 옮겼다. Table 3은 주요국들이 4차 산업혁명 정책과 함께 추진하고 있는 주요 인공지능(AI) 정책 현황이다(Ministry of the Science and ICT, 2018).

3. 한국의 인공지능(AI) 정책

2018년 행정안전부는 '지능형 정부'를 전자정부 지원사업의 핵심으로 설정하고, 이의 구현을 위해 전자 정부 지원 사업 예산의 약 75%를 '지능형 정부'구축에 집행하고 있다(Ministry of the Interior and Safety, 2017). 전통 관료제는 인간네트워크를, 전자정부는 정보시스템 간 네트워크를, 지능정부는 인공지능(AI)간 네트워크를 핵심 요소로 하여 기존의 전자정부보다 더욱 향상된 '지능정부'라는 새로운 정부형태의 구현을 가능하게 해주는 것은 인공지능(AI)이다. 따라서 지능정부는 이전과 전혀 다른 형태의 정부 운영과 미래 정책 수요에 대한 예측 그리고 현안의 문제해결이 가능할 것이다.

Table 3. AI policy in major countries

Nation	Strategies to respond to the fourth industrial revolution	AI main policy
U.S.	· NNMI Network · NITRD · Brainiac	· Encourage 'enhancing the competitiveness of the private sector' through the government's long-term preemptive investment. · Fundamentals such as brain science through continuous long-term investment in AI dark ages. · Securing original technologies and focusing on developing core AI technologies and nurturing human resources. · The government is an AI technology innovator who developed the original technology and transferred it to the private sector. · Drive the commercialization of product services and act as a driving force for the market · Preemptively introduce open competitive technology development method (Challenge) · Focus on policy capabilities in securing AI technology competitiveness.
Germany	· High-tech strategy 2020 · Industry 4.0	· AI (Artificial Intelligence) incubation strategy is in place and is expected to be announced in the second half of this year ('18). · Related to Manufacturing in accordance with the Vision of the Revitalization of a Social Market Economy Investment in R&D for Future Core Technology was selected as a priority policy agenda. · Smart focused on AI technology in the latest manufacturing-oriented Industry 4.0 · Changing the strategic industry by developing the service industry and focusing on government support.

China	· China Manufacturing 2025 · China Internet Plus	· Korea seeks to secure core AI technologies and expand its market through large-scale investment in advance of AI. · Recognizing AI as a national strategic industry, large-scale government-led investment · While promoting human resources development, it designated leading companies and fostered specialized platforms. · 1 trillion yuan (about 180 trillion won) in core AI industries by 30 years, 10 trillion yuan in related industries Focused on national AI technology innovation with the aim of developing markets of scale. · Emphasizing AI convergence, the company will expand the scope of applications for AI-applied products by 2020. · Focusing on preoccupying global markets by promoting improvement of core technologies across AI.
Japan	· Japan redevelopment strategy 2015 · Innovation in science and technology 2015 · New robot strategy	· Establishment of a research hub for securing AI talent and converging industry-academic innovation capabilities. · As a means of national economic and social innovation to overcome the low-growth and aging population, Accelerate AI innovation by emphasizing the importance of securing AI technology competitiveness. In particular, the research hub is established (innovated) to bring together top AI researchers from home and abroad. · Intelligence Integrated Research Center to build an open AI R&D platform.

정부는 제4차 산업혁명에 대응하여 지능정보사회 중장기 종합대책의 일환으로 인공지능(AI)의 개발을 추진하고 있다. 2016년에는 미래창조과학부에 '지능정보사회추진단'을 발족하여 범정부 차원으로 인공지능(AI) 개발 등 4차 산업혁명 대응을 지원하고 있다. 같은 해 제2

차 과학기술전략회의에서는 Table 4를 주요 내용으로 하는 인공지능(AI)을 비롯한 9대 국가전략 프로젝트 추진계획을 발표했다. 지능정보사회 구현과 4차 산업혁명을 주도할 인공지능(AI) 핵심기술을 개발하여 국가 인공지능(AI) 기술역량을 제고하고 글로벌 인공지능(AI) 시장의 선점을 위해 2026년을 목표로 10개년 계획으로 추진하고 있다. 4차 산업혁명위원회는 2017년에 혁신성장을 위한 사람 중심의 4차 산업혁명 대응계획인 'I-KOREA 4.0'을 발표하였고, 이를 실현하기 위해 2018년에 과학기술정보통신부는 '데이터 · AI경제 활성화 계획'을 관계부처와 합동으로 발표하였다.

Table 4. Key content of AI's National Strategy Project

Major task	Major implementation details
Implementation of the intelligence information society promotion group	· 'The intelligence information society promotion group' at the ministry of science and technology is organized(2016.9) the company supports 4th industrial revolution response including AI development. It's not just about AI, it's about the entire fourth industrial revolution response policy supported by the propellant. · It consists of a control tower at the pan-ministerial level, but has a weak core role and lack of momentum also necessitates a larger organization in the future.
Promote 9 major national strategy projects including AI	· In the 2nd science and technology strategy conference(2016.8), the government decided to include AI announcement of plans for promoting the nine national strategies. · Develop core AI technologies that will lead the 4th industrial revolution and implement intelligent information society promote national AI technology capabilities and advance the global AI market with a 10-year plan. · Roadmap for AI development is AI element technology development(2017)→ combined intelligence AI development release (2019)→ spread of pivate and public AI poducts and srvices(2022) → goal of gobal cmpetitiveness of AI industry(2026).

Mid-to long-term comprehensive measures for intelligent information society in response to the 4th industrial revolution	· In the 8th information and communication strategy committee(2016.12), the pan-government 'response to the fourth industrial revolution' long-term comprehensive measures" were finalized. · AI, hardware(H/W) and data in order to secure the source technology by considering the maturity of the technology, domestic technology level, etc. Promote technology development goals by differentiating them from those of IoT, Cloud, Big Data, and Mobile(IoT, Cloud, Mobile etc.). · In the case of AI, cognitive skills such as language, vision sensitivity, and space that have a technological gap with advanced countries are included plans to reduce the technology gap step by step with the aim of securing global level by 2023. · In the field of learning reasoning technology where algorithm disclosure is active worldwide, such as Google's Tenseflow, instead of pursuing the technology. Focus on securing the development of next-generation technologies. · H/W sector continues to carry out R&D on core technology of ultra-high performance computing and intelligent semiconductor technology. Next-generation technologies such as quantum computing, pushing forward leading research on Neuromorphic chips.

2013년 미래창조과학부는 언어처리를 위한 인공지능 원천기술 개발을 목표로 기계가 언어를 이해하고 지식을 습득하여 인간에게 전문지식을 서비스하는 언어지능 소프트웨어인 '엑소브레인(Exobrain)' 소프트웨어 개발정책을 발표하였다(Ministry of the Science and ICT, 2013). 이는 인간과 기계의 원활한 의사소통을 넘어 지식소통이 가능하며, 전문가의 의사결정을 지원하는 인공두뇌 소프트웨어 개발로 다양한 분야에서 기계가 인간의 지적활동을 대체 또는 보조하고 전문가 수준의 지식을 지원하는 것이다. 또한 2014년부터는 실시간 대용량 영상 기반의 시각인지 지능 플랫폼 개발과 재난의 조기 감지와 예측 기술인 딥뷰(Deep View Project)를 2024년을 목표로 개발하고 있다(미래창조과학부, 2015). 딥뷰

는 대용량 이미지와 동영상을 수집하고 분석해서 도시의 변화를 이해하고 위해적 요소 등의 예측을 실시간으로 탐지하는 대규모 시각 빅데이터 분석 및 예측 소프트웨어로 스마트 시티 개발 등에 따라 예상되는 다양한 유형의 도시재난 발생 예방에 활용될 예정이다.

민간 분야에서는 한국 대기업들의 출자에 의해 인공지능(AI)을 담당하는 민간연구원인 '지능정보기술연구원(AIRI: AI Research Institute)'이 2016년에 설립되어 연구 활동을 하고 있다. AIRI는 삼성전자, SK텔레콤, 네이버, LG전자, KT, 한화생명, 현대자동차 등 한국 7개 대기업이 공동 출자했으며, 자본금은 210억 원으로 7개 기업이 각각 30억 원씩 참여하였다. AIRI에서는 인공지능(AI) 관련 연구개발을 수행하고, 관련 중소, 중견, 벤처기업 및 스타트업 등과 협력하여 인공지능(AI) 관련 산업을 육성하고 있다.

정부는 2016년 제8차 정보통신전략위원회에서 범정부 '제4차 산업혁명에 대응한 지능정보사회 중장기 종합대책'을 확정했다. 이중 인공지능(AI)의 경우 선진국과 기술격차가 있는 언어, 시각, 감성, 공간 등 인지기술 분야는 2023년까지 글로벌 수준 확보를 목표로 단계적 기술격차를 줄이고, 세계적으로 알고리즘 공개가 활발한 학습추론 기술 분야는 차세대 기술을 개발하는 것에 집중하며, 하드웨어 부문은 초고성능 컴퓨팅 핵심기술 및 지능형 반도체 기술의 연구개발을 지속 추진하고, 차세대 기술인 양자컴퓨팅 등에 대한 연구를 선도한다는 것이다. 이렇듯 한국은 선진국처럼 독립된 별도의 인공지능(AI) 관련 액션플랜을 가지고 정책을 추진하는 것이 아니라, 4차 산업혁명 대응의 일환으로 통합적인 정책을 추진하고 있는 것이 특징이다.

Ⅳ. 국가위기관리의 패러다임 변화 전망과 대응

1. 국가위기관리의 한계

한국은 북한의 1993년과 2003년 두 차례의 핵확산금지조약(NPT: Nuclear nonproliferation treaty) 탈퇴 선언 이후 지속되어 온 6차례의 핵실험과 수십 회의 탄도미사일 및 잠수함발사미사일(SLBM: submarine-launched ballistic missile)의 시험발사로 항상 위기 상황을 유지하고 있다. 지난 1999년과 2002년 두 차례의 연평해전과 2010년의 천안함 폭침 사건과 연평도 포격 사건은 한반도는 물론이고 동북아시아 안보 정세의 위기감을 최고도로 형성 시킨 북한의 군사 도발 행위였다. 또한 대형 자연재난으로는 특별재난지역으로 선포되었던 2017년 규모 5.4의 포항지진과 2016년 규모 5.8의 경주지진이 있다. 특히 경주지진은 기상청이 1978년부터 지진관측을 시작한 이래 최고 규모였으며 지진 발생 후 땅 밀림과 액상화 현상까지 처음으로 관찰되어 지진 발생 이후에도 건물 붕괴 등의 위험이 지속되었다. 이외에도 2003년의 태풍 '매미'와 2002년의 태풍 '루사'와 1987년의 태풍 '셀마'도 수 천명의 이재민과 사상자를 발생시켰다(Ministry of the Interior and Safety, 2017a). 대형 사회재난으로는 2015년에 발생하였던 중동 호흡기 증후군(메르스)과 2014년에 발생한 진도해상 여객선(세월호) 침몰사고 그리고 1995년 5층 건물의 삼풍백화점 붕괴와 1994년 성수대교 붕괴도 많은 사상자와 사회적 파장을 불러 일으켰다(Ministry of the Interior and Safety, 2017b). 정부는 이러한 위기

상황에 대하여 범정부적 대응이 필요함을 인식하고 대응 체계를 갖추어 보완하고 있으나 예측이 어려운 위기의 특성상 한계가 있어 이를 보완해 줄 수 있는 대체 수단이 필요하다.

정부는 통합적 재난관리체계를 법제화하기 위해 2004년에 '재난 및 안전관리 기본법'을 제정하였으며, 재난 상황 시 컨트롤 타워 기능을 청와대 국가안보실이 수행하도록 '국가안보전략지침(대통령훈령)'에 명시하였다. 또한 국가재난관리체계의 개선과 통합적 재난관리를 위해 2004년 대구 지하철 방화사건을 계기로 '소방방재청(현, 소방청)'이 신설되었고, 2014년 진도해상 여객선(세월호) 침몰사고로 국민안전처(2017년에 지금의 행정안전부와 통합)가 출범되었다. 정부조직 개편이나 재난상황 발생 시마다 이에 대처하기 위해 대응과 복구 그리고 처리를 위한 재난관리조직을 편성하고 운영하였으나 이제는 정부 조직의 관점이 아닌 정보통신기술(ICT)의 관점, 즉 지능화된 위기관리체계에서 다루어 져야 할 필요가 있다.

헌법과 재난 및 안전관리 기본법을 근거로 5년 단위로 작성되어지는 국가안전관리기본계획은 국가의 재난 및 안전관리의 기본방향을 설정하는 재난안전분야 최상위 계획이다. 이는 1977년부터 작성되어진 방재계획을 시작으로 1996년부터 국가재난관리계획의 명칭으로 작성되어지다가, 2005년부터 2009년까지 5년간 적용되는 1차 계획을 시작으로 현재는 2015년부터 2019년까지 적용되는 3차 계획이 적용중이다. 4차 계획은 2020년부터 적용을 목표로 지난 2019년 8월에 발표되어 곧 시행을 앞두고 있다. 산업화, 첨단화, 복잡화 등 급속한 재난 및 위기관리 환경의 변화에 따라 국가차원의 재난 및 안전관리를 위한 계획 수립의 필요성이 제기되면서 수립되어졌다(Kwon, 2018). 이를 토대로 중앙부처는 집행계획을, 시 · 도와 시 · 군 · 구는 안전관리계획을 수립하여 시행한다. 또한 재난관리 주관기관에서 작성하는 위기관리 표준매뉴얼, 재난관리 주관기관과 관계기관에서 작성하는 위기대응 실무매뉴얼, 재난 현장에서 직접 상황을 조치하는 기관이 작성하는 현장조치 행동매뉴얼도 이에 근거하여 작성되어진다.

산불, 유해화학물질유출사고 등 주요 사회재난 27개 상황과 지진, 풍수해 등 13개 주요 자연재난 상황을 조치하기 위해 행정안전부, 국토교통부 등 중앙 행정기관 15개 부처는 위기관리 표준매뉴얼 40개를 위기유형별로 갖추고 있으며, 17개 시 · 도는 위기대응 실무매뉴얼 326개를, 226개 시 · 군 · 구는 현장조치 행동매뉴얼 8,863개를 갖추고 재난 상황 발생 시 신속하게 조치하도록 갖추고 있다(Ministry of the Interior and Safety, 2019). 그러나 재난 상황이 발생하면 최소한의 시간 내에 관련 기관의 매뉴얼에 의한 상황 조치를 효과적이고 효율적으로 하는 것은 급박한 재난 현장의 특성상 현실적으로 매우 제한될 것이다(Choi & Shin, 2019). 특히 현장조치 행동매뉴얼은 재난 상황 발생 시 실질적인 가이드 역할이 복잡하여 관련 법규와 매뉴얼간의 연계성과 시행의 실효성을 유지하면서 재난 현장에서 쉽게 이해하고 신속한 적용이 가능하고 즉시적인 초동조치가 가능하게끔 개선할 필요가 있다(Song et. al., 2019). 이는 재난 발생 시 동시적이고 복합적인 상황조치를 위한 계획수립과 법규와 매뉴얼의 데이터베이스화를 통해 인공지능(AI)에 의한 상황조치 지원이 필요한 이유이다.

재난 및 안전관리 기본법에서는 재난관리단계를 용어의 정의에서는 예방, 대비, 대응, 복구로 정의하고 있다. 이는 재난관리과정을 재난의 완화 및 예방, 대비 및 계획, 대응, 복구의 4단계로 구분한 페닥(Petak, 1985)의 재난관리모형에 따른 것으로 이 과정들이 상호작용의 필요성이 있음을 강조한 것이다(Lee, 2010). 그러나 재난 상황 발생 시 운영되는 중앙재난안전대책본부와 각 중앙 부처 및 지방자치단체 상호간에 상황 조치와 재난관리자원의 운용을 위한 관련 데이터를 통합적으로 운영하는 재난관리체계의 데이터베이스화 및 정보화는 미흡한 실정이다. 기관별 상황 공유를 통한 의사결정과 협업을 위한 통합된 상황체계의 구축도 필요하다. 재난관리자원의 효율적인 운용을 위해 국방부가 소요로 하는 동원물자와 중복하여 지정되거나 운용이 제한되는 경우가 없도록 시스템적으로 관리가 이루어져야하며 각 기관의 상황실 간 단순한 상황의 전파가 아닌 상황해결이 가능하게끔 재난 및 안전관리 기본법에 명시된 재난안전통신망과 재난관리정보통신체계의 구축을 정보통신기술(ICT)의 관점에서 구축할 필요가 있다.

정부는 Table 5와 같이 매년 대규모 위기 상황을 대비하고 범국가적 대응체계를 점검하기 위해 2005년부터 재난대응 종합훈련을 실시하다가 2007년부터는 현재의 '재난대응 안전한국훈련'으로 명칭을 바꾸어 매년 시행하고 있다. 이는 범정부 차원에서 실시하는 을지태극연습 및 지방자치단체를 대상으로 실시하는 충무훈련과 훈련중점이나 내용이 동일하거나 유사하다. 따라서 훈련의 성과를 제고하기 위하여 3가지 훈련을 연계하여 통합 시행하는 훈련모델을 검토 할 필요가 있다. 이는 안전관리계획과 현장조치 행동매뉴얼 등 관련 계획과 연계되는 모델이 마련되어 훈련이 이루어져야 계획과 실시의 연계가 보장된다. Kim(2017)의 연구에서는 재난안전체험관 역할을 강조하며 재난에 대비하는 교육과 훈련의 중요성을 주장하였다. 재난안전체험관의 교육과 훈련을 반영하여 지역별 빈번한 재난발생 유형에 따른 훈련 시나리오와 성별·연령대별 맞춤식 훈련과제와 모델을 선정 하여 훈련성과를 제고하여야 한다. 특히 군사상황과 재난상황을 구분하지 않고 국가총력전 개념으로 포괄안보시대에 부합되는 훈련모델을 통해 훈련성과를 극대화하는 것이 필요하다.

Table 5. Government Crisis Management Training

Sortation	Basis	Major Contents	Target	Period
Ulchi taegeuk exercise	Emergency resources management act	· Applying a chungmu plan (pre-practice-oriented) · Combined with military exercises	Central and local governments	May (Three nights and four days)
Chungmu training		· Volunteer training for chungmu plan - practical training, including composite damage recovery training · Parallel to the Hwarang training	Five or six cities and provinces per year (Three-year cycle)	April-October (Three nights and four days)
Disaster response safety korea training	Disaster and safety basic law of management	· Master plan for national security management(Previous) · Actual training(city, province) - Natural and human disasters	Central and local governments	October (Two nights and three days)

※ Source: Lee, et. al., 2010.

2. 국가위기관리의 패러다임 변화 전망과 대응

2016년 다보스 포럼 이후로 전 세계 국가들은 정보통f신기술(ICT)에 대한 관심과 대응의 필요성을 인식하고 4차 산업혁명 시대의 선도국이 되기 위해 국가적 차원의 정책을 적극 추진하고 있다. 한국도 4차 산업혁명이 초래할 사회 전반의 혁신적 변화에 대비하기 위해 전략적 방안을 수립하여 추진하고자 현 정부는 출범 이전부터 범정부 차원에서 '지능정보사회 중장기 종합대책 (2016)'을 기점으로 정보통신기술(ICT) 패러다임변화에 대응하기 위한 추진계획을 마련하였으며, 출범 후에는 4차 산업혁명의 선도적 국가가 되기 위해 한국 4대 복합 혁신과제(일자리 경제, 4차산업혁명, 인구절벽 해소, 지방균형 발전)를 선정하였다. 또한 2017년에는 '4차 산업혁명위원회의 설치 및 운영에 관한 규정(대통령령 제28613호)'이 국무회의에서 의결되고 2018년 1월에 공포되어 대통령직속기관으로 출범한 '4차 산업혁명위원회'의 정책추진을 위한 법적 근거가 되고

있다. 2017년 정부는 인공지능(AI) 등 첨단 정보통신기술(ICT)을 적용하는 전자정부 구현을 위해 지능형 정부 기본계획과 추진계획을 수립하여 제1차 4차 산업혁명 대응 전자정부 협의회(2017. 8. 9.)에서 Table 6과 같이 세부 추진계획을 발표하여 4차 산업혁명기의 핵심 기술인 정보통신기술(ICT)과 관련하여 지능정보기술 활용과 미래 환경변화 대응을 위한 전략을 제시하였다.

Table 6. Tasks for Intelligent Government Realizat on

Core Tasks	Specific Tasks
It's a self-s. Implementation of 'personal assistant type service'	1. Implementing my own customized 'lifetime secretarial service' 2. Implementing intelligent government offices using advanced technology 3. Construction of 'Artificial Intelligence Civil Service Helm' using Chatbot 4. Development of a Contextual Cognitive Citizenship Report Open Platform
Everybody's favorite Implementing 'Digital Adjacent Service'	5. Implementation of 'health care' service for vulnerable people 6. Implementing a health care service that does not require movement 7. Establishing a Mobility Innovation Foundat on for the Lesser 8. Realizing 'Digital Urban Regeneration' to bridge gaps in cities
Self-study Administrative Process Redesign	9. Intelligent Civil Service Administration Process Based on Big Data 10. Implementing 'AI-Advisor' to support smart policy decisions 11. Establishment of 'AI-Newspaper' for three-dimensional public opinion analysis 12. Implementing 'field-perfect administration' with mobility
Data-driven Build a Smart Administrative Foundation	13. Advanced pan-government integrated data management system 14. Central-Regional Administrative Information Linkage and Intelligence 15. Building a Smart Workplace based on the Cloud 16. Training of intelligent public officials with creative information convergence capabilities
Data-driven the formation of a just social ecosystem	17. Establishment of Social Cleanup System based on Big Data 18. The Management System of Public Finance Injustice 19. Transparent electronic document transaction base without falsification 20. Implementation of blockchain-based referendum service

Platform-based Implementing Digital Partnerships	21. Establishment of Urban Integration Management Platform for Regional Problem Solving 22. Implementing 'cyber policy coordination (DIO)' in which the public participates and creates 23. Development of an Intelligent Analysis and Sharing Ecosystem for Public and Government Data 24. A Study on the Supply and Demand System of Agricultural Products Based on Public-Public Cooperation
Situation based Implementing 'intelligent safety net'	25. Establishing a pan-national disaster safety information hub 26. Establishing Personalized 'Safety Information for Living Environment' 27. Development of a Dense Digital Safety Zone based on CCTV 28. Establishment of Digital Group Intelligence-Based Search Network for Missing Persons
Self-evolving type Establishing a cyber-use base	29. Building an Adaptive Security System Based on Artificial Intelligence 30. Personal Information Protection and Reorganization for the Future 31. Development of a Base for Government Service Utilization through Bio-certification 32. Establishing the Government Service One-ID System

급박한 위기 상황에서 신속한 상황조치를 위한 결정과 판단은 인공지능(AI)의 운용을 더욱 필요하게 하며, 위기 상황에서 인공지능(AI)을 활용한 의사결정과 판단은 인간의 이성적 제한을 극복하게 해준다. 인공지능(AI)은 다양한 대응 방안들에 대한 우선순위 판단과 장·단점의 비교 과정을 통한 최적의 대응 방안은 의사결정권자의 신속한 결심을 지원해 줄 수 있다. 또한 안보 및 재난분야의 정형 및 비정형 빅데이터를 관련기관 간에 위기대응을 위해 공유하기 위한 인프라를 구축하여 위기관리를 위한 인공지능(AI) 플랫폼을 운영한다면 위기 대응 자원의 효율적 운용과 위기 관련 제도와 법규 그리고 매뉴얼 간에

시행의 충돌 없이 현장에서 신속하게 적용되도록 지원이 가능하다. Choi & Shin(2019)은 위기 상황 시 Fig. 2.와 같이 인공지능(AI)에 의한 의사결정지원체계를 제안하였는데, 이는 위기 상황 발성 시 인공 지능(AI)운용에 관한 함의를 준다.

Fig. 2. The Government's Emergency Policy System Based on Artificial Intelligence

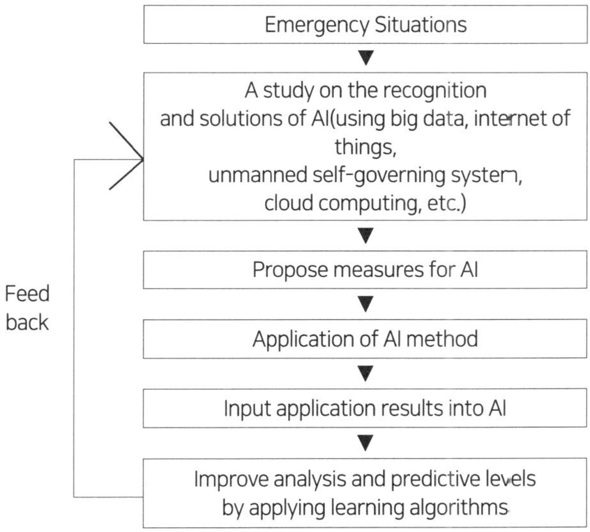

V. 결론 및 제언

인공지능(AI)은 그 기술의 발달에 따라 예측의 정확성이 향상되고 근거와 데이터기반의 의사결정을 가능하게 해준다. 또한 전자정부의 네트워크 조직에서 지능정부의 플랫폼 조직으로 변화하는 것이다. 플랫폼 조직은 모든 조직이 동일한 플랫폼을 공유하여 하나의 조직처럼 운영이 가능하다. 따라서 비용과 시간이 상대적으로 더 많이 소요되는 하드웨어적 시스템 구축보다는 알고리즘 등 소프트웨어적 조치만으로도 조직간 협업이 가능해진다(Hwang, 2017). 전문가에 의해 형성되던 정책결정 패러다임은 정보통신기술(ICT)의 발달과 함께 알고리즘을 기반으로 하는 정책결정, 객관적 데이터와 기계학습에 근거하는 인공지능(AI) 정책결정, 객관적 사실과 데이터에 근거하는 데이터 기반의 정책결정 등으로 변화할 것이다(Lee, et. al., 2018). 그리고 그 변화의 핵심은 인공지능(AI)이 될 것이다. 본 연구는 4차 산업혁명기 지능정보사회에서 인공지능(AI)을 기반으로 하는 국가위기관리의 지능화를 위한 정책적 방안을 제언하는데 목적이 있다. 따라서 앞서 살펴 본 국가위기관리의 한계를 극복하고, 국가위기관리의 지능화를 위해서 다음과 같은 몇 가지 정책적 제언이 가능하겠다.

첫째, 위기 관련 기관의 소관 분야에 관한 데이터베이스화를 추진해서 위기관리체제의 정보화를 달성 해야 한다. 일반적으로 인공지능(AI)은 알고리즘과 데이터에 의해서 성과가 달라지는데, 알고리즘보다는 데이터에 의해 차별화가 이루어지고 있다. 인공지능(AI) 학습에 활용되는 데이터는 규모뿐만 아니라 사용 목적에 맞는 품질이 보장되어야 한다. 기계학습은 대용량의 데이터로부터 반복적으로 학습하는 기술이며, 보다 나은 결과를 얻기 위해서는 데이터로부터 지속적인 학습이 필요하다. 따라서 데이터가 많을수록, 품질이 높을수록 더 빠른 학습이 가능하고, 학습결과는 더욱 정확해진다. 이와 같이 데이터의 양과 질이 인공지능(AI)의 성과를 좌우함으로, 목적에 따른 의사 결정과 상호 작용을 지원하기 위해서는 보다 많은 양과 우수한 품질의 데이터를 필요로 할 수밖에 없다. 이러한 데이터의 품질문제를 해결하기 위해서는 목적에 맞게 데이터를 수집·생성하는 것이 필요하다. 특히 활용하고자 하는 인공지능(AI) 분야에 맞게 원하는 데이터를 수집·생성해야, 인공지능(AI) 데이터로 활용이 가능하다. 즉 시각지능, 언어지능, 음성지능, 추론지능, 복합지능 등 어떤 인공지능(AI) 분야에 활용할 것이며, 데이터가 수집되는 디지털 영역 또는 추진하고자 하는 태스크를 명확히 정의하여 데이터를 수집·생성해야 데이터의 품질을 보장할 수 있다. 인공지능(AI)은 빅데이터와 알고리즘에 의해 운용되기에 위기 관련 정보의 데이터베이스화는 필수이다. 하드웨어적 컴퓨터의 발전과 데이터처리 기술력의 향상으로 인공지능(AI)은 정형 데이터는 물론이고 비정형 데이터도 스스로 학습하고 예측하는 딥러닝(Deep Learning)이 가능하다. 그러나 아무리 정교하게 구성된 알고리즘이라도 데이터 자체가 불순하거나 오류가 있다면 좋은 정보는 생산되기 어렵다. 위기유형별 각 체제별로 데이터베이스화하여 정보화를 달성하는 것이 인공지능(AI) 운용의 첫 단계이다. 이는 위기 상황 발생 시 대응 방안 강구와 이를 실행하기 위한 가용한 재난자원의 운용 등에 관하여 인공지능(AI)으로부터 의사결정지원을 받는 체계를 구축하기 위해서 필요하다. 따라서 위기유형별 다양한 상황에 대하여 평시부터 검증된 데이터를 인공지능(AI)이 딥러닝(Deep Learning)기술을 통해 스스로 자율학습을 한다면 위기 상황 발생 시 의사결정권자가 합리적 결정을 할 수 있도록 최적의 대응방안을 제시해 줄 것이다.

둘째, 위기관리체제의 정보화를 달성한 기관 간 연동이 되는 정보통신인프라를 구축하여야 한다. 평시부터 원활한 정보체계를 구축하고, 분야별 정보체계가 연동되고 통합적으로 운영되는 각 위기관리 기관의 정보체계를 평시부터 구축되어 있는 통신망과 정보망의 인프라를 활용한다면, 위기 상황 발생 시 별도의 설치와 준비 없이 신속하게 대응 할 수 있다. 재난관리정보통신체계를 갖추기 위해 국가재난안전통신망을 하드웨어적으로 제한 없이 구축하여 재난정보체계인 국가재난관리정보시스템(NDMS: National Disaster Management System), 재난관리자원공동활용시스템(DRSS: Disaster Resource Sharing System), 지방자치단체에서 운용하는 새올행정시스템 등이 상호 연동되어야 제한된 재난 자원의 효율적 운용을 가능하게 해주고 인공지능(AI)의 딥러닝(Deep Learning)을 위한 데이터가 더 많이 확보 될 수 있다. 정부가 주관하는 위기 대응 훈련도 성과 있는 시행과 목표 달성을 위해 재난대응 안전한국훈련, 을지태극연습, 충무훈련의 중점과 과제를 중복되지 않으면서 취약한 과제가 숙달되게끔 인공지능(AI)에 의한 분석을 통해 선정해서 실전적인 훈련 성과를 이룰 수 있도록 해야 한다. 또한 교육과 연구도 훈련 결과를 분석하여 그 결과의 연계가 이루어져야 한다. 훈련 분석 결과 도출된 미흡하거나 취약한 분야를 보완 할 수 있도록 교육과정과 과목이 선정이 되어 재난 현장에서 적용 할 수 있는 실질적인 교육이 이루어지도록 해야 한다. 또한 재난 등 위기 연구 활동도 훈련 결과를 토대로 연구 과제를 도출하고 선정할 필요가 있다.

셋째, 위기관리를 위해 기관별로 구축된 인프라는 국가위기관리를 위한 하나의 플랫폼에서 운용이 되어야 한다. 여기서의 플랫폼은 다양한 인프라가 소프트웨어적으로 연동되어 정보를 공유하는 등 다양한 정보를 공유할 수 있는 정보통신환경을 말한다. 이와 같은 플랫폼은 두 가지 이상의 인프라가 상호 연동되는 플랫폼을 가능하게 한다. 이러한 정보통신기술(ICT)에 기반을 두고 있는 플랫폼은 정부의 대응방안, 가용 자원 운용 등의 인프라의 지원이 가능한다. 이와 같은 플랫폼이 위기관리에서 갖는 의미는 정보통신역량을 바탕으로 위기상황을 해결하는 것에 있다. 근래에는 새로운 정보통신기술(ICT) 요소인 인공지능(AI), 빅데이터, 사물인터넷(IoT), 클라우드, 모바일 등에 대한 전문성과 프로세스에 관한 전문성이 요구된다. 그리고 이를 바탕으로 하는 디지털 역량도 요구 된다.

포괄 안보의 개념이 적용되는 안보 환경에서 안보와 재난의 영역 구분은 명확하지 않다. 또한 이를 이분하는 위기관리체계가 과연 상황조치를 위한 가용 자원이 제한되는 현실에서 보다 효율적이고 효과적인지 살펴 볼 필요도 있다. 초지능화(Hyper-intelligence)가 확보되어 이전과 다른 새로운 패러다임으로 위기관리를 위해서 다양한 인프라가 하나의 플랫폼에서 운용되는 것이 효율적이다. 지능정부에서는 정부 조직이 기존의 네트워크 조직에서 플랫폼 조직으로 변화하여 모든 조직이 동일한 플랫폼에서 하나의 조직처럼 운영되는 것이 가능하여 하드웨어적 비용의 절감은 물론이고 위기 상황 조치를 위한 협업과 의사결정을 위한 합의가 더욱 신속하고 합리적으로 이루어지는 것을 가능하게 해준다. 따라서 국가위기관리를 위한 다양한 인프라는 하나의 플랫폼에서 운용되어야 그 시너지가 더욱 크겠다.

넷째, 구축된 인프라와 플랫폼에서 인공지능(AI)의 운용을 위해 안보와 재난에 특화된 전문 인력 양성과 조직 편성이 필요하다. 인공지능(AI) 운용을 위한 전문교육 과정을 관련 교육기관과 교류하여 인공지능(AI) 등에 관한 지속적이고 적시적인 교육을 통해 전문 인력을 양성해야 한다. 국가위기관리 전문 인력 양성을 위한 장기적 관점으로 공무원 인사관리제도를 개선하여 글로벌 위기관리 인재 양성을 목표로 해야 4차 산업혁명 시대의 주요 정보통신기술(ICT)의 개발과 운용의 글로벌 트렌드를 놓치지 않을 수 있다. 이를 위해 위기관리를 전담하는 독립된 조직을 편성하고 교육훈련과 연구 활동을 연계하여 운영한다면 시너지효과가 더욱 클 것이다.

지능정보사회에서 인공지능(AI)을 기반으로 하는 국가위기관리는 위기 상황 발생 시 더욱 신속하면서도 효율적인 결정과 판단을 해야 하는 의사결정권자를 지원할 것이며, 현 정부의 국가안보전략에서 밝힌 바와 같이 안전한 대한민국을 위한 국가위기관리체계 강화에 충분히 기여할 것이다(National Security Office, 2018). 안보와 재난의 위기영역 구분이 의미 없고 필요치 않는 포괄안보시대에서 4차 산업혁명기의 정보통신기술(ICT)의 결정체인 인공지능(AI) 운용에 따른 이점을 극대화하고 국가위기관리의 품질을 혁신적으로 향상시키기 위해서 인공지능(AI)을 기반으로 하는 국가위기관리의 지능화는 시대의 필연이다.

Advisory Committee on State Affairs Planning. 2017. Government Conducting State Affairs Moon Jae In a Five-year Plan. JinHan M&b.

Bae, Young Ja. 2003. National Security and Disaster Management and Science Technology: The Response of the American Science and Technology to the September 11 Terrorism and the Role of Science and Technology in Homeland Security. the Institute for Science and Technology Policy

Baek, Seung Ik, Gyoo Gun Lim, and Deng Sheng Yu. 2016. Artificial intelligence and social changes. *Information Policy*. 23(4): 5-6.

Boose, J.H. 1985. A Knowledge Acquisition Program for Expert Systems based on Personal Construct Psychology. *International Journal of Man-Machine Studies*, 23(5): 495-525.

Choi, Jin Wook. 2017. An Exploration of the Impacts of the 4th Industrial Revolution on Policy Analysis and Evaluation. Korean. *Journal of Policy Analysis and Evaluation*. 27(4): 227.

Choi, Sang Il. 2007. A Positive Study for Construction of Advanced Crisis Management System. Seoul Institute of Public Administration. International Conference. PP: 550-552.

Choi, Won Sang and Shin, Jin. 2019. A Study on the Paradigm Shift of Government Emergency Preparedness in the Fourth Industrial Revolution. *Crisisonomy*. 15(7): 33-52.

Fredette, John, Marom, Revital, Steinert, Kurt, Witters, Louis. 2012. The Promise and Peril of Hyperconnectivity for Organization and Societies in Soumitra Dutta and Beñat Bibao-Osorio (eds.), *The Global Information Technology Report 2012*: Living in a Hyper-connected World. Geneva: World Economic Forum.

Gil, Byoung Ok and Tae Huh Heo. 2003. A Study on the Development of the National Crisis Management System and Programs. *Journal of International Studies*. 43(1): 341-350.

Goertzel, Ben. 2016. Creating an AI Sociopolitical Decision Support System. (ROBAMA - ROBotic Analysis of Multiple Agents, an informal, rough 'vision document').

Han, Young Su and Hyun Chul Kang. 2010. *A Study on the Improvement of the National Crisis Management Law.* Korea Legislation Research Institute. PP: 54.

Heo, Tae Huh, Lee, Sang Ok and Byoung Ok Gil. 2005. Articles : Crisis Management Theory and Proposals for Cyber-security. *Defense Research*. 48(1): 29-62.

Hwang, Jong Sung. 2017. Government in the Artificial Intelligence Age: How will artificial intelligence change government?. National Information Society Agency. *IT & Future Strategy.* 3: 3-35.

Jung, Ji Byum, 2010. The Evolution of National Crisis Management Based on the Paradigm of Public Administration. *Crisisononmy*. 27(2): 4-24.

Jo, Jin Sam, Sung Yoon An, and Woon Sup Jung. 2018. The Impact of Artificial Intelligence on the Audit Market. *Journal of accounting*. 27(3): 294-298.

J. W. M. Chapman, R. Drifte, and I. T. M. Gow. 1982. Japan's Quest for Comprehensive Security. PP: 151.

Kenneth N. Waltz, "The Emerging Structure of international Politic," International Security, 18(2): 45-73.

Kim, A Yeon. 2017. A Study on Activation Plans of Disaster and Safety Experience Center for Enhancing National Safety Education and Training. *The Korea Policy Journal*.17: 45-53.

Kim, Jin Hang. 2010. A Study on the Establishment of Korea National Crisis Management System in the Comprehensive Security Ages.

Kim, Tae Ho, Seung Geun Yu, and Dong Jin Kim. 2018. A Study on the Application Methods of Artificial Intelligence in Defense Modeling and Simulation. Foreign Studies Activities Series 2018-40. PP: 25-28.

Kim, Yeol Su. 2005. 21st Century National Crisis Management System. Orum. PP: 15

Kim, Young Do and Hyuk Jin Kwon. 2017. Considerations for AI Application of Defense Command Control System. *Review of Korea Information Processing Society*. 24(1): 13-18.

Kim, Young Chul, Jae Phil Jung, and Sang Mi Lee. 2008. IT and Disaster Management. *Journal of the Institute of Electronics Enginees of Korea.* 35(12): 16-17.

Kwon, Seol A. 2018. A Study of Improvement Measures of the National Basic Safety Management Plan. *The Korea Policy Journal*. 18: 16-30.

Langley, P. and Simon, H.A. 1995. Applications of Machine Learning and Rule Induction. Communications of the ACM, 38(11): 54-64.

Lee, Chae Eon. 2012. A Study on the Organization System of National Crisis Management in Korea. *Crisisononmy.* 8(4): 2-27.

Lee, Dong Sub, Bo Ra Kwon, and Byoung Sik Kim. 2019. A Study on Standardization of the Public Use of Disaster and Safety Information. *Journal of Korean society of hazard mitigation*. 19(3): 75-76.

Lee, Jae Eun. 2005. The significance and necessity of the academic systemization of national crisis management. *Crisisononmy.* 1(1): 20-23.

Lee, Jae Eun. 2006. The significance and content analysis of national crisis management legislation under a comprehensive security concept. *Crisisononmy.* 2(2): 19-35

Lee, Ju Ho, Sung Su Byun, and Jae Eun Lee. 2010. Developing the Integrated Model of National Crisis and Emergency Management Exercise: Using the AHP Analysis. 6(1): 139-158.

Lee, Jung Il. 2010. Research about Recognition of Government Officials Regarding Korean Disaster Management System in Charge. *Journal of Korean Institute of fire Science and Engineering*. 24(5): 10.

Lee, Sung Soon. 2013. Construction of the effective linking wartime and peacetime national emergency management system.

Lee, Un Mi. 2019. An Exploratory Study on the Government Decision Making of Big Data: Focusing on the Application of the Disaster Crisis Stage of Social Concern. *International Journal of Policy Studies.* 24(4): 496-507.

Liebowitz, Jay, ed. 1997. The Handbook of Applied Expert Systems. CRC Press. Living in a Hyper-connected World. Geneva: World Economic Forum.

National Information Society Agency. *Information Policy.* 24(2): 3-19.

National Security Office. 2018. National Security Strategy in Moon Jae In's Government. PP: 101-103.

Organization and Societies in Soumitra Dutta and Beñat Bibao-Osorio (eds.), The Global Information Technology Report 2012

Park. J. S. 2017. Response Strategy on Artificial Intelligence by Major Countries and Proposal for Political Development of Korea. *Dankook Law Review.* 41(3): 40-42.

Petak, W. J. 1985. Emergency Management. A Challenge for Public Administration. *Public Administration Review*. 45: 3.

Richard N. Hass, 1995. "Paradigm Lost," Foreign Affairs, 74(1): 43-58.

Schwab, K.. 2016. The Fourth Industrial Revolution. Geneva: World Economic Forum.

Shin, Jin. 2000. The Defense Policy and Security of Korea. *Journal of International Studies*. 40(2): 125.

Seol, Hyun Ju, Su Hoon Lee, and Byung Ok Gil. 2017. 4th Industrial Revolution and Aviation Unmanned Weapon System Development Prospects. *Review of Korean Military Studies*. 6(2): 218.

Song, Ju Il, Cho Rok Jang, and Moon Yup Jang. 2019. A Study on Improvement of the Local Government "Manual for Actions at Scene" to Increase Field Applicability. *Journal of Korean society of hazard mitigation*. 19(2): 72-78.

Suh, Sang Kook, Se Hoon Chang, and Yong Sam Kim. 2017. Innovative Method of Korean Military Force Building System in The 4th Industrial Revolution Period. *Defense Policy Studies*. 33(1): 171-201.

Suk, Wang Hun and Kwang Hee Lee. 2015. The Possibilities of Artificial Intelligence Technology and Industry. ETRI. *Issue Report*, No. 4.

Sung, Wook Jun and Sung Su Hwang. 2017. A Review of Intelligent Society Studies: A look on the future of AI and policy issues.

The Korea Institute for Strategic Studies. 2014. National Security Strategy.

The White House (2016). Brain Initiative: Brain Research Throuth Advancing Innovative

Turing, A.M. (1950). Computer Machinery and Intelligence. *Mind*. 59(236): 433-460.

Woo, Sang Gun. 2018. Key Strategies for Leading Artificial Intelligence. National Information Society Agency. *IT & Future Strategy*. 12: 3-26.

Yun, Sang Ho, Un Mi Lee, and Wook Jun Sung. 2018. Types and Issues of Policy Decision Making Using Artificial Intelligence. *Journal of Korean Association for Regional Information Society*. 21(1): 31-59.

Ministry of the Interior and Safety (2017a). Statistical Yearbook of natural disaster.

Ministry of the Interior and Safety (2017b). Disaster Yearbook.

Ministry of the Interior and Safety. (2019). Major Statistical book. pp.193.

Ministry of the Interior and Safety. press release. (2018. 1. 22). e-government, Investing 65.5 billion won to start 'intelligent government' on a full-scale basis.

Ministry of the Science and ICT. press release. (2013. 5. 29). 2017 Korean Quiz King is a computer that is a computer.

Ministry of the Science and ICT. press release. (2015. 6. 10). Second Vice-Minister of Future Affairs, Visit AI software research site.

EU (2016). Human Brain Project. https://www.humanbrainproject. eu/-/platform-release?redirect=https%3A%2F%2Fwww.humanbrainproject.eu%2Fhome%3Bjsessionid%3Duuzygur67mts1faai7aor8py1%3Fp_p_id%3D101_INSTANCE_KWDh7XY4P2BJ%26p_p_lifecycle%3D0%26p_p_state%3Dnormal%26p_p_mode%3Dview%26p_p_col_id%3Dcolumn-2%26p_p_col_count%3D1. (Retrieved on Nov. 8, 2019).

Ministry of the Science and ICT (2018), AI Policy Trends in Major Countries https://www.msit.go.kr/web /msipContents /contentsView.do?cateId=mssw11241&artId=1423261. (Retrieved on Nov. 9, 2019).

Neurotechnologies.https://www.whitehouse.gov/sites/default/files/whitehouse_files/infographic/wh_brain_mapping_2013_0.pdf. (Retrieved on Nov. 8, 2019).

日經 NIKKEI. (2015). AI 研究の旗振り役に徹し，年間 100回の講演に驅け回る. http://business.nikkeibp.co.jp/atclbdt/15/258684/120300019/. (Retrieved on Nov. 8, 2019).

권설아, 이재은, 변성수, 조민상, 류상일. 2018. 국가안전관리 기본계획의 실태 분석 및 개선 방안. 한국정책논집. 18: 16-30

국정기획자문위원회. 2017. 문재인 정부 국정운영 5개년계획. 진한엠엔비.

길병옥, 허태회. 2003. 국가 위기관리체계 확립방안 및 프로그램 개발에 관한 연구. 국제정치논총. 43(1): 339-359.

김아연. 2017. 국민안전교육 훈련 증진을 위한 재난안전체험관 활성화 방안. 한국정책논집. 17: 45-53.

김열수. 2005. 21세기 국가위기관리체제론. 오름. PP: 15.

김영도, 권혁진. 2017. 국방지휘통제체계 AI적용을 위한 고찰. 정보처리학회지. 24(1): 13-18.

김영철, 정재필, 이상미. 2008. IT와 재난관리. 전자공학회지. 35(12): 16-17.

김진항. 2010. 포괄안보시대의 한국 국가위기관리시스템 구축에 관한 연구.

김태호, 유승근, 김동진. 2018. 인공지능의 국방 M&S 분야 활용방안. 한국국방연구원. 대외학술활동시리즈 240. PP:25-28.

박종선. 2017. 인공지능에 대한 주요국의 대응전략 및 한국의 정치발전을 위한 제언. 법학논총. 41(3): 40-42.

배영자. 2003. 국가안보 및 재난관리와 과학기술: 9 11테러에 대한 미국 과학기술계의 대응과 국토안보(Homeland Security)에서 과학기술의 역할. 과학기술정책연구원.

백승익, 임규건, 여등승. 2016. 인공지능과 사회의 변화. 정보화정책. 23(4): 3-23.

서상국, 장세훈, 김용삼. 2017. 제4차 산업혁명기 한국군의 군사력 건설 시스템 혁신 방향: 소요창출을 위한 전투발전체계 혁신을 중심으로. 국방정책연구. 33(1): 175-189.

석왕헌, 이광희. 2015. 인공지능 기술과 산업의 가능성. ETRI Issue Report. 4.

설현주, 이수훈, 길병옥. 2017. 4차 산업혁명과 항공무인무기체계 발전 전망. 한국군사학논총. 6(2): 211-229.

성욱준, 황성수. 지능정보시대의 전망과 정책대응 방향 모색. 정보화정책. 24(2): 3-19.

송주일, 장초록, 장문엽. 지자체 현장조치 행동매뉴얼 활용성 증대를 위한 개선 방안 연구. 학국방재학회지. 19(2): 72-78

신진. 2000. 한국의 국방정책과 안보. 국제정치논집. 40(2): 125.

우상근. 2018. 인공지능(AI)을 선도하는 주요국의 핵심전략. IT&Future Strategy. 12: 3-26.

윤상오, 이은미, 성욱준. 2018. 인공지능을 활용한 정책결정의 유형과 쟁점에 관한 시론. 한국지역정보화학회지. 21(1): 31-59.

이동섭, 권보라, 김병식. 2019. 재난안전정보 공동활용을 위한 표준화 연구. 한국방재학회지. 19(3): 75-76.

이성순. 2013. 평시와 전시를 연계한 효율적인 국가위기관리체계 구축방안.

이은미. 2015. 빅데이터의 정부 의사결정 반영에 관한 탐색적 연구: 사회적 관심의 재난 위기단계 적용을 중심으로. 한국정책학회보. 24(4): 496-507.

이정일. 2010. 한국 재난관리체계에 대한 담당공무원들의 인식에 관한 연구, 한국화재소방학회논문지. 24(5): 10.

이재은. 2005. 국가위기관리의 학문적 체계화 의의와 필요성. 한국위기관리논집. 1(1): 20-23.

이재은. 2006. 포괄적 안보 개념 하에서의 국가 위기관리 법제화의 의의와 내용분석. 한국위기관리논집. 2(2): 19-35.

이주호, 변성수, 이재은. 2010. 국가위기관리연습 통합모델 구축 방향: AHP 분석을 중심으로. 한국위기관리논집. 6(1): 139-158.

이채언. 2012. 한국의 국가위기관리 조직체계에 관한 연구. 한국위기관리논집. 8(4): 2-27.

정지범. 2010. 행정학 패러다임에 입각한 국가위기관리의 진화. 한국위기관리논집. 6(2): 4-24.

조진삼, 안성윤, 정운섭. 2018. 인공지능(AI) 발전이 회계감사 시장에 미치는 영향. 회계저널. 27(3): 294-298.

최상일. 2007. 선진형 위기관리체계 구축을 위한 실증적 연구. 서울행정학회. International Conference: 550-552.

최원상, 신진. 2019. 4차 산업혁명기 정부 비상대비정책의 패러다임 전환에 관한 연구. Crisisonomy. 15(7): 33-52.

최진욱. 2017. 제4차 산업혁명이 정부 정책분석평가에 미치는 영향에 대한 탐색. 정책분석평가학회보. 27(4): 227.

한국전략문제연구소. 2014. 국가안보전략.

한영수, 강현철. 2010. 국가위기관리 법제의 개선방안 연구. 한국법제연구원. FP: 54.

황종성. 2017. 인공지능시대의 정부-인공지능이 어떻게 정부를 변화시킬 것인가?. IT&Future Strategy. 10: 3-35.

허태회, 이상호, 길병옥. 위기관리이론과 사이버안보 강화 방안: 이론과 정책과제. 국방연구. 48(1): 29-62.

행정안전부. 2011. 비상대비 관련법령 정비방안. 정책연구용역보고서. PP: 39-44.

행정안전부. 2017. 재해연보.

행정안전부. 2017. 재해연감.

행정안전부. 2019. 행정안전부 주요통계집.

행정안전부. 2017. 지능형 정부 기본계획. https://www.mois.go.kr/frt/bbs/type001/commonSelectBoardArticle.do?bbsId=BBSMSTR_000000000015&nttId=64867. (Retrievedon Nov. 8, 2019).

ABSTRACT

A Study on the Intelligence of National Crisis Management in the Intelligent Information Society

During the Fourth Industrial Revolution, it is possible to collect, analyze, and process structured and unstructured data by various means in the development of ICT(Information and Communication Technology) to create social value. In line with the development of the fourth industrial revolution, the government has secured hyper-intelligent based on hyper-connectedness, thus promoting various policies to achieve an intelligent information society and implement intelligent government. Therefore, it is necessary to establish a national crisis management system based on AI(Artificial Intelligence) in order to implement the intelligent management of national crisis in the intelligence information society.

The purpose of this study is to explore policy measures for the establishment of a comprehensive national crisis management system in security and disaster areas based on AI for the intelligent management of national crisis management in the intelligence information society. To this end, after considering the need for national crisis management applying AI and examining AI policies of major countries, the government studied ways to establish AI-based national crisis management system.

key words Intelligence Information Society, Artificial Intelligence, Crisis Management, Comprehensive Security, The Fourth Industrial Revolution

요약

중국의 초한전과 정보수집활동

중국은 국제사회의 정보수집 및 사이버 관련 국제규범 등을 자국의 이익에 따라 거부하거나 또는 활용한다. 중국이 추구하는 초한전(unrestricted warfare)은 공산주의 이데올로기에 의한 전쟁 수행과 인민전쟁전략을 결합한 전략으로서 수단과 방법을 가리지 않고 승리를 추구하는 전략이다. 초한전을 추구하는 중국은 민간인을 군사 부문에 적극적으로 활용하며, 민간부문과 군사 부문을 병합하여 전쟁 준비를 한다.

초한전의 전략에 맞추어 중국 정부는 국가정보보안법을 제정하여 중국인과 중국기업들이 해외의 정보를 탈취하도록 강제하고 있다. 2016년에 발효된 국가정보보안법은 중국의 모든 개인이나 단체, 회사 등이 중국의 국가 안보에 적극적으로 협력해야 할 의무를 규정하고 있다. 중국기업이 만드는 제품을 통해서도 중국 정부가 요구하는 정보를 제공해야 하는 의무를 지고 있다.

특히 화웨이는 정부 소유의 기업으로 추정되며, 기업의 주목적이 이윤 창출보다는 정보 탈취를 추구하는 것으로 보인다. 미국은 지난 10년간의 조사를 통하여 중국 공산당이 화웨이 회사의 제품에 백도어를 설치하여 화웨이 제품을 사용하는 전 세계 정부와 기업, 개인들로부터 민감한 정보들을 탈취하고 있다고 비판한다.

초한전에 따르는 중국의 국가정보법은 민간기업을 활용하여 정보를 탈취하는 것과 중국 정부가 정보기관이 취득한 정보를 중국 내 민간기업에게 제공하여 상업적 목적으로 사용하도록 하는 것의 기반이 되고 있다. 이러한 중국의 초한전 전략으로 인하여 중국과 국제사회의 갈등은 더욱 확대될 것이다.

key words 초한전, 정보 탈취, 화웨이, 백도어, 중국 국가정보법

03

중국의 초한전과 정보수집활동*

신진**

I. 서론

워싱턴포스트에 의하면, 중국의 극초음속 미사일개발에 미국이 정부지원금으로 개발한 국방 첨단기술이 사용되었으며 미국이 개발한 첨단기술이 중국의 무기 개발에 유입되는 경로를 보도하였다. 또한 중국이 합법, 불법적으로 중국의 기업들을 통하여 미국의 첨단기술을 흡수하고 있다고 보도했다. 중국의 군사연구소의 연구원은 미국 기술 없이는 중국의 항공공학 소프트웨어의 기술격차를 메울 수 없기 때문

* 이 글은 2023년 국방연구 66권2호에 게재된 논문을 수정 게재하였음.

** 충남대학교 정치외교학과 교수

에 미국의 첨단제품을 이용하여 극초음속 무기체계 들을 발전시킨다고 대답하였다.[1]

중국 당국의 해외 첨단 과학기술 취득 의지는 합법과 불법을 구별하지 않는다. CNN 보도에 의하면, 미국 법무부는 미국에서 화웨이 기소사건과 관련하여 중국 스파이가 화웨이 기소를 막고 2017년부터 수사정보를 빼내려 한 혐의로 중국인 6명을 뉴욕의 브루클린 연방법원에 기소한다고 밝혔다. CNN 뉴스는 중국 정부가 미국에 거주하고 있는 중국인들의 일부 가족이 중국에 남아있는 상황을 이용하여 중국 가족을 투옥하고, 협박하면서 미국 거주 중국인들을 협박하여 중국으로 송환하려는 여우 사냥 작전(Operation Fox Hunt)을 추진하고 있다고 밝혔다.[2] 중국당국이 화웨이를 통한 불법적 정보수집 활동을 했다는 사실은 미국 법무부가 소송에서 밝혔다. 중국당국은 세계 곳곳에 거주하고 있는 중국인들에게까지 중국 당국의 영향력을 미치면서 중국의 정보수집업무에 협조하도록 공포심을 주고 있다.

미국 정부는 2019년 이래로 미국과 중국 간에 악화된 무역 협상 중에서도 중국의 화웨이가 미국의 안보와 국방상 기술을 절취했으며, 정상적인 무역 거래를 통하여 구입한 제품 속에 지속적으로 정보를 탈취하기 위한 하드웨어를 미국의 안보망에 심어놓고 있다고 주장하였다. 그리하여 중국은 미국의 안보 망을 통제할 수 있도록 구축하고

1 Cate Cadell and Ellen Nakashima, "American technology boosts China's hypersonic missile program," *The Washington Post*, 2022.10.17., https://www.washingtonpost.com/national-security/2022/10/17/china-hypersonic-missiles-american-technology/, 검색일: 2022.10.17.

2 Hannah Rabinowitz, "Alleged Chinese spies charged with trying to recruit assets, obstruct US Huawei investigation," *CNN News*, 2022.10.24. https://edition.cnn.com/2022/10/24/politics/chinese-spies-huawei/index.html, 검색일: 2022.10.24.

있다는 의심을 사고 있다. 그리하여 2019년 5월 15일 미국의 트럼프 대통령은 중국의 최대 통신장비업체인 화웨이(Huawei, 華爲)를 거래금지 명단(Black list)에 기재하고, 미국기업과의 거래를 전면금지했다. 화웨이가 미국의 국가 안보를 침해하고 있다는 이유였다. 미국당국의 지난 10년간 중국 화웨이 조사에 따르면, 화웨이가 각국의 통신망에 "백도어(사용자의 승인 없이 사용자의 모든 정보를 외부로 비밀리에 반출하는 장치)"를 장착하여 전 세계의 기밀정보를 탈취하여 중국 공산당에게 제공하였다는 증거를 확보했다.[3] 미국 정부가 중국의 사기업을 상대로 이렇게 적극적으로 거래금지를 하는 데에도 중국 정부가 항변하지 못하고 있다. 반면에 중국은 약소국에 대하여 강하게 통제하며 압박한다. 그 대표적인 예가 한국에 대한 사드 보복이다. 하지만 강대국에 대하여는 법률전을 이용하기도 한다. 중국이 강대국으로부터 피해를 입을 때에는 WTO에 제소하거나, 국제사법재판소에 회부하는 등의 적극적인 대응조치를 취했다. 그러면서도 국제법이 자국에게 불리할 경우, 이를 일방적으로 무시한다. 실제로 국제사법재판소가 중국의 남중국해 암초를 준설을 통한 공군 활주로 건설을 불법행위라고 판결한 것에 대하여 중국은 이 판결을 적극적으로 반발하고 국제법을 무시하였다. 이러한 중국의 국제규범 활용전략에도 불구하고 미국의 대중국 화웨이 제재조치에 대하여는 그러한 대응조치를 거의 취하지 않고 있다.

본 연구는 이러한 중국의 행태 중 정보 초한전에 초점을 맞추어 분

3 구가인, 조유라, "국가비상사태까지 선포하며 화웨이에 칼 빼든 美…견제 진짜 이유는?" *dongA.com*, 2020.05.22., https://www.donga.com/news/Inter/article/all/20200522/101175939/1, 검색일 2020.11.15.

석한다. 중국은 초한전 전략개념을 가지고 국가정보법을 제정하였다. 이 법은 중국의 개인과 기업들에게 전 세계의 정보를 수집하여 중국 당국에게 제공하는 의무를 부과하였다. 이에 국가정보법을 분석하고 화웨이 등 민간제품을 이용하여 정보를 수집하는 중국 당국의 활동과 그에 대한 국제사회의 대응을 분석한다. 특히 중국 정부는 화웨이 회사의 제품을 통하여 정보 탈취를 하고 있다고 전 세계로부터 의심을 받고 있다. 국제사회의 보안 전문가 집단과 회사들이 중국의 화웨이 회사의 제품에 대한 조사를 통하여 실제 백도어를 통한 정보 탈취에 대한 현황을 소개한 자료를 분석한다. 이를 통해 중국의 초한전 전략에 따라 컴퓨터 통신망을 통한 기술 절도와 정보 탈취 그리고 지속적인 정보 탈취를 위한 하드웨어의 의도적 저가 보급의 전략적 의도와 실체를 파악하고자 한다.

II. 중국의 초한전과 국가정보법

1. 인민전쟁 전략의 초한전으로의 발전

중국 정부는 공산주의 이데올로기는 전쟁을 통하여 자본주의를 소멸시켜 전 세계를 공산주의로 만드는 것이 궁극적인 정의라고 주장한다. 전쟁 승리를 위해서는 어떤 수단과 방법도 정당화된다. 이지용에 의하면, 1999년 중국에서 초한전 개념이 도입된 이후, 중국은 신전쟁

(新戰爭)을 비전통적 갈등을 모두 신전쟁의 범주에 포함했다. 적을 약화시키고 위험에 몰아넣을 수 있는 모든 종류의 공격행위를 포괄한다. 즉, 사이버전, 경제전쟁, Supply chain 제한전, 금융전, 환율 조작 전쟁, 테러전, 심리전, 여론전, 법률전, 마약범죄를 이용한 사회 붕괴 전쟁 등 모든 종류의 악의의 공격행위를 포함한다.[4]

알라스테어 존스턴(Alastair Iain Johnston)은 중국의 전쟁 역사 분석을 통하여 중국의 전략문화를 "대의명분 패러다임(Confucian-Mencian paradigm)"과 "전쟁 패러다임(Para-bellum paradigm)"으로 구분하였다. 중국은 그럴듯한 대의명분을 내세우면서도 실제 현장에서는 전쟁을 통해서 문제를 해결해 왔다는 것이다. 중국이 강대국에게는 대의명분을 주장하지만, 약소국에게는 전쟁과 무력을 통하여 문제를 해결해 왔다는 것이다.[5] 중국의 대의명분은 자신의 전쟁의지를 미화하고 시간을 벌며, 지지를 확보하기 위한 수단에 불과했다. 하지만, 실제로는 필요하다면 언제든지 군사력을 통하여 상대국을 강압적으로 정복, 착취했다.

모택동의 인민전쟁전략도 공산당군의 세력이 약할 때에는 인민들 속에 장시간 숨어있으면서 인민들을 활용한 유격전을 벌이면서 인민을 희생시키다가 공산당 군의 세력이 강해지면 상대를 공격한다는 전략이다. 전쟁은 일시적인 것이 아니라 수십년 동안 지속되는 것이며, 군인만이 아니라 민간인도 군사자원으로 활용한다. 중국은 현재도 민병대를 정규군만큼 중요하게 활용한다. 민병대는 주로 유격전을 구사

4 이지용, "중국의 초한전 전략과 실제: 해외통전 전개 사례를 중심으로," 한국국가전략, 통권제15호, 2021.03. p.183.

5 Alastair Iain Johnston. *Cultural Realism: Strategic Culture and Grand Strategy in Chinese History.* (Princeton, New Jersey: Princeton University Press, 1995). pp 15-18.

한다.[6] 그리하여, 정규군이 강대해지면 적을 군사적으로 공격하여 굴복시키고 자국의 의지를 관철시킨다. 자국이 강할 때에는 대의명분이 필요 없다. 오직 전쟁을 통하여 자국의 이익을 관철한다.

전쟁에서 민간인을 활용하는 것은 중국 문화와 중국의 전략사상의 일부다. 장치우(張治宇)는 시진핑 시대에도 인민전쟁 전략이 유효하다고 주장한다. 즉, 인민을 최대한 활용하여 인민의 잠재력과 역량을 총동원하여 전쟁을 승리로 이끄는 것이 중국의 인민전쟁 전략[7]이다. 따라서 중국은 군사력 증강을 위하여 국방과 민간부문의 경계를 구분하지 않고 민간부문의 자원을 동원하는 전략을 전개하였다. 중국은 최근에 이것을 초한전(unristricted warfare)으로 발전시켰다. 이지용에 의하면, 초한전은 전쟁의 목적을 달성하기 위하여 그동안 국제사회가 이룩해 놓은 국제사회에서 통용되는 전쟁의 규칙과 규범, 국제사회의 관행을 무시하고 수단과 방법을 가리지 않고 전쟁의 승리를 추구하는 전략이다. 그는 국제적 이성적 관점에서 보면, 중국의 초한전은 비양심적이며, 비윤리적이고, 야비하고, 총체적인 수단과 방법을 사용하여 평화 시에도 전방위적인 공격을 하는 것이라고 설명한다. 초한전의 핵심은 시간상으로는 무제한이며, 전시와 평시를 구분하지 않으며, 전쟁 승리의 목적을 달성하기 위하여 가용한 모든 수단을 동원하여 적국을 약화시킬 수 있는 다양한 악의적인 공격행위의 황금 비율적 배합전략이다. 이러한 초한전의 중요한 수단중의 하나는 해외 통일전선

6 毛澤東. "論持久戰."『毛澤東選集(第二版)』, 第二卷 (北京: 人民出版社, 1991), pp. 462-472.

7 張治宇, "信息時代, 如何創新人民戰爭,"『中國國防報』(2016. 9. 8) http://www.81.cn/jmywyl/2016-09/08/content_7246410.htm (검색일: 2020.11. 4).

공작이다.[8]

초한전은 인류 지성과 인간성의 발전을 극단적으로 파괴한다. 인류가 20세기에 들어서 간신히 이룩해 놓은 인간 지성의 국제질서와 규범, 국제사회에서의 휴머니즘과 전쟁법규 등을 송두리째 파괴시키는 전략이다. 초한전의 파괴력은 인간 지성을 수백 년 후퇴시키는 잔혹한 전략이라고 할 수 있다. 초한전은 비양심적이고, 비윤리적이며, 비인륜적이며, 온갖 잔혹하고 파괴적인 모든 수단을 조합하여 작전을 수행한다. 초한전은 군사와 민간을 가리지 않고 총동원하여 사용한다. 초한전은 청소년의 게임조차도 이를 교묘하게 이용하여 상대국 국방부 핵심 기밀을 해킹하는 데에 동원하여 사용한다. 모택동이 지적한 전략처럼 모든 민간인이 군인이다. 그리하여 오히려 서방 자유사회가 민간인과 군인 간의 구별을 엄격하게 하고, 전투에서 민간인이 희생되지 않도록 노력하는 것과는 오히려 반대로 초한전에서는 국민 모두가 전쟁에 동원하여 사용할 수 있는 자원이다.

초한전이 동원하는 자원은 군사 자원은 물론 민간자원과 심지어 청소년들의 게임 에너지를 활용한 해킹 능력도 교묘하게 게임처럼 활용한다. 중국이 수립한 초한전은 전쟁의 목적을 달성하기 위하여 수단과 방법을 가리지 않는다. 초한전의 백미는 동원할 수 있고 사용할 수 있는 모든 수단을 이용하여 전쟁 승리를 가장 확실하게 달성하기 위하여 황금배율(the Rule of the Golden Section)의 전략과 협공전략(The Side-

8 이지용, "중국의 초한전 전략과 실제: 해외통전 전개사례를 중심으로," 한국국가전략. 통권제15호, 2021.03. pp.182-190.;이지용, 중국의 초한전, 에포크미디어코리아, 2023.

Principal Rule)의 전략을 제시한다는 점이다.[9] 황금 배율이란 근대 국가 이후에 수립된 휴머니즘에 입각한 전쟁 규범과 규칙을 파괴하고, 전쟁 승리를 위하여는 인간의 존엄과 일상생활의 행복까지도 이용하여 승리를 확보하기 위한 동원자원 간의 배분율을 말한다. 협공전략이란 작전의 중심은 중국 공산당과 중국 인민해방군이지만, 민간이나 외국으로 투자하는 기업, 범죄조직 등을 활용하여 상대국을 약화시키고 굴복시키는 데에 주변과 중심이 조화롭게 협력하면서 추진한다는 전략이다.[10]

<그림 1> 초한전 정보 탈취 모델

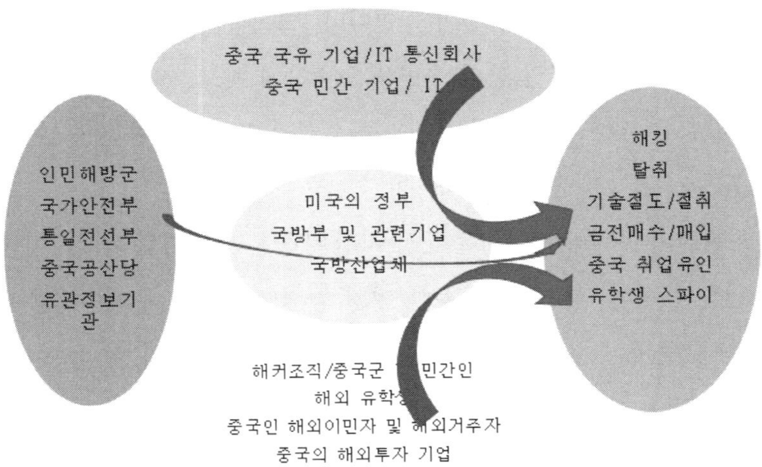

9 이지용, ,“”중국 초한전의 군사 전략적 의미와 한국 안보에 주는 시사점 연구,“ 신아세아, 제28권4호, 2021년 겨울, p.89.

10 Qiao Liang and Wang Xiangsui, “Unrestricted Warfare,”(Beijing: PLA Literature and Arts Publishing House, February 1999), FBIS Translated Text, pp.153-163

2. 국가정보법에 의한 인민동원과 군의 초법적 정보수집

중국에서 2016년 발효된 "중국의 국가정보법(Chinese National Intelligence Law of 2016)"은 정보수집을 위한 인민동원법이며 정보 통제법이다. 국가정보법의 대상은 중국인과 중국인이 운영하는 기업을 포함하며, 중국인은 국내에 있거나 해외에 있거나 관계없이 모두 국가정보법의 통제를 받는다. 또한 중국 내에서 활동하는 외국기업도 중국 정부의 정보수집활동에 적극적으로 협력해야 하는 의무를 명시하고 있다. 또한 정부의 이러한 활동에 있어서 비협조적이거나, 중국 정부나 당의 권위를 훼손하는 때에는 누구든지 처벌한다고 명시하고 있다.[11] 따라서 국가정보법에 따르면, 중국의 영토에서 활동하는 외국기업은 중국 당국의 요청에 따라 중국 국민에 대한 정보와 데이터를 제공해야 한다. 외국기업이 중국영토 내에 데이터센터를 운영하고 있으면 그 정보도 통제대상이 된다.

캐나다 정부의 발표에 의하면, 중국의 국가정보법에서 특이한 점은 이 법은 중국 공산당과 중국군의 공동전선기관인 해외 통일전선 공작을 통제하지 않는다는 점이다. 즉, 국가정보법은 통일전선공작부와 인민해방군 정치공작부 해외연락국은 해외의 중국인, 대만인, 해외의 인물들을 정보요원처럼 취급한다. 이 국가정보법은 이들에 대하여는 법

11 중국 국가정보법((國家情報法) (National Intelligence Law) 제7조, http://www.npc.gov.cn/npc/xinwen/2017-06/27/content_2024529.htm; 중국의 반간첩법 (Counter-Espionage Law, 反間諜法) 제 22조, http://www.npc.gov.cn/npc/xinwen/2014-11/02/content_1884660.htm; Finite State Supply Chain Assessment-Huawei Technologies co. Ltd.- 2019, Finite State, https://finitestate.io/wp-content/uploads/2019/06/Finite-State-SCA1-Final.pdf. p.7. 재인용 (검색일: 2023.07.01.)

적용을 제외하고 있다.[12] 중국 당국의 이러한 특이한 법 제정은 이미 중국 당국이 중국 기업인 화웨이를 통하여 중국 국민에 관한 정보와 세계 각국의 정보를 불법적으로 수집한 결과를 토대로 이러한 정보통제법을 제정하게 되었다. 이것은 표면적으로는 중국 정보당국이 중국인과 외국기업까지도 강제로 중국 정보당국에 협조해야 할 의무를 부과하고 있음을 보여주면서, 실제로는 중국 공산당과 군이 주도하여 해외의 정보수집을 하는 것을 더욱 정당화시켜주고 있다고 할 수 있다. 즉, 중국 정부가 일반 중국인에게도 이러한 정보수집에 협조할 의무를 부과하는데, 공산당과 군이 운영하는 기업이 전 세계의 정보를 수집하는 것은 어떠한 것도 정당화될 수 있다는 논리라고 할 수 있다.

화웨이는 정보통신기술회사로서는 새로운 참여자였지만, 중국 당국으로부터 막대한 재정지원을 받아서 운영되었기 때문에 저렴한 가격으로 시장을 점유할 수 있게 되었으며, 중국과 해외시장에서 비교적 단기간에 화웨이 제품의 시장점유율을 급격하게 확대하였다. 중국 당국이 화웨이의 시장점유율을 확대하도록 지원한 것은 정보수집을 위한 당국의 치밀한 계산에 의한 것이었다.

CNN의 보도에 의하면, 중국은 해외의 첨단기술정보를 탈취하기 위하여 중국군 소속의 해킹집단을 운용하고 있다. 현재 다수의 사건이 미국 연방 검찰에 의해 기소되었다고 보도하고 있다.[13] 중국은 정보

12 "China's intelligence law and the country's future intelligence competitions," *Government of Canada*, https://www.canada.ca/en/security-intelligence-service/corporate/publications/china-and-the-age-of-strategic-rivalry/chinas-intelligence-law-and-the-countrys-future-intelligence-competitions.html, (검색일: 2023.04.15.)

13 Sean Lyngaas, "Chinese hacking group targeting US agencies and companies has surged its activity, analysis finds," CNN Politics, 2022.10.02. https://edition.cnn.com/2022/10/02/politics/

획득을 위해서 정부 기관은 물론 민간인까지 강력하게 통제하고 있다. 중국의 최고 혁신가이자 사업가인 마윈이 중국 당국의 금융시스템이 낙후되어 있다고 비판을 했다가 2020년 11월 3일 중국 당국에 소환되어 처벌받았다. 마윈이 340억 달러(38조 원)를 조달하여 세계 최고의 금융 핀테크 기업을 만들고자 했던 앤트그룹의 상장과 기업공개(2020.11.05. 예정)가 상장 예정일의 2일 앞서 11월 3일에 전격적으로 중단되었다. 이것은 중국의 권력 통제가 얼마나 강력한지를 전 세계와 중국 국민들에게 보여주는 사례가 되었다.[14]

3. 미국의 민군겸용기술을 활용한 중국의 첨단무기 개발

중국은 미국의 국방 관련 기업들이 개발한 제품과 소프트웨어 등을 상업적 목적으로 구입하여 첨단무기 개발에 사용하고 있다. 중국이 군사적 목적을 위하여 미국의 민간기술을 사용하는 것이 불법은 아니다. 그러나 미국 국방성이 지원한 자금으로 개발된 제품과 소프트웨어가 중국의 군사무기 발전에 활용되고 있기 때문에 미국이 뒤늦게 대응에 나서고 있다. 워싱턴 포스트에 의하면, 중국 남서부의 중국 군사시설로 간주되는 〈중국 공기 역학 연구 개발 센터(CARDC)〉가 슈퍼 컴퓨터에서 실험하고 있는 극초음속 무기체계의 시뮬레이션은 중국의 Phytium Technology 회사가 설계하고 대만의 TSMC같은 반도체 회

china-hacking-espionage-us-agencies/index.html, 검색일: 2022.10.22.

14 김남희, “마윈도 중국 공산당에 덤볐다가는…“입다물라”” 『조선비즈』, 2020.11.04.https://biz.chosun.com/site/data/html_dir/2020/11/04/2020110401819.html, 검색일 2020.11.15.

사가 제작한 반도체 칩을 사용하여 제작되었다. 상업용 데이터센터에 사용될 수 있는 반도체 칩이 군용 슈퍼컴퓨터에 사용되고 있어서 규제하기 어렵다.[15]

워싱턴포스트에 의하면, 중국은 미국의 상업용 제품과 소프트웨어 등을 사용함으로써 중국의 극초음속 무기체계 개발시간을 단축하고 소요 자원을 절약하였다. 극초음속 무기체계를 개발에 소요되는 수십 년 동안의 실험 결과를 미국산 상용 소프트웨어를 이용하여 단시간 내에 실험을 완수하였다. 즉, 미국산 상용 컴퓨터 지원 시뮬레이션으로 실험 비용과 시간을 단축하였다. 결국 미국민의 세금으로 개발된 소프트웨어 등이 미국을 위협하는 중국의 첨단무기 개발을 지원하고 있다.[16] 이 소프트웨어는 미국 국방성의 자금지원으로 개발된 민군겸용기술이었다. 미국이 수십 년 전에 민군겸용기술의 활성화를 통하여 군사혁신을 이룩하였는데, 중국은 미국의 민군겸용기술을 상업용으로 구입하여 첨단무기를 개발하는 데에 사용하고 있다.

이와는 반대로 조선일보는 미국 국방성의 조달 업체들이 저가의 중국산 부품을 사용하여 미국 국방성에 납품한 사례를 보도하였다. 중국산 부품사용은 부실한 기능은 결정적 순간에 기기 전체가 마비시킬 수 있어서 미국의 방위에 중대한 위협요인이 되고 있다. 또한 정상적

15 Ellen Nakashima and Gerry Shih, "China builds advanced weapons systems using American chip technology," The Washington Post, 2021.04.09., https://www.washingtonpost.com/national-security/china-hypersonic-missiles-american-technology/2021/04/07/37a6b9be-96fd-11eb-b28d-bfa7bb5cb2a5_story.html, 검색일: 2023.04.17.

16 Cate Cadell and Ellen Nakashima, "American technology boosts China's hypersonic missile program," *The Washington Post,* 2023.04.17., https://www.washingtonpost.com/national-security/2022/10/17/china-hypersonic-missiles-american-technology/, 검색일: 2023.04.17.

으로 작동하더라도 사이버보안 문제가 있다.[17] 중국산 부품은 생산단계부터 스파이 칩이 내장될 수 있으므로 정보 탈취는 물론 원격으로 미국의 국방 장비를 조종할 가능성도 있다. 스파이 칩이 내장되어 국방부에 납품된 제품은 원천적으로 중국으로 정보를 보내는 스파이기능을 한다.

III. 민간기업을 이용한 정보수집 활동과 실태

1. 통신 기기의 해킹용 임베디드 시스템(embedded system)

통신 기기와 통신망에 대한 해킹은 소프트웨어에 의한 해킹과 하드웨어를 통한 해킹으로 구별할 수 있다. 특히 통신을 해킹하기 위하여 통신용 단말기에 백도어를 설치할 수 있는 분야는 〈그림 1〉과 같이 몇 개의 단계로 분류할 수 있다.

〈그림1〉 상부에 있는 데이터(Data) 부분에서 하부의 하드웨어(hardware) 분야로 내려올수록 외부에서의 공격이 어렵다. 그러나 제조사가 의도적으로 하드웨어에 백도어를 설치하여 해킹하는 방법은 가장 악성이며, 치명적이라고 할 수 있다. 소비자 또는 감시기관은 통신 기기에 이

17 김진명, “중국산 통신장비, 미국산 둔갑해 10년간 아마존서 팔렸다, 美 국트안보부 지자권센터 "짝퉁 단속은 국가 안보의 문제"” 조선일보, 2023.04.22. https://www.chosun.com/international/us/2023/04/22/OGFHNY5BNVFHZOQKDBYMGBSGMY/, 검색일: 2023.04.23.

러한 백도어가 설치되어 있는지를 탐지하는 것이 거의 불가능하기 때문이다. 특히 몇 개의 트랜지스터와 커패시터(transistors and capacitors)에 설치된 백도어는 탐지할 수 없다. 왜냐하면, 백도어 설치를 위해서는 수십억 개 중에서 3~4개의 트랜지스터와 커패시터만으로 백도어를 설치할 수 있기 때문이다. 또한 어떠한 소프트웨어 방어 프로그램도 하드웨어에 설치된 백도어를 제거할 수 없다. 또한 소프트웨어가 하드웨어에 설치된 백도어를 탐지한 이후에도 치료할 수 없다. 어떠한 보안용 패치도 하드웨어에 설치된 백도어 프로그램을 제거할 수 없기 때문이다.

또한 펌웨어와 소프트웨어 백도어(Firmware and Software Backdoor)는 외부의 공격에 매우 취약한 약점을 가지고 있다.

<그림2 통신 기기의 해킹단계>

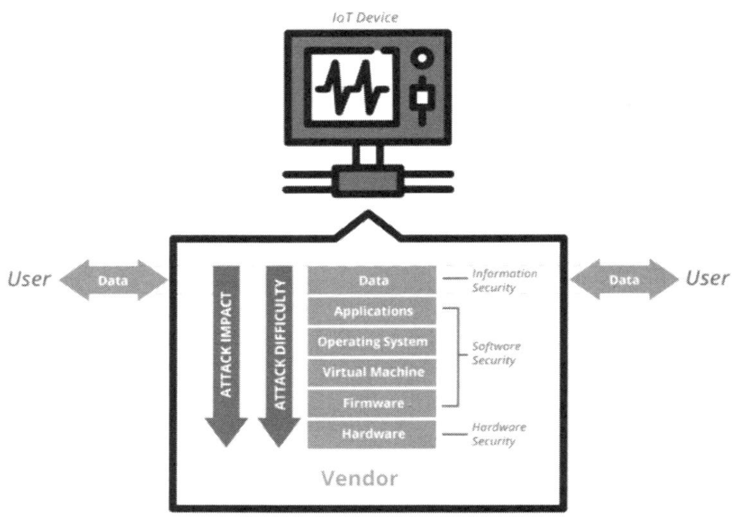

출처: Finite State, Finite State Supply Chain Assessment-Huawei Technologies co., Ltd.- 2019, https://finitestate.io/wp-content/uploads/2019/06/Finite-State-SCA1-Final.pdf. p.13.

예를 들어 백도어의 경우, 제조사가 디폴트로 특정한 유저네임과 패스워드를 사전에 추가해 놓으면, 제조사는 소비자의 모든 정보를 탈취할 수 있다. 해킹은 소프트웨어 보안 영역에서 이루어지는 것이지만, 하드웨어에 심어진 해킹 시스템은 통신 기기 자체가 정보 탈취를 위한 기기가 되는 것이어서 최고의 성과를 거둘 수 있다.

2. 국제사회에서의 화웨이 정보수집활동 실태

뉴욕 타임즈에 의하면, 미국의 정보당국(National Security Agency NSA)은 중국의 화웨이가 자사 제품에 백도어를 심어놓았으며, 중국인민군이나 중국 정부의 지원을 받는 해커들이 미국 회사나 정부의 정보를 탈취할 수 있도록 만들어 놓았다고 확인해 주고 있다. 또한 뉴욕타임스는 보도에서. 에드워드 스노우든(Edward Snowden)이 폭로한 자료에 의하면, 미국의 NSA가 화웨이의 본사인 중국선전에 있는 서버를 감시하고 중국의 20개의 해킹 그룹을 추적한 결과 해킹집단의 반 이상은 중국인민군의 육군과 해군이었다. 이들 해킹집단이 미국의 정부와 기업, 구글, 미국의 드론과 핵무기 제조업체 등을 해킹하였다. 화웨이는 전 세계 인구의 1/3의 통신망을 연결하는 라우터와 디지털 스위치를 공급하고 있다. NSA는 중국 당국이 전 세계 회사의 최고경영진의 통신을 검색(monitor)하였으며 실제 정보를 탈취한 것을 확인하였다. 이러한 사실은 뉴욕타임즈(the New York Times)와 독일의 슈피겔(Der Spiegel)에도 보

도되었다.[18]

2019년부터 화웨이는 서방 선진국들로부터 심각한 비난에 직면하였다. 특히 미국, 오스트레일리아, 일본, 뉴질랜드, 영국, 네덜란드. 핀란드 독일 등 국가들은 화웨이 제품 전체를 사용하는 것을 금지하고 있다.

중국의 화웨이와 ZTE 회사는 덤핑가격으로 세계시장을 장악하였다. 노키아의 CTO(chief technology officer)인 마커스 웰든(Marcus Weldon)이 말하기를 화웨이 제품 판매를 금지함으로써 이제서야 시장이 공정성을 회복하였다고 지적하였다. 실제로 지난 10여 년 동안 중국은 정부의 자금 지원방식(funding Mechanism)을 통하여 저가의 중국 제품 공급전략을 통하여 시장을 지배했다. 중국은 거대한 규모의 중국식 보조금을 기업들에게 제공하고 있으며, 저리의 융자금, 그리고 중국의 조달시장에서 막대한 규모로 지원되는 중국 화웨이와 ZTE 에 대한 막대한 자금을 지원했다. 중국의 화웨이와 중국의 통신회사들은 중국정부의 재정적 지원을 바탕으로 세계시장에서 지속적으로 성장하고 있다. 그리고 이들 중국기업은 중국정부의 공개적인 보안 이슈로 중국정부와 중국의 기업이 견고하게 연계되어 있다. [19]

포브스(Forbes)는 다음과 같이 보도하였다. 노키아는 중국에 공장을

18 David E. Sanger and Nicole Perlroth, “N.S.A. Breached Chinese Servers Seen as Security Threat,” *The New York Times,* 2014.03.22.,https://www.nytimes.com/2014/03/23/world/asia/nsa-breached-chinese-servers-seen-as-spy-peril.html?module=inline, (검색일: 2019.07.03.)

19 Zak Doffman, “Nokia’s CTO Slams Huawei After ‘Potential Backdoors’ Found In 55% Of Its Devices,” Forbes, 2019.06.28., https://www.forbes.com/sites/zakdoffman/2019/06/28/nokia-slams-huawei-after-potential-backdoors-found-in-55-of-its-devices/#599b0c954119, (검색일: 2019.07.05.)

가지고 있고, 중국에서 생산하면 제품의 상당한 부분이 중국에서 소비되기 때문에 그동안 공개적으로 화웨이를 비판하지 못하고 있다고 보고하였다. 그러나 정도가 심각해지자 노키아의 CTO인 웰든(Weldon)은 화웨이 제품의 사이버 보안문제를 비판하였다. '화웨이 제품은 소비자들에게 엄청난 심각한 위험성을 가지고 있다. 해커는 손쉽게 화웨이 제품에 침투하여 소비자의 정보와 대화까지도 갈취할 수 있다. 이러한 보안문제는 노키아가 실험한 화웨이 전체 제품에서 발견되었으며, 훨씬 심각한 약점과 위험성을 가지고 있었다. 화웨이의 본사는 해외 소비자의 통신관련 정보를 실시간으로 완전히 통제할 수 있다.[20] 화웨이의 통신 기기는 정보탈취가 중요한 목적이기 때문에 보안전문가들의 이러한 지적을 무시한다. 오히려 저렴한 가격으로 판매를 강행함으로써 더욱 많은 소비자를 확보하는 전략을 추진한다.

3. 중국 민간기업의 국제사회 정보 수집활동

CNN은 미국에서 활동하는 중국의 전자상거래 기업인 핑둬둬(拼多多)가 사용자의 전화기 속에 악성코드를 심어놓고 사용자의 모든 정보를 탈취했다고 보도했다. 한번 설치하면, 앱을 삭제해도 악성코드는 삭제되지 않고 그대로 남아서 계속 정보를 탈취한다. 중국정부가 자국 기업들의 앱을 이용하여 전세계 사용자들 중 중요인물들의 정보

20 Zak Doffman, "Nokia's CTO Slams Huawei After 'Potential Backdoors' Found In 55% Of Its Devices," Forbes, 2019.06.28., https://www.forbes.com/sites/zakdoffman/2019/06/28/nokia-slams-huawei-after-potential-backdoors-found-in-55-of-its-devices/#599b0c954119, (검색일: 2019.07.05.)

를 선별적으로 수집하고 악용한다고 보도하였다. 게다가 악성앱을 탐지하는 기능을 우회하는 방법으로 악성코드를 푸쉬하고 있다. 이러한 CNN의 주장에 대하여 핀둬둬는 "악의적인 추측과 비난" 이라고 주장할 뿐 더 이상의 연락은 되지 않는다고 보도하였다.[21]

중국 기업인 바이트댄스(Bytedance)가 개발한 앱인 틱톡(TikTok)은 중국 정부가 해외 사용자의 데이터를 탈취할 수 있기 때문에 NATO는 직원들에게 틱톡(TikTok) 사용 금지명령을 내렸다.[22] 미국의 플로리다 주립대학교도 TikTok 사용 금지령을 발표하였다. 틱톡(TikTok)외에도 금지된 기술에는 카스퍼스키(Kaspersky), 비콘탁테(VKontakte), 텐센트(Tencent) QQ, 위챗(WeChat) 및 모든 자회사 또는 계열사가 포함되었다. 또한 미국의 유타주도 틱톡(TikTok) 사용을 제한하였다.[23]

중국은 초한전의 차원에서 다양한 중국 기업을 이용하여 세계의 사용자들의 정보를 탈취할 수 있는 기반을 만들었다. 모바일 앱의 사용자들의 정보를 취합하여 인공지능으로 분류하며 정보의 조각을 짜 맞추면, 미국의 안보, 국방, 기밀들까지도 확보할 수 있기 때문이다.

---

21 Nectar Gan, Yong Xiong and Juliana Liu, "'I've never seen anything like this:' One of China's most popular apps has the ability to spy on its users, say experts," CNN BUSINESS, 2023.04.03. https://edition.cnn.com/2023/04/02/tech/china-pinduoduo-malware-cybersecurity-analysis-intl-hnk/index.html, 검색일:2023.04.17.

22 Natasha Bertrand, "NATO bans TikTok on devices," CNN BUSINESS, 2023.03.31., https://edition.cnn.com/2023/03/31/tech/nato-tiktok-ban/index.html, 검색일: 2023.04.25.

23 Chris Boyette and Brian Fung, "TikTok banned from school-owned devices at all Florida state universities," CNN BUSINESS, 2023.04.07., https://edition.cnn.com/2023/04/07/business/tik-tok-florida-ban-state-universities/index.html, RJATORDLF: 2023.04.25.

IV. 중국 군부의 민간기업 활용에 대한 국제적 갈등

1. 현대국가의 정보수집활동의 범위와 한계

미국은 정부의 정보수집활동을 전 세계의 모든 국가들이 동의할 수 있는 원칙하에서 수행하고 있다고 밝혔다. 그리고 이러한 원칙은 전 세계 다른 국가들도 동의하는 원칙이다.[24] 중국 정부는 2014년 3월 미국 연방정부의 인사관리처 (the Office of Personnel Management, OPM) 전산망을 공격하여 전세계에서 활동하고 있는 미국의 첩보요원 명단을 탈취하였다.[25] 그러나 미국은 중국의 이러한 사이버 해킹행위를 정당한 첩보활동이라고 간주했다. 뉴욕타임즈의 보도에 따르면, 미국의 고위당국자는 이렇게 취득한 정보는 국가의 최고정책결정권자의 정책 결정 등에 사용이 한정되어야만 한다고 강조했다고 전한다. 이렇게 취득한 정보를 회사나 기업의 시장에서의 경쟁력을 향상시키기 위한 지식재산으로 활용하면 명백한 절도 행위가 된다고 강조했다. 그리고 중국 정부가 해외로부터 해킹한 지적 재산권을 중국의 국방산업이나 경제활동에 사용하는 것을 규탄하였다.[26]

24 The White House Office of the Press Secretary, "Presidential Policy Directive— Signals Intelligence Activities," Jan,17, 2014, https://obamawhitehouse.archives.gov/the-press-office/2014/01/17/presidential-policy-directive-signals-intelligence-activities, (검색일: 2019.07.03.)

25 Mariella Moon, "FBI nabs Chinese national linked to massive OPM hack." engadget, 2017.08.25. https://www.engadget.com/2017/08/25/fbi-nabs-chinese-national-opm-hack/ (검색일: 2019.07.03.)

26 David E. Sanger, "U.S. and China Seek Arms Deal for Cyberspace," The New York Times, 2015.09.19,https://www.nytimes.com/2015/09/20/world/asia/us-and-china-seek-arms-deal-

그러나 중국 당국은 미국의 이러한 지적에 적극적으로 반발하고 있다. 더 버지(The Verge)뉴스에 의하면, 중국 정부는 자신이 획득한 정보를 중국기업이 사용하는 것은 당연하다고 주장한다. 중국의 경제성장은 국가와 당의 주도로 이루어지고 있다. 중국 정부는 국가의 중요한 기간산업과 대기업을 직접 경영하기도 한다. 또한 정부의 자본이 일정 지분으로 참여하는 형태로 기업을 지배하고 있다. 또한 중국에서 사업을 영위하기 위해서는 중국 정부가 정보도 제공하지만, 정부의 지시에도 사업체는 순응해야 한다.[27] 따라서 중국 정부의 성장과 안보는 대기업의 성장과 직결되어 있기 때문에 중국정부는 첩보원이 취득한 정보를 대기업에게 제공한다. 중국의 공산당이 집권하고 있는 체제에서 경제와 정치는 분리된 것이 아니라 일체의 운영체제다. 중국에서는 기업이 손해를 당하더라도 정부의 정책을 따라야 하며, 마찬가지로 정부는 기업을 직접 운영하고 지도하는 것과 유사하므로 정부가 기업의 이익을 위하여 직접적으로 활동하는 것은 당연하다고 인식한다. 따라서 중국이 사이버 해킹을 통하여 획득하는 정보들은 지적재산권이나, 안보 관련 내용이냐를 막론하고 중국의 안보와 중국의 기업에 이익이 된다면 얼마든지 활용할 수 있다고 간주한다.

중국은 미국의 군사정보를 획득하기 위하여 싼값에 통신장비를 공

for-cyberspace.html?_r=0, (검색일: 2019.07.03.)

27 미국의 상원의원 Mark Warner도 중국의 대기업은 전부 중국 정부의 지시를 따라야 한다고 주장한다. 또한 화웨이의 미국 5G 통신망 사업 참여는 미국의 국가 안보를 심각하게 위협할 것이라고 주장한다. Nick Statt, "Huawei will help build Britain's 5G network, despite security concerns-Experts and policymakers are wary of letting China get involved in domestic infrastructure," 2019.04.23.,https://www.theverge.com/2019/4/23/18513295/huawei-5g-great-britian-uk-theresa-may-china-hacking-fears-infrastructure, (검색일:2019.07.04.)

급하는 전략을 추진하였다. CNN에 의하면, 중국은 콜로라도와 몬태나, 네브래스카 일대의 25번 고속도로와 군사기지 주변에 2011년부터 10년간 화웨이 통신장비를 공급했다. 그런데, 중국은 원가 이하의 가격에 입찰하여 제공함으로써 화웨이의 통신장비 공급 목적이 수익이 아니라 미국의 핵무기 관련 통신을 제어하고 군사정보를 취득하는 것이라고 FBI는 판단하였다.[28] 이처럼 화웨이는 통신 기기 제조회사이면서 그 목적은 수익 창출이 아니라 정보 탈취를 위한 스파이 활동이라는 인식이 확산되고 있다.

그림3 미국 몬태나 주에 있는 미국 미사일 기지의 500M 거리에 설치된 화웨이 통신장비

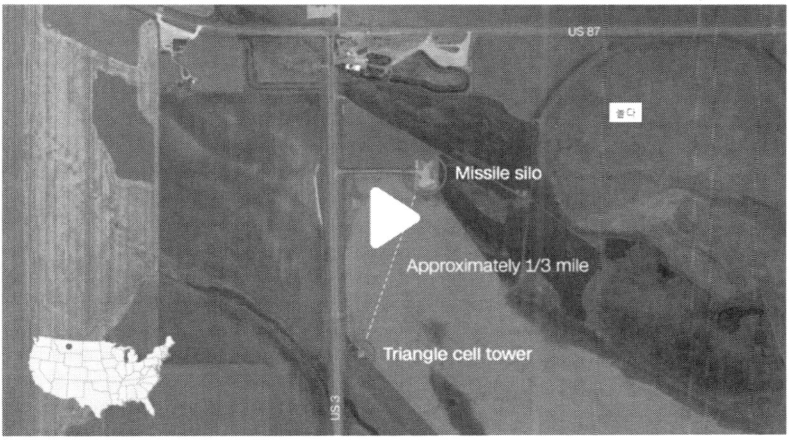

출처: Katie Bo Lillis, "CNN Exclusive: FBI investigation determined Chinese-made Huawei equipment could disrupt US nuclear arsenal communications," CNN, 2022.07.25. 검색일: 2022.10.25. https://edition.cnn.com/2022/07/23/politics/fbi-investigation- huawei-china-defense-department-communications-nuclear/index.html

28 Katie Bo Lillis, "CNN Exclusive: FBI investigation determined Chinese-made Huawei equipment could disrupt US nuclear arsenal communications," CNN Politics, 2022.07.25. https://edition.cnn.com/2022/07/23/politics/fbi-investigation-huawei-china-defense-department-communications-nuclear/index.html, 검색일: 2022.10.25.

그림4 와이오밍주의 미국공군기지 인근의 시골통신업체 Viaero에 제공된 화웨이통신장비

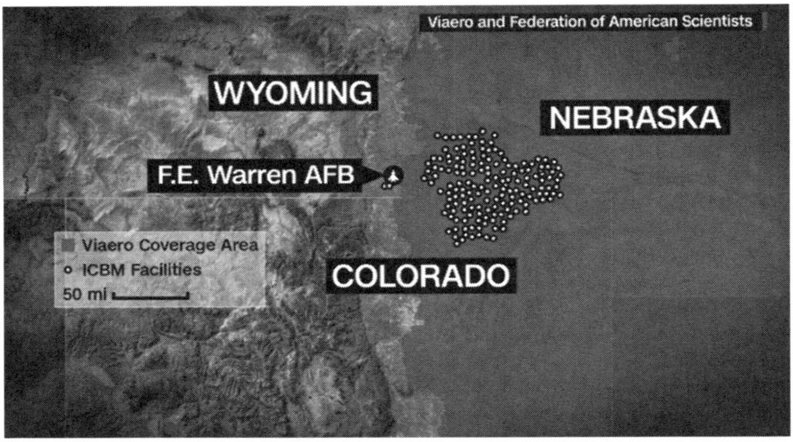

출처: Katie Bo Lillis, "CNN Exclusive: FBI investigation determined Chinese-made Huawei equipment could disrupt US nuclear arsenal communications," CNN, 2022.07.25. 검색일: 2022.10.25. https://edition.cnn.com/2022/07/23/politics/fbi-investigation-huawei-china-defense-department-communications-nuclear/index.html

TIME 지에서는 중국인민군(PLA)이 중국군 관련 회사에서 풍선을 제조하여, 지난 6년 동안 4번 이상 풍선을 미국에 보내 정보수집을 했다고 미국의 국무부가 설명한 것을 보도했다. 중국은 5개 대륙의 40개 이상의 국가에 대하여 고고도 감시 임무를 수행했다. 미국의 U-2 정찰기가 중국 풍선이 수집하고 있는 신호정보를 확인했다. 그러나 중국은 단순한 기상측정용 열기구라고 주장했다.[29]

29 W.J. Hennigan, "The Chinese Spy Balloon Appears Designed to Listen to Americans' Communications," TIME, 2023.02.09., https://time.com/6254318/chinese-balloon-spy-equipment-antennas/, 검색일:2023.04.17.

2. 중국식 정보수집활동에 대한 국제적 반발

미국의 트럼프 행정부가 시행한 화웨이에 대한 거래금지조치는 2019년 5월 15일 시행되었다가 2020년 5월 15일에 다시 1년 더 연장되었다.[30] 미국이 화웨이라고 하는 사기업에 대하여 이렇게 강력한 거래금지라고 하는 조치를 하고 있음에도 불구하고 중국은 적극적인 대응이나, 해명 또는 대응이나 보복 조치 등을 내놓지 못하였다.

미국 로버트 오브라이언(Robert O'brien, 백악관 국가안보보좌관)은 2020년 2월 월스트리트(WSJ)와의 인터뷰를 통하여 "화웨이가 제작하여 전 세계에 판매한 휴대전화에는 중국당국이 은밀하게 사용자의 정보를 탈취할 수 있도록 장착한 백도어(back doors)가 있다."라고 밝혔다. 화웨이는 지난 10년 이상을 이렇게 계속 백도어를 만들어 정보를 탈취해 왔다[31]고 밝혔다.

중국 화웨이는 2019년 매출이 8,588억 위안(약 151조 원)에 달하지만, 세계의 어느 증시에도 상장하지 않았다. 창업자인 런정페이(任正非 76) 회장의 지분도 1.4%에 불과하다. 미국은 화웨이의 소유주는 중국 공산당이라고 간주하고 있다.[32] 이러한 이유로 사기업이 전 세계를 상대

---

30 구가인, 조유라, "국가비상사태까지 선포하며 화웨이에 칼 빼든 美…견제 진짜 이유는?" dongA.com, 2020.05.22., https://www.donga.com/news/Inter/article/all/20200522/101175999/1, 검색일 2020.11.15.

31 Bojan Pancevski, "U.S. Officials Say Huawei Can Covertly Access Telecom NetworksTrump administration ramps up push for allies to block Chinese company" The wall Street Journal, 2020.02.12., https://www.wsj.com/articles/u-s-officials-say-huawei-can-covertly-access-telecom-networks-11581452256, 검색일: 2020.02.15.

32 구가인, 조유라, "국가비상사태까지 선포하며 화웨이에 칼 빼든 美…견제 진짜 이유는?" dongA.com, 2020.05.22., https://www.donga.com/news/Inter/article/all/20200522/101175999/1, 검색일: 2020.11.15.

로 기밀정보 탈취를 주된 목적으로 삼고 있는 것으로 판단한다. 즉, 이익 추구가 목적이 아니라 정보 탈취가 최우선 목표라는 점이다.

미국 정보당국은 지난 10년간 화웨이가 백도어(back doors)를 활용하여 정보를 탈취한 증거를 조사하고 수집하였다. 그리고 미국은 화웨이의 불법 정보 탈취 증거정보를 독일과 영국에게 제공하면서 미국과 협력할 것을 제안했다. 스파이 활동에 대하여 화웨이의 답변은 "화웨이의 어떤 종업원도 명시적인 승인 없이 네트워크에 접근할 수 없다"라고만 답변했다.[33] 이 말은 화웨이의 종업원은 접근할 수 없지만, 소유자 또는 외부의 정보기관이나 당국자는 접근할 수 있는 의미로도 해석될 수 있다. 또한 명시적인 승인이 있으면 접근할 수 있다는 의미로도 해석할 수 있다.

3. 중국의 대응과 반론

1) 중국인 정보의 해외유출 규제강화

중국은 국제사회의 소비자들의 개인정보를 무작위로 수집하는 행위에 대하여 반발이 심하자, 2021년 8월 20일 〈개인정보보호법〉을 제정하였다. 또한 해외에서 개인정보를 제공하는 행위는 관계기관에 등록해야 한다(53조).[34] 고 하고 있어서 중국 앱 기업들이 전 세계를

33 Bruss Sussman, "No Huawei employee is allowed to access the network without an explicit approval from the network operator.", "Report: U.S. Has Proof of Huawei Backdoor Access," 2020.02.12., https://www.secureworldexpo.com/industry-news/us-proof-huawei-backdoor-access, 검색일 2020.11.15.

34 中華人民共和國 人信息保護法, 2021.08.20. 全國人民代表大會, http://www.npc.gov.cn/npc/c30834/202108/a8c4e3672c74491a80b53a172bb753fe.shtml, 검색일: 2023.04.23.

상대로 광범위하게 수집하고 있는 정보에 대한 인식과 통제를 반영한다. BROOKINGS 의 연구에 의하면, 중국은 2016년 사이버브안법(Ctbersecurity Law)이 시행된 이후 중국의 개인정보들이 해외로 빠져나가는 것을 통제할 필요를 느끼게 되었으며 국경 간 정보 이동에 관한 기본법령의 기초를 제시하고 있다. 그리하여 이 법은 모바일 앱 담당자에게 중국의 개인정보를 해외로 이전하는 문제에 대하여는 엄중한 규정을 준수할 것을 요구하고 있어서 중국은 자국민의 정보를 해외로 유출되는 것에 심각한 장벽을 만들고 있다.[35]

2) 화웨이 백도어 비난에 물타기

미국 백악관 국가안보보좌관 로버트 오브라이언(Robert O'brien)에 의하면, 화웨이의 백도어 문제가 국제사회에 상당한 비판이 나타나자, 이에 대하여 중국의 화웨이는 트위터[36]에 연결된 비디오를 통하여 다음과 같이 해명했다. 화웨이 담당자는 "그러한 백도어 문제는 화웨이만의 문제는 아니며, 화웨이가 의도적으로 그런 장치를 심은 것도 아니며, 이런 백도어는 화웨이 회사만이 특별하게 심어놓은 것이 아니다 다른 회사도 그렇게 한다"라고 주장했다.[37] 화웨이는 이러한 주장을

---

35 Alexa Lee, Mingli Shi, Qiheng Chen, Graham Webster, Jamie P. Horsley, and Kendra Schaefer, "Seven major changes in China's finalized Personal Information Protection Law," BROOKINGS, 2021.08.23. https://www.brookings.edu/articles/seven-major-changes-in-chinas-finalized-personal-information-protection-law/, 검색일: 2023.04.23.

36 Huawei@huawei, https://twitter.com/i/status/1235128718869164032, 5:03 PM Mar 4, 2020; https://securityboulevard.com/2020/03/huawei-backdoors-explanation-explained/ 재인용.

37 ""We have evidence that Huawei has the capability secretly to access sensitive and personal information in systems it maintains and sells around the world," said national security adviser Robert O'Brien. "Robert Graham, "Huawei backdoors explanation, explained," Secury Boulevard, 2020.03.06., https://securityboulevard.com/2020/03/huawei-backdoors-explanation-explained/,검색일: 2020.11.15. https://twitter.com/i/

통하여 자신이 백도어를 임베디드 했다는 것을 확인해 주었다.

3) 백도어 사실 부인전략(Denying Strategy)

증거가 불충분하거나 증명하기 어려운 비판에 대하여는 중국의 화웨이는 화웨이가 생산한 장비에는 어떤 백도어도 없다고 강변한다. 또한 CNN이 보도한 중국 통신장비의 신호 감청 보도에 대하여 중국의 공산당 대변지인 글로벌 타임즈(Global Times)는 항변하기를 화웨이는 미국내 통신사업자에게 설비만 제공할 뿐이며, 설비 운영은 미국회사가 하고 있기 때문에 화웨이 장비만 가지고서는 미국 신호를 탈취하는 것이 불가능하다고 주장한다.[38] 그러나 통신장비에 스파이칩이 내장된다면, 중국 정보당국이 이러한 정보 탈취를 할 수 있다.

더 버지(The Verge)의 보도에 따르면, 중국과 러시아, 이란 등의 국가정보기관은 외국의 군사부분이나 기간산업 분야를 지속적으로 해킹해 왔다. 해킹의 목적은 무역 비밀을 절취하거나, 상대국의 국가나 기업 관련 정보를 훔치기 위한 것이다. 이와같이 중국의 화웨이가 타국을 해킹하는 사례는 부지기수로 많다고 지적한다.[39]

---

status/1235128718869164032

38 GT staff reporters, "Huawei equipment disrupting US military communications? An 'ignorant assumption'," Global Times, 2022.07.24., https://www.globaltimes.cn/page/202207/1271278.shtml, 검색일: 2023.04.17.

39 Nick Statt, "Huawei will help build Britain's 5G network, despite security concerns-Experts and policymakers are wary of letting China get involved in domestic infrastructure," 2019.04.23.,https://www.theverge.com/2019/4/23/18513295/huawei-5g-great-britian-uk-theresa-may-china-hacking-fears-infrastructure, (검색일: 2019.07.04.)

4) 우연한 실수로 치부하는 전략(Mistake but not me)

미국의 정보기관들은 미국에서 판매된 화웨이와 ZTE 회사의 통신 기기에서 백도어가 임베디드 된 것을 물리적으로 확인하였다. 이렇게 명백한 증거에 대하여는 화웨이는 "이러한 백도어의 문제에 대하여 화웨이는 의도적인 삽입이 아니라 '실수'" 라고 주장하였다.[40] 조선일보에 의하면, 2016년 11월에 미국에서 판매되었던 화웨이와 ZTE 회사의 스마트폰에 내장된 백도어가 발견되었다. 이에 더하여 화웨이는 백도어 탑재를 인정하면서 "중국 정부가 아니라 소프트웨어를 개발한 중국기업의 실수"라고 변명하였다. 그리고 "결함을 인정하며, 이러한 피드백에 감사하면서 이 문제를 해결하기 위해 노력하겠다"라고 답변했다.[41]

5) 비판에 대한 폄하와 신뢰성 의문 제기 전략

포브스(Forbes)의 보도에 의하면, 화웨이는 이러한 직접적인 비판에 직면할 경우, 화웨이는 '그러한 비판이 전 세계적으로 급격히 성장하는 화웨이를 좌절시키기 위하여 근거 없이 공격하려는 음모'라고 선전한다고 적시하였다. 그러면서 '화웨이는 언제나 사실에 기반한 비판과 좋은 의도를 가진 제안에 대하여는 환영한다'라고 선전한다. 즉,

---

40 Brendan Pierson, Karen Freifeld, "By spying on Huawei, U.S. found evidence against the Chinese firm," REUTERS, 2019.04.05., https://www.reuters.com/article/us-usa-china-huawei-tech-idUSKCN1RG29T, (검색일: 2019.07.04.)

41 안별, ""헤어드라이어서 도청 칩 나와" …화웨이 5G 장비 도입 반대 이유는?," ChosunBiz, 2018.07.25. https://biz.chosun.com/site/data/html_dir/2018/07/24/2018072402410.html, 검색일: 2022.03.15.

그러한 비판이 사실은 화웨이의 급격한 성장을 시기하는 근거 없는 주장이라는 뉘앙스를 표시한다. 그리고 아주 순진한 척, 그리고 확실한 증거가 발견되었을 때는 화웨이의 기술적인 낙후성으로 인하여 그렇게 되었을 뿐 백도어를 설치할 능력도, 기술도, 의지도 없다고 강변한다. 그러면서 화웨이는 사이버보안의 문제를 회사의 가장 중요한 문제로 인식하고 있다고 주장한다.[42]

6) 비판자에 대한 협박을 통한 굴복 전략

또한 포브스(Forbes)의 기사에 의하면, 화웨이 제품은 보안 위험성을 가지고 있다고 한다. 화웨이 제품 중 적어도 55% 이상은 잠재적 백도어를 가지고 있다고 Finite State는 보고했다. 그리고 이러한 백도어는 해커나 펌웨어(firmware, 컴퓨터 기억장치에 영구적으로 저장된 소프트웨어 프로그램)를 잘 아는 공격자들이나, 화웨이 제품의 암호키를 알고 있는 공격자들은 손쉽게 이 백도어를 이용하여 소비자의 정보를 접근, 절취, 통제할 수 있도록 만들었다고 보고하고 있다. 이러한 Finite State report 에 대하여 화웨이 담당자는 "이보고서의 객관성이나 신뢰성에 대하여 논평할 위치에 있지 않다. 다만, 사실에 근거하고 좋은 의도를 가진 제안에 대하여는 환영한다는 논평을 하였다. 또한 노키아의 CTO인 웰든(Weldon)이 2019년 6월 27일 영국 BBC와의 인터뷰에서 화웨이 제품

42 Zak Doffman, "Nokia's CTO Slams Huawei After 'Potential Backdoors' Found In 55% Of Its Devices," Forbes, 2019.06.28., https://www.forbes.com/sites/zakdoffman/2019/06/28/nokia-slams-huawei-after-potential-backdoors-found-in-55-of-its-devices/#599b0c954119, (검색일: 2019.07.05.)

의 사이버 보안상의 치명적인 결함을 가지고 있다고 이야기했고, 화웨이가 중국 정부의 재정적 지원으로 전 세계의 시장을 장악해 가고 있다는 사실과 화웨이가 중국 정부와 군과 사이버 안보상으로 대단히 밀접하게 연결되어 있다고 지적한 사실에 대하여 노키아는 6월 28일, Weldon의 27일 인터뷰는 개인 의견일 뿐이며, 노키아의 공식 입장은 아니라고 발표했다. 영국에 있는 화웨이 지사의 CEO, Jerry Wang은 Weldon의 인터뷰에 대하여 말하기를, 노키아가 이미 그것은 일개 임원의 의견일 뿐 노키아의 의견이 아니라고 강조했다.[43]

노키아의 경영진 임원이 이렇게 명확하게 지적한 것은 노키아 회사가 다시 부인한 것은 중국 당국이 노키아 본사에게 강력하게 항의와 협박을 했으며, 노키아는 수용할 수밖에 없었기 때문이라고 판단된다. 중국에 생산시설과 시장을 가지고 있는 노키아는 중국 당국의 협박에 굴복한 것으로 사료된다.

V. 결론

중국이 추진하고 있는 초한전은 근대 이후 인류가 발전시켜온 국제

43 Zak Doffman , "Nokia Hurriedly Disowns Its CTO's Scathing Comments On Huawei Security Flaws," Forbes, Jun.28, 2019, https://www.forbes.com/sites/zakdoffman/2019/06/28/nokia-hurriedly-disowns-its-ctos-scathing-comments-on-huawei-security-flaws/#b6a1a365aa54, (검색일: 2019.7.05.)

사회의 전쟁과 평화에 관한 국제사회의 규범과 합의를 원천적으로 파괴하여 국제사회의 안정적인 기존 질서를 붕괴시키는 파괴적인 전략전술이라고 할 수 있다. 중국이 전쟁에서 승리하기 위해서는 사용할 수 있는 모든 자원을 동원하여 최적의 조합을 통하여 승리만을 추구한다. 휴머니즘이나 인간의 존엄성, 일상생활의 안정과 같은 인권 등은 철저하게 파괴된다.

더욱이 아직도 사이버상에서는 전 세계적으로 인정되거나 합의된 규범을 찾기가 어렵다. 국가의 안보를 위하여 추구하는 정보수집활동의 범위에 있어서는 더욱 그 합의된 규범을 찾기 어렵다. 중국이 민간기업을 활용한 사이버상에서의 정보 탈취는 "전쟁 대비 패러다임"과 공산주의 이데올로기, 그리고 "인민전쟁 전략"이라고 하는 중국의 전략문화에 기반을 두고 "초한전"으로 귀결되고 있다. 중국의 국가정보법은 이러한 추진을 법적으로 강제하고 있다고 할 수 있다. 중국은 국가목적을 달성하기 위해 동원하는 모든 수단과 방법은 정당한 것이라고 주장한다. 따라서 화웨이 등의 민간기업과 상업용 제품을 이용한 정보수집과 정보 탈취는 정당한 것이며, 국가의 정보기관이 탈취한 정보를 중국의 민간기업이 활용하는 것도 정당하다고 주장한다.

이에 대하여 서방 국가들은 국가 안보를 추구하기 위해 정부 기구가 수집하는 정보들은 민간기업들의 이익 추구를 위해 사용하도록 허락하지 않았다. 즉, 철저한 민관 분리 경영 시스템이라고 할 수 있다.

중국은 초한전을 통하여 국제사회의 규범을 부정하며, 중국의 초법적인 세계 지배를 추구하고 있다. 중국의 국력이 강해질수록 아시아의 약소국들에 대하여 강압 외교를 전개하며 중국식 국제질서를 강요한다. 즉, 태평양을 미국과 양분하여 지배하며 한국 등 약소국들은 중국이 만드는 국제질서를 수용해야 한다고 주장한다. 또한 중국은 국가정보기관이 획득한 정보가 산업체의 기술개발에 필요하다면 중국의 기업에 제공하여 적극적으로 활용한다. 즉 중국 당국은 중국의 후발 산업체가 국제적 경쟁력을 갖추기 위해 선진국의 지적재산이 필요하다면, 중국의 국가정보기관이 주도적으로 기술을 절취하여 중국의 산업체에게 제공한다. 게다가 중국의 대기업들은 정부 투자지분율이 높다. 화웨이는 중국 정부가 주도적으로 성장시킨 기업으로서 대주주의 정보조차도 공개하지 않는다. 중국정부는 화웨이를 활용하여 전 세계의 정보와 지적재산권을 탈취한다. 또 갈등이나 분쟁이 발생했을 때 상대국의 지휘체계와 통신망을 붕괴시키기 위하여 화웨이의 제품에 백도어를 설치하여 판매한다.

중국정부는 화웨이에게 저리로 자금을 융자해주거나, 중국 정부가 화웨이의 대주주로서 직접 투자비를 제공해 주거나 하는 등의 재정적 지원을 통하여 화웨이 제품의 가격을 하락시키고 세계적인 경쟁력을 갖추게 한다. 그리고 화웨이는 전 세계 통신 시장을 빠르게 장악하며, 서방 선진국과 미국 등의 군사 강대국의 민감한 통신망에까지 침투한다. 그리고 화웨이가 생산한 통신 관련 제품의 하드웨어에 설치된 백도어를 활용하여 상대국 국민과 정부, 민간기업 등 모든 필요한 정보를 탈취한다. 중국의 이러한 민간기업 동원전략은 중국의 전략문화에 기반을 둔 것이기 때문에 시정되기 어려울 것이며 국제사회와의 갈등은 오히려 확대될 것이다.

African Union, https://au.int/en/au-nutshell

Bertrand, Natasha "NATO bans TikTok on devices," CNN BUSINESS, 2023.03.31., https://edition.cnn.com/2023/03/31/tech/nato-tiktok-ban/index.html,

Boyette,Chris and Brian Fung, "TikTok banned from school-owned devices at all Florida state universities," CNN BUSINESS, 2023.04.07., https://edition.cnn.com/2023/04/07/business/tik-tok-florida-ban-state-universities/index.html, RJATORDLF: 2023.04.25.

Cadell, Cate and Ellen Nakashima, "American technology boosts China's hypersonic missile program," *The Washington Post,* 2023.04.17., https://www.washingtonpost.com/national-security/2022/10/17/china-hypersonic-missiles-american-technology/. 검색일: 2023.04.17.

CNN News, "Alleged Chinese spies charged with trying to recruit assets, obstruct US Huawei investigation, 2022.10.24. https://edition.cnn.com/2022/10/24/politics/chinese-spies-huawei/index.html,

CNN Politics, "CNN Exclusive: FBI investigation determined Chinese-made Huawei equipment could disrupt US nuclear arsenal communications," 2022.07.25. https://edition.cnn.com/2022/07/23/politics/fbi-investigation-huawei-china-defense-department-communications-nuclear/index.html

Doffman, Zak, "Nokia's CTO Slams Huawei After 'Potential Backdoors' Found In 55% Of Its Devices," Forbes, 2019.06.28., https://www.forbes.com/sites/zakdoffman/2019/06/28/nokia-slams-huawei-after-potential-backdoors-found-in-55-of-its-devices/#599b0c954119

Finite State, Fine State Supply Chain Assessment-Huawei Technologies co., Ltd.- 2019, https://finitestate.io/wp-content/uploads/2019/06/Finite-State-SCA1-Final.pdf.

Finite State, Fine State Supply Chain Assessment-Huawei Technologies co., Ltd.- 2019, https://finitestate.io/wp-content/uploads/2019/06/Finite-State-SCA1-Final.pdf. pp.5-6.

Government of Canada, "China's intelligence law and the country's future intelligence competitions," https://www.canada.ca/en/security-intelligence-service/

corporate/publications/china-and-the-age-of-strategic-rivalry/chinas-intelligence-law-and-the-countrys-future-intelligence-competitions.html,

HUAWEI CYBER SECURITY EVALUATION CENTRE (HCSEC) OVERSIGHT BOARD ANNUAL REPORT, 2019, A report to the National Security Adviser of the United Kingdom, March 2019, https://assets.publishing.service.gov.uk/government/uploads/system/uploads/attachment_data/file/790270/HCSEC_OversightBoardReport-2019.pdf, 검색일 2019년 7월 20일

JOHNSTON, ALASTAIR IAIN. *Cultural Realism: Strategic Culture and Grand Strategy in Chinese History.* PRINCETON, NEW JERSEY: Princeton University Press, 1995

Kan, Michael, "Huawei checking claims of vulnerabilities in its routers -Security researchers found critical vulnerabilites in Huawei's AR18 and AR29 series routers," NETWORKWORLD, 2012년 8월 1일, https://www.networkworld.com/article/2190248/huawei-checking-claims-of-vulnerabilities-in-its-routers.html,

Lee, Alexa, Mingli Shi, Qiheng Chen, Graham Webster, Jamie P. Horsley, and Kendra Schaefer, "Seven major changes in China's finalized Personal Information Protection Law," BROOKINGS, 2021.08.23. https://www.brookings.edu/articles/seven-major-changes-in-chinas-finalized-personal-information-protection-law/, 검색일: 2023. 04.23.

Lepido, Daniele "Vodafone Found Hidden Backdoors in Huawei Equipment-

While the carrier says the issues found in 2011 and 2012 were resolved at the time, the revelation may further damage the reputation of a Chinese powerhouse." Bloomberg, 2019.04.30., https://www.bloomberg.com/news/articles/2019-04-30/vodafone-found-hidden-backdoors-in-huawei-equipment,

Liang, Qiao and Wang Xiangsui, "Unrestricted Warfare,"(Beijing: PLA Literature and Arts Publishing House, February 1999), FBIS Translated Text

Mazzetti, Mark and David E. Sanger, "U.S. Fears Data Stolen by Chinese Hacker Could Identify Spies," The New York Times, 2015.07.24. https://www.nytimes.com/2015/07/25/world/asia/us-fears-data-stolen-by-chinese-hacker-could-identify-spies.html, 검색일 2019.07.03.

Miao, Weishan Wei Le, "Policy review: The Cyberspace Administration of China," in ResearchGate, Global Media and Communication 12(3):337-340 · December ,2016.

https://www.researchgate.net/publication/311505481_Policy_review_The_Cyberspace_Administration_of_China,

Moon, Mariella "FBI nabs Chinese national linked to massive OPM hack." engadget, 2017.08.25. https://www.engadget.com/2017/08/25/fbi-nabs-chinese-national-opm-hack

Porter, Jon, "'Hidden backdoors' were found in Huawei equipment, reports Bloomberg

SANGER, DAVID E. "Obama Order Sped Up Wave of Cyberattacks Against Iran." 2012.06.01.https://www.nytimes.com/2012/06/01/world/middleeast/obama-ordered-wave-of-cyberattacks-against-iran.html?_r=0&module=inline,

Sanger, David E. and Nicole Perlroth, "N.S.A. Breached Chinese Servers Seen as Security Threat," The New York Times, 2014.03.22.,https://www.nytimes.com/2014/03/23/world/asia/nsa-breached-chinese-servers-seen-as-spy-peril.html?module=inline,

Sanger, David E., "U.S. and China Seek Arms Deal for Cyberspace," The New York Times, 2015.09.19.,https://www.nytimes.com/2015/09/20/world/asia/us-and-china-seek-arms-deal-for-cyberspace.html?_r=0,

Silver, Jason "China's Asymmetric Intelligence Advantage: The State Security Law," Orbis, Vol.59, Issue 3, 2015, pp.389-397., https://doi.org/10.1016/j.orbis.2015.05.005

Statt, Nick, "Huawei will help build Britain's 5G network, despite security concerns-Experts and policymakers are wary of letting China get involved in domestic infrastructure," 2019.04.23.,https://www.theverge.com/2019/4/23/18513295/huawei-5g-great-britian-uk-theresa-may-china-hacking-fears-infrastructure,

Statt, Nick, "Huawei will help build Britain's 5G network, despite security concerns-Experts and policymakers are wary of letting China get involved in domestic infrastructure," 2019.04.23.,https://www.theverge.com/2019/4/23/18513295/huawei-5g-great-britian-uk-theresa-may-china-hacking-fears-infrastructure,

The so-called 'backdoors' were discovered by Vodafone in network infrastructure and consumer routers between 2009 and 2011," 2019.04.30., https://www.theverge.com/2019/4/30/18523701/huawei-vodafone-italy-security-backdoors-vulnerabilities-routers-core-network-wide-area-local,

The Washington Post, , "American technology boosts China's hypersonic missile program,"

2022.10.17., https://www.washingtonpost.com/national-security/2022/10/17/china-hypersonic-missiles-american-technology/

The White House Office of the Press Secretary, "Presidential Policy Directive— Signals Intelligence Activities," Jan,17, 2014, https://obamawhitehouse.archives.gov/the-press-office/2014/01/17/presidential-policy-directive-signals-intelligence-activities,

The White House Office of the Press Secretary, "Presidential Policy Directive— Signals Intelligence Activities," Jan,17, 2014, https://obamawhitehouse.archives.gov/the-press-office/2014/01/17/presidential-policy-directive-signals-intelligence-activities,

U.S. Department of State, Office of the Spokesperson, Senior Administration Officials, "Senior Administration Officials On the First Day of the Strategic and Economic Dialogue and U.S.-China Relations," July 11, 2013, https://2009-2017.state.gov/r/pa/prs/ps/2013/07/211801.htm,

Wakefield, Jane, "Huawei laptop 'backdoor' flaw raises concerns," 2019년4월3일, https://www.bbc.com/news/technology-47800000

김진명, "중국산 통신장비, 미국산 둔갑해 10년간 아마존서 팔렸다, 美국토안보부 지재권센터 "짝퉁 단속은 국가안보의 문제"" 조선일보, 2023.04.22. https://www.chosun.com/international/us/2023/04/22/OGFHNY5BNVFHZOQKDBYMGBSGMY/, 검색일: 2023.04.23.

노정동, "잘 팔리는 아이폰 초 칠라…중국 앞에 엎드린 애플," 한국경제, 2019년10월18일, https://www.hankyung.com/it/article/201910183502g,

문가용, "최악의 해킹사건 중 하나로 꼽히는 OPM, 결론났지만...," 보안뉴스, 2016.09.09., https://www.boannews.com/media/view.asp?idx=51750

이지용, "중국의 초한전 전략과 실제: 해외통전 전개사례를 중심으로," 한국국가전략, 통권제15호, 2021.03.

이지용, ,""중국 초한전의 군사전략적 의미와 한국안보에 주는 시사점 연구," 신아세아, 제28권4호, 2021년 겨울

이지용, 중국의 초한전, 에포크미디어코리아, 2023.

중국 국가정보법((国家情报法) (National Intelligence Law) 제7조, http://www.npc.gov.cn/npc/xinwen/2017-06/27/content_2024529.htm

중국 반간첩법 (Counter-Espionage Law , 反间谍法) 제 22조, http://www.npc.gov.cn/npc/xinwen/2014-11/02/content_1884660.htm;

毛泽东. "论持久战."『毛泽东选集(第二版)』, 第二卷 (北京: 人民出版社, 1991), pp. 462-472.

张治宇, "信息时代, 如何创新人民战争,"『中国国防报』(2016. 9. 8) http://www.81.cn/jmywyl/2016-09/08/content_7246410.htm

中华人民共和国个人信息保护法, 2021.08.20. 全國人民代表大會, http //www.npc.gov.cn/npc/c30834/202108/a8c4e3672c74491a80b53a172bb753fe.shtml, 검색일: 2023.04.23.and-the-age-of-strategic-rivalry/chinas-intelligence-law-and-the-countrys-future-intelligence-competitions.html,

HUAWEI CYBER SECURITY EVALUATION CENTRE (HCSEC) OVERSIGHT BOARD ANNUAL REPORT, 2019, A report to the National Security Adviser of the United Kingdom, March 2019, https://assets.publishing.service.gov.uk/government/uploads/system/uploads/attachment_data/file/790270/HCSEC_OversightBoardReport-2019.pdf, 검색일 2019년 7월 20일

JOHNSTON, ALASTAIR IAIN. *Cultural Realism: Strategic Culture and Grand Strategy in Chinese History.* PRINCETON, NEW JERSEY: Princeton University Press, 1995

Kan, Michael, "Huawei checking claims of vulnerabilities in its routers -Security researchers found critical vulnerabilites in Huawei's AR18 and AR29 series routers," NETWORKWORLD, 2012년 8월 1일, https://www.networkworld.com/article/2190248/huawei-checking-claims-of-vulnerabilities-in-its-routers.html,

Lee, Alexa, Mingli Shi, Qiheng Chen, Graham Webster, Jamie P. Horsley, and Kendra Schaefer, "Seven major changes in China's finalized Personal Information Protection Law," BROOKINGS, 2021.08.23. https://www.brookings.edu/articles/seven-major-changes-in-chinas-finalized-personal-information-protection-law/, 검색일: 2023.04.23.

Lepido, Daniele "Vodafone Found Hidden Backdoors in Huawei Equipment-

While the carrier says the issues found in 2011 and 2012 were resolved at the time, the revelation may further damage the reputation of a Chinese powerhouse." Bloomberg, 2019.04.30., https://www.bloomberg.com/news/articles/2019-04-30/vodafone-found-hidden-backdoors-in-huawei-equipment,

Liang, Qiao and Wang Xiangsui, "Unrestricted Warfare,"(Beijing: PLA Literature and Arts Publishing House, February 1999), FBIS Translated Text

Mazzetti, Mark and David E. Sanger, "U.S. Fears Data Stolen by Chinese Hacker Could Identify Spies," The New York Times, 2015.07.24. https://www.nytimes.com/2015/07/25/world/asia/us-fears-data-stolen-by-chinese-hacker-could-identify-spies.html, 검색일 2019.07.03.

Miao, Weishan Wei Le, "Policy review: The Cyberspace Administration of China," in ResearchGate, Global Media and Communication 12(3):337-340 · December ,2016. https://www.researchgate.net/publication/311505481_Policy_review_The_Cyberspace_Administration_of_China,

Moon, Mariella "FBI nabs Chinese national linked to massive OPM hack." engadget, 2017.08.25. https://www.engadget.com/2017/08/25/fbi-nabs-chinese-national-opm-hack

Porter, Jon, "'Hidden backdoors' were found in Huawei equipment, reports Bloomberg

SANGER, DAVID E. "Obama Order Sped Up Wave of Cyberattacks Against Iran," 2012.06.01.https://www.nytimes.com/2012/06/01/world/middleeast/obama-ordered-wave-of-cyberattacks-against-iran.html?_r=0&module=inline,

Sanger, David E. and Nicole Perlroth, "N.S.A. Breached Chinese Servers Seen as Security Threat," The New York Times, 2014.03.22.,https://www.nytimes.com/2014/03/23/world/asia/nsa-breached-chinese-servers-seen-as-spy-peril.html?module=inline,

Sanger, David E., "U.S. and China Seek Arms Deal for Cyberspace," The New York Times, 2015.09.19.,https://www.nytimes.com/2015/09/20/world/asia/us-and-china-seek-arms-deal-for-cyberspace.html?_r=0,

Silver, Jason "China's Asymmetric Intelligence Advantage: The State Security Law," Orbis, Vol.59, Issue 3, 2015, pp.389-397., https://doi.org/10.1016/j.orbis.2015.05.005

Statt, Nick, "Huawei will help build Britain's 5G network, despite security concerns-Experts and policymakers are wary of letting China get involved in domestic infrastructure," 2019.04.23.,https://www.theverge.com/2019/4/23/18513295/huawei-5g-great-britian-uk-theresa-may-china-hacking-fears-infrastructure,

Statt, Nick, "Huawei will help build Britain's 5G network, despite security concerns-Experts and policymakers are wary of letting China get involved in domestic infrastructure," 2019.04.23.,https://www.theverge.com/2019/4/23/18513295/huawei-5g-great-britian-uk-theresa-may-china-hacking-fears-infrastructure,

The so-called 'backdoors' were discovered by Vodafone in network infrastructure and consumer routers between 2009 and 2011," 2019.04.30., https://www.theverge.com/2019/4/30/18523701/huawei-vodafone-italy-security-backdoors-vulnerabilities-routers-core-network-wide-area-local,

The Washington Post, , "American technology boosts China's hypersonic missile program," 2022.10.17., https://www.washingtonpost.com/national-security/2022/10/17/china-hypersonic-missiles-american-technology/

The White House Office of the Press Secretary, "Presidential Policy Directive— Signals Intelligence Activities," Jan,17, 2014, https://obamawhitehouse.archives.gov/the-press-office/2014/01/17/presidential-policy-directive-signals-intelligence-activities,

The White House Office of the Press Secretary, "Presidential Policy Directive— Signals Intelligence Activities," Jan,17, 2014, https://obamawhitehouse.archives.gov/the-press-office/2014/01/17/presidential-policy-directive-signals-intelligence-activities,

U.S. Department of State, Office of the Spokesperson, Senior Administration Officials, "Senior Administration Officials On the First Day of the Strategic and Economic Dialogue and U.S.-China Relations," July 11, 2013, https://2009-2017 state.gov/r/pa/prs/ps/2013/07/211801.htm,

Wakefield, Jane, "Huawei laptop 'backdoor' flaw raises concerns," 2019년4월3일, https://www.bbc.com/news/technology-47800000

김진명, "중국산 통신장비, 미국산 둔갑해 10년간 아마존서 팔렸다, 美국토안보부 지재권센터 "짝퉁 단속은 국가안보의 문제"" 조선일보, 2023.04.22. https://www.chosun.com/international/us/2023/04/22/OGFHNY5BNVFHZOQKDBYMGBSGMY/, 검색일: 2023.04.23.

노정동, "잘 팔리는 아이폰 초 칠라…중국 앞에 엎드린 애플," 한국경제, 2019년10월18일, https://www.hankyung.com/it/article/201910183502g,

문가용, "최악의 해킹사건 중 하나로 꼽히는 OPM, 결론났지만…," 보안뉴스, 2016.09.09., https://www.boannews.com/media/view.asp?idx=51750

이지용, "중국의 초한전 전략과 실제: 해외통전 전개사례를 중심으로," 한국국가전략, 통권제15호, 2021.03.

이지용, ,""중국 초한전의 군사전략적 의미와 한국안보에 주는 시사점 연구," 신아세

아, 제28권4호, 2021년 겨울

이지용, 중국의 초한전, 에포크미디어코리아, 2023.

중국 국가정보법((国家情报法) (National Intelligence Law) 제7조, http://www.npc.gov.cn/npc/xinwen/2017-06/27/content_2024529.htm

중국 반간첩법 (Counter-Espionage Law , 反间谍法) 제 22조, http://www.npc.gov.cn/npc/xinwen/2014-11/02/content_1884660.htm;

毛泽东. "论持久战."『毛泽东选集(第二版)』, 第二卷 (北京: 人民出版社, 1991), pp. 462-472.

张治宇, "信息时代, 如何创新人民战争,"『中国国防报』(2016. 9. 8) http://www.81.cn/jmywyl/2016-09/08/content_7246410.htm

中华人民共和国个人信息保护法, 2021.08.20. 全國人民代表大會, http://www.npc.gov.cn/npc/c30834/202108/a8c4e3672c74491a80b53a172bb753fe.shtml, 검색일: 2023.04.23.

ABSTRACT

China's Unrestricted Warfare and Information Collection

China rejects or utilizes the international community's intelligence gathering and cyber-related norms according to its own interests. China's unrestricted warfare is a strategy that combines the communist ideology of warfare with the strategy of people's warfare and seeks victory by any means necessary. In pursuit of unrestricted warfare, China actively utilizes civilians in the military sector and merges the civilian and military sectors to prepare for war.

In line with this strategy, the Chinese government has enacted the National Information Security Law to compel Chinese citizens and Chinese companies to steal information from overseas. The law, which went into effect in 2016, obliges all individuals, organizations, and companies in China to actively cooperate with China's national security. Even products made by Chinese companies are obligated to provide information requested by the Chinese government.

In particular, Huawei is believed to be a de jure private company but a de facto government-owned company, and its primary focus appears to be information theft rather than profit. The United States has accused the Chinese Communist Party of installing backdoors in Huawei's products to steal sensitive information from governments, companies, and individuals around the world who use them, according to a decade of investigations.

China's National Intelligence Law, which is governed by the SOE, is based on the use of private companies to steal information and allows the government to provide information obtained by intelligence agencies to private companies in China for commercial use. This strategy will further escalate the conflict between China and the international community.

key words Unrestricted warefare, information theft, hacking back doors, China's national intelligence law

요약

파이브 아이즈(Five Eyes) 정보공유체제 분석과 한미동맹에 대한 함의

본 논문은 최근 미국의 대중 견제수단 중 하나로 주목받고 있는 정보공유체제 파이브 아이즈에 대한 기본적인 지식을 제공하고 그것이 갖는 의미를 살펴보며, 한국의 참가 등을 포함한 관련성을 찾아내는 데 중점을 두고자 한다. 이를 위해 동맹에서 정보공유가 갖는 의미, 그리고 그 편익과 비용을 이론적으로 살펴보고, 파이브 아이즈의 결성배경과 활동현황을 개략적으로 제시하며, 결론을 통하여 한국에게 갖는 함의를 제시하고자 하였다.

분석 결과 동맹의 지속과 강화를 위해서는 정보공유가 긴요하다는 점을 파이브 아이즈 사례를 통하여 재확인하였고, 한국의 경우 이에 대한 다양한 형태의 동참을 모색할 필요가 있다고 분석하였다. 특히 한국이 근거없이 일방적으로 가입을 요구하는 것이 아니라, 미국이 한국을 필요로하여 동참이나 협력을 요구하도록 한국의 정보역량을 강화할 필요가 있고, 미국과 동맹국들에게 한국의 효용성과 신뢰성을 입증할 필요가 있다.

key words 한미동맹, 파이브 아이즈, 신호정보, 정보동맹

04

파이브 아이즈(Five Eyes) 정보공유체제 분석과 한미동맹에 대한 함의*

문지환**, 신진***

Ⅰ. 서론

한국전쟁 직후 1953년 10월에 체결된 한미동맹은 지난 70여 년의 시간 동안 발전을 거듭해오며 군사적, 안보적 역할을 충실히 수행해왔다. 그동안 한미동맹이 가져다준 안정성을 바탕으로 한국의 국력은 급성장하였고, 이는 양국 동맹의 성격을 군사동맹에 그치지 않고 포괄적 동맹으로의 발전으로 나아가게 하고 있다. 한국 입장에선 여전

* 이 글은 문지환 신진,“파이브 아이즈(Five Eyes) 정보공유체제 분석과 한미동맹에 대한 함의.” 「국가정책연구」제36권 제3호(2022), pp.109-133에 게재된 논문을 수정 보완한 것임.

** 제1저자, 충남대학교 군사학과 박사과정 수료, 공군사관학교 군사전략학과 조교수

*** 교신저자, 충남대학교 정치외교학과 교수, Jinshin@cnu.ac.kr

히 세계 최강대국의 지위를 가지고 국제정세의 흐름을 주도하는 미국과의 동맹 관계는 놓을 수 없는 끈이다. 특히 핵, 미사일 개발로 대표되는 북한의 안보위협이 날로 더해가는 상황에서 한반도의 안보는 여전히 정전체제가 시작될 때의 불안정성을 탈피하지 못하였다고 본다. 따라서 한미동맹을 향후 유지, 발전시키는 것이 한국의 중요한 정책적 목표라 할 수 있다.

그러나 동맹은 동맹국 상호간의 국익 기반 위에서 유지된다. Martin Wight(1978: 122~135)는 동맹국이 각각 자국의 이익을 엄격히 계산하고 이익이 될 때 동맹이 유지된다고 한다. Glenn H. Snyder(1997: 10~11)는 동맹국가간 확고한 유대를 형성하기 위해서는 이익을 공유해야 한다고 주장했다. 한미동맹 체결 후 70년이 지난 현시점에서 살펴보면, 패권국인 미국은 강력한 도전국으로 부상한 중국과의 대결구도에 직면해 있고 우호국가와의 결속을 통해 이 대결에서 승리하고자 한다.

미국이 전략적으로 활용하고자 하는 동맹체제는 쿼드(Quad), 오커스(AUKUS), 파이브 아이즈(Five Eyes), 인도 · 태평양 경제 프레임워크(IPEF) 등이라고 할 수 있다. 쿼드(Quad)는 미국 · 인도 · 일본 · 호주의 비공식 4자 협의체이며, 오커스(AUKUS)는 미국 · 영국 · 호주의 안보협의체다. 또한 파이브 아이즈(Five Eyes)는 미국 · 영국 · 캐나다 · 뉴질랜드 · 호주 등 영어권 5개국의 정보동맹 체제다. 그리고 인도 · 태평양 경제 프레임워크(IPEF)는 2022년 5월에 발족하였으며, 인도 · 태평양 경제동맹체제라고 할 수 있다. 더 나아가 미국은 한국을 상대로 한미동맹을 더욱 확대하여 이러한 다양한 동맹체제에 참여할 것을 요구하고 있다. 한국은 정치적, 경제적, 군사적으로 강력한 국가로 부상하고 있어서 활용할 가치가 크기 때문이다. 게다가 한국은 미국과 오랜 동맹관계였으며, 한국의 지정학적인 위치는 중국을 견제하기 좋은 요충지에 위치해 있다. 이에 미국은 한국에게 미국의 다양한 동맹체제에 적극적으로 참여를 요구하고 있다.

본 연구는 이 중 파이브 아이즈 국가 간의 정보공유체제를 분석하고 파이브 아이즈 참여가 한미동맹에 어떻게 영향을 미치는지를 분석하고자 한다. 특히 미국과 영국에 비해 국제사회에서의 위상이 상대적으로 낮은 캐나다, 호주, 뉴질랜드가 어떻게 기밀을 취급하고 공유하는 동맹의 당사자가 될 수 있었는지(동맹 결성 요인), 가입을 통해 어떤 이익을 얻었는지(동맹 이익), 그리고 어떤 정책적 희생(동맹 비용)을 감수했는지 분석해보고자 한다. 그리고 이를 바탕으로 현재 국제정세 및 우리나라의 상황과 비교 연구를 통해 정책적 함의를 도출하고자 한다.

II. 선행연구 및 이론적 분석틀

1. 선행연구

1) 동맹의 변화와 지속가능성

현시점에서 한국은 변화된 국제적 환경을 이해하고, 이를 한국의 국익에 맞게 유도할 수 있도록 정책적 준비와 사전평가를 시행하는 것이 바람직하다. 관련하여 선행연구를 살펴보면, 지속가능한 동맹의 조건과 관련하여 한종환(2021)은 한미동맹을 한국 중심의 시각에서 벗어나 미국 입장에서 분석하는 것이 중요하다고 보았다. 지정학적 특성상 한국은 對중국 견제의 요충지이다. 또한 한국은 민주주의 확산의 성공사례로서 전 세계 국가들에 미국의 동맹국이 되면 한국처럼 발전할 수 있음을 보여줄 수 있는 모델로서의 가치가 있는 국가라고 인식하고 있다고 보았다. 따라서 한국의 가치를 한미동맹에 기여할 수 있도록 활용하는 것이 중요하다고 지적한다. 또한 동맹은 상대국의 요구를 충족시킬수록 지속가능성이 크다. 이와 관련해서 박원곤(2022)은 미국 입장에서 아시아에서의 국익은 중국을 견제하고 아시아의 평화와 국제 공공재를 지키는 것이라고 보았으며, 이를 위해 한국의 기여가 필요하다고 보았다. 중국을 견제하기 위해 미국은 주한미군의 기능을 북한 위협 대응에 한정하는 것이 아니라, 인도 · 태평양 전략 전반에 활용하기를 원한다. 이를 위해 한국을 자유주의적 국제질서에 기반한 인도 · 태평양 전략에 참여시키며, 한미동맹을 더욱 강화할 수 있는 전략을 사용하려 한다고 주장하였다. 즉, 미국은 자국의 전략자산과 동맹국 자산과의 연대를 강화하고, 더 나아가 미국 동맹국끼리의 연대도 강화하여 소위 '연맹(federation)' 형태를 지향한다고 분석하였다. 류제승(2021)은 북한 핵 위협에 대응하는 한미동맹의 성격 변화에 초점을 맞추며 한미동맹이 '핵 동맹(nuclear alliance)'로 발전해야 한다고 주장한다. 한편, 박휘락(2021)은 국제적 수준의 변화뿐만 아니라 정책 결정자 등 개인의 변수 역시 정책 흐름에 큰 영향을 줌을 주장하며 미 대통령과 참모에 대한 이해와 관리의 중요성을 강조하였다.

한미동맹의 근간과 필요성의 핵심은 한국의 안보를 확보하기 위한 군사동맹에 있다. 중국과 밀접한 경제관계를 맺고 있는 한국 입장에서는 미국이 요청하는 동맹체제의 확대 편성에 참여하는 것과 관련하여 국익을 고려 후 다양한 검토와 분석을 통하여 전략적인 선택을 하는 것이 필요하다. 한국의 우선순위가 확고한 군사안보 유지라면, 현대 군사력의 핵심인 정보력을 발전시키고 공유하는 방안부터 만들어가는 것이 필요하다.

문제는 동맹은 가변적이라는 점이다. 국가는 국익에 따라 행동하는 존재이기 때문에 항상 이익과 비용을 계산하고, 상대적 이익이 적다고 판단할 경우 언제든 정책적 판단을 달리할 수 있다. Walt(1997: 156~179)는 동맹이 붕괴될 수 있는 요인 중 하나로 위협에 대한 인식의 변화를 꼽는다. 예컨대 본래 한미동맹의 기본 목적은 공산주의와의 대립 최전선인 한반도에서 한국의 안보를 지킴으로써 냉전기 민주주의 진영의 안정을 가져오는데 있었다. 그러나 현재 미국의 안보 방향은 변화를 맞이하고 있다. 2017년 발표한 미 국가안보전략서(NSS)에서 인도 · 태평양 개념을 제시하며 우호국과의 협력을 강조하였고(The White House, 2017: 46), 2019년 미 인도 · 태평양 전략 보고서에는 지역 네트워크 강화를 천명하였다(DoD, 2019: 48). 그리고 동맹을 중시하는 바이든 정부 시기에 들어서며 미국에 우호적이고 같은 가치를 공유하는 국가와의 연대를 통한 중국 봉쇄 혹은 견제의 움직임이 본격화되고 있다. 즉, 미국 입장에서는 현재 가장 큰 위협인 중국에 대응하기 위해서는 인도 · 태평양 지역을 아우르는 전선을 국가 간 협력을 통해 달성하고 싶어하는 것이다. 따라서 향후 건전하고 지속가능한 한미동맹의 유지 및 발전을 이루기 위해서는 환경의 변화를 이해하고 상호 요구조건을 충족시키려는 노력이 필요하다.

2) 정보공유 동맹체제의 효용성

한국의 파이브 아이즈 가입 관련 국내연구는 아직 미진한 실정이다. 다만 국외에서 파이브아이즈 형성요인 관련 연구가 존재한다. Robson(2020)은 캐나다의 파이브 아이즈 가입 동인과 이후 정보역량 발전을 중심으로, O'neil(2017)은 호주의 파이브 아이즈 가입을 비대칭적 동맹 입장에서, 그리고 Gee Patnam(2021)은 뉴질랜드가 상대적 약소국으로서 파이브 아이즈 가입을 통해 받은 정책적 딜레마와 정보개혁을 중심으로 분석하였다.

군사동맹 관계에서 정보공유는 동맹의 핵심적 요소라고 할 수 있다. 한국과 미국이 함께 진행한 UFS(Ulchi Freedom Shield)연습처럼 양국의 병력이 함께 작전계획을 연습하고 야전에서 전투능력을 배양하는 훈련을 통하여 군사작전에 소요되는 정보를 교환하는 과정이 군사동맹의 핵심적 요소이기 때문이다. 나아가 동맹국간에 군사, 정치 등의 기밀정보를 제한없이 공유할 수 있을 때 동맹관계는 가장 견고하게 유지된다. 첨단 군사과학기술이 급격하게 발달하고, 정밀하고 효과적 전쟁을 중시하는 현대전에서 정보는 전쟁의 승패에 지대한 영향을 미친다. 양성실 등(2021)의 포클랜드 분쟁연구에 의하면, 수천km 격리된 포클랜드 제도에서 발생한 영국-아르헨티나 간의 전쟁에서 영국은 미국으로부터 전달받은 유용한 정보를 활용하여 승리할 수 있었다.

대표적 정보동맹인 파이브 아이즈는 전쟁승리를 위하여 상당히 폐쇄적으로 운영되어왔다. 1943년 미국과 영국은 독일의 암호 기계인 에니그마에 관한 해독정보를 교환하였다. 2차대전 종전 후 1946년 이 협조체제는 UKUSA 협정으로 발전하였고, 1948년 캐나다, 1956년 호주와 뉴질랜드가 포함되어 지금의 협의체가 완성되었다. 즉, 영연방 국가가 중심이 된 신뢰할 수 있는 국가들간의 정보공유 동맹체제라고 할 수 있다. 그리하여 냉전 시기에 소련을 위시한 공산권에 대하여 적절하게 대응하여 운영되었다. 탈냉전기 이후에도 이 동맹은 최고 신뢰할 수 있는 동맹국들의 상징적 역할을 하였으며, 최고 수준의 기밀정보와 신호정보를 공유하고 있다.

한편, 4차산업혁명으로 정보통신 과학기술이 급격히 발달하면서 이 공고한 정보동맹은 변화의 필요성을 맞이하고 있다. 특히 '5G' 기술이 주목되고 있는데, 이는 각종 사물인터넷, 인공지능, 무인 이동체, 우주연결 등의 활용에 핵심적인 기술이 되고 있기 때문이다. 그런데 이 통신 네트워크를 구축하기 위하여 사용하는 장비가 중국산이라는 데에 문제가 발생하였다. 그 원인은 중국의 화웨이社가 저렴한 비용을 앞세워서 전 세계적으로 공격적인 마케팅과 수출활동을 벌여왔는데, 미국은 중국이 이 장비에 스파이 프로그램을 심어 해당 장비가 설치된 국가들의 정보를 수집하고 있다고 의심하며 갈등이 발생하였다. 이러한 판단하에 2019년 5월 트럼프 행정부는 "국가안보를 위협하는 회사에서 제작된 통신장비 판매 및 사용을 금지"하는 행정명령을 발동하였다(The White House, 2019). 물론 '중국'이라는 문구를 명시하지는 않았으나 미국의 입장은 명확하게 전 세계에 전달되었다. 4차산업혁명 기술의 소통 채널이자 근간이 되는 통신망이 위협을 받는다면 미국을 비롯한 동맹국들의 안보에 치명적인 문제가 발생하리라 판단한 것이다. 신진(2020: 2)에 의하면 실제로 중국의 국영기업인 화웨이를 통하여 중국 정보당국이 전 세계의 중요정보를 수집하고 있음이 밝혀진 바 있다. 특히 파이브 아이즈 가입국 간 기밀정보의 수집과 소통 역시 이러한 통신망에 기반해서 이루어지기 때문에 한국과 같이 미국과 동맹관계를 맺고 있는 국가 중 기술력이 뛰어난 국가를 파이브 아이즈에 가입시키는 것이 정보공유 동맹체제를 강화하는 데에 필요한 덕목이 되고 있다. 2022년 5월 한미정상회담에서 한미동맹의 성격을 기술동맹으로 확장시킨 것도 이러한 대응의 일환이다. 그럼에도 불구하고 세계시장에서 화웨이의 통신장비 점유율은 2020년 기준 31%로 2년 연속 세계 1위에 올라있다(동아일보, 2020). 따라서 한국의 파이브 아이즈 참여는 미국과의 정보공유의 질을 한 단계 높이고, 더 나아가서는 한미동맹관계를 심화시키는 계기가 될 수 있다.

인도 · 태평양 중시 정책, 그리고 가치를 공유하는 동맹과의 연대 중시정책으로 선회한 미국 내부에서부터 가입국 확대의 논의가 시작되고 있다. 2021년 미 하원에서는 파이브 아이즈의 확대 방안을 논의하였다. 9월 초 군사위에서는 2022 회계연도 국방수권법(NDAA, National Defense Authorization Act) 개정안에, 그리고 9월 말 정보위에서는 정보수권법 개정안에 한국을 비롯한 일본, 인도, 독일, 프랑스 등을 파이브 아이즈 가입국으로 확대할 것을 검토하는 내용이 포함된 바 있다(Jane Edwards, 2021).

2. 비용편익분석 이론

본 연구에서 사용하는 비용편익분석 이론은 특정 정책을 수행함으로써 예상되는 모든 유형, 즉 무형의 이익(편익)과 손실(비용)을 추정하고, 그 결과를 비교하여 최적의 정책적 선택을 하는 기법이다(H.J.U & S.K.Shin, 2005: 45~76). 비용편익분석에서 비용은 정책을 추진하기 위하여 투입되는 모든 재화와 노력의 총합이다. 편익은 직접 편익과 간접 편익으로 구분되며, 간접편익은 정책 추진의 결과 나타나는 파급효과까지를 포함한다.

정부가 특정 정책을 채택할 것인가에 대한 여부는 비용편익분석을 통하여 정책이 제공하는 편익이 비용을 초과할 경우에 한정하며, 이를 합리적인 의사결정이라고 할 수 있다. 비용편익분석은 한국이 파이브 아이즈 동맹체제에 가입함으로써 당면하게 될 비용 즉, 중국의 보복, 한국의 정보통신망 체계 구축 비용 등을 계산하고, 가입 이후 획득하게 될 수익, 즉, 한국의 안보 능력과 체계 강화, 국제사회에서의 위상 증대 등을 상호 비교하여 평가하게 된다. 따라서 정책 결정 단계부터 그 편익과 비용, 위험성 등을 면밀하게 조사하고 검토하기 때문에 합리적이고 효율적인 정책 결정 방법이라고 할 수 있다.

그러나 비용편익분석의 한계도 존재한다. Adler 등(2000)에 따르면, 특정 정책에 대해 예상되는 결과와 효과들을 구체적으로 나열하여 제시하기는 하지만, 무형으로 나타나는 비용편익의 결과를 계량화하기 어렵다는 한계가 있다. 또한 이러한 정책 결과들의 효과들을 전부 예상하여 포함시키는 것도 한계가 있다는 점이다. 특히 외교정책의 경우 이해관계국(Stakeholder states)이 어떻게 대응할 것인가 하는 것이 매우 유동적이 될 수 있기 때문에 그 결과와 효과를 예측하여 측정하고 평가하는 것이 어렵다는 점이다. 이에 대하여 Trumbull(1990: 201~218)은 이해관계자의 범위를 "칼도-힉스 보상기준"에 따라서 선정함으로써 연구자의 주관적 결정의 오류를 감소시킬 수 있다고 주장한다. 또한 비용편익분석의 핵심적인 가치에 대한 가정이 광범위한 동의를 얻을 수 있는 범주를 선택함으로써 비용편익분석이 정당성을 확보할 수 있다고 주장한다.

다만 현실적으로 한국의 파이브 아이즈 가입이 중국의 반발을 야기하는 경우, 중국의 사드(THAAD)보복처럼 몇 년에 걸쳐 심각한 경제보복을 할 것인지, 보복을 한다면, 그 보복의 규모는 어떠할 것인지를 예측하기 어렵다. 또한 중국이 자국의 사정에 의하여 묵인하고 지나갈 가능성도 있다. 그러한 가능성의 확률 또한 예측하기 어렵다는 점이다.

Ⅲ. 파이브 아이즈 정보동맹체제의 비용편익분석

1. 파이브 아이즈의 특성

파이브 아이즈는 70여년의 시간 동안 공고히 5개국만의 폐쇄적 협력관계를 유지해 온 특별한 정보동맹이다. 통상 기밀문서 상하단 중앙에 표시되는 전파 국가(혹은 대상) 목록 기입 방식을 'Five eyes only'라고 표기한데서 그 명칭이 유래했다. 냉전기 공산권을 대상으로 한 정보동맹이었던 파이브 아이즈는 에셜론(ECHELON)이라는 정보수집 시스템을 이용하여 전 세계 사적 통신망 수십억 개를 감청하며 개인의 통화, 메시지, 이메일, 기타 각종 정보 등을 광범위하게 수집하였고, 이를 토대로 적성국 및 테러단체의 동향, 사회안보를 위협하는 마약거래를 포함한 지하경제 등 각종 위협 요소를 감시한 것으로 추정된다. 이 5개국의 굳건한 관계는 냉전이 종식된 이후에도 유지되었다.

구체적인 내용이 제대로 드러나지 않던 이들의 활동은 2013년 6월 영국 가디언(Guardian)紙를 통해 미 국가안보국(NSA, National Security Agency)의 감청 활동이 밝혀지며 사회적으로 큰 파장을 일으켰다. NSA가 미 통신회사 버라이즌(Verizon)에서 수백만 명의 통화기록을 넘겨받아 조사하고 있다는 내용(Glenn Greenwald, 2013.6.6), 그리고 '프리즘(PRISM)'이라고 불리는 정보수집 프로젝트를 통해 구글, 애플, 페이스북(現 메타), 마이크로소프트, 스카이프 등 유명 인터넷 기업 시스템에 접속해 민간인 정보를 획득했다는 내용(Glenn Greenwald, 2013.6.7)들이 특종으로 보도되었다. 또한 7월에는 '엑스키스코어(XKeyscore)'라는 온라인 정보수집 프로그램이 폭로되었다. 이는 전 세계 700개의 서버를 통해 개인의 이메일, 인터넷 검색기록, 방문기록 등 거의 모든 온라인 정보를 수집할 수 있는 프로그램이다. 이를 통해 2008년 한해에만 300여명의 테러리스트를 잡았다고 한다(Glenn Greenwald, 2013.7.31). 또한 영국이 '템포라(Tempora)'라는 프로그램을 이용해 대서양과 북미간에 연결된 해저 광케이블을 해킹하여 이메일과 통화내용을 감청했다는 폭로도 있었다(Ewen MacAskill 등, 2013.6.21). 이를 통해 잠재적 위험인물들을 사전 감시한 것으로 추정된다. 이는 과거 IT 외주업체 직원으로 국가안보국에서 일했던 에드워드 스노든(Edward Joseph Snowden)에 의해 폭로되어 그 신빙성을 더했다. 2001년 9.11테러 이후 국내에서 발생되는 테러세력의 위협활동을 사전 감시 및 차단하기 위해 정보수집의 범위를 한층 넓힌 것이라고 추론할 수 있다. 즉, 탈냉전기에도 여전히 파이브 아이즈는 뛰어난 정보능력을 바탕으로 국제사회에서 굳건한 위상을 유지하며 공고한 안보협력을 유지하고 있다.

이하에서 우선 주목하려 부분은 바로 파이브 아이즈 결성 요인이다. 당시 2차대전을 주도하였던 강대국인 미국, 영국의 공고한 협력관계가 당시 비교적 국제정세의 변방에 있던 캐나다, 호주, 뉴질랜드 등 3개국으로 확장된 배경을 분석하려 하는 것이다. 상대적 약소국이 강대국과 어떻게 밀접한 정보공유관계를 형성하였는지 그 요인을 규명함으로써 한국의 참여에 대한 시사점을 발견할 수 있을 것이다.

첫째, 이 3개국이 가진 지정학적인 요인이 중요한 역할을 하였다. 파이브 아이즈 각 회원국은 책임지고 정보수집을 담당하는 독자적 영역을 보유하고 있다. 캐나다는 소련과 유럽 내 소련 위성국가들, 그리고 소련이 북극에 기반을 둔 연구소, 군사 기지를 대상으로 수집 목표를 보유하고 있었다(Robson, 2020: 963). 한편 호주는 남아시아 · 동아시아, 뉴질랜드는 동남아시아 · 태평양을 책임졌다. 실제로 포클랜드 분쟁 당시 태평양을 담당했던 뉴질랜드는 영국군을 정보수집 측면에서 지원하였다(Gee, 2021: 35~36). 그리고 캐나다는 2차대전 시 27개의 극동지역 신호정보 수집 기지를 운영함으로써 진주만 공격이 있기 전 일본의 운항상황을 감시하기도 하였다(Robson, 2020: 964~965). 이처럼 아무리 강대국이라 하더라도 전세계를 공백없이 감시하기에 무리가 있기 때문에, 정보수집이 필요한 지역에서 협력할 동맹국을 찾아 역할을 분배한 것이다.

둘째, 기존 가입국이 보유하고 있지 못한 특별한 역량이 가입국 확대로 이어졌다. 2차대전 중 캐나다는 정보분석기관 XU(Examination Unit)를 만들었다. XU는 추축국을 상대로 한 연합국의 신호정보 수집에 기여하였는데, 특별한 점은 1941년 일본어 정보 해독을 위해 일본어 번역가를 물색하는 등 자국이 독자적으로 연합국에 기여할 수 있는 부분에 대한 역량을 집중적으로 키웠다는 점이다. 당시 일본 관련 정보는 미국과 영국의 우선 관심사였기 때문에 캐나다는 대일본 정보 확보에 노력을 한 것이다. 즉, 타국과 중복되지 않은 역량에 집중하였고, 이로써 필요성을 인정받게 되었다(Robson, 2020: 965).

셋째, 2차대전을 거치며 얻은 미 · 영과 3개국 간 신뢰관계 구축이다. 앞서 설명하였던 캐나다의 XU 창설 동인은 미 · 영의 직접적 요청에 있었다. 캐나다는 연합국에 기여하겠다는 목적으로 자국의 제한된 역량과 자원에도 불구하고 XU를 창설하였고, 독일 스파이 52명의 감시를 독자적으로 담당하는 등 연합국의 정보 수집 능력의 공백을 메우기 위해 헌신적으로 정보수집 활동을 펼쳐나갔다. 이러한 공헌으로 생성된 신뢰관계가 2차대전 후 소련에 대항하는 국제체제를 미국이 만들어가는 과정에서 기존 협력국을 우선 고려하여 관계를 맺는 결과로 이어진 것이다.

2. 파이브 아이즈 결성의 편익

우선 직접적인 동맹 결성의 이익은 정보역량 강화이다. 이는 두 가지 차원으로 나누어 볼 수 있는데, 우선 미국과 영국 등 고가치 정보수집 능력이 있는 국가들로부터 양질의 정보를 대량을 받게 되었다는 것이다. 3개국은 압도적인 정보의 소비자이자 순 수혜자라고 앞서 언급한 연구에서 분석하고 있다. 이 국가들이 파이브 아이즈 가입국이 아니었다면 해당 정보를 획득하는데 훨씬 더 많은 자원을 지출해야 할 것이라고 주장한다(Robson, 2020: 954, O'neil, 2017: 540).

그리고 또 다른 차원은 자체 정보역량의 강화이다. 이는 타국에서 입수하는 정보에 만족하고 그치는 것이 아니라, 자국이 파이브 아이즈에 기여하기 위해 지속적으로 정보조직을 보강하고 개혁하는 노력을 기울이게 되어 능력이 향상된다는 것이다. 동맹관계에서 책임을 다하지 않을 경우 방기(abandonment)의 위험이 생기게 되기 때문에, 동맹의 참여한 국가(특히 상대적 약소국) 입장에서는 자국의 기여를 확대하는 방향을 꾸준히 모색하게 된다. 캐나다가 2차대전 중 연합국에 정보수집 측면에서 기여를 한 후에도 지속적으로 자주적 정보역량 강화에 힘쓴 것은 가치 있는 정보의 생산을 통해 전후 형성되는 정보동맹에 포함되기 위해서였다. 2차대전 당시 생산한 정보가 자주적 능력에 기반해서 100% 생산된 것이 아니라 미국과 영국의 전문가들의 분석에 의존해서 생산되었기 때문이다. 이에 자주적 역량을 갖추지 못할 경우 캐나다는 자국이 미국과 영국의 부속품 역할에 머무를 것을 걱정하여 역량 강화를 추진하였다(Robson, 2020: 954, 957).

위와 같은 직접적인 이익 외에도 확고한 동맹 확보라는 장점이 있다. 서론에서도 언급했듯이 파이브 아이즈 가입국들은 미국의 소위 '1급동맹'으로 불린다. 극도의 기밀사항을 서로 소통하다보니 상호 신뢰관계가 매우 중요하고, 이러한 관계가 오랜 시간 누적되어 흔들리지 않는 협력관계를 유지하는 것이다. 즉, 단순히 정보를 공유하는 관계에 한정되는 것이 아니라 가장 신뢰감 있는 우방국을 만드는 것, 이것이 3개국이 전후 세계 재편 과정에서 누린 또 하나의 이익이다.

3. 파이브 아이즈 결성의 비용

동맹은 앞서 언급하였듯이 의무를 소홀히 하였을 때 방기의 위험도 있으나, 동맹 의무에 충실하였을 때 겪게 되는 연루(entrapment)의 위험성도 존재한다. 이 위험은 직접적 안보위협의 형태로 나타날 수 있다. 미국의 1급동맹이 되는 것은 상대국의 입장에서 봤을 때는 미국의 힘을 약화시키기 위해 공격해야 할 우선적 대상이 된다. 1945년 캐나다로 망명한 소련 대사관 직원 이고르 구젠코(Igor Gouzenko)의 폭로에 따르면 소련은 미국의 힘을 약화시킬 목적으로 공격적인 스파이 활동을 하고 있는데, 특히 캐나다를 겨냥하고 있다고 밝혔다(Robson, 2020: 959). 이 당시는 캐나다가 아직 본격적인 파이브 아이즈 가입국이 되지 않은 때임에도 불구하고, 미국과의 정보동맹을 강화하려는 캐나다의 강력한 의지를 본 소련은 캐나다에 대한 견제 필요성을 인식한 것이다. 또한 파이브 아이즈 가입국은 정보수집과 공유를 위해 각국에 고가치 정보수집장비를 상호 설치하고 공유하고 있다. 이에 따라 파이브 아이즈 가입국 중 한 국가가 타국과 분쟁이 발생하였을 때, 다른 가입국에 존재하고 있는 해당 국가의 장비가 타겟이 될 수 있어 안보 위협이 된다는 우려가 나온다. 호주정보는 1980년대에 파이브 아이즈 관련 합동시설들이 호주를 핵공격 목표물로 노출시킨다는 점을 인정하기도 했다(O'neil, 2017: 538).

둘째, 정보판단의 오류 발생 시 전략적 위험성 증대이다. 앞서 언급하였듯이 미 · 영과 기타 3개국의 정보수집 능력 차이로 인해 근본적으로 공유되는 정보의 양이 압도적으로 미 · 영에서 기타 3개국으로 가는 비율이 높다. O'neil(2017)이 호주와 미국 사이의 양방향 정보 흐름을 분석한 결과 90% 대 10%의 차이가 발생하였다. 문제는 주요국이 의도적이든 비의도적이든 정보를 주도적으로 통제한다면 이로 인해 나타나는 내재된 비대칭성이 상대국을 위험에 빠뜨릴 수 있다는 것이다. 예를 들어 이라크 전쟁의 경우 이라크에 대량살상무기가 있다는 첩보로부터 촉발되었는데 이 첩보의 97% 가량은 미 · 영으로부터 수집된 것이다. 호주는 이 정보판단에 따라 이라크 공세를 지지하고 참여하였다(O'neil, 2017: 538). 결과적으로 이라크 침공 후 대량살상무기가 있다는 이 첩보는 입증되지 못하였고, 호주는 불필요한 전쟁에 참여하였던 것이다. 물론 자국의 판단하에 이러한 오류를 발견하고, 다른 전략적 선택을 할 수도 있었다. 동일한 정보를 공유받았던 캐나다와 뉴질랜드는 자국의 판단하에 참여하지 않았다. 혹여 이러한 오류를 알고 있었음에도 불구하고 동맹관계를 고려하여 호주가 전략적 선택을 한 것이라는 가정도 배제할 수는 없다. 그러나 밀접한 동맹국가로부터 제공받은 정보를 무조건 무시하기도 쉽지 않은 전략적 상황이

펼쳐진 것은 사실이고, 이는 불가피하게 호주에게 압박으로 다가오며 손실을 야기한 측면이 있다.

셋째, 정책 추진간 자율성 훼손이다. 앞서 언급한 화웨이 사태는 사실 그 이전부터 미국과 중국의 첨예한 갈등요소가 되어왔고, 미국은 특히 파이브 아이즈 가입국들에게 동일대응을 주문하였다. 뉴질랜드 정부는 미국의 협조 요청에 따라 국내적으로 화웨이 장비 사용을 제한하는 규제를 시행하였는데, 뉴질랜드 국내 통신 서비스 제공업체들은 이 규제를 받아들이기를 꺼렸다. 가격 경쟁력이 월등했던 화웨이 장비를 기업 입장에서 포기하기 쉽지 않았던 것이다. 뉴질랜드의 정부통신안보국(GCSB, Government Communications Security Bureau) 사무총장은 그럼에도 불구하고 2018년 화웨이가 뉴질랜드의 5G 네트워크 개발에 참여할 수 없다고 공식적으로 밝히며 미국의 정책기조에 발맞추는 결정을 하였다. 이처럼 정책적 사안을 두고 국내적 요소와 국외적 요소가 부딪칠 때 긴밀한 동맹인 파이브 아이즈의 특성상 국내적 요소를 일부 희생해야 한다는 불가피성이 존재한다. Morrow(1991: 904~933)는 이를 안보와 자율성의 교환으로 바라보았는데, 동맹 결성 시 자국이 원하는 이익을 얻을 수 있으나 이를 대가로 자국의 정책에 제한이 가해질 수 있는 것이다. 특히 국력이 다른 비대칭 동맹에서 이러한 현상의 발생 가능성이 높다고 보았다. 뉴질랜드의 사례가 이를 입증해주고 있다.

Ⅳ. 한국의 파이브 아이즈 가입과 비용편익분석

1. 파이브아이즈 가입 시 한국의 편익

1) 군사정보능력 향상

가장 우선적인 이익은 바로 국가 정보력 향상, 특히 군사정보 능력 향상이다. 현재 한국이 당면한 최고의 안보위협인 북한 핵 · 미사일에 대응하는 계획은 완벽한 정보수집능력을 전제로 구성되어 있다. 핵 · 미사일 등 북한의 대량살상무기 위협에 대비하는 '4D전략'은 탐지(Detect)-결심(Decide)-격퇴(Defeat)-방어(Defend) 순으로 진행되는데, 이 중 첫 단계인 탐지의 중요성이 크다. 2018년부터 한국의 군사전략 개념이 '최단시간 내 최소피해'의 개념으로 변경되었는데(국방부, 2020: 41), 이는 북한이 보유한 무기의 살상력이 커지며 과거와 같이 '선 방어 후 공격' 개념으로는 대규모 피해가 우려되기 때문이다. 따라서 적시에 북한 공격 움직임을 판단하고 조기에 대응하기 위해서는 상시 정보감시를 통한 상황파악이 중요하다. 그러나 현재 한국의 정보수집능력은 많은 한계가 있다. 지상자산의 경우 24시간 가동이 가능하단 장점이 있으나 지형차폐의 영향으로 근거리 위주의 수집만이 가능하고, 공중자산의 경우 기존의 백두, 금강, RF-16에 더해 글로벌호크로 잘 알려진 고고도무인정찰기(HUAS)가 도입되었고 현재 국내기술로 중고도무인정찰기(MUAS)도 개발되고 있으나 백두, 금강의 경우 수집범위 및 비행시간의 한계가 있고 무인정찰기의 경우 영상정보 능력만 확보되어 신호정보 수집은 불가한 상황이다(연합뉴스, 2017). 민감한 특수정보의 경우 신호정보를 기반으로 만들어지는 것을 고려 시 상당히 아쉬움이 남는다.

우주정보 능력도 문제다. 과거 파이브 아이즈가 해저 케이블을 비롯한 유·무선 감청에 집중했다면, 21세기 감청 프로그램은 위성 기반 정보수집이 될 가능성이 크다. 현재 군이 활용하는 기술은 우주 기반 정보가 없으면 그 활용과 효과에 제약이 많다. 각종 정밀유도무기나, 자율주행 이동체는 위성 연결이 끊기면 효용성이 없다. 또한 군 전용 통신망을 위성으로 활용하게 되며, 모든 정보가 위성을 기반으로 유통되는 흐름으로 가고 있기 때문이다. 그런데 한국의 우주기반 정보 활용도는 매우 저조한 수준으로 여전히 미국의 능력에 많이 의존하고 있다. 위성항법서비스는 미국의 GPS에 여전히 의존하고 있고, 위성을 통한 정보수집 역시 우리 기술로 개발한 위성을 활용하고는 있지만 군 전용 위성이 아닌 상용 위성을 겸용해서 사용하고 있어서 고해상도를 지닌 양질의 정보가 생산되기 어렵다. 순정우(2014)에 의하면, 상용 위성의 경우 1m~50cm 수준의 해상도를 지니는 반면, 군 전용 위성은 선진국의 경우 30~5cm 심지어는 1~2cm 수준의 해상도를 지니기도 한다. 심지어 영상정보는 저해상도 수준이라도 한국 독자적으로 획득이 가능하나, 신호정보는 위성을 통해 수집할 수 있는 능력이 전무하다. 또한 절충교역을 통해 확보한 우리 군 최초의 군 전용 통신위성 아나시스 2호를 2020년에 쏘아올렸으나, 이를 바탕으로 지상 무기체계와 통신망을 연결하는 사업인 군 위성통신체계-II는 2025년에야 전력화가 완료될 예정이다(박희준, 2021). 정보의 수집능력과 정보의 보호능력이 동전의 양면임을 생각하면 아직 갈 길이 먼 것을 알 수 있다. 최근 누리호 시험 발사로 절반의 성공을 거두는 등 우주력 개발에 노력하고 있으나, 이미 선진국과 20~30년의 기술 격차를 극복하는데는 오랜 시간이 소요될 것으로 예상된다. 따라서 부족한 정보능력을 보완하기 위한 방안을 적극적으로 마련해야 하는데, 파이브 아이즈가 그 보완책이 될 수 있다. 한국이 자체 기술 · 자산으로 북핵 위협에 대응이 가능할때까지 파이브 아이즈를 통한 민감정보 공유를 수행하여 감시 공백을 우선 보완하는 것이 단기적 이익이라고 볼 수 있다.

2) 동맹 확대 및 강화

미국이 반복적으로 한미일 3개국의 공조를 강조하고 있음에도 불구하고, 한일간 역사인식 차이로 인한 갈등은 지속되고 있다. 일본의 對한국 수출규제 강화와 우대조치(화이트리스트) 제외조치는 한국 사법부의 강제징용 배상판결에 반발해 시작되어 외교적 갈등을 악화시켰으며, 결국 한국의 문재인 정부는 한일군사정보보호협정(GSOMIA, 지소미아)의 종료통보를 하였다. 문병기 등(2019)에 의하면, 한국은 일본에게 지소미아 종료 통보를 했으나 미국의 반발로 2019년 11월 22일 오후 6시(종료 6시간 전) 지소미아 종료 통보 효력 정지를 선언하며 파국 단계로까지 이어지진 않았다. 일본은 미국의 對인도 · 태평양 전략의 후방기지이고, 한국은 전방기지라고 할 수 있다. 전 · 후방기지의 협력이 원활히 이루어지지 않는다면 미국으로서는 효율적 전력운용이 어려워질 수 있다. 이런 이유로 미국은 한국과 일본의 협력증진을 원한다. 지소미아 수준을 넘어 상호군수지원협정 등 좀 더 심화된 형태의 협력관계로 발전하는 것이 미국의 전략적 이익에 부합하는 상황이다. 그러나 브루킹스 연구소 선임연구원 Patricia M. Kim(2022: 121)은 중국의 심각한 도전에 직면한 인도·태평양 지역에서 현재보다 보다 발전되고 확장된 한일관계의 수립이 중요하나 양국간 깊은 역사적 갈등관계로 인해 달성이 쉽지 않은 것이 현실임을 설명한다. 그리고 이로 인해 한국이 미국을 중심으로 한 다자주의 협력의 중심에서 한발 뒤처져 있다고 평가한다.

파이브 아이즈 가입은 이러한 제한점을 극복할 수 있는 대안이 될 수 있다. 물론 일본이 현재 파이브 아이즈 가입국은 아니지만, 앞서 소개한 미 군사위·정보위 보고서에 한국과 마찬가지로 가입 고려국으로 일본이 포함되어 있다. 이는 미국의 인도·태평양 중시전략에 있어 한국과 일본의 전략적 중요성을 의미한다. 따라서 한국이 파이브 아이즈 가입국으로 공식적인 제안을 받는다면 동시에 일본도 같은 제안을 받을 가능성이 매우 크다. 그리고 일본이 이전부터 미국의 조야 인사들을 통해 파이브 아이즈의 적극적 가입 의사를 타진해온 사실에 비춰볼 때 일본은 제안을 기꺼이 수락할 가능성이 높다. 한국의 국내여론상 만약 일본과 민감한 정보를 1대1로 가감없이 주고받는다면 이에 대해서는 반대여론이 우세할 가능성이 크나, 미국을 중심으로 한 다자안보체제 내에서 협력하는 것에 대해서는 반대여론이 전자보다 적을 가능성이 크다. 그리고 1대1 관계로 맺어진 협정의 경우 과거 GSOMIA 파기 위기처럼 국가의 외교적·정치적 전략 하에서 존립과 폐지가 좌우될 수 있으나, 다자안보체제 속에서는 이러한 결정이 쉽지 않기 때문에 비교적 안정적으로 장기간 협조체제를 이어나갈 수 있다. 따라서 일본과의 갈등 여부와 관계없이 상호 이익이 되는 정보교류는 중단없이 이어갈 수 있을 것으로 보인다. 한국과의 관계를 한미일 안보협력관계 속에서 바라보는 미국의 입장(Revere, 2013: 6)을 고려 시 한일관계의 갈등요소 제거는 한미동맹의 강화와 자연스럽게 연결된다고 볼 수 있다.

파이브 아이즈 가입국(영국, 호주, 캐나다, 뉴질랜드)들의 특징은 미국과 오랜세월 가장 믿을 수 있는 동맹의 역사를 지닌 국가들이다. 이종섭(2021)에 의하면, 미국이 2022 베이징 동계올림픽에 외교적 보이콧을 선언했을 때, 이에 동참한 국가들이 바로 파이브 아이즈 4개국이었던 사례가 최고 수준의 동맹관계를 보여주고 있다. 한편 한미동맹은 각국의 정치적 의도에 의해 긴장-친선 관계가 반복되온 역사를 보이는 등 아직 미국의 '1급 동맹'으로 평가받기는 어려운 것이 현실이다. 물론 경제적으로 중국과 밀접한 교류관계를 맺고 있는 우리나라의 전략적 입장이 영연방 국가들과 다소 다르다.

그러나 현재 상황은 소위 신냉전기라 불릴 정도로 과거 냉전기와 같이 명확한 세력 구분과 이들의 경쟁관계가 본격화되고 있는 중이다. 한국의 안보는 공고한 한미동맹을 기초로 동북아 평화 달성에 기여하고 있다. 이 '공고함'을 위해서 파이브 아이즈 가입은 '1급 동맹'으로 가는 가장 빠른 지름길이라고 할 수 있다. 최근 설립된 오커스의 당사국인 영국과 호주가 바로 파이브 아이즈 가입국임을 보아도 이는 증명되는 사실이다. 미국이 단 한 번이라는 예외를 강조하면서도, 프랑스와의 외교적 마찰을 인지하면서도 호주에게 핵잠수함 기술을 전수해 줄 수 있는 것은 이들의 동맹 역사와 그 공고함이 굳건했기 때문이다.

2. 파이브 아이즈 가입 시 한국의 비용

1) 국가급 신호정보기관 창설

기존 파이브 아이즈 가입국인 미국, 영국, 캐나다, 호주, 뉴질랜드의 신호정보 수집기관을 살펴보면, 미국의 국가안보국(NSA, National Security Agency), 영국의 정부통신본부(GCHQ, Government Communications Headquarters), 캐나다의 통신안보기반국(CSE, Communications Security Establishment), 호주의 신호감독국(ASD, Australian Signals Directorate), 뉴질랜드의 정부통신안보국(GCSB, Government Communications Security Bureau) 등 모두 국가급 전문기관을 창설하여 신호정보를 다루고 파이브 아이즈의 활동을 주도하고 있다. 물론 파이브 아이즈의 역할이 점차 확대되면서 인간정보, 영상정보 관련 정보기관들도 일부 합류하게 되었지만, 여전히 신호정보 기관들이 주된 역할을 담당하고 있다.

한편, 우리나라의 대표 신호정보 기관은 군 조직관련 공개 법령을 통해 추론해볼 때 합참 정보본부 예하의 777사령부로 추정된다.[1] 이 부대에서 신호정보 수집, 분석을 총괄하고 있으며 해당 기관에서 NSA와 파트너십을 구축하여 협업하는 것으로 알려져 있다. 제한된 공개정보를 기반으로 합리적 추론을 해보면 정보본부의 수장이 중장 계급이고, 그 예하의 부대장이 수장이라면 결국 소장 혹은 그 이하의 계급이 우리나라의 신호정보기관의 총괄 기관장임을 알 수 있다. 기존 파이브 아이즈 가입국 기관의 위상과 비교해보면 훨씬 못 미치는 수준

---

1 국방정보본부령(대통령령 제29322호, 2018.12.4.) 제4조에 따르면, "각종 신호정보의 수집 · 지원 및 연구에 관한 사항을 관장"하기 위해 777사령부를 예하 조직으로 두고 있음이 명시되어 있다.

임을 알 수 있다. 따라서 우리의 신호정보 능력을 한층 키우기 위해선 국가급 신호정보기관을 새롭게 창설하는 것이 필요하다. 미국의 국가안보국 역시 현역 군인인 4성장군이 수장을 맡고 있다. 지금보다 조직의 위상을 키우고, 인력과 예산을 확충하여 규모를 키울 필요가 있는 것이다. 군 조직 특성상 사단급 부대와 군단급 이상의 부대는 규모와 업무추진 범위에서 확실히 차이가 날 수 밖에 없다. 그러나 미래 병역자원 수급 전망을 고려해 상비병력을 2017년 기준 61.8만명에서 2022년 기준 50만 명으로 급격히 축소(국방부, 2020: 100)하는 등 병력 절감형 구조로의 변화가 필요한 상황에서 조직 및 인력 확대 편성은 국방정책 측면에서 큰 부담으로 다가올 가능성이 크다.

2) 신호정보 수집자산 보강

파이브 아이즈 가입국들에 비해 상대적으로 부족한 수집능력의 대대적 보강이 필요하다. 신호정보의 가장 큰 문제 중 하나는 막대한 비용이 소요된다는 점이다. 정보수집을 위해 많은 장비 · 시설과 인원이 소요되며, 특히 기술의 비약적 발전으로 항상 새로운 장비를 개발 · 대체해야 하기 때문에 지속적인 예산의 투입이 필요하다.

신호정보 수집자산은 크게 지상, 공중, 그리고 우주 자산으로 분류할 수 있다. 지상 수집자산은 통상적으로 주변 지형지물에 막혀있지 않은 개방된 위치에 수집 안테나를 세우는 방식을 사용하고 있다. 지리적으로 차폐가 없거나 적어야지만 양질의 신호정보를 수집할 수 있기 때문이다. 지상 수집자산의 장점은 24시간 기상조건에 관계없이 상시 정보수집이 가능하다는 점이다. 다만, 아무리 좋은 지대에 안테나를 설치하였더라도 필연적으로 지형지물의 방해를 받을 수밖에 없고, 지구곡률이 존재함을 상기해보았을 때 원거리 수집은 기본적으로 한계가 있다.

이 단점을 극복하는 것이 바로 공중수집 자산이다. 백두 정찰기는 대표적인 신호정보 수집자산인데, 한국에서 백두산까지 정보수집이 가능할 정도로 광범위한 수집능력을 보유하고 있다. 지상 수집자산과 달리 지형지물의 차폐 영향을 받지 않기 때문에 원거리 수집이 가능하나, 개량형을 최근 개발했음에도 불구하고 비교적 비행시간(6시간)이 짧은 단점이 있다(양낙규, 2019). 이 단점을 보완해주는 것이 바로 무인기이다. 무인기는 비교적 비행시간이 긴 장점이 있는데, 대표적으로 글로벌호크의 경우 비행시간이 30시간 이상도 가능한 것으로 알려져 있으며, 최근 최신기술로 개발되고 있는 무인기의 경우 태양열 등을 활용해 자체 전력 공급을 가능케 함으로써 이론적으로는 무제한 비행이 가능하다고 한다(최평천, 2019; 구삼옥 등, 2012: 5~6).

마지막으로 우주 수집자산은 위성을 활용하는 것인데, 통상적으로 저궤도 위성이 정보수집용으로 사용된다. 중궤도, 정지궤도의 경우 지구와의 거리가 너무 멀기 때문에 양질의 신호를 획득하기가 어렵기 때문이다. 이 저궤도 위성을 통해 기상조건의 영향 없이 일정한 정보수집 활동이 가능하다. 결론적으로 지상, 공중, 우주 자산이 각각 보유하고 있는 단점을 서로 보완하며 병행하여 사용되고 있다.

한국의 경우 보유하고 있는 지상 신호수집자산에 대한 기밀성으로 인해 자산의 종류 및 배치에 대해 상세히 알려진 바 없으나, 한국전쟁부터 공중수집자산이 도입되기 전까지도 꾸준히 신호수집 활동을 이어온 사실, 그리고 상대적으로 경제적 비용으로 설치가 가능한 특성에 비추어 추측해볼 때 지상 자산은 현재까지 충분히 확보해온 것으로 추정된다. 그러나 앞서 설명하였듯이 지상 자산의 단점을 보완할 수 있는 공중, 우주 자산의 경우 영상정보 수집에 비해 확보 노력이 다소 부족한 모습을 보이고 있다.

공중자산의 경우 금강 정찰기, 전투기를 개조한 RF-16[2] 그리고 글로벌호크로 불리는 고고도 무인정찰기(HUAS, High altitude Unmanned Aerial System), 현재 운용시험평가단계에 있는 중고도 무인정찰기(MUAS, Medium altitude Unmanned Aerial System) 모두 영상정보를 수집하는 항공기이다. 신호정보 자산은 백두 정찰기가 유일하다. 미국은 글로벌호크의 영상/신호수집 겸용 모델도 활용하고 있으나, 한국은 해당 기종을 도입하지 못했고 영상정보 전용 모델이 도입되었다. 우리나라 자체 기술로 개발 중인 중고도 무인정찰기 역시 영상정보 전용으로 개발되고 있다. 우주 자산의 경우 425사업[3]으로 불리는 군 전용 정찰위성 확보 노력을 지속하고 있으나, 이 사업 역시 영상정보 전용 위성일 뿐이다(김관용, 2020). 신호정보 수집자산 확보 노력이 전반적으로 미미한 실정이다.

유일한 신호수집 공중자산인 백두 정찰기의 경우 지속적인 성능 개량 노력을 통해 체공 시간을 늘리고, 안테나 개선을 통해 수집 능력을 발전시키고는 있으나 여전히 자산 자체의 수가 부족한 것이 문제

2 RF-16은 전자신호를 수집할 수 있는 능력이 있어, 엄밀히 말하면 신호정보 수집능력이 있다. 그러나 본 논문에서 언급하고 있는 기밀정보를 생산하는 신호정보는 신호 내에 의미있는 데이터(영상, 텍스트, 음성)를 포함하고 있는 경우를 상정하고 있기 때문에 RF-16을 신호정보 수집 기종으로 분류하지 않음.

3 SAR 위성 4기, EO 위성 1기 등 총 5기의 정찰위성 확보 사업. 2022년부터 순차적 도입 예정.

이다. 사실 신호정보 수집에 적합한 것은 무인기이다. 영상정보의 경우 같은 지점을 다른 시간대에 촬영하여 그 변화사항을 분석하견 되는 일이기 때문에, 시간의 공백이 큰 문제가 되지는 않는다. 반면 신호정보의 경우 수집되고 있는 신호를 끊김없이 수집하기 위해선 한 지점에 대한 장시간 안정적인 수집이 필요하다. 예컨대 통화를 감청한다고 가정할 경우 중간에 중단없이 해당 내용을 들어야지만 전체적인 맥락을 이해하고 중요 언급 내용에 대해 그 의미를 분석할 수 있을 것이다. 전문진 등(2014: 37)에 의하면, 우주 수집자산의 경우 저궤도 위성은 이동속도가 빠르기 때문에 실제로 한 지점의 신호를 안정적으로 수집할 수 있는 시간은 10분 내외다. 그리고 한 지점을 다시 수집할 수 있는 기회는 일일 2~3회 정도밖에 오지 않는다. 이런 면에서 장기체공이 가능하고 비교적 느린 속도로 공중에 머물러 있을 수 있는 무인기는 신호수집용으로 매우 적합한 자산이라 평가한다.

그러나 '무인기'라는 명칭과 달리 실제로 조종인력 운영이 불필요한 것이 아니라, 조종사가 공중에 체공하고 있지 않을 뿐 지상국에서 기체를 조종해야 한다. 무인운용이 아니라는 뜻이다. 체공시간이 긴 무인기 사용의 확대로 인해 증가되는 비행인력 소요는 인력절감형 군으로의 변모를 추구하는 현 국방정책 흐름과 어긋나는 부분이 있고, 더구나 장병 복지등을 고려하여 2021년 기준 전력운영비의 증가율(7.1%)이 방위력 개선비(1.9%)의 증가율을 뛰어넘는(국방부, 2020: 153) 현 상황을 고려 시 대대적인 신규자산 보강 역시 한계가 있다.

3) 중국 등 주변국과의 마찰

미국의 인도 · 태평양 정책은 중국의 강한 반발을 불러오고 있다. 중국의 관영매체인 환구시보는 “쿼드가 인도 · 태평양을 분열시키고 중국에 대항하기 위해 다양한 세력을 선동하고 있다”며 비판했고(매일경제, 2021), 자오리젠 중국 외교부 대변인은 오커스가 “지역 평화를 심각하게 해칠 위험이 있으며 군비경쟁을 강화한다. 오커스 동맹은 구시대의 냉전 사고방식”이라고 비판하기도 했으며(BBC NEWS Korea, 2021), 파이브 아이즈에 대해서 왕이 외교부장은 “완전히 냉전시대의 산물로 시대에 뒤떨어졌다”고 비판한 바 있다(신경진 등, 2021). 중국의 이 같은 즉각적이고 과도한 반응은 미국의 동맹 연대전략이 위협적이고 정치적, 경제적, 군사적 측면에서 큰 압박이 되고 있음을 의미한다.

파이브 아이즈 가입 시 동맹국 장비를 한반도에 설치하게 될 경우 중국, 러시아 등 주변국과의 마찰이 발생할 가능성이 크다. 미국의 경우 신호정보 수집을 위한 기지나 플랫폼들은 대부분 NSA가 운용 중인데, 항상 수집대상에 가까이 가야 하므로 외국과 외교문제를 야기하기도 하며 미국 내에서 국무부와 정보기관간의 불화 원인이 되기도 한다. 한국이 파이브 아이즈에 가입할 경우, 과거 6일전쟁 때 미국의 리버티함 피격사건처럼 미국의 육상 혹은 해상 기지들이 적대국가들로부터 군사적 공격대상이 된 사례들을 고려 시 이러한 위험성이 우리나라에 전가될 위험성이 있다.

더구나 경제적 위험도 증가도 우려된다. 과거 한국에 배치한 방어무기인 사드만을 가지고서도 중국이 한국에 대해 가혹한 보복을 했기 때문에 중국이 무역과 외교적 압박 등 다양한 형태로 보복할 가능성이 충분하다. 김혜진 등(2021: 235)에 의하면, 사드 배치 당시 한국의 세부적 피해로 중국 관광객이 65% 감소하였고 이에 따른 관광수입 감소액은 2016년 7월부터 2019년 4월까지 34개월동안 약 21조원에 달하였다. 이는 관광객 감소 숫자를 명확히 조사할 수 있었기 때문에 계산 가능한 직접적 피해액수에 불과하다. 중국의 한한령 등 소위 교묘한 한국문화 차단 정책으로 인한 피해는 지금까지도 이어지고 있고 정확한 추계조차 잡히지 않고 있다. 방어무기인 사드에 비해 정보를 수집하는 자산은 중국을 비롯한 주변국에 공세적 전략으로 받아들여질 가능성이 더 크다. 한국이 받을 위험요인이 더 커질 수 있다는 뜻이다.

3. 한국의 파이브 아이즈 가입 시 미국의 이익

파이브 아이즈 참여는 한국의 의지나 필요만으로 이루어지는 것이 아니다. 따라서 한국의 가입이 미국에게 충분한 이익을 가져오는지를 분석하는 것도 중요하다. 우선 미국 입장에선 대중국 정보수집의 지정학적 이점 확보가 가능하다. 기존 파이브 아이즈 가입국 중 인도·태평양 지역에 호주와 뉴질랜드가 있기는 하지만, 중국과의 지리적 거리가 상당히 이격되어 있다. 이에 대한 보완이 필요한 상황인 것이다. 정보수집에 있어서 지정학적 중요성은 과거 포클랜드분쟁에서 잘 드러난다. 양성실(2021: 212, 221)은 지리적으로 수천 킬로미터 떨어진 영국이 분쟁지역에서 인접한 국가인 아르헨티나를 상대로 승리할 수 있었던 요인을 당시 중립에서 영국 편으로 돌아선 미국의 정보 능력을 적극적 활용했기 때문이라고 설명한다. 이는 아르헨티나가 운용 중인 미국산 항공기 및 각종 무기의 정보와 최첨단 군사위성을 통해 획득한 아르헨티나의 군사정보를 실시간으로 얻을 수 있었기 때문이라는 것이다. 이 정보획득의 근간이 바로 파이브 아이즈였다.

파이브 아이즈의 목적상 신호정보로 대표되는 특수정보 수집이 주목적이 되어야 할텐데, 이 분야는 특히 이격거리를 좁히면 좁힐수록 정보획득에 유리한 고지를 차지할 수 있다. 물론 위성을 이용하면 국가 간 거리 이격에 따른 정보수집 능력의 부족을 일부 상쇄할 수는 있지만, 대부분의 군사위성이 저궤도 위성인 상황에서 동일지점을 정찰할 수 있는 기회는 통상 일일 2~3회 정도 그것도 10~15분 내외의 기회밖에 주어지지 않는다. 그리고 위성은 다른 플랫폼에 비해 계획과 건조에 장기간이 소요되고 비용이 개당 3억 달러 내지 10억 달러 이상으로 많이 소요될 뿐 아니라 궤도가 일정하여 목표를 쉽게 옮길 수 없어 감시회피가 용이하다는 결점을 가지고 있다(문정인, 2002: 103).

더구나 위성에는 탑재할 수 있는 안테나 종류와 크기가 제한될 수밖에 없다. 초단파(U/VHF) 대역의 신호는 짧은 안테나로 수집이 가능하지만, 단파(HF)의 신호는 매우 거대한 안테나가 필요하다. 따라서 위성만으로 모든 대역의 신호정보를 수집할 수 없는 것이다. 이런 여러가지 연유로 주한미군은 한반도에 상주하며 정보수집 활동을 펼치고 있고, 때로는 한반도의 군사적 위험이 고조될 때마다 미국의 각종 정찰기들이 한반도로 날아와서 수시로 정찰 활동을 펼치는 것이다. 정보수집능력의 완결성을 위해서는 다양한 위치에서 다양한 수단의 구비가 필수적이다. 미 상원 정보위원장 특별보좌관을 역임한 조지아대학(University of Georgia)의 Loch Kingsford Johnson(2017: 87) 교수에 따르면 "해외의 상황을 판단할 때 단일의 수집방법으로는 충분하지 않고 모든 수집방법이 함께 작동할 때 성공 가능성이 높아진다. 따라서 정보공동체는 필요한 곳에 인적자산을 지속적으로 고정배치 및 유지해야 한다"고 주장한다. 미 하원 군사위, 정보위 안 모두 추가 가입 대상국 나열 시 '한국'을 가장 앞에 위치시킨 것은 한반도가 대중 견제 전선 구축을 위한 지리적 요충지임을 은연중에 드러낸 것이라 평가할 수 있다.

4. 한국의 선행과제

앞서 한국 입장에서의 이익과 비용, 그리고 미국 입장에서의 이익을 순차적으로 살펴보았다. 한 가지 더 고민해보아야 할 점은, 현재까지 한국의 정보수집 역량은 북한에 집중되어 있다는 점이다. 보유한 정보수집 자산과 인력 모두 對 북한 정보를 전문으로 하고 있다. 그러나 파이브 아이즈가 요구하는 한국의 정보수집 중점은 중국과 러시아가 될 가능성이 크다. 실제로 1948년 캐나다의 신호정보 수집 우선순위 52개 목록 중 45개는 소련과 관련되어 있었다(Robson, 2020: 959). 파이브 아이즈 가입 시 동맹국들의 이익에 맞는 역할을 감당하는데 있어서 내부적 고민이 커질 수밖에 없을 것이다. 또한 한반도에 파이브 아이즈 국가들의 정보수집장비가 대거 유입된다면, 미 · 중 갈등의 최전선은 한반도가 될 수밖에 없을 것이다. 파이브 아이즈 가입은 한국의 명운을 건 결정적 선택이 될 가능성이 크다.

다만, 사실상 이 논의는 한국이 기존 파이브 아이즈에 확실히 기여할 수 있는 정보능력이 갖춰졌다는 전제하에서 시작되어야 한다. 이를 위해선 대대적인 인력과 조직의 확대, 그리고 예산투입이 불가피하다. 각종 비용 부담으로 인해 내부적 고민이 생길수도 있으나, 이와 관련하여 프랑스의 사례는 우리에게 시사하는 바가 있다. 프랑스의 경우 개방적 특징을 가진 국가이기 때문에 다양한 비국가 주체로부터의 공격에 취약할 수밖에 없는 환경에 처해 있다. 2015년 파리에서 480여명의 사상자를 발생시킨 폭탄 · 총기 테러 사건이 이를 증명해준다. 이러한 안보환경 하에서 프랑스는 미국 정보력의 도움이 절대적으로 필요하였고, 이에 미국을 중심으로 한 정보동맹에 점진적인 접근을 시도한 바 있다. 그럼에도 불구하고 프랑스의 부족한 정보수집 능력으로 인해 미국이 프랑스를 파이브 아이즈에 가입시키기에는 제한점이 있었고 따라서 프랑스는 파이브 아이즈의 가입 문턱에 걸릴 수밖에 없었다. 따라서 자체 정보력 강화를 위해 정보기관인 DGSE(Direction Ge、ne、rale de la Se、curite、 Exte、rieure)와 DCRI(Direction Centrale du Renseignement Inte、rieur)에 상당한 예산을 투자하며 두 기관에 대한 권한을 확대하고 정보보호 시스템을 강화하였다. 또한 유럽국가와는 각종 조약을 맺어 정보협력을 우선 추진하였다. 1998년에는 영국과 정보 분석을 위한 구조와 능력을 만드는 노력에 합의했고, 2000년에는 유럽 안보방위정책에 필요한 전략정보 수집 및 분석 능력을 위한 EU 회원국들의 자발적 군사력 기여에 합의하였다. 2010년에는 영국과 테러 의심 활동에 대한 정보 공유에 합의하였다. 더욱이 마크롱 정부는 테러 대응을 위해 소위 '유럽 정보 사관학교' 창설의 필요성을 역설하였으며, 더불어 2015년 군사계획법에서 정보수집 시스템을 강화하는 방향으로 군 개혁을 추진 중이다. 이 모든 것은 미국이 주도하는 파이브 아이즈에 편입되기 위한 노력의 일환으로 평가된다(오정현, 2019: 128). 그러나 당장 가입이라는 성과를 거두지 못하더라도, 자국의 정보능력을 충분히 향상시킴으로써 안보의 강화라는 가시적 성과를 이미 달성하고 있는 것이다.

정보역량 강화는 단순히 단기적 예산투입만으로 가능한 것이 아니라 지금부터 중장기적 로드맵을 가지고 수집자산, 분석능력, 전문인력 충원, 조직구성이 예산문제와 함께 포괄적으로 논의되고 시행되어나갈 때 가능하기 때문에 지금부터의 준비가 중요하다.

V. 결론

한국은 지금까지 중국과 미국 사이에서 경제는 중국, 외교는 미국이라는 기조 하에서 전략적 모호성을 나타내며 정책을 펼쳐왔지만 러시아의 우크라이나 침공으로 촉발된 소위 신냉전 흐름(중국과 러시아의 밀착) 하에서 한미동맹의 강화와 이를 위한 정보공유체제의 강화는 필연적 선택이 되고 있다. 최근 미국 주도로 러시아에 대한 제재를 준비하는 과정에서 한국의 지체된 정책결정이 미국의 해외직접제품규제(FDPR)의 예외 대상에서 제외되어 막대한 손실을 초래할 뻔 기도 있었다(동아일보, 2022). 다행히 이후 외교적 노력을 통해 예외 대상국으로 인정받았지만, 더이상 외교적 모호성이 우리의 전략적 이익을 제공할 가능성이 적다고 할 수 있다. 우크라이나 사태 초반부터 미국을 중심으로 한

파이브 아이즈, EU 등 32개국은 공고한 연대를 통해 해당 문제를 해결하기 위해 긴밀한 노력을 기울인 바 있다.

따라서 이미 국제정세의 흐름상 촉발된 신냉전 구도 속에서 한국의 실리를 찾는 노력이 필요하다. 러시아-우크라이나 전쟁에서 러시아의 원자재에 의존하고 있는 유럽 국가들의 대응이 일부 분열된 면이 보였지만, 결국 문제해결의 당위성 하에서 연대의 흐름으로 나아가고 있다. 우리 역시 파이브 아이즈 가입 시 예상되는 주변국의 보복 등 당면할 문제가 존재하지만, 이미 생성된 구도 속에서 우리의 생존방향을 긴급히 찾아야 한다. 이는 한미동맹이 근간이 되어야 하고, 동맹의 발전을 위해서 새로운 협력의 확대가 필요한 것이다.

물론 파이브 아이즈 가입은 미국을 비롯한 기존 가입국들의 의사가 가장 중요하다. 이 문제에서 한국은 어디까지나 종속변수이다. 그럼에도 불구하고 본 논문에서 파이브 아이즈 가입의 전략적 효율성을 따지며 대응방안을 모색한 이유는 그러한 전략적 선택의 순간이라도 당면하려면 우리의 정보역량 강화가 선행되어야 하기 때문이다. 이러한 노력이 파이브 아이즈 가입이라는 결실을 맺지 못하더라도, 이를 바탕으로 강화된 정보역량은 포괄적 안보가 중시되는 현대사회에서 국익증진에 큰 힘이 될 것이다. 또한 과거 파이브 아이즈 3개국의 자체 역량 강화 노력과 연합국에 대한 기여 노력이 전후 국제질서 형성기에서 결국 파이브 아이즈 가입으로 결실을 맺었듯이, 그러한 자체적 노력은 신냉전 질서가 새롭게 형성되는 현재 상황에서 한국에게 또 다른 전략적 선택지를 제공해줄 수 있을 것이다.

구삼옥 등(2012), 스마트 무인기 체계종합 및 비행체기술개발,「스마트 무인기 기술개발사업 3단계 최종보고서」: 5-6.

국방부(2020),「2020 국방백서」: 41, 100, 153.

김관용(2020), "군 위성 사업 '착착'. 북 움직임 손바닥 보듯 한다," 이데일리(https://www. edaily.co.kr/news/read?newsId=01380886625865024&mediaCodeNo=257), (검색일: 2022.3.7).

김혜진 · 이정민(2021), 외교적 갈등이 경제에 미치는 영향: 한-중 사드 갈등 사례를 중심으로,"「The Korean Economic Review」, 37(2): 235.

동아일보(2020), ""美 제재에도 끄떡없는 화웨이"…통신장비 점유율 31%로 1위," 동아일보(https: //www.donga.com/news/article/all/20200910/102872574/1), (검색일: 2021.12.7).

동아일보(2022), "美, 러시아 수출통제 FDPR 적용서 "한국도 예외,' 동아일보(https:// www. donga.com/news/Politics/article/all/20220304/112149738/1), (검색일: 2022.3.12).

류제승(2022), 북한의 실존적 위협과 미래 한미동맹의 준비태세 강화책,「한국국가전략」 6(2).

매일경제(2021), "중국 관영매체 "美, 쿼드를 中 견제 폭력집단 만들려 해," 매일경제(https://www.mk.co.kr/news/world/view/2021/09/912311), (검색일: 2021.11.22).

문병기 · 박효목(2019), "지소미아 반전, 파국은 막았다," 동아일보(https://www. donga.com/news/ Politics/article/all/20191123/98497870/1), (검색일: 2022.3.7).

박원곤(2022), 미국의 인도 · 태평양 전략과 한미동맹: 통합억제와 전 세계 대비태세,「한국국가전략」 7(2).

박희준(2021), "軍, 8800억 들여 2025년까지 통신위성-지상 무기 연결 단말기 생산." 더팩트(https: //n.news.naver.com/mnews/article/629/0000123976?sid=100), (검색일: 2022.9.18).

순정우(2014), "2020년 전력화 '韓 군사위성' 성능은?" 뉴데일리(https://www.newdaily. co.kr/ site/data/html/2014/06/14/2014061400041.html), (검석일: 2022.3.7).

신진(2020), 국가정보수집활동에 대한 미국과 중국의 가치체계 충돌,「대한정치학회보」 28(2): 2.
신경진 · 강태화 · 박현주(2021), "왕이 "파이브아이즈는 냉전산물"…북 미사일엔 "타국도 한다," 중앙일보(https://www.joongang.co.kr/article/25007573#home), (검색일: 2021.11.22).
양낙규(2019), "[양낙규의 Defence Club]빨라진 한미일의 한반도 정찰활동," 아시아경제(https:// m.news.zum.com/articles/51986363), (검색일: 2022.9.18).
양성실 · 이희완 · 신진(2021), 포클랜드제도 분쟁을 통한 제한전 분석,「해양안보」 3(1): 212, 221.
오정현(2019), 미국의 정보동맹과 유럽의 네트워크 전략,「국방연구」 63(1): 128.
이종섭(2021), "'파이브 아이즈' 일제히 베이징올림픽 보이콧…강경대응 시사에도 마땅한 카드 없는 중국," 경향신문(https://www.khan.co.kr/world/china/article/202112091502011), (검색일: 2022.3.12).
전문진 · 김응현 · 임성빈(2014), 저궤도 위성의 자율성 수준 향상을 위한 개념 제안,「항공우주기술」 13(1): 37.
최평천(2019), "軍, 한반도 밖까지 볼수 있다…글로벌호크 오늘 새벽 1대 도착(종합)," 연합뉴스(https://www.yna.co.kr/view/AKR20191222054751504), (검색일: 2022.9.18).
한지훈(2017), "軍, 美무인기 핵심장비 빼고 도입...북 감시에 구멍," 연합뉴스(https://www.yna.co.kr/view/AKR20171015056000001), (검색일: 2022.9.18).
한종환(2021), 미국의 입장에서 바라본 한미동맹: 강대국 간 국제정치 부활시대 한미동맹의 중요성,「전략연구」 28(2).
Adler Matthew D. & Posner Eric A(2000), Implementing Cost-benefit Analysis When Preferences Are Distorted, *Journal of Legal Studies* 29.
BBC NEWS Korea(2021), "'오커스 동맹'에 뿔난 중국… '구시대의 냉전, 지역평화 해쳐'," BBC NEWS Korea(https://www.bbc.com/korean/international-58593188), (검색일: 2021.11.22).
Department of Defense(2019), Indo-Pacific Strategy Report: Preparedness, Partnerships, and Promoting a Networked Region: 48.
Edwards Jane(2021), "Ruben Gallego's Proposed NDAA Provision to Consider Expanding Five Eyes Alliance," ExecutiveGov(https://executivegov.com/2021/11/ruben-gallegos-proposed-ndaa- provision-to-consider-expanding-five-eyes–alliance), (검색

일: 2022.3.11).

Gee Austin·Patman Robert G.(2020), Small state or minor power? New Zealand's Five Eyes membership, intelligence reforms, and Wellington's response to China's growing Pacific role, *Intelligence and National Security* 36(1): 35-36.

Greenwald Glenn(2013), "NSA collecting phone records of millions of Verizon customers daily." The Guardian(https://www.theguardian.com/world/2013/jun/06/nsa-phone-records- verizon-court-order), (검색일: 2021.11.28).

Greenwald Glenn(2013), "NSA Prism program taps in to user data of Apple, Google and others," The Guardian(https://www.theguardian.com/world/2013/jun/06/us-tech-giants-nsa-data), (검색일: 2021.11.28).

Greenwald Glenn(2013), "XKeyscore: NSA tool collects 'nearly everything a user does on the Internet'," The Guardian(https://www.theguardian.com/world/2013/jul/31/nsa-top-secret- program-online-data), (검색일: 2021.11.28).

H.J.U & S.K.Shin(2005), The Utilization of Cost-Benefit Analysis for evaluating Weapon System Acquisition Program, *The Quarterly Journal of Defense Policy Studies* 21(3): 45-76.

Johnson Lock K(2017). *National Security Intelligence*: 87.

Kim Patricia M(2022), Strategic Challenges and Opportunities for the U.S.-ROK Alliance: China, North Korea, and U.S.-ROK-Japan Trilateral Cooperation, 「한국국가전략」 7(1): 121.

MacAskill Ewen, Borger Julian, Hopkins Nick, Davies Nick & Ball James(2013), "GCHQ taps fibre-optic cables for secret access to world's communications." The Guardian (https://www.theguardian.com/uk/2013/jun/21/gchq-cables-secret-world-communications-nsa), (검색일: 2021.11.29).

Morrow. James D(1991), Alliances and Asymmetry: An Alternative to the Capability Aggregation Model of Alliances, *American Journal of Political Science* 35(4): 904-933.

O'Neil Andrew(2017), Australia and the 'Five Eyes' intelligence network: the perils of an asymmetric alliance, *Australian Journal of International Affairs* 71(5): 538, 540

Revere J.R. Evans(2013), The United States and Japan in East Asia: Challenges and Prospects for the Alliance, *American Foreign Policy Interests* 35(4): 6.

Robson Maria A(2020), The third eye: Canada's development of autonomous signal intelligence to contribute to Five Eyes intelligence sharing, *Intelligence and National Security* 35(7): 954, 957, 959, 963-965.

Snyder Glenn H(1997), *Alliance Politics*: 10-11.

The White House(2017), National Security Strategy of the United States of America: 46.

The White House(2019), "Executive Order on Securing the Information and Communications Technology and Services Supply Chain." The White House(https://trumpwhitehouse. archives.gov/presidential-actions/executive-order-securing-information- communications-technology-services-supply-chain), (검색일: 2021.12.7).

Trumbull William N(1990), Who has standing in cost-benefit analysis? *Journal of Policy Analysis and Management* 9(2): 201-218.

Walt Stephen M(1997), Why Alliances Endure or Collapse, *Survival* 39: 156-179.

Wight Martin(1978), *Power Politics*: 122-135. 2021.12.7).

Trumbull William N(1990), Who has standing in cost-benefit analysis? *Journal of Policy Analysis and Management* 9(2): 201-218.

Walt Stephen M(1997), Why Alliances Endure or Collapse, *Survival* 39: 156-179.

Wight Martin(1978), *Power Politics*: 122-135.

ABSTRACT

An analysis of the Five Eyes intelligence sharing system and its implications for the ROK-U.S. alliance

This paper aims to provide basic knowledge about the Five Eyes, an intelligence sharing system that has recently been attracting attention as one of the means to contain the PRC in the United States, examines its meaning, and focus on finding relevance including the South Korea's participation in it. To this end, the meaning of intelligence sharing in the alliance, and its benefits and costs are examined theoretically, the background and activities of Five Eyes are briefly presented, and the conclusion is intended to suggest implications for Seoul.

As a result of the analysis, it was reconfirmed through the Five Eyes case that intelligence sharing is essential for the continuation and strengthening of the alliance. In particular, it is necessary to strengthen the South Korea's intelligence capabilities so that Washington needs Seoul to participate or cooperate, rather than unilaterally asking for it to join without grounds.

key words ROK-U.S. alliance, Five Eyes, SIGINT, intelligence alliance

신뢰와 국제안보

3편

1. 김현승 · 신진 _ 중국 해양안보전략에 관한 분석 및 평가
2. 신진 _ 러시아가스 협력사업의 북한 리스크
3. 양성실 · 이희완 · 신진 _ 포클랜드제도 분쟁을 통한 제한전 분석
4. 나태종 · 신진 _ 안보환경 변화에 따른 비상대비계획 발전방안 연구

요약

중국 해양안보전략에 관한 분석 및 평가
- 아더 라이케의 전략 분석틀을 중심으로 -

본 논문의 목적은 최근 중국의 해양안보전략의 수단과 실행방법, 그 특징을 구체적으로 분석하는 것이다. 중국은 급격한 경제성장 및 강화된 군사력을 바탕으로 '해양강국 건설'이라는 국가목표를 설정하고 이를 달성하기 위해 노력하고 있다. 특히 해양강국을 뒷받침하기 위해 자국의 해양영토주권 수호, 배타적 해양권익 확보 등을 중점적으로 추진하고 있다. 이러한 목표 아래 추진되고 있는 중국의 해양안보전략은 그 수단과 방법 면에서 과거와는 많은 차이를 보인다. 과거 해양안보전략의 주 구현 수단이 해군이었다면 현재는 해군 뿐 아니라 준군사력인 해경과 예비전력인 해상민병도 적극 참여하고 있다. 또한 과거에는 해양에서 전면적인 무력행동을 통해 전략적 목표를 달성하려 했지만 최근은 직접적 충돌 보다는 살라미 자르기 전략, 회색지대전략 및 양배추 전략 등의 전면적 전쟁까지는 이르지 않는 분쟁 수준의 통제를 통해 자신들의 목적을 달성하려 하고 있다. 이러한 중국의 해양안보전략 추구에 대응하여 한국은 적절한 대응방안을 모색할 필요가 있다. 먼저 서해에서의 해군력 현시를 강화해야 하며, 전면전이 아닌 중강도 분쟁에 대비한 전력을 발전시켜야 한다. 또한 회색지대전략, 양배추전략 등을 활용한 중국의 공세적 해양활동에 효과적으로 대응하기 위해 '해양전장 선점전략'개념을 발전시킬 필요가 있다.

key words 해양강국, 해양안보전략, 중국 해군, 한국 해군, 회색지대 전략

01

중국 해양안보전략에 관한 분석 및 평가
- 아더 라이케의 전략 분석틀을 중심으로* -

김현승**, 신진***

Ⅰ. 서론

1. 문제의 제기

최근 남중국해를 중심으로 한 미국과 중국 간의 지역 해양통제 경쟁이 격화되고 있다. 남중국해에서 중국은 연안국의 주권적 권리를 강조하며 해양영토 팽창을 가속화하고 있다. 이에 대해 미국은 국제법

* Strategy21 제22권 제1호(2019)에 게재된 논문이며, 한국해양전략연구소의 허가를 받아 수록하였음.
** 주저자, 충남대학교 국제지역학 박사
*** 교신저자, 충남대학교 정치외교학과 교수, Jinshin@cnu.ac.kr

에 근거한 자유로운 해양사용을 주장하며 항행의 자유작전을 시행하는 등 중국과 대립하고 있다. 특히 중국은 미국과 주변국의 반발에도 불구하고 인공섬 건설 및 군사기지화를 강행하여 남중국해 전체에 대한 해양 영유권 강화활동을 강행해 오고 있는데, 역내 국가들은 중국의 이 같은 강압적인 행동에 대해 심각한 우려를 나타내고 있다. 급속한 경제성장과 미국 다음가는 강대국으로 부상했다는 자신감이 바탕이 된 중국의 공세적 행동은 남중국해는 물론 아시아 · 태평양 해역(이하 '아 · 태 해역')에서 큰 도전과제가 되고 있다.

역내에서 이러한 중국의 공세적 활동 강화는 한국의 입장에서 우려할 만한 사항이다. 한국과 중국은 서해에서 대륙붕 경계선, 배타적 경제수역 등 관할해역 획정과 관련하여 이견을 노출하고 있는 상태이다. 그리고 한국과 중국은 서해에서 군사작전 해역이 중첩되어 있어 해상 및 수중 군사작전 수행 중에 마찰이 발생할 수도 있다. 실제로 중국은 다수의 군함을 서해의 한국 측 해역에 배치하고 수시로 한국의 접속수역 근해까지 진출시키고 있다. 중국의 이러한 행동은 군함의 활동반경을 동쪽으로 확대시켜 서해에서 자국의 영향력을 확대하고자 하는 의도가 담겨져 있을 가능성이 높다. 이러한 서해에서 중국의 행동양상을 고려할 때, 향후 서해의 해양 관할권을 둘러싸고 중국이 도발 행위에 나설 가능성도 배제할 수 없다.

이렇게 남 · 동중국해 및 서해에서 벌어지고 있는 상황을 고려할 때, 중국의 공세적 활동은 한국의 입장에서 언제라도 분쟁으로 비화될 수 있는 당면한 위협으로 다가오고 있다. 따라서 중국의 공세적 해양활동의 근거가 되는 해양안보전략을 구체적으로 분석하고 그 특징을 평가해 볼 필요가 있다.

2. 연구의 분석틀

현재까지 중국의 해양전략 및 해양안보전략에 관한 다양한 연구가 진행되어 왔다. 특히 해군 전문가들을 중심으로 1949년 신중국 성립 이후 해양전략의 단계별 발전 과정을 설명하고, 시기별 해군력의 증강현황을 분석한 연구가 많이 이루어졌다.[1] 이러한 연구는 중국이 해군력을 증강하게 된 배경을 설명하고 앞으로 중국의 해군력이 어떠한 모습을 갖출 것인지를 예측하는 데 큰 기여를 했다. 그러나 최근들어 중국이 정규 해군력 뿐 아니라 준군사전력 및 비정규전력까지 등원하여 해양에서 이익을 확대하는 모습을 보이고 있다. 따라서 정규 해군력 뿐만 아니라 이를 지원하는 전력까지 포괄하여 중국의 해양안보전략을 연구해야할 필요성이 대두되고 있다.

특정 유형의 전략을 구상하고 분석하는 방법으로 널리 활용되는 것이 아더 라이케(Arthur F. Lykke)가 제안한 전략의 구성개념이다. 아더 라이케는 전략의 구성요소를 목표(ends), 방법(ways) 및 수단(means)의 세 가지로 구분하였다. 여기서 목표는 궁극적으로 지향하는 목적(objectives)이며, 방법은 행동방안을, 수단은 목적을 달성하는데 필요한 인력, 물

1 중국 해군의 관한 국내 연구성과는 김덕기의 연구가 대표적이다. 김덕기는 중국해군의 목표, 방법, 수단에 대해 매우 체계적으로 분석하고 있다. 김덕기.『21세기 중국 해군』, 서울: 한국해양전략연구소, 2000. 국외의 경우 특히 미국 학자들이 관련 연구를 활발히 진행하고 있다. 대표적 국외 연구성과로는 David Shambaugh, *Modernizing China's Military: Progress, problems, and prospects* (CA: University of California Press, 2002)이 있다.

자, 예산, 부대 등과 같은 도구를 말한다. 라이케의 전략의 요소 및 정의는 〈표 1〉과 같이 정리할 수 있다.

라이케는 이 3가지 전략요소를 토대로 군사전략은 군사목표와 군사자원, 그리고 군사전략개념으로 구성된다고 보았다. 여기서 군사목표는 군사행동을 통해 이루려는 최후의 결과를, 군사전략개념은 전략적 상황의 예측결과로 채택된 군사행동 방안을, 그리고 군사자원은 실제로 활용되는 군사력을 의미한다. 그는 균형 잡힌 군사전략이 되려면 전략목표와 군사전략개념 및 군사자원의 3 요소가 균형을 이루어야 함을 강조하고 있다.[2]

<표 1> 아더 라이케의 전략의 구성 요소

전략의 요소	정의
목표(Ends)	군사력을 운용하여 구체적 행동을 통해 달성해야 할 최종적 상태
수단(Means)	목표 달성에 필요한 군사력이 중심이 된 자산
방법(Ways)	수단의 제 요소를 활용하여 능력을 발휘하게 하는 행동개념

출처 : Arthur F. Lykke(ed.). *Military Strategy: Theory and Application*, p.179.

본 연구에서는 아더 라이케의 전략 분석틀을 활용하여 최근 중국이 추구하고 있는 해양안보전략을 목표, 수단, 방법으로 나누어 분석한다. 이러한 분석틀을 활용하여 현재 중국이 궁극적으로 해양에서 추구하려는 목표가 무엇이며, 이 목표를 달성하기 위해 각종 수단을 어떠한 방법으로 활용하고 있는지를 확인할 수 있을 것이다. 결론 및 정

2 Arthur F. Lykke(ed.). *Military Strategy: Theory and Application* (Carlisle Barracks, PA: U.S. Army War College, 1982), pp.179-185.

책적 함의에서는 이러한 중국의 해양안보전략에 대응하기 위해 한국이 추구해야 할 방향에 대해 간단히 살펴본다.

Ⅱ. 해양에 대한 중국의 인식과 목표

1. 해양에 대한 중국의 인식 변화

냉전 시기 중국의 관심은 해양보다는 육지에 있었다. 그러나 국제정세가 변화하고 중국의 경제력 및 군사력이 성장하면서 중국의 해양에 대한 인식은 큰 변화를 맞았다. 이러한 변화의 요인은 첫째, 중국의 국제안보적 인식의 변화 때문이다. 신진(2011)에 따르면, 중국은 2020년까지의 달성해야 할 국가목표를 아시아지역에서의 패권국(지도국)이라고 설정해 놓았다고 한다. 아시아지역 국가들과 중국을 외교적 종주국으로 하는 우호관계를 설정하고, 이를 기반으로 아시아에서 미국의 영향력을 차단하여 세계적 지도국으로 올라선다는 것이다. 이를 위하여 미국과의 충돌은 피할 수 없는 것이라고 인식하고 있다.[3]

둘째, 중국은 경제적 요인으로 인해 해양을 중시하게 되었다. 이는 중국의 경제에서 해양경제가 차지하는 부분이 크게 증가했기 때문이다. 1978년 덩샤오핑의 개혁개방 이후 중국의 해외구역과 해상물동

3 신진.『국제정치와 안보』, 대전: 충남대학교출판문화원, 2011, p.230.

량은 급속히 증가했다. 예를 들어 1978년 중국의 수출입총액은 381.4억 달러였으나 2012년에는 38조 668억 달러로 무려 100배가 증가했다. 또한 2012년 기준으로 중국 수출입 물동량의 90%, 에너지 수입량의 50%가 해양을 통해서 이동하고 있다.[4] 따라서 중국과 각국을 잇는 해상교통로는 중국경제 발전의 생명선(life line)이라 할 수 있으며, 이를 보호하는 것이 국가안보의 중요문제가 되었다. 또한 중국 주변해역의 풍부한 해양자원은 중국의 경제발전을 지속하게 해주는 큰 동력이 되고 있으며, 원양어업, 해양 및 해저자원 개발은 중국경제에서 무시할 수 없는 부분을 차지하게 되었다. 2017년을 기준으로 중국의 해양 총생산 가치는 전체 GDP의 9.4%를 차지하였으며, 2030년이 되면 15%에 육박할 것이라 예상되고 있다.[5] 따라서 지속적인 경제발전을 보장하고 해양경제활동을 보호하기 위한 군사적, 안보적 활동범위의 확대와 역량의 강화가 필요하게 되었다.

셋째, 중국은 평시부터 남중국해에 대한 통제력을 강화함으로써 유사 시 군사전략적 우위를 유지하려 하기 때문이다. 중국이 남중국해의 암초 위에 군사기지를 건설한 것은 미국의 해군력에 대항하여 불침의 항공모함을 건설하기 위한 전략이다. 현재 중국이 보유한 항공모함 및 해군력은 수적 및 질적으로 미국의 태평양 함대에 비해 열세라고 할 수 있다. 따라서 중국은 남중국해의 암초에 군사기지를 건설하고 분쟁이 발생하기 전부터 자신의 군사력을 포진함으로써 전략적 열세를 만회하려는 구상이다. 또한 대만의 양안문제와 관련하여, 중

4 楊震·蔡亮."海權視域下的当代中印海軍戰略比較,"『当代亞太』, 第1期 (2016), pp.34-35.
5 中國國家海洋局. "2017年中國海洋經濟統計公報," (2018. 3.27.).

국이 무력통일을 시도할 경우에 남중국해의 군사기지는 미국의 군사력의 접근을 저지할 수 있는 전략적 기반이 될 수 있다.

2. 중국의 해양안보전략 목표

중국의 후진타오는 2012년 11월 제18차 당대회에서 '해양강국 건설'이라는 국가전략목표를 최초로 제기하고, 국가전략 차원에서 해양과 관계된 권익을 단호히 수호해야 한다고 강조했다. 그리고 중국은 해양강국 건설을 위한 요소로서 해양자원개발능력 향상, 해양경제의 발전, 해양생태환경 보호 및 국가해양이익의 보호 등 4가지를 제시했다.[6]

상기 해양강국 건설의 요소 중 국가해양이익의 보호가 해양안보전략의 주된 지향점이 된다고 할 수 있다. 이지용에 의하면, 국가 해양이익을 보호하는 것은 해양에서 타국의 간섭을 배제하고 주변 해역에 대한 배타적인 통제권을 확립하는 것과, 바다를 활용하여 지속적인 경제성장을 위한 안정적인 자원을 확보할 수 있는 기반을 조성하는 것이라고 한다.[7]

그렇다면 중국이 추구하는 해양안보전략의 세부목표는 무엇인가? 다수의 연구자들은 중국이 국가 해양이익의 보호라는 해양안보 목표의 달성을 위해 해양방위 능력 강화, 해양영토 주권 수호, 해양권익 확

6 湖錦濤. "中國共産 第十八次全國代表大會上的報告," (2012.10.18.). 신중국 건국 이후 1990년대에 이르기까지 공산당 당대회에서 해양에 관한 내용은 연해지역 개방의 성과 및 중요성을 언급하는데 그쳤다. 공산당 지도부에서 해양에 대한 관심이 본격화 된 것은 2000년대에 들어와서 부터였다.

7 이지용. "중국의 국가정체성 진화와 동아시아 해양안보환경 변화," 『국제관계연구』, 제19권 제1호, 2014, pp.95-97.

보 및 해양경제발전 보장이라는 네 가지 세부 목표를 설정하고 이의 달성을 위해 노력하고 있다고 본다.[8]

먼저 역내 해양방위 능력 강화는 중국의 급격한 해군력 확장과 더불어 미국에 대항하여 아 · 태 해역에 대한 통제권을 강화하려는 노력으로 나타나고 있다. 랴오닝 함공모함전단의 훈련, 정례적인 남중국해 순찰활동 등은 미국에 대항하여 아 · 태 해역에서 자국의 통제권을 제고하기 위한 중국의 대표적 조치들이다.

중국이 주장하는 해양영토주권을 수호하는 것 역시 해양안보전략의 주요한 세부 목표이다. 먼저 중국은 대만의 독립 시도를 억제하고 대만의 분리독립을 지원하거나 조장하는 세력의 간섭을 저지할 수 있는 능력을 갖추는 것을 최우선 목표로 삼고 있다. 또한 중국이 자국의 해역이라 주장하는 남중국해의 관할권을 강화하고, 일본이 실효적으로 지배하고 있는 센카쿠 열도를 분쟁지역화하여 동중국해의 현상을 변경하는 것 역시 중요한 과업이라 할 수 있다.

중국은 해양에서 배타적인 해양권익을 확보하기 위해서도 적극적으로 노력하고 있다. 중국 서해 EEZ 경계획정에서 유리한 고지를 점하기 위해 한국의 반발에도 불구하고 중국의 군함을 한국과 중국의 중간수역에 진출시키고 있다. 또한 남중국해 인공섬 건설은 표면적으로 중국의 고유한 영토주권을 보호하기 위한 조치로 비춰지고 있지만 중국의 해저자원 및 어업자원 영역을 확대하기 위한 전략이다.

8 Liza Tobin. "Underway-Beijing's Strategy to Build China into a Maritime Great Power." *Naval War College Review*, Vol.71, No.2 (2018), pp.17-48; 金永明. "中國海洋安全戰略研究,"『國際展望』, 第4期 (2012), pp.7-8; 成志杰. "中國海洋戰略的概念內涵 戰略設計,"『亞太安全 海洋研究』, 第6期 (2017), pp.31-34.

해양경제가 발전을 지속하도록 보장하는 것 역시 해양안보전략의 중요한 세부 목표 중 하나이다. 중국은 1992년 이후로 원유 순수입국이 되었으며 2017년 미국을 제치고 세계 최대 원유 수입국이 되었다.[9] 중국은 생산력 유지를 위해 원유수입을 더욱 확대할 것인 바, 이를 위한 원유 수송로의 안전은 필수적이다. 또한 중국의 경제발전은 원재료를 수입하여 값싼 노동력을 통해 가공 후 이를 수출하는 구조로 이루어져 있기 때문에 해상교역의 통로를 안정화시키는 것이 국가안보에 매우 중요하다. 이이렇게 해상교통로의 안전이 자국의 경제성장에 지대한 영향을 미치고 있기 때문에 중국은 국제적인 해적퇴치 활동에 적극적으로 참여하고, 해외 군사기지 확보에도 적극적인 모습을 보이고 있는 것이다.

III. 목표달성 수단의 다양화

위에서 살펴본 해양안보전략의 목표를 달성하기 위해 중국이 활용하는 수단에는 대표적으로 해군, 해양경찰 및 해상민병이 있다. 먼저 해군은 주로 전통적 위협에 대응하는 역할을 수행하는 정규 군사력이다. 필요시에는 다른 수단들과 결합하여 비전통적 위협들에 대한 대응 및 강압능력을 강화시키는 역할을 할 수 있다. 다음으로 해양경찰

9 대한석유협회. "중국의 석유산업 현황 및 수요전망(조사보고서 18-3)," (2018. 4.18).

은 평시에는 해양에서의 질서 확립 및 법집행을 담당하는 수단이지만, 언제든지 군사적 목적으로 활용될 수 있는 준군사력이다. 마지막 해상민병은 특정 목표의 달성을 위해 필요 시 군사활동을 지원하는 예비 지원전력이라 할 수 있다. 중국은 자국의 해양안보전략 목표 달성을 위해 상기 수단의 수적 팽창 뿐 아니라 질적 능력의 향상을 동시에 추구하고 있다.

1. 해군력의 증강

가. 군구조 개편을 통한 해군 위상 강화

중국의 2015년부터 인민해방군 개혁을 본격적으로 추진하면서 해군력 강화를 위해 노력하고 있다. 중국은 현재 230만 명인 총 병력에서 2020년까지 30만 명을 감축하여 총병력을 200만 명으로 유지할 예정이다. 이 계획에 따라 육군병력은 감축되지만, 해군병력은 오히려 증가할 예정이다.[10]. 증가된 해군병력은 해군육전대 부대의 추가 창설로 반영되고 있다. 현재 해군육전대는 남중국해 도서 분쟁에 대비하여 남해함대에만 주둔 중이나 추가적으로 부대가 창설되면 북해함대 및 동해함대에도 배치되어 동중국해 분쟁 및 한반도 유사시에 즉응전력으로 운용될 것이다.[11]

다음으로 중국은 기존 육군 우위의 군 구조를 개편하여 해군 이 육

10 郑义炜. "陆海复合型中国"海洋强国"战略分析," 『东北亚论坛』, 第2期 (2018), p.83.

11 Peter A. Dutton, and Ryan D. Martinson(eds.). *China's Evolving Surface Fleet* (Newport, RI: Naval War College Press, 2017), pp.6-8.

군과 대등한 입장에서 군종을 관리하고 주도적으로 전력을 건설할 수 있도록 했다. 2016년 1월 1일, 중국은 중앙군사위원회 명의로《국방과 군대개혁 심화에 관한 의견》을 발표했다. 여기서 중국은 중앙군사위원회 주석이 육군인 총참모장을 거쳐 각 군을 지휘하던 방식을 철폐하고 각 군에 직접 군령권을 행사토록 하였다.[12] 중국의 각 군간 불균형 해소 노력 및 총참모부 폐지 조치는 이전까지 해군을 인민해방군 예하의 하나의 군종으로 취급하던 것에서 벗어나 육군과 대등한 독립적인 군으로 발전시키겠다는 것을 의미한다고 볼 수 있다.[13]

다음으로 중국은 7대 군구(軍區)를 5대 전구(戰區)로 개편하여 인민해방군을 지상군 중심의 재래식 군대에서 국외 및 해양으로 군사력 투사가 가능한 기동형 군대로 전환시키려 노력하고 있다. 중국은 기존의 군구를 해체하고 전투지휘 임무만을 전담하는 전구를 창설함으로써 지상군 중심의 지역방어 개념을 탈피하여 국지전 혹은 해양 분쟁 발생 시 신속한 대응 및 군사력 투사가 가능토록 노력하고 있다.[14]

특히 중국은 남중국해 분쟁 대응을 전담하는 남부전구를 창설하고 전구사령원에 해군 중장을 임명함으로써, 주변국과의 해양 분쟁 시 해군이 중심이 되어 효과적인 합동작전을 수행 할 수 있는 체계를 갖추었다. 이러한 군구 개편이 완전히 정착된다면 중국은 국지 분쟁에 대한 대응능력을 더욱 향상시킬 수 있을 것이다. 자연히 센카쿠 열도

12 中國共産 中央軍事委員會. "關于深化國防和軍隊改革的意見," (2016. 1. 1.).

13 "中共中央決定調整中國人民武裝警察部隊領導指揮 制," 『新華 』(2017.12.17.). 한편 2018년 1월 1일부터 중앙군사위원회에서 이전까지 중앙군사위원회와 국무원 공안부의 2중 통제를 받던 인민무장경찰부대를 직접 지휘하게 되었다. 이 결정을 통해 인민무장경찰은 중국의 육군, 해군, 공군, 로켓군 및 전략지원부대에 이은 제6의 병종이 되었다.

14 劉海峰, "從軍區到戰區, 轉變的脚步須加快," 『中國國防報』(2016. 9.29.).

와 남중국해에서 갈등을 겪고 있는 일본 및 주변국에게는 더욱 큰 위협이 될 것이다.[15]

나. 해군력 증강 및 원해작전 능력 강화

중국의 경제력과 군사력이 성장하면서 중국의 해양 핵심이익에 대한 방어범위가 확대되었다. 특히 경제성장에 필요한 원료와 상품 수출입의 안전을 확보하기 위한 해상교통로의 확보문제가 핵심이익이 되었다. 또한 남중국해에서의 석유와 천연가스, 해저자원의 개발을 추진하기 위해서는 주변국과의 갈등을 군사적으로 제압할 수 있는 해군력의 중요성이 급격하게 부상하였다. 나아가 공해상과 같은 원거리 해양에서의 중국의 위상을 강화할 필요가 부각되었다[16]. 해양에서 핵심이익 보호의 중요성을 인식한 정치지도자들은 강력한 해군력 건설을 강조하기 시작했다. 특히 시진핑 중국 국가주석은 2018년 4월 남중국해에서 진행된 최대 규모의 관함식에서 중국은 세계 일류의 해군을 건설할 것이라 대내외에 공표했다. 이러한 국가적 관심 속에 중국은 노후 군함의 세대교체 및 국산 항공모함을 포함한 신형 군함의 추가 건조를 급속도로 진행하고 있다.[17]

먼저 중국의 원거리 해양작전능력의 증강은 향후 15년 내 총 6척의 항모를 확보한다는 계획으로 현실화되고 있다. 중국은 1998년 우크라

---

15 구자선. "중국 국방·군 개혁 현황 및 전망: 조직 구조를 중심으로," 『주요국제분제분석(2016-53호)』(2016.12. 2.); 유동원. "중국 군사체제 개혁과 한국의 대응," 『한국민족문화』, 제61호, 2016, pp.533-569; "袁譽柏任南部戰區司令 打破陸軍大一統," 『球』(2017. 1.22.).

16 Scobell, Andrew, et al. "China's Aircraft Carrier Program," *Naval War College Review*, Vol.68, No.4 (2015), pp.65-68.

17 "習近平:把人民海軍全面建成世界一流海軍," 『新華』(2018. 4. 2.).

이나로부터 구소련 항공모함(Varyag)을 구입하여 개조한 후, 랴오닝함(Liaoning) 으로 명명하여 2012년 9월에 진수하였다. 이어, 2017년 4월에는 랴오닝함의 성능을 일부 개선한 산둥함을 자체적으로 건조하여 진수하였다. 중국은 2022년까지 총 4척의 항공모함을 확보한다는 계획 아래 3, 4번 항공모함을 현재 건조 중이다.[18] 그러나 2012년에 진수한 랴오닝함은 실제로는 전투능력이 상당히 제한된다. 14도 각도인 스키점프식 이륙시스템으로 인하여 중국산 J-15 함재기의 무기 장착능력이 제한을 받고 있다. 또한 항공모함 운영이 미숙하여 실제로는 항모전단 작전능력을 완전히 갖추었다고 평가하기 어렵다.

또한 중국은 항공모함전단에서 구역방공 임무를 수행할 10,000 톤급 Type 055 유도미사일구축함 역시 새로이 건조하고 있다. Type 055 구축함은 128셀의 수직발사대에 사정거리 200km 이상의 공대함 미사일을 다수 탑재하여 항모전단에 원거리 방공능력을 제공하는 핵심전력이 될 것이다.[19] 현재 건조 중이거나 건조가 계획된 Type 055 구축함은 총 8척이며, 1개 항공모함 전단에 3-4척의 방공구축함이 배치된다는 것을 감안할 때 중국은 Type 055 구축함을 20척 이상 건조할 것이라 예상된다.

다음으로 중대형 수상함의 경우 노후함정이 도태되고 신조함정으로 빠르게 전환되고 있다. 중국은 2017년 한해에만 뤄양(Luyang)-2/3급 구축함 4척, 쟝카이(Jiangkai)-1/2급 호위함 5척을 취역시켰다. 또한

18 U.S. Defense Intelligence Agency. *China's Military Power: Modernizing a Force to Fight and Win* (Washington DC: Defense Intelligence Agency, 2019), pp.75-76.

19 Peter A. Dutton, and Ryan D. Martinson(eds.). *China's Evolving Surface Fleet*, pp.5?-54.

1,300톤급 쟝다오(Jiangdao)급 연안초계함의 경우 2012년부터 2017년까지 총 46척을 건조하는 등 연안경비용 중소형 함정의 확보에 박차를 가하고 있다.[20] 중국은 새로이 건조한 호위함 및 초계함 전력을 일본과 영유권 분쟁 중인 센카쿠 열도를 관할하는 동해함대와 남중국해를 관할하는 남해함대에 집중 배치함으로써 연안 통제능력 및 영유권 분쟁 시 신속대응능력을 강화하고 있다.

현재의 추세대로 중국의 해군력 증강이 계속될 경우 2025년을 전후하여 중국은 국산 항공모함과 신형 방공구축함으로 구성된 항모전단을 2-3개 상시 운용할 수 있을 것이다. 다수의 항모전단은 역내 해역에서 중국의 해양권익을 확대하고 해양 영유권 분쟁 시 상대국에 대한 강압능력을 크게 강화시키는 효과적인 수단이 될 것이다. 또한 중국은 100여 척의 초계함과 50여 척의 호위함을 동해함대 및 남해함대에 배치하여 주변국과의 분쟁 시 수적 우위를 점하려 할 것이다.

2. 해양경찰의 강화

가. 해양경비 조직 개편 및 일원적 통제력 강화

과거 중국의 해양경비 및 법집행 조직은 다양한 기관에 분산되어 있었으며, 그 지휘체계도 매우 복잡했다.[21] 그러나 경제의 해외 의존도가

---

20 U.S. Department of Defense. *Annual Report to Congress: Military and Security Developments Involving the People's Republic of China 2018* (Washington DC: Department of Defense, 2018), pp.29-30.

21 중국은 2013년까지 변방해경, 중국어정, 해감총대, 중국변방해사국, 밀수단속경찰 등 5개의 부서에 해양경비 임무가 분산되어 있었다.

심화되고 동중국해 및 남중국해에서 주변국과의 해양 분쟁이 격화됨에 따라 중국은 해양문제의 일원적 관리체계의 필요성을 절감하게 되었다. 이에 따라 중국은 제반 해양안보문제의 관리 및 법집행의 효율성을 위하여 2013년 개최된 제12기 제1차 전국인민대표회의에서 분산된 해양 법집행 조직을 새로이 창설된 중국해양국 산하의 '해경국'으로 통합했다.[22] 이러한 해양관리 및 법집행 조직의 통합은 기존의 각 기관에 분산되어 있던 업무를 해경국 중심의 일원적인 관리체제로 전환했다는 점에서 의미가 크며, 동중국해 및 남중국해를 둘러싼 해양 영유권 분쟁에서 대응력을 강화시키려는 중국정부의 입장이 직접 반영된 결과이다.[23] 실제로 전력 통합 이후 동·남중국해에서 일본, 베트남, 필리핀 등 주변국과의 해양영토 주권에 대한 충돌과 갈등이 심화되면서 중국 해경의 관할 해역 감시순찰 업무가 강화되었으며, 불법침범어선 및 함정에 대해 적극적으로 대응하는 모습을 보이고 있다.

한편 2018년 3월 21일 중국공산당은 기존에 국가해양국 및 공안국에서 보유하던 해경에 대한 관할권을 인민무장경찰부대로 전환시켰다[24]. 해경이 군사조직인 인민무장경찰의 통제를 받게 됨에 따라 중국은 언제든지 해경을 군사적 임무에 투입할 수 있게 된 것이다.

중국은 해경 지휘구조 개편 후 해양경계선과 도서영유권을 둘러싼 주변국과의 분쟁에서 자국의 주장을 강화하기 위해 '군경민 합동순시편대'를 조직하는 등 해군과 해양경찰의 통합운용을 적극적으로 실시

22 中國國務院. "國務院机 改革和職能轉變方案," (2013. 3.15.).

23 양희철. "중국의 주요 해양정책에 관한 연구동향 분석," 『동서연구』, 제31권 제1호, 2015, pp.162-163; 조영남. 『중국의 꿈: 시진핑 리더십과 중국의 미래』, 서울: 민음사, 2013 pp.313-314.

24 中國共産 . "深化 和國家机 改革方案," (2018. 3.21.).

중이다. 중앙군사위원회-무장경찰-해경으로 이어지는 지휘계선의 단일화를 통해 중국은 해양영유권 분쟁을 벌이고 있는 동중국해 및 남중국해에서 주변국의 활동에 유기적으로 대응이 가능하게 되었다. 반면에 주변국들은 향후 중국 해경의 활동이 경찰로서의 법집행활동인지 군대로서의 군사작전활동인지 경계가 모호해져 대응이 어렵게 될 가능성이 높아졌다.

나. 대형함 위주의 해경 전력 증강

공세적 해양안보목표 달성을 위한 중국 해경의 전력증강은 대형 경비함정 확보 가속화, 함정건조 시 해군과 상호운용성 향상 등의 방향으로 추진되고 있다.

<그림 1> 중국 해경의 주요 전력 증강 현황

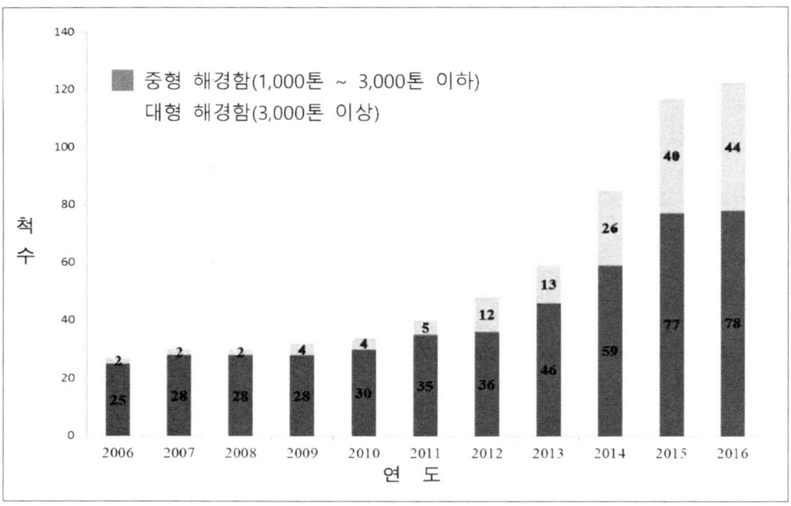

출처 : IHS, *Jane's Fighting Ships 2012-2018* 참고, 저자 작성.

먼저 2016년을 기준으로 중국 해경은 1,000톤 이상 경비함을 120여 척 보유 중이다. 〈그림 1〉에서와 같이 2006년 당시 1,000톤 이상 경비함이 27척에 불과했다는 점을 고려하였을 때, 이는 매우 급격한 전력 증강이라 볼 수 있다. 중국 해경은 2015년에는 36척의 함정을 신규 도입했고, 2017년 중반까지 4,000톤 급 경비함 18척을 보유하는 등 원양 작전 능력을 확대하고 있다. 또한 2017년에는 만재배수량이 15,000톤에 달하는 세계 최대 해경함정을 취역시키기도 했다. 이러한 대형순시함들은 동중국해와 남중국해에서 정기적으로 활동하면서 중국 해경이 공세적인 활동을 펼치는데 큰 역할을 담당할 것이다.[25]

또한 중국 해경은 경비함 건조 시 해군과의 상호운용성 향상을 위해서도 노력하고 있다. 예를 들어 2016년 건조된 3,000톤급 818급 경비함은 해군의 장카이급 호위함을 기반으로 설계되었다. 818함은 장카이급 호위함과 배수량은 비슷하지만, 더 넓은 헬기 갑판을 가지고 있어 다양한 기종의 헬기를 운용하는 것이 가능하다. 또한 해상보급 장치를 설치해 해군의 군수지원함으로부터 해상보급을 받을 수 있다.[26] 중국은 해경함정 설계 시부터 해군과의 합동작전 및 해군작전을 지원할 수 할 수 있는 능력을 갖추도록 함으로써 해양주권 수호활동을 더욱 원활히 하도록 하고, 해상경비 및 법집행 능력 역시 향상시키고 있다.

결론적으로 중국 해경은 상대적으로 강한 무장을 갖춘 대형 경비함정을 계속 도입하고 해군과 상호운용성을 향상시킴으로써 해양권익

25 Ryan D. Martinson. *Echelon Defense: The Role of Sea Power in Chinese Maritime Dispute Strategy* (Newport, RI: Naval War College Press, 2018), pp.16-18.

26 "中國海警從小艇到大艦, 海警船比美國驅逐艦還要大,"『鳳凰』(2018. 1.15.).

수호 및 법집행의 효율성을 강화하고 각종 분쟁 시 우위를 확보하려고 노력하고 있다.

3. 해상민병의 확대

중국의 민병은 공산당의 지도하에 생산 활동에 종사함과 동시에 일정 수준의 군사작전 능력을 갖추고 있는 정규 전력을 지원하는 예비 전력이다. 어민과 어선단으로 구성된 중국의 해상민병은 1950년대 대만과의 무력충돌 시기부터 활동하였으며, 21세기에 들어서는 첨예화되고 있는 동중국해 및 남중국해의 영유권 분쟁에서 정규 전력의 공백을 보충하는 전력으로 활약하고 있다.[27] 해상민병의 활동은 2009년 남중국해에서 미국 해양조사선 임페커블함의 항로 방해, 2012년 스카보로 숄(Scarborough Shoal, 중국명: 황옌다오(黃岩島)) 주변에서 필리핀에 대항한 시위, 2016년 센카쿠 열도 근해 대규모 어선단 진입 사건 등으로 인해 주목을 끈 바 있다.[28]

해상민병은 중국의 공세적 해양이익 추구를 직 · 간접적으로 지원하는 다양한 활동을 펼치고 있다. 예를 들어 중국이 소유권을 주장하는 암초나 무인도 등에 상륙하여 임시거주지를 설치하고 중국영토 표지(標識)를 설치 등의 활동을 통해 해당 도서 및 해역에 대한 실효지배권을 대내외에 선전하는 역할 역시 수행한다. 동시에 타국의 해경함

27 中國國防部.『2010年中國的國防』(北京: 中國國防部, 2010); 王振宇·吳俊辰·朱丁一. "中國海上民兵支援維權的能力提升途徑,"『海洋信息』. 第21期 (2017), p.43.

28 James Kraska, and Michael Monti. "The Law of Naval Warfare and China's Maritime Militia," *International Law Studies*, Vol.91 (2015), pp.453-454.

정이나 군함이 자국의 영유권 주장에 반하는 활동을 경우 이를 조기에 발견, 보고하여 선제적 조치가 이루어 질 수 있도록 돕는다. 또한 인공섬 건설 시 대형선박이 접근할 수 없는 암초에 건설자재 및 보급품을 운송하는데 투입되는 등 중국의 공세적 해양영토 확장을 지원하고 있다.[29]

일반적으로 주변국과 분쟁 시에는 해군과 해경 등과 협력하여 정규전력의 작전을 지원하는 임무에 주로 종사한다. 정규 전력인 해군이 상대국 함선의 항행을 방해하거나 위협하는 활동을 하는 것은 군사적 긴장을 고조시키고 외교적 마찰을 불러일으킬 수 있다. 그러나 2009년 발생한 임페커블함 사건 시 보여준 것처럼 민병어선을 이용하여 상대방의 활동을 방해할 경우 이에 대한 대응이 어려워진다.

王振宇 등(2017)은 현재 중국이 해양에서 자국의 이익을 보호받을 수 있는 국제법적 환경이 매우 열악하다고 주장한다. 이들은 중국이 해양에서 자국의 이익을 보호하는 것이 불충분한 현재의 상황에서 해상민병대의 활동이 매우 중요하며, 이들이 사활적인 역할을 할 필요가 있다고 본다. 국제법이 서구 강대국 위주로 해석되는 상황 하에서는 국가의 이익과 자신들의 이익을 쟁취하기 위하여 민간인들이 무장을 하고 스스로 구제할 수 있도록 더욱 노력해야 한다고 주장하고 있다.[30]

이렇게 중국은 각종 해양 분쟁 시 해상민병을 전면에 내세워 외교적 파급력 및 국제 여론의 비난을 최소화하면서 자국이 의도하는 바를 달성하려 노력하고 있다.

29 趙經義. "面向形勢任務, 建强海上民兵,"『國防』, 第2期 (2017), pp.41-42.

30 王振宇·吳俊辰·朱丁一. "中國海上民兵支援維權的能力提升途徑," pp.45-46.

IV. 목표달성 방법의 복합성과 지구성

1. 살라미 자르기 전략(Salami Slicing Strategy)

중국은 해양과 관련된 분쟁에 있어서 직접적인 강제력의 사용과 국제사회에서 자국의 권리를 주장하는 방식을 혼합하여 사용하면서 자국의 영향력을 확대하는 전략을 취하고 있다. 중국은 당시의 국제적 상황, 국내적 여건 등을 고려해 강제력 사용을 통한 이익의 확대와 협상을 통한 현상유지의 방식을 동시에 또는 교대로 사용해 왔다. 이러한 점진적 현상변경 추구를 '살라미 자르기 전략'(salami-slicing strategy, 이하 살라미 전략)이라고 한다. 특히 중국은 이러한 도발과 현상유지의 과정에서 위기의 강도를 조절하기 위해 해군과 같은 정규 전력보다는 해경 및 해상민병과 같은 준군사력과 예비지원전력을 앞세워 점진적으로 분쟁 지역에서 실효적 지배력을 확립하는 방식을 사용하고 있다.[31]

남중국해를 둘러싼 영유권 문제와 관련하여 중국이 살라민 전략을 어떻게 적용하는지 살펴보자. 중국은 1970년대까지 중국은 남중국해 문제에 있어서 별다른 군사적 대응을 하지 않는 현상유지 방침을 고수했다. 그러나 경제력이 급성장하기 시작한 1980년대 후반부터는 군사력을 사용하여 남사(南沙) 군도 내 7개 도서를 점령하는 확대전략을 전개하기 시작했다. 중국은 1988년을 전후해 남사군도의 암초를 무력

31 유동원. "중국의 남중국해 전략 변화: 새로운 확대전략의 실천과 특징," 『中蘇硏究』, 제39권 제3호, 2015, pp.185-219.

으로 점령한 이후 소규모 감시초소 및 경계시설을 설치했다.

남사군도 내 암초 점령 후 주변국들이 별다른 대응을 하지 않자 중국 역시 1990년대부터는 상대국과 군사적 충돌을 일으키지 않았다. 이후 후진타오 집권 시기까지 중국은 동중국해 및 남중국해 영유권 다툼에서 분쟁을 국제화하기 보다는 제 3국의 개입을 최대한 배제하면서 당사국과 양자 협상을 통해 해결한다는 입장을 견지했다. 그러다가 2010년대 들어 중국은 다시금 강제력을 우선적으로 사용하는 방식으로 전략의 방향을 수정했다. 시진핑 집권 후부터는 주변국 반발에도 불구하고 인공섬 매립을 시작했고, 2016년 상설중재재판소(PCA; Permanent Court of Arbitration) 중재판결에 불복하는 등 일련의 확대행동을 추구했다.[32] 중국의 남중국해 내 인공섬 매립 및 군사기지화에 대해 미국을 비롯한 주변국들이 계속해서 반발했으나 중국은 이에 관계없이 군사기지화를 완료했다.

현재 중국은 남중국해에서 7개의 인공섬에 대한 실효적 지배권을 공고히 하는 현상유지의 모습을 보이고 있다. 중국은 당분간 다른 환초를 매립하는 등의 추가적인 확대전략을 추구하지는 않을 것이다. 그러나 향후 인공섬에 군사시설이 완공되고 해군력과 공군력이 상시 배치된다면 중국은 남중국해에서 주변 분쟁국에 비해 압도적인 군사적 우위를 확립하게 될 것이다. 이 경우 중국은 자국이 주장하는 9단선[33] 내의 완전한 관할권을 확립하기 위해 베트남, 필리핀 등이 점유

32 O'Rourke, Ronald. *Maritime Territorial and Exclusive Economic Zone(EEZ) Disputes Involving China: Issues for Congress* (Washington DC : Library of Congress, Congressional Research Service, 2017), pp.31-41.

33 9단선은 베트남, 인도네시아, 필리핀 해안선으로부터 근접한 지역에 9개의 가상 기준선을 그어 놓은

중인 환초에 대한 점령을 시도하는 등 다시금 확대단계를 추구할 수도 있다.

2. 회색지대 전략(Gray Zone Strategy)

회색지대(Gray Zone)는 국가 간에 전쟁도 평화도 아닌 긴장상태를 의미한다. 회색지대전략은 이러한 지속적 긴장상태를 통하여 전략적 목표를 달성하는 방법이다. 회색지대전략을 구사하는 국가는 직접적인 전쟁까지는 이르지 않지만 그렇다고 평화적인 상태는 아닌 상태에서 도발과 위협을 반복하면서 긴장을 지속시킨다. 그리고 이러한 긴장을 회피하려는 상대국의 평화추구 의지를 역이용하여 도발한 이익을 기정사실화 하는 전략이다. 홈즈와 요시하라에 의하면, 회색지대 전략의 목표는 전면적인 무력행사를 통해 기존의 질서를 일거에 뒤바꾸기보다는 지속적인 위협과 도발을 통해 점진적으로 기존의 질서를 자국에 유리한 방향으로 바꾸거나, 새로운 질서로 대체하는 것으로써, 일종의 점진적인 기정사실화를 추구하는 것이다.[34]

이러한 중국의 회색지대전략이 잘 나타나는 사례가 바로 센카쿠 열

것을 뜻하는 것으로 중국은 여기에 포함된 모든 섬이 역사적으로 자신들의 소유라고 주장하고 있다.

34 James R. Holmes, and Toshi Yoshihara. "Deterring China in the "Gray Zone": Lessons of the South China Sea for U.S. Alliances," *Orbis*, Vol.61, No.3 (2017), pp.322-324. 동아시아 해역에서 중국과 주변국간 벌어지고 있는 영유권 분쟁을 회색지대전략을 중심으로 분석한 대표적 연구는 정삼만. "Gray Zone Strategy in Maritime Arena: Theories and Practices," 『Strategy 21』, 제43호, 2018, pp.89-124; Van Jackson. "Tactics of Strategic Compitition: Gray Zones, Redlines, and Conflicts before War," *Naval War College Review*. Vol.70, No.3 (2017), pp.39-61. 한편 정구연은 회색지대 갈등의 등장에 따라 미국이 해양전략의 변화를 추구하게 되었다고 분석한다. 정구연, "미중 세력전이와 미국 해양전략의 변화: 회색지대갈등을 중심으로,"『국가전략』. 제24권. 제3호, 2018, pp. 87-112.

도를 둘러싼 동중국해에서 일본과의 영유권 분쟁이다. 중국은 청일전쟁 후 일본이 센카쿠 열도를 불법 점령했다며 이는 자국의 고유한 영토라고 주장해 왔다. 특히 2000년대 후반에 들어 센카쿠 열도를 둘러싼 중국과 일본 간의 분쟁이 심화되기 시작했다. 2010년 일본이 센카쿠 열도의 영내 내로 진입한 중국 어선을 나포하고, 2012년에는 센카쿠 열도의 국유화를 선언함에 따라 양국 간 분쟁은 더욱 격화되었다. 이에 대응하여 중국은 센카쿠 열도 주변해역에 영해 기선을 설정하고 다수의 관공선과 어선을 센카쿠 영해에 진입시키는 등 강경하게 대응했다. 이어서 중국은 2013년 일방적으로 동중국해에 방공식별구역(CADIZ)을 선포하고 이 구역 내에 센카쿠 열도를 포함시킴으로써, 센카쿠 열도 상공을 자국이 통제하겠다는 의도를 분명히 했다. 일본이 이를 인정하지 않자 중국은 CADIZ의 기정사실화를 위해 계속적으로 센카쿠 열도 상공에 자국 항공기를 출동시키고 있다.[35]

또한 중국은 2016년 8월에 해경함정 15척의 호위 하에 어선 및 해상민병 선박 400여 척을 센카쿠 섬의 영해 및 접속수역으로 진입시키는 대규모 행동을 실시했다.[36] 이는 중국이 센카쿠 열도의 분쟁해역을 자국의 어선으로 가득 메우는 해상 인해전술을 적용하여 자국의 해상 동원능력을 과시하고 일본 해상보안청의 대응능력을 확인하기 위한 의도된 사건이었다. 당시 일본은 해상순시선 배치 부족으로 중국어선의 침입을 저지할 수 없었으며, 중국이 자국 어선 및 해경함정들을 철수시킬 때까지 외교적 항의를 계속할 뿐이었다. 이를 통해 중국은 일

35 Van Jackson. “Tactics of Strategic Compitition,” pp.53-54.

36 “日媒 呼15 中國公務船巡航釣魚島猜測周圍漁船是民兵,”『 球 』(2016. 8. 9.).

본이 센카쿠 열도를 실효적으로 지배하지 못하고 있다는 인식을 주변으로 확대시키는데 성공하였다. 즉, 점진적인 회색지대전략을 적용하여 국제사회가 일본의 실효적 지배력에 관해 의구심을 가지게 만드는 전략적 효과를 거둔 것이다.

이렇게 중국은 2010년 해상민병으로 추정되는 어선단의 센카쿠 영해 침범, 2012년 센카쿠 열도를 포함하는 영해기선 선포, 2013년 일방적 CADIZ 선포, 2016년 해경함정 및 어선 수백 척의 주변수역 침범 등 일련의 위협과 도발을 통해 일본의 실효지배력에 손상을 가하고 해당 해역을 분쟁화 하고 있다. 향후에도 중국은 회색지대전략에 입각하여 전면적인 무력충돌까지는 이르지 않을 정도의 위협 및 도발을 계속하는 등 일본의 실효지배를 약화시키고 영유권 분쟁에서 우위를 점하기 위해 노력할 것으로 예상된다.

3. 양배추 전략(包心菜戰略)

중국은 다수의 해상민병 어선과 해경함정, 그리고 해군 군함까지 활용하여 남중국해 암초와 같은 영유권 분쟁 해역을 겹겹이 에워싸는, 소위 '양배추 전략(包心菜戰略)' 역시 적극적으로 활용하고 있다. 이는 압도적인 전력을 활용하여 상대국을 위협해 어쩔 수 없이 퇴각하거나 물러서도록 압박하는 전략으로써, 마오쩌둥의 인민전쟁전략을 바다에 적용한 일종의 '해상 인민전쟁전략'이라 할 수 있다.

중국은 2012년 필리핀과 스카보로 암초 영유권 분쟁 시 양배추 전략을 적극 활용했다. 당시 중국은 먼저 다수의 어선을 스카보로 암초 인근해역에 배치하고, 그 다음 어정국 소속 어업행정선 및 해양감시총대 순시선을 투입하여 필리핀 당국의 어선 나포 시도를 저지하였다. 마지막으로 해군 군함이 암초 외해를 겹겹이 에워싸서 필리핀 선박이 퇴각하면 다시 진입을 할 수 없도록 하였다. 당시 중국은 이 전략이 매우 성공적이며, 남중국해에서 중국이 주장하는 통제권 확립에 매우 적절한 방식임을 인정했다.[37]

또한 2016년 8월 어선 수백 척 및 해경함정이 센카쿠 열도 접속수역 및 영해 진입한 사건 역시 중국의 양배추 전략이 효과적으로 적용된 사례였다. 당시 중국 해경함정은 자국의 어민보호 및 단속을 이유로 일본 측 영해로 수십여 차례 진입했다. 반면에 일본은 중국의 이러한 활동에 효과적으로 대응하기 어려웠다. 만약 중국의 민간어선 혹은 해경함정이 일본의 단속활동에 협조하지 않아 일본 순시선과 물리적 출동이 벌어졌다면 일본 해경은 해상자위대에 지원 요청을 할 수밖에 없었을 것이다. 일단 해상자위대가 대응하는 순간 사건은 무력충돌로 비화되어 중국에게 동일한 군사적 대응을 할 수 있게 하는 빌미를 제공하게 되는 것이다.[38]

이처럼 중국은 미국이나 주변국을 크게 자극할 수 있는 정규 군사력의 전면적인 투입을 지양하고 해양경찰 및 해상민병과 같은 준군사력 및 지원전력을 전면에 내세워 자신들의 의도한 바를 성취함으로써, 남중국해 및 동중국해에서 자국의 영향력을 크게 확대시켰다. 중국은 이러한 양배추 전략을 다양한 해양 분쟁 상황에 적용할 수 있다는 점

37 "張召忠: 美軍▩ 的"包心菜"戰略同樣适用于東海," 『頭條軍事』(2016. 8.20.).

38 王振宇·吳俊辰·朱丁一. "中國海上民兵支援維權的能力提升途徑," p.43.

을 강조하고 있다. 현재에도 다수의 중국 어선이 일본이 센카쿠 열도 주변을 포위하고 있으며, 해경함정은 편대를 이루어 일본이 주장하는 센카쿠 열도의 접속수역을 수시로 침범하고 있다. 동시에 중국 해군 군함은 주기적으로 센카쿠 열도 근처를 항해하면서 필요시 언제든지 군사력을 사용할 수 있다는 위협을 가하고 있는 것이다.

중국은 남중국해에서 자국의 배타적 관할권을 공고히 하기 위해 양배추 전략에 의거한 순시활동을 강화하고 있다. 2018년 4월 중국은 해군 호위함 4척, 해경 순시선, 지방정부 법 집행선 등으로 '군 · 경 · 민 합동순시편대(軍警民聯合巡邏編隊)' 편성하여 남중국해 서사(西沙) 군도에서 특별 순찰 활동을 벌였다.[39] 중국은 양배추전략을 적용한 이러한 군사작전을 동중국해 및 서해까지 확대하고 그 빈도를 높이는 등 주변국과 해양 관할권 경쟁에서 유리한 고지를 점하기 위해 지속적으로 노력할 것이다.

V. 결론 및 정책적 함의

본 연구에서는 앞서 제시한 전략의 분석틀을 적용하여 중국의 해양안보전략을 목표, 수단 및 방법으로 구분하고 각 요소의 세부 내용을 살펴보았다. 그 내용을 요약하여 도식화하면 〈표 2〉과 같다.

39 "軍警民首組隊巡西沙逐10外國漁船,"『明報』(2018. 5.21.).

먼저 중국이 추구하는 해양안보전략의 목표는 해양강국 건설을 위해 해양에서 핵심국가이익을 보호하고 자국에 유리한 안보환경을 조성하는 것이다. 구체적으로 중국은 동중국해, 남중국해에서 통제권을 확립하여 해양영토를 확대하고 EEZ 확장 및 경제활동을 보장 등을 통해 배타적 해양권익을 보호하는 것을 그 세부 목표로 하고 있다.

이러한 해양안보전략 목표를 달성하기 위해 중국이 활용하는 수단에는 해군, 해양경찰 및 해상민병이 있다. 해군은 전통적 위협에 대응하는 정규 군사력이나, 필요시에는 다른 수단들과 결합하여 강압능력을 강화하는 역할을 수행하고 있다. 해양경찰은 해양에서의 질서확립 및 법집행을 담당하고 있지만, 수시로 정규 군사력인 해군과 결합하여 군사적 목적으로 활용되고 있다. 해상민병은 해군 및 해경이 활동하기 어려운 해역에서 다양한 활동을 통해 군사작전을 지원하고 있다.

<표 2> 중국의 해양안보전략 분석 도식

구분	내용				
목표	해양의 핵심 국가이익 보호 및 자국에 유리한 안보환경 조성				
	▲				
방법	살라미 자르기 전략	+	회색지대 전략	+	양배추 전략
	▲				
수단	해군	+	해양경찰	+	해상민병

출처 : 저자 작성

중국은 해양에서의 전략적 목표달성을 위해 해군, 해경 및 해상민병이라는 수단을 활용하여 살라미 자르기 전략, 회색지대 전략 및 양배추 전략을 복합적으로 활용한다. 특히 중국은 해양영토 확대 및 배타적 해양권익 확보 및 보장을 위해 이러한 3가지 방법을 복합적으로 적용하는 모습을 보이고 있다. 중국이 구사하는 이러한 전략적 방법들은 군사력과 비군사력의 구별이 어렵고, 평시와 위기시의 경계가 확실치 않아 대응이 어렵다는 점에서 상대국에게 큰 도전과제가 되고 있다.

본 연구를 통해 중국이 추구하는 해양안보전략의 목표와 이를 달성하기 위한 수단, 그리고 방법을 확인할 수 있었다. 주목할 점은 중국의 해양안보전략은 과거와 같이 군사력이 중심이 된 전면적 무력충돌을 통해 자국의 이익을 쟁취하려는 것이 아니라, 해경 및 해상민병 등과 같은 다양한 해양 강압능력을 복합적으로 활용하여 점진적이지만 확실하게 이익을 확대한다는 특징을 보이고 있다는 것이다.

이제까지 한국은 당면한 북한의 위협에 대비하기 위해 지상군이 중심이 된 전면전 수행전략을 중점적으로 발전시켜 왔다. 더욱이 북한의 직접적 위협 대응에 집중한 나머지, 주변국의 해양 위협에 대응하기 위한 해양안보전략의 발전에는 소홀했던 것이 사실이다. 그러나 자국에 유리한 해양환경을 조성한다는 목표 하에 위해 이루어지는 중국 해양전력들의 활발한 활동은 한국을 포함한 주변국에게 대응의 어려움을 안기고 있다.

이러한 중국의 공세적 해양팽창에 대응하기 위해서는 먼저 서해 및 이어도 해역에서 한국 해군의 활동을 증대시켜야 한다. 현재까지 한국 해군은 대북억제력 유지를 위해 상당수 전력을 북방한계선(NLL) 근해에 배치하여 운용해 왔다. 이렇게 당면한 위협의 대응에 집중하다 보니 주변국과 해양분쟁이 예상되는 해역에는 충분한 대응전력을 배치하지 못해 효과적인 대응이 여려운 실정이다. 따라서 북방한계선 근해에 집중적으로 배치되어 있는 해군전력의 배치를 조정하여 서남방 해역에 중점 배치하고, 적극적인 서해 및 이어도 주변해역 현시활동을 통해 해양주권 수호 의지를 과시해야 한다.

한국 해군은 그동안 전면전에 대비하여 다양한 전투능력을 갖춘 함정을 위주로 전력을 건설해 왔기 때문에 전면전까지 확대되지 않는 해양안보 위협에 대응할 전력이 부족한 실정이다. 이러한 문제를 해결하기 위하여 해군은 하이-로우(highlow) 전력건설 개념을 적용하여 전력 건설을 추진할 필요가 있다. 하이 전력에는 구축함급 이상의 전투함이 포함되며, 각종 해상전투 및 지상군 지원에 필요한 최신의 무장 전투체계를 갖추도록 한다. 로우 전력건설은 주변 해역에서 벌어질 수 있는 각종 해양안보분쟁에 신속하고 효과적으로 대응할 수 있는 호위함 이하급 전력의 확보를 목표로 한다. 구체적으로 자위 및 무력 사용에 필요한 기본적 무장체계를 보유하고 있으며 적은 승조원으로 장기간 운용이 가능한 대양호위함을 다수 확보하여 중국의 점진적인 살라미전략에 대응할 수 있어야 한다.

또한 한국은 중국의 해양팽창의도를 보일 경우 이를 사전에 저지하고 분쟁이 발생할 경우 조기에 차단하기 위해 '해양전장 선점 전략'을 구사해야 한다. 해양전장 선점 전략은 각종 해양무인체계(무인수상정, 무인항공기 등)를 적극적으로 운용하여 상대방의 해양팽창 활동을 선제적으로 감지하고 대응하는 개념이다. 이 개념의 달성을 위해서는 도서 기지를 기반으로 각종 무인체계를 운용하여 원거리에서부터 상대방의 해양도발 의도를 사전에 탐지할 수 있어야 한다. 상대방이 분쟁유발 행위를 감행할 경우에는 신속하게 무인체계를 활용하여 근거리 감시 및 추적활동을 벌이거나 차단 기동 등을 실시한다면 대응전력이 현장에 도착하기 전까지 상대방의 도발행위를 억제하는 효과적 방안이 될 수 있다.

현재 아 · 태 해역에서 해양이익을 추구하기 위한 각국의 행보는 더욱 치열해지고 있다. 특히 이어도를 중심으로 한 해양 관할권 확립, 배타적 경제수역 경계 획정 및 해양자원 확보 등의 문제를 둘러싸고 한 · 중 양국 간 갈등은 더욱 증대될 것이다. 점증하는 중국의 해양팽창활동에 대응하기 위해서 한국은 지금부터라도 해양안보와 관련된 수단을 확충하고 대응개념을 발전시켜야 할 것이다.

〈국문〉

구자선. “중국 국방 · 군 개혁 현황 및 전망: 조직 구조를 중심으로,” 『주요국제분제분석(2016-53호)』(2016.12. 2.).

김덕기. 『21세기 중국 해군』, 서울: 한국해양전략연구소, 2000.

대한석유협회. “중국의 석유산업 현황 및 수요전망(조사보고서 18-3),” (2018. 4.18).

신 진. 『국제정치와 안보』, 대전: 충남대학교출판문화원, 2011.

양희철. “중국의 주요 해양정책에 관한 연구동향 분석,” 『동서연구』, 제31권 제1호, 2015, pp.157-193.

유동원. “중국의 남중국해 전략 변화: 새로운 확대전략의 실천과 특징,” 『中蘇研究』, 제39권 제3호, 2015, pp.185-219.

_____. “중국 군사체제 개혁과 한국의 대응,” 『한국민족문화』, 제61호 , 2016, pp.533-569.

이지용. “중국의 국가정체성 진화와 동아시아 해양안보환경 변화,” 『국제관계연구』, 제19권 제1호, 2014, pp.77-114.

조영남. 『중국의 꿈: 시진핑 리더십과 중국의 미래』, 서울: 민음사, 2013.

정구연. “미중 세력전이와 미국 해양전략의 변화: 회색지대갈등을 중심으로,”『국가전략』. 제24권 제3호, 2018, pp.87-112.

정삼만. “Gray Zone Strategy in Maritime Arena: Theories and Practices,” 『Strategy 21』, 제43호, 2018, pp.89-124.

정호섭. “반(反)접근 · 지역거부 대 공 · 해 전투 개념: 미 · 중 패권경쟁의 서막?” 『Strategy 21』, 제28호, 2011, pp.5-32.

〈영문〉

Dutton, Peter A., and Ryan D. Martinson(eds.). *China's Evolving Surface Fleet* (Newport, RI: Naval War College Press, 2017).

Holmes, James R., and Toshi Yoshihara. "Deterring China in the "Gray Zone": Lessons of the South China Sea for U.S. Alliances," *Orbis*, Vol.61, No.3 (2017), pp.322-339.

Finkelstein, David M. "China's National Military Strategy: An Overview of the "Military Strategic Guidelines"," *Asia Policy* 4.1 (2007): 67-72.

Jackson, Van. "Tactics of Strategic Competition: Gray Zones, Redlines, and Conflicts before War," *Naval War College Review*, Vol.70, No.3 (2017), pp.39-61.

Kraska, James, and Michael Monti. "The Law of Naval Warfare and China's Maritime Militia," *International Law Studies*, Vol.91 (2015), pp.450-467.

Lykke, Arthur F.(ed.). *Military Strategy: Theory and Application* (Carlisle Barracks, PA: U.S. Army War College, 1982).

Shambaugh, David. *Modernizing China's Military: Progress, problems, and prospects* (CA: University of California Press, 2002).

Martinson, Ryan D. *Echelon Defense: The Role of Sea Power in Chinese Maritime Dispute Strategy* (Newport, RI: Naval War College Press, 2018).

O'Rourke, Ronald. *Maritime Territorial and Exclusive Economic Zone(EEZ) Disputes Involving China: Issues for Congress* (Washington DC : Library of Congress, Congressional Research Service, 2017).

Scobell, Andrew, et al. "China's Aircraft Carrier Program," *Naval War College Review*, Vol.68, No.4 (2015), pp.65-79.

Tobin, Liza. "Underway-Beijing's Strategy to Build China into a Maritime Great Power." *Naval War College Review*, Vol.71, No.2 (2018), pp.17-48.

U.S. Department of Defense. *Annual Report to Congress: Military and Security Developments Involving the People's Republic of China 2018* (Washington DC: Department of Defense, 2018).

U.S. Defense Intelligence Agency. *China's Military Power: Modernising a Force to Fight and Win* (Washington DC: Defense Intelligence Agency, 2019)

IHS. *Jane's Fighting Ships 2012-2018.*

〈중문〉

成志杰. “中国海洋战略的概念内涵与战略设计,” 『亚太安全与海洋研究』, 第6期 (2017), pp.26-41.

金永明. “中国海洋安全战略研究,” 『国际展望』, 第4期 (2012), pp.1-9.

湖锦涛. “中国共产党第十八次全国代表大会上的报告,” (2012.10.18.).

刘海峰, “从军区到战区, 转变的脚步须加快,” 『中国国防报』(2016. 9.29.).

杨震·蔡亮. “海权视域下的当代中印海军战略比较,” 『当代亚太』, 第1期 (2016), pp.29-47.

王振宇·吴俊辰·朱丁一. “中国海上民兵支援维权的能力提升途径,” 『海洋信息』. 第21期 (2017), pp.42-46.

赵经义. “面向形势任务, 建强海上民兵,” 『国防』, 第2期 (2017), pp.41-42.

郑义炜. “陆海复合型中国"海洋强国"战略分析,” 『东北亚论坛』, 第2期 (2018), pp.76-90.

中国国防部. 『2010年中国的国防』(北京: 中国国防部, 2010)

中国国家海洋局. “2017年中国海洋经济统计公报,” (2018. 3.27.).

中国国务院. “国务院机构改革和职能转变方案,” (2013. 3.15.).

中国共产党中央军事委员会. “关于深化国防和军队改革的意见,” (2016. 1. 1.).

中国共产党. “深化党和国家机构改革方案,” (2018. 3.21.).

中国军事科学院. 『战略学(2013年版)』(北京: 军事科学出版社, 2013)

“张召忠: 美军惧怕的“包心菜”战略同样适用于东海,” 『头条军事』(2016. 8.20.).

“习近平: 把人民海军全面建成世界一流海军,” 『新华网』(2018. 4. 2.).

“軍警民首組隊巡西沙逐10外國漁船,” 『明报』(2018. 5.21.).

“日媒惊呼15艘中国公务船巡航钓鱼岛猜测周围渔船是民兵,” 『环球网』 (2016. 8. 9.).

“袁誉柏任南部战区司令 打破陆军大一统,” 『环球网』(2017. 1.22.).

“中共中央决定调整中国人民武装警察部队领导指挥体制,” 『新华网』

(2017.12.17.).
“中国海警从小艇到大舰, 海警船比美国驱逐舰还要大,”『凤凰网』(2018. 1.15.).

ABSTRACT

An Analysis and Assessment on China's Maritime Security Strategy

There have many research papers to see China's evolution of maritime strategy and naval modernization in terms of its naval mind-set. However, this article focuses on assessing how China uses its all sorts of maritime strength to achieve 'a building maritime great power.'

The aim of the article is to introduce a new perspective to this debate by analysing China's diversified maritime capabilities and a new way of implementation in maritime security strategy. In recent years, China has been developing not only unpredictable maritime military capabilities but also maritime supporting forces – Coast Guard and Maritime Militia. And recently China adopted up-to-date operational concept aimed at gaining military superiority in Asia-Pacific waters. By taking salami slicing strategy, gray zone strategy and cabbage strategy, China has been trying to exercise surpassing influences in regional maritime area, also in western Pacific region.

This article provides a stepping stone to comprehend the aspect of China's recent maritime strategic actions, especially in Yellow Sea. In conclusion, this article suggests some policy recommendations for countering China's coercive maritime strategy. First, Korea should make sure a strategic concept of maritime security, instead of land warfare focused strategic concept. Second, it is needed to set up suitable naval forces for actively responding to neighbor nation's offensive actions.

key words Great Maritime Power, Maritime Security Strategy, Naval Strategy, Chinese Navy, Korean Navy.

요약

러시아가스 협력사업의 북한 리스크

한국정부가 추진하고자 했던 러시아산 가스도입 프로젝트는 러시아와 한국, 그리고 북한 모두에게 경제적으로는 대단히 유익한 사업이다. 러시아의 극동지역 개발정책, 북한의 해외 자본 유치전략, 그리고 가스통관료로 인한 수억달러의 고정적 수익, 한국으로서는 저렴한 가스에너지의 안정적 수입 등은 대단히 매력적이다. 이러한 경제적 유익에도 불구하고 북한을 통과하는 가스관은 한국의 안보에 치명적 위해를 초래한다.

북한은 한국을 군사적으로 침략하기 위하여 핵무기와 미사일을 개발, 보유하고 있으며, 수시로 한국을 위협한다. 러시아산 가스 도입으로 북한에 제공되는 막대한 통관료는 북한의 군비증강을 도와줘서 결국 한국의 안보를 더욱 위협할 것이다.

또한 북한에 투자된 가스관사업, 매설된 가스관 등은 결국 북한측의 몰수조치로 인하여 막대한 손해를 보게 될 수 있다. 북한은 국제기업들의 자본을 유치한 후, 부당한 조건을 요구하여 외국기업을 축출한 후 그 자본을 몰수한 사례가 많이 나타난다.

이러한 현실 속에서 북한 통과 러시아산 가스가 아무리 매력적이라고 하더라도 이 사업은 한국의 안보와 재정에 치명적인 손해가 될 것이다.

key words 러시아 가스, 북한 통과, 안보, 가스관차단, 투자위험

02

러시아가스 협력사업의 북한 리스크*

신진**

Ⅰ. 서론

본 연구는 한국정부가 북한과의 경제개발 협력사업의 일환으로 추진해 온 러시아의 가스자원의 가스관 북한통과 사업을 평가하고 그 위험성을 분석하고자 한다. 러시아 가스도입사업은 그 수익성이 우수하며, 북한 통과시 북한에게도 막대한 재정적 이익을 제공하기 때문에 남북한 관계가 개선되면 언제든지 수면위로 떠올라 적극적으로 추진될 가능성이 있는 사업이다. 특히 북한 측에서도 기대를 많이 하고

* 이 논문은 2016년 8월에 대한정치학회보 24집3호에 게재된 것을 수정 게재하였음.

** 충남대학교 정치외교학과 교수, Jinshin@cnu.ac.kr

있는 사업이기 때문에 성사될 가능성이 많다. 이에 이렇게 가능성이 큰 사업에 대하여 사전에 면밀하고 치밀하게 가스관 북한통과 사업을 평가하고 위험성을 분석하는 것이 한국의 안보에 결정적인 도움이 될 것이다.

이명박정부에서 적극적으로 추진하였던 러시아의 동부가스전, 즉, 야쿠티아지역의 차얀다 가스전은 러시아가 역점적으로 개발하려는 동부지역 개발사업의 일환이다. 여기에 이루쿠츠크지역의 코빅타 가스전까지 포함하면, 한국과 중국, 일본등으로의 수출을 통하여 러시아의 극동지역 개발에 큰 도움이 될 뿐만 아니라 중국과 한국등의 에너지 수요 충족에도 효과적일 것이다. 이명박대통령은 2008년 러시아의 메드베데프 대통령과의 회담에서 한러 천연가스도입 양해각서를 체결했다. 2107년부터 25년간 연 750만톤의 가스를 한국으로 수입한다는 내용이었다. 그리고 2012년 9월8일 블라디보스톡에서 개최된 APEC정상회담에서도 러시아 푸틴대통령은 가스관, 철도, 송전선 등 사업에서 한국과 북한 러시아의 협력사업의 준비가 되어있다고 사업추진을 독려하기도 하였다. 그러나 당시 출하되기 시작한 미국산 세일가스의 저렴한 단가에 러시아측의 준비가 되어있지 않아서 결국 러시아산 가스도입은 무산되고 말았다고 한다. 그러나 이대통령은 러시아산 가스도입은 가까운 장래에 도입될 것이며 한국의 에너지 수입에 큰 효과를 줄 것이라고 기대하고 있다.[1]

그러나 국가안보차원에서는 러시아산 가스협력 사업은 치명적으로

1 이명박,『대통령의 시간』(서울: 알에이치코리아, 2015), pp.429-424.

위험한 사업이다. 물론 경제적 측면에서는 한국-러시아의 가스에너지 도입사업은 한국과 러시아에게 도움이 되며, 경유지로서의 북한이나 중국 모두에게 도움이 되는 사업이다. 러시아는 극동지역의 가스전을 개발하고 에너지를 수출함으로써 지역경제개발에 획기적인 도움을 받고, 한국은 기존의 PNG가격보다 훨씬 저렴한 가격으로 가스를 도입할 수 있으며 북한도 통관료로 연간 1억5천만달러 이상의 수입을 25년간 받을 수 있기 때문이다. 이렇게 관련된 3개국 모두에게 유리한 조건이 있는 사업이므로 가까운 장래에 다시 이 사업의 추진될 가능성이 크다고 할 수 있다. 그러나 북한과, 러시아, 중국 모두 국가적 신뢰가 없는 국가들이기 때문에 국가안보적 차원에서는 치명적 위험요인을 가지고 있어서 러시아산 가스협력사업은 추진해서는 안되는 사업이라고 할 수 있다.

박근혜정부는 2015년 G20 정상회의에서 대북정책의 일환으로 북한이 핵무기 개발을 포기한다는 전제로 대북지원을 획기적으로 확대하겠다고 천명했다. 북한의 인프라를 적극적으로 지원하는 내용이다. 여기에는 남북한 철도 및 러시아 가스관등의 연결사업을 추진도 포함되어 있다. 박근혜정부의 대러시아와 대 중국외교정책은 지난 역사적 시기중에서 가장 활발하게 전개되고 있다고 할 수 있다. 러시아는 2015년의 전승기념일에 북한의 김정은과 한국의 박근혜 대통령을 동시에 초청한 바 있으며, 중국의 전승절 행사초청에는 박근혜대통령이 참석하고 북한의 김정은은 최용해를 대리 참석시켰다. 한국과 중국은 경제를 비롯하여 안보와 평화 영역에서도 협력을 강화할 수 있는 기반을 구축하고 있는 것으로 보인다. 박근혜정부는 2013년 10월 유라시아 이니셔티브 - 하나의 대륙, 창조의 대륙, 평화의 대륙의 비전을 제시하였으며, 이에 따라 외교부와 한국철도공사는 "유라시아 실크로드 친선특급"이라는 사업을 추진하고 있다.[2] 한국정부는 한국의 유라시아 이니셔티브와 중국의 일대일로에 공통점을 발견하고 양국간 협력하는 MOU도 체결하였다.[3]

2016년 2월 북한의 제 4차핵실험으로 인하여 개성공단의 사업을 포함한 일체의 대북 협력사업이 중단되었지만, 가스관 사업은 독특한 이점, 즉, 관련 3개국 모두 경제적 이익을 취할 수 있는 구조이기 때문에 가까운 장래에 다시 추진이 검토될 수 있는 사업이라고 할 수 있다. 이에 본 연구에서는 북한 가스관 연결사업의 가장 핵심적 이슈인 북한리스크(North Korea Risk)를 분석함으로써 국가안보적 위험요인을 분석한다. 즉 북한의 가스관 차단등과 같은 변수를 중심으로 이 사업의 위험성에 대한 경제적, 정치적 영향을 분석하고자 한다.

II. 북한의 외국자본 유치와 몰수전략

북한은 일본 조총련계의 자금을 유치하기 위하여 1984년 9월 북한

2 외교부, "'유라시아 실크로드 친선특급(가칭)' 사업 추진 업무협약 서명식", http://www.mofa.go.kr/news/focus/index.jsp?mofat=001&menu=m_20_50(검색일: 2015.1.26).

3 연합뉴스, 한 유라시아 이니셔티브 중 일대일로 함께 추진한다, 2015년 10월 31일,http://www.yonhapnews.co.kr/bulletin/2015/10/31/0200000000AKR20151031044300002.HTML, 검색일(2016년8월18일)

은 처음으로 외국 자본주의 기업과의 합작을 허용하는 합영법을 발표했다. 외국의 자본을 유치하기 위한 최초의 법이었다. 중국이 1979년 이후 경제개방정책이 성공하자 이어서 합영법을 발표하였으나, 이것은 북한의 개방정책이 아니라 북한식 사회주의 통제구조하에 외국의 자본을 유치하고 궁극적으로는 국가가 몰수하는 전략이었다. 이러한 합영법에 의해 1992년말까지 재일조선인들과 일본 상공인들이 약 130억엔을 투자했지만, 결국 1999년까지 합영법에 의한 재일 조선인들이 마지막까지 철수하면서 투자액 일체를 회수하지 못한채, 완전 철수하고 말았다.[4] 북한에 투자한 모든 공장시설과 자본들은 전부 북한 당국이 몰수하였다.

북한은 "중국이 경제특구를 설정하는 것은 중국의 실정에 적합한 것이지 우리(북조선)는 경제특구 설정을 하려는 것은 아니다. 합영을 하려는 당사자의 합의에 기초하여 북조선 전 지역의 임의의 장소에 합영하는 것이 가능하다."고 발표하였다. 이것은 북한의 사회주의 계획경제와 공장 당위원회 중심의 공업관리체계를 유지하는 등 경제제도를 변경하는 것은 아니었다. 오히려 외국 자본을 유치하되 북한의 통제체제에 종속하도록 하는 제도였다.[5]

그후에도 북한은 1992년에 '합작법'을 만들어 외국자본을 유치하고자 하였다. 1984년의 '합영법'과 마찬가지로 필요에 따라서 북조선 전 지역의 어디에나 합작기업을 설치하는 것이 가능하다고 명시하고 있

4 李英和, "北朝鮮歸國事業の罪",「朝鮮總連と收容所共和國」(小學館文庫, 1999), 재인용, http://ccce.web.fc2.com/ki.html(검색일:2016.7.22).

5 李燦雨,『日朝經濟協力の方案』(平成13年度 自主硏究報告書, 2002), p.31, http://www.erina.or.jp/wp-content/uploads/2014/10/01140.pdf(검색일: 2016.7.22).

다. 다만, 이 합작법은 〈나진 선봉경제무역지대〉를 기본으로 하는 법이며, “공화국 이외에 거주하는 조선동포”라는 규정을 완전히 삭제함으로써 한국이나 일본의 재일동포만이 아니라 중국등 해외자본을 유치하고자 의도했다. 기존의 합영법이 주로 재일조선인들의 자본을 유치하는 데에 의도가 있었고, 투자했던 재일 조선인들이 모두 실패하고 일본으로 귀국한 이상 더 이상의 투자가 없었다. 이에 북한당국은 외국자본을 유치하되 사회주의 체제하의 통제를 가할 목적으로 합작법을 만들었다. 북한은 이미 채무상환이 불가능한 상태로서 추가적 차관도입은 불가능했기 때문에 외국기업의 자본을 북한으로 유치하되 북한내 활동을 최대한 제한하기 위해 합작법을 도입했다. 아울러 외국기업의 선진기술과 설비유치를 목적으로 하였다.[6] 궁극적으로는 이렇게 유치된 외국자본도 북한당국이 몰수할 수 있도록 구상했다.

또한 1992년도에 ‘외국인기업법’을 제정하여 외국인이 전액을 투자하도록 유도했다. 외국인 기업의 해산과 분쟁해결에 관해서는 ‘나선경제무역지대법’, ‘합영법’, ‘합작법’과 마찬가지로 개정 전에는 재판〉중재의 순서였으나, 개정 후에는 중재〉 재판의 순서로 변경되었다. 또 ‘외국인 기업법’에 의하면, 제 3국에서의 중재에 관한 조항을 분쟁해결수단에 기재하지 않음으로써 모든 분쟁은 북한 당국의 판단에 따르도록 법을 만들었다.[7]

---

6 박인, “대북투자를 위한 북한투자제도 고찰, 남북교류협력법제의 개선방향”, pp.190-193, http://www.moleg.go.kr/FileDownload.mo;jsessionid=jmqjIuShwprXXkK0HRRJgGr (검색일: 2016.7.23).

7 三村光弘, “朝鮮民主主義人民共和國の對外經濟關係法の現狀(1), ERINA REPORT Vol.48. pp.17-18, http://www.erina.or.jp/wp-content/uploads/2002/01/pp4830_tssc.pdf(검색일: 2016.7.22).

외국인기업이라고 하더라도 북한당국의 자의적인 요구와 계약변경에 대하여 이의를 제기할 수 없도록 해 놓았다. 외국인 기업에 종사하는 노동자들은 전적으로 북한 당국의 지시에 따르기 때문에 합작기업이 북한당국의 요구를 수용하지 않을 경우, 생산라인이 정지된다. 북한 내에서 기업활동 자체가 불가능하게 된다.

물론 대외경제중재법에 따르면, 분쟁 당사자가 모두 합의한다는 조건하에서는, 제 3국의 중재를 수용할 수 있다고 명시하였다. 그러나 현실적으로는 북한당국이나 북한측 합작기업이 제 3국의 중재를 허용하지 않을 것이다. 따라서 북한당국의 요구에 불응하는 경우, 북한 당국은 단전, 단수 등의 조치를 통하여 외국인 기업의 임직원을 강제로 추방하며, 이에 대한 제 3국의 중재는 원천적으로 금지시켜 놓았다.

1. 북한내 투자자본에 대한 몰수전략

북한의 자본주의 기업과의 합작전략은 한국이 이미 경험했던 금강산관광협력사업이나 개성공단 운영과 같은 경제특구운영방식에서 잘 나타나 있다. 즉, 북한당국의 자본주의 기업과의 협력방식은 궁극적으로 자본주의 기업의 자산을 몰수할 수 있도록 제반 여건을 마련하고 있다.

① 북한체제에 위협이 되지 않도록 일반주민들의 접근을 완벽하게 차단하여 운영한다. ② 북한 당국은 "임대로 추구 국가(Rent Seeking State)" 전략을 취한다. 북한당국은 합작사업에 현금자본을 투자하지 않고 북한이 보유하고 있는 토지와 노동력을 제공하여 그 임대료를

취하는 방식을 취한다. 따라서 기업이 파산하더라도 북한측의 손실은 전무하도록 투자한다. ③ 북한 당국에게 이익이 되거나 손해가 되는 경우, 언제든지 계약조건을 변경할 수 있도록 법규를 만든다. 그리고 기업이 파산하거나 철수하는 경우, 이미 투자된 외국자본을 몰수하는 전략을 가지고 있다. ④ 북한측 자산인 토지와 용수, 노동력등은 북한 당국이 운용하는 국가자산으로서 소위 내각결정에 의해 언제든지 변경할 수 있다. 노동자는 외국 기업이나 외국기업이 운영하는 공장과 직접 계약할 수 없고 북한 당국이 노동자의 투입여부를 결정한다. 어떤 노동자를 투입할지, 언제 교체할지 등에 관해서는 북한당국이 절대적 결정권을 가지고 결정한다. 숙련공이거나 미숙련공이거나를 불문하고 북한당국의 투입한 노동자를 사용해야 한다. 따라서 노동자에게 지급되는 임금은 국가에 귀속되며, 국가는 노동자에게 재분배한다. ⑤ 북한당국은 국제자본의 북한 유치를 위해 노력하면서도 국제적으로 통용되는 상거래의 기본원칙들에 대하여 명기하지 않음으로써 사후 분쟁이 발생했을 때 북한법 우선원칙을 적용하여 국제적 기업의 투자지분을 몰수한다. 즉 기업활동으로 인하여 발생하는 수익을 외국으로 송금하는 것을 원칙적으로 금지하되, 어디에도 금지한다는 규칙을 명기하지 않는다. ⑥ 외국화폐와의 환율을 의도적으로 이중적으로 유지함으로써 외국자본의 평가절하를 통해 엄청난 이익을 취한다. 예를 들어 2015년 6월24일 북한당국(조선민주주의 인민공화국 무역은행)이 발표한 환율은 1달러당 약 107원정도였다. 그러나 당시 시장환율은 1

달러당 북한화폐 약 8,000원이었다.[8] 이 때 오라콤이 보유한 약 4억2천만달러에 상당하는 북한화폐를 미국달러로 환전할 때, 북한 시장환율로 환전하게 한다면 1/75 로 축소된다. 약 560만달러에 불과하게 된다.[9] 이 외에도 북한의 중앙정부는 북한당국이 외국 자본주의 기업과의 합작사업을 운영하는 과정중에도 수시로 뇌물을 요구하며, 절차를 어기며, 출하된 상품의 전수조사 등을 통해 압박과 뇌물을 요구하는 행태를 방치 또는 방조한다.

북한의 이러한 행태와 방식들은 북한식 사회주의에 대한 위협요인을 최대한 방지하고, 자본주의 기업으로부터 최대한 이익을 뽑아내며, 궁극적으로는 자본주의 기업이 투자한 일체의 자산을 전부 북한 당국이 몰수하고자 하는 전략이다. 북한 당국이 원하는 것은 개혁, 개방이 아니라 북한의 김정은 체제를 공고히 하고, 북한식 사회주의를 유지시키며, 경제위기로부터 벗어나기 위한 실리를 추구하는 것이다. 자본주의 기업과의 어떤 신뢰도 필요하지 않다. 현재 북한에 투자된 외국 자본주의 기업은 북한에게 이익을 제공해주는 "포획된 먹이감"일 뿐이라고 판단한다. 중국의 〈국무원 발전연구중심 세계발전연구소〉의 비엔샤오춘(卞曉春) 집행부소장은 2012년 중국의 〈경제망〉과의 회견에서 "북한은 외국자본에 대하여 관련정책과 법규도 미흡하며, 합작기업의 운영방식이 불투명하여 북한에 투자하는 것은 위험하다"고

8 김치관, "지금 북한에선 1달러가 몇원?", http://www.tongilnews.com/news/articleView.html?idxno=112724(검색일: 2016.7.23).

9 Stephan Haggard, "Orascom in North Korea: Don't Leave Me Hanging", https://piie.com/blogs/north-korea-witness-transformation/orascom-north-korea-dont-leave-me-hanging(검색일: 2016.7.23).

분석했다.[10]

2012년 일본을 방문한 북한 〈사회과학원 경제연구소〉의 이기성교수에 의하면, "북한 내부에서는 6.28 경제조치 등을 통고 받지도 못했으며, 큰 의미도 없다, 다만, 사회주의 원칙을 지키면서 가장 큰 실리를 얻을 수 있는 방법을 연구하고 있다." 북한에서의 장마당 활성화나 암시장등은 북한 경제의 공급부족현상을 보충하기 위하여 일시적으로 눈감아주는 것이지 그 노선을 확대하려는 것은 아니다. 실제로 7.1 조치나 화폐개혁등은 개혁개방과는 반대로 북한식 사회주의 체제를 더욱 공고히 하려는 조치였다.[11]

2. 투자자본을 몰수당한 기업의 사례

1) 금강산관광사업 몰수

금강산관광은 1988년 시작하여 한국민 195만명 이상이 북한의 금강산 관광에 참여하였으나, 2008년 7월에 한국인 관광객 박왕자씨를 북한 군인이 조준사격하여 사망한 이래 중단되었다. 이에 북한당국은 2011년 4월 금강산관광에 대한 현대 아산의 독점권을 취소하였으며, 2011년 8월 22일에는 4,841억원의 한국측 자산을 몰수하고 한국의 근로자들을 추방하였다. 이에 한국의 국회에서는 북한의 몰수조치를 취

10 박정우, "중 국책연구원 간부 '대북투자 권장 안해'", http://www.rfa.org/korean/in_focus/food_international_org/investment-08052015153954.html (검색일: 2016.7. 23).

11 朴斗鎮, "改革解放を拒否し續ける北朝鮮",http://www.koreaii.com/nknews/nk20121026.html(검색일: 2016.7.22).

소시키라는 촉구결의안을 발의한 바 있다.[12]

2) 경의선 건설과 몰수

2000년 6.15 남북 정상회담에서 합의된 대로 2006년 건설된 경의선(27km)과 동해선(26km)은 순수하게 한국정부의 자본만 6,100억원이 투자되었는데 2007년 5월 첫 운행 이후 북한측의 요구로 중단되었다. 개성공단으로 가는 철도도 중단되었다.[13] 북한은 한국이 건설한 철로를 실질적으로 몰수하였으며, 이를 무상으로 사용하고 있다. 북한의 이러한 신뢰할 수 없는 행위들은 사업투자를 불가능하게 만들고 있다.

3) 대우그룹의 남포 경공업공단 몰수

대우그룹의 김우중회장은 1996년 북한과 합작사업으로 북한의 남포인근에 경공업공단을 설립하였다. 500만달러를 투자하여 북한의 삼천리 총회사와 합작하여 민족산업총회사를 설립하였다. 그러나 공장가동률은 50%에도 미달하였으며, 남포항에서의 선적도 장애요인이 많아서 납기내에 생산품을 보내지 못하는 일이 많았다. 이에 해외바이어의 주문이 급감하였으며 결국 1999년 공단가동을 전면 중단하였다. 이에 이미 투자된 공단 기반시설, 투자자본과 공장시설 일체를 북한당국이 전격적으로 접수하였으며 대우는 북한당국으로부터 일체의 투자금을 회수하지 못했다. 원인은 북한 근로자들이 3개월마다 교체

---

12 김동철 외, "금강산관광 재개와 북한의 남한 자산 몰수·동결 조치 해제 촉구 결의안, 의안 제1813126호", http://ko.pokr.kr/bill/1813126/text(검색일: 2016.7.21).

13 김성만, "북한의 신의주-개성 고속도로/철도 건설 주시해야", http://konas.net/article/article.asp?idx=33939(검색일: 2015.1.28).

되었는데 교체될 때마다 근로자들이 공장의 기계와 부속품들을 뜯어서 가지고 나갔으며, 북한당국은 이를 단속하지 않았다.[14] 북한당국은 자본주의 사회의 기업가들이 북한에 와서 투자하는 것은 결국 북한의 자산이 될 것이라고 인식하고 있으며, 공장 가동 중에도 북한 근로자들이 자본주의 기업가의 자산을 도둑질하는 것을 당연하다고 인식하고 있으며, 남포항에서의 선적도 기반시설의 어려움과 함께 뇌물없이는 정상적으로 가동하기 어려웠다. 궁극적으로는 북한에 투자된 자본은 모두 북한 당국의 자산이라는 인식을 가지고 있다.

4) 중국시양그룹의 옹진철광 사업 몰수

중국의 시양(西洋)그룹은 마그네사이트 가공회사로서 북한의 황해남도 옹진군에 소재한 옹진철광에 2억4,000만 위안(430억원)을 투자하여 75%대 북한당국 25% 비율로 철광석 선광공장을 설립하였다. 공장설립과 기술개발이 완료되어 가동이 시작되자 물리력으로 시양그룹 관계자들을 추방하고 재산을 몰수하였다.

옹진의 철광석은 철 함유량이 14%로 상품가치가 없었으나 시양그룹의 기술로 철 함유량 60% 이상의 제품을 생산하는 선광공장을 설립하였다. 시양그룹은 도로와 용수, 전력기반시설 등을 모두 부담하였다. 철함유량 67%이상의 고급분광 3만톤의 생산을 시작하자마자 북한당국은 토지임대료의 증액요구, 노동자 임금의 중국노동자 임금과 동일액 지급 주장, 공장용수사용료의 인상 등을 추가하여 요구하였

14 조선일보취재팀, "北은 예측불허라 사업하기 힘들더라… 남포공단도 그래서 접은 것", http://news.chosun.com/site/data/html_dir/2013/05/01/2013050100223.html(검색일: 2016.7.21).

다. 이에 시양그룹이 반대하자 단전과 단수조치를 하면서 중국측 근로자들을 추방하였다. 그리고 시양그룹이 옹진철광에 투자한 모든 기반시설과 공장설비 등을 북한 당국이 몰수하였다.[15]

5) 이집트의 오라스콤 이동통신회사 자산과 통신설비 몰수 위기

2008년에 이집트의 통신회사 오라스콤이 75%, 북한의 체신성이 25%를 공동으로 투자하여 북한에 고려링크를 설립하였다. 2008년에 이동통신 가입자 1,694명이 2013년 5월에 200만명을 초과하였으며, 2015년말에는 380만명이 넘은 것으로 알려졌다. 2015년 6월말 고려링크의 자산은 8억 3,200만 달러이며 이중 6억 5,000만 달러는 현금자산이다. 그리고 이 자산의 75%는 오라스콤의 자산이지만, 북한 당국은 북한에서 획득한 소득은 일체 해외로의 반출을 금지시켰다. 오라스콤이 북한에 직접 투자한 금액은 2014년 말 기준 8,000만 달러였는데, 이 자본을 기지국 건설과 전화케이블망 구축에 사용하였다. 평양당국은 오라스콤에게 수익자산이든 투자금액이든 한 푼도 외부로 반출할 수 없다고 금지시켰다. 그럼에도 불구하고 북한측은 2015년 11월 공식발표를 통해서는 외국자본이 북한에서 획득한 소득은 어떤 장애물 없이 모두 본국으로 송금할 수 있다고 하였다. 또한 2016년 발효된 북한핵실험에 따른 경제제재조치로 인해 달러 송금이 더욱 어려워졌다. 게다가 북한당국은 2012년말부터 경쟁업체 "별"을 설립하여 오라스콤

15 최유식, "中시양그룹, 北투자 430억원 날리고 쫓겨난 사연", http://news.chosun.com/site/data/html_dir/2012/08/09/2012080900296.html(검색일: 2016.7.21).; 동아일보, "419억원 들여 공장 세웠는데 1년도 안돼 맨몸으로 쫓겨나", http://english.donga.com/List/3/all/26/404427/1?m=kor(검색일: 2016.7.13).

의 수익을 감소시켰다. 오라스콤은 2016년도에 들어서는 고려링크의 사업지배권조차 상실하게 되어 북한에 투자한 전액을 사실상 북한 당국에 몰수당하는 위기에 몰려 있다.[16] 오라스콤에게 더욱 어려운 점은 북한 화폐의 달러 교환 환율이 약 75배의 차이가 나기 때문에 실제 송금이 가능하다고 해도 1/75로 축소된 금액을 회수할 수 있다.[17] 이와같이 외국업체로 하여금 북한에 투자하여 막대한 수익을 얻게하고는 경쟁업체를 설립하여 수익을 감소시키고, 수익의 해외반출을 금지하고, 결국 사업의 지배권을 박탈하는 등의 방법으로 투자자본을 몰수하고 있다.

III. 국제기업의 위험회피전략

UN과 서방세계는 미국의 대북정책에 협조하여 북한에 대한 경제적, 비경제적 제재조치를 통하여 북한의 핵무장을 억제하는 정책을 추진하고 있다. 특히 2016년 1월 북한의 제 4차 핵실험은 가장 강력한 UN 안보리 결의안 2270호를 초래하였으며, 중국도 이에 적극 협조하고 있다. 중국은 중국은행의 북한계좌를 동결하고, 북한선박의 중국

16 Alastair Gale, Nikhil Lohade, “Orascom Suffers Static in North Korean Venture Initial success ith mobile phone venture didn’t last long after a state-run rival emerged”, http://www.wsj.com/articles/orascom-suffers-static-in-north-korean-venture-1451628004(검색일: 2016.7.21).

17 Stephan Haggard, “Orascom in North Korea: Don’t Leave Me Hanging, Peterson Institute for International Economics”, https://piie.com/blogs/north-korea-witness-transformation/orascom-north-korea-dont-leave-me-hanging(검색일: 2016.7.23).

입항을 거부하며, 북 중 무역의 통관절차를 강화하였다. 또한 기존에 추진하고 있던 대북 경제협력 프로젝트들을 중단하는 조치를 발표했다. 그러나 이러한 조치들도 중국의 남중국해에서의 미국 및 국제사회와의 충돌, 한국에서의 THAAD배치 결정 등은 중국의 대북한 지지와 협력의 가능성이 증가하고 있다.

사실 러시아와 중국 등은 북한과의 경제협력을 지속적으로 추진했으며, 향후에도 협력 차원에서 대북한 경제지원이 확대될 가능성이 있다. 중국과 러시아가 추진하고 있는 대북 경제협력사업은 북한의 자체부담 회피 전력, 대금 송금 거부 경험 등 때문에 중국과 러시아는 각각 독특한 방식으로 북한과의 협력사업을 전개하고 있다.

1. 중국의 선불형식의 전력공급 사업 전략

중국은 북한과의 전력공급 계약에서 선불형식 공급계약을 추진하고 있다. 북한의 대금지불능력이나 지불거부 전력 때문이다. 북한당국은 전기부족문제를 해결하기 위해 중국과 적극적인 협상을 벌인 바 있다. 중국으로부터 전기를 공급받기 위해 중국의 전력기술자 9명이 2013년 8월 북한을 방문하여 북한전역의 전력시설을 검토하였다. 2013년 5월부터 4차례에 걸쳐 전력공급 협상을 벌였다. 그러나 북한이 전력공급의 대가로 차관공급을 주장하며, 전력사용 5년 이후에 어떤 형식으로든지 상환하겠다고 주장하고 있으나, 중국 측은 북한이 지불하지 않을 것을 우려하여 먼저 북한이 지불한 액수만큼의 전력을

공급하겠다고 주장하여 협상이 중단되었다.[18]

북한은 북한의 핵무기와 관련하여 6자회담이 진행되고 있으며, 향후 5년이면, 6자회담을 통하여 어떻게 해서든지 북한의 전력문제를 해결할 수 있을 것이라고 기대하고 있는 것으로 보인다.[19] 혹은 중국의 요구사항을 들어주면서 중국에게 차관형식으로 빚진 전기료를 탕감받겠다는 생각일수도 있다. 중국은 북한측의 이러한 차관요구를 단호하게 거절했으며, 북 중간 전력공급 협상은 중단되었다. 중국정부는 북한과의 경제교류에서 북한이 의무이행 태만과 대금지급을 거절한 경험을 바탕으로 전력 공급협상에서는 전력대금 선불요구를 굽히지 않고 있다. 향후 중국의 대북한 경제협력과정에서 나타나는 중국의 변화를 보여주고 있다.

2. 러시아의 선수익-후투자 형식의 북-러 철도 현대화 사업

북한과 러시아는 북한철도 총연장 7,000km 중 3,200km의 현대화 사업을 하기로 합의하였다. 이 합작사업의 이름은 〈 포베다(승리) 〉 프로젝트이며, 러시아의 알렉산드르 갈루쉬카 극동개발부 장관은 이 사업에 250억 달러가 소요될 것이라고 밝혔다. 북한의 국제협력사업에 관한 평양 당국의 속성을 잘 알고 있는 러시아는 북한과의 이러한 사

18 Sung Hui Moon & Joshua Lipes, “North Korea Seeking Electricity Supply from China”, http://www.rfa.org/english/news/korea/electricity-10212013160033.html(검색일: 2015.1.28).; 노컷뉴스, “북-중 ‘전력공급 협상중?’”, http://www.nocutnews.co.kr/news/1115850(검색일: 2015.1.28).

19 주성하, “북한의 전력현황과 증산계획”, http://blog.donga.com/nambukstory/archives/70073(검색일: 2015.1.28)

업에 있어서 실질적으로는 어떤 선투자도 하지 않는다고 밝혔다. 즉, 북한의 광물자원을 판매한 대금이 합작기업으로 유입되면, 이 돈으로 합작공사를 실시하는 방식이다. 사실상 북한의 광물자원을 판매한 돈으로 공사를 진행하는 것이기 때문에 도중에 공사가 중단되더라도 러시아로서는 일체의 손실을 입지 않는 방식이다. 그리하여 러시아와 북한이 7:3의 비율로 투자하는 공동투자 광산회사를 설립하여 북한산 광물을 해외에 판매할 계획을 수립하였다. 이 사업과 관련하여 러시아와 북한 간에 이익분배에 관한 상품판매 수익 분배협정까지 마쳤다. 북한에는 희토류가 중국의 매장량보다 7배나 많기 때문에 러시아의 해외 판매망을 활용하여 상당한 수익을 확보할 수 있을 것이라고 밝혔다.[20]

이 사업에서는 러시아도 북한의 현금결제능력의 부재나 대외적 채무상환을 거부하는 평양의 속성에 대하여 그 위험성을 충분히 인지하고 있다. 그리하여 합작기업을 설립하여 공동프로젝트를 추진하고는 있지만, 러시아의 자본이 전혀 투자되지 않은 채, 사실상 북한의 자원을 매각하여 얻는 수입으로만 북한철도공사 사업을 추진하는 방식이다. 이러한 방식은 향후, 북한과의 개발사업을 추진하면서 상당히 활용될 것으로 분석된다.

2009년을 기점으로 그 이전에는 북한의 대러시아 무역총량은 약 5% 이상이었는데, 2009년 이후에는 오히려 2% 이하로 감소했다. 이러한

20 Robert Lauler, “North Korean official: Russian investment in railways model for future”, https://www.nknews.org/2014/11/north-korean-official-russian-investment-in-railways-model-for-future/(검색일: 2015.1.28).; 이동훈, “북한은 왜 러시아와 철도현대화 사업을 추진했을까”, http://blog.naver.com/tleowndtla/220172295550(검색일: 2015.1.28).

감소의 원인에 대하여 전문가들은 세계적인 불황이나, 북한기업의 저조한 대금지불능력, 그리고 러시아 기업들의 북한에 대한 불신, 그리고 국제적인 경제제재조치 때문인 것으로 분석하고 있다.[21] 이와 같이 북한에 투자하고자 하는 러시아정부와 러시아 기업들도 북한 기업과 북한 정부의 대금지불능력과 대금변제의지에 대하여 불신하고 있기 때문에 북한과의 경제협력사업은 북한으로부터 먼저 대금을 받거나, 혹은 북한의 자원을 매각하여 발생하는 수익을 북한에 투자하는 형식을 취하는 추세가 나타나고 있다.

러시아는 북한의 광물자원 중 희토류와 비철금속을 판매하여 수익을 내고 그 돈으로 북한에 투자할 계획이지만, 이 분야의 시장을 장악하고 있는 중국이 UN안보리 결의안을 내세워 수출금지를 강력하게 주장하고 있어서 러시아의 계획도 어려워 보인다. 또 러시아는 한국으로 석탄을 수출하여 발생하는 수익으로 러시아 카산에서 나진까지 철로를 건설하고자 하였지만, 북한의 핵실험 때문에 한국이 이러한 경로의 러시아석탄 수입을 거절하게 되어 러시아의 이러한 계획은 실현불가능하게 되었다.[22]

북한으로서는 러시아와의 합작사업을 추진할 수 밖에 없는 사정도 있다. 북한의 핵개발과 테러행위, 위조달러제조 등으로 인하여 미국의 금융제재를 받고 있는 상황에서 북한과의 거래를 직접 할 수 있는

21 Liudmila Zakharova, "Economic cooperation between Russia and North Korea: New goals and new approaches", Journal of Eurasian Studies 7/2(July, 2016), pp.151161.

22 Georgy Toloraya, "Russia's North Korea Conundrum-The latest sanctions harm Russian economic and strategic interests on the Korean Peninsula", http://thediplomat.com/2016/03/russias-north-korea-conundrum(검색일: 2016.7.21).

국가가 거의 없기 때문이다. 북한이 마카오의 BDA 은행을 통하여 위조달러를 유통한 사실 때문에 BDA를 〈 돈세탁 우선 우려 금융기관 〉으로 규정했는데, 결국 북한의 불법자금을 세탁해 주었던 BDA는 파산하고 말았다.[23] 이러한 상황에서 북한과 거래를 할 수 있는 기업은 러시아가 유일하다고 할 수 있다. 북한으로서는 광물자원을 판매해 줄 수 있는 기업도 필요하며, 그 판매자금으로 철도공사를 해 줄 수 있는 기업이 반가울 수밖에 없다. 물론 북한산 광물자원의 헐값매각이라든가, 합작기업의 운용에 따른 상당액의 수수료등은 감내해야만 하는 실정이다.

IV. 한국의 대북 지원 및 러시아 가스관 연결사업

1. 한국정부의 대북 러시아 가스관 연결사업

한국의 이명박 대통령은 2008년 9월에 러시아대통령 메드베데프와 정상회담을 통하여 러시아 천연가스 도입을 합의하였다. 양국이 체결한 양해각서에 따르면, 한국의 가스공사와 러시아의 가스프롬이 2010년 최종계약을 체결하여 2011년 2014년까지 러시아의 블라디보스톡과 북한, 한국을 연결하는 가스배관을 건설하여 2015년부터 러시아

23 이동훈, "북한은 왜 러시아와 철도현대화 사업을 추진했을까", http://blog.naver.com/tleowndtla/220172295550(검색일: 2015.1.28).

PNG(Pipeline Natural Gas)를 도입할 예정이었다.[24]

그러나 2009년 북한이 핵무기를 실험하고 장거리 미사일을 발사하여 국제적 긴장을 조성하자 사업은 중단되었으며, 2010년 북한이 다시 천안함을 공격하고 연평도를 포격하여 PNG사업은 완전히 중단되었다.

그러나 2011년 8월 26일 러시아를 방문한 김정일과 메드베데프 대통령의 정상회담에서 가스관의 북한통과에 합의하였다. 9월에는 김희영 북한 원유공업상이 가즈프롬과 양해각서를 체결하고, 주강수 한국가스공사 사장도 가즈프롬과 PNG 사업의 로드맵을 합의했다. 이에 앞서 러시아는 가즈프롬의 아나넨코프 부사장을 평양에 보내 강석주 내각 부총리와 논의하고 대통령 친서를 보내는 등의 적극적인 노력을 통하여 정상회담을 성공시켰다. 중국과 러시아간의 동부선 가스공급 계약으로 러시아의 가스가 한국으로까지 들어올 수 있는 가능성이 커졌다.[25]

북한은 국제제재조치로 인하여 달러획득이 불가능해지자, 러시아의 PNG 통과료로 연간 1억 달러 이상의 현금 수입에 큰 기대를 걸고 있다. 30년후에는 수십억달러에 이르는 것으로 분석된다. 2011년 8월 31일 북한 조선중앙통신은 "북한을 경유하는 가스수송관 건설이 비용상 가장 합리적"이라고 주장하였다.

아래 표에서 보는 바와 같이 북한을 경유하는 가스 수송관(PNG)이 갖는 장점은 획기적인 가격경쟁력이다. LNG나 CNG에 비하여 월등하게

24 지식경제부, 2008년 9월 30일 보도자료.

25 박진 국회의원, 러시아 천연가스 도입: 문제점과 대책, 2011, 2011 국정감사 정책자료집, pp.4-16.

저렴한 가격으로 러시아의 가스를 도입할 수 있다.

<표 1> 수송방안 비교

구분	PNG 방안	LNG 방안	CNG 방안
도입 노선	러시아구간(150km)~ 북한구간(740km) ~ 한국구간(232km) ~ 총1,122km	페레보즈나야 ~ 평택 (해상, 1,700km)	페레코즈나야 ~ 고성 (해상 650km) ~ 평택 (전용배관, 408km)
투자비	34억불	68억불	61억불
운영비*	14억불	158억불	44억불
수송원가 ($/MMBtu)	0.31	0.94	0.60
장·단점	· 대량수송 유리 · 상용화된 기술로 건설 및 운영 용이 · 지정학적 위험에 취약	· 대량/원거리 수송유리 · 사용화된 기술 · 원료가스의 공급이 충분해야 함 · 시설투자비 규모 큼	· 중 · 소량/단거리에 유리 · 상용화된프로젝트없음 · 낮은 수송효율 -동급 LNG선대비 1/5 · 고가의 선박 건보비

출처: 박진 국회의원, 러시아 천연가스 도입: 문제점과 대책, 2011국정감사 정책자료집,

박근혜정부는 당시 일차적으로 나진 하산 프로젝트를 5 24 조치의 예외조항으로 발표했다. 이에 러시아의 극동개발부장관인 알렉사드르 갈루슈카 장관이 한국을 방문하여 북한과의 공동사업이 한반도의 안정화에 기여할 것이라고 주장하였다. 시베리아에서 생산된 석탄을 하산-나진을 거쳐 한국의 포스코로 수송하는 사업이다.(나진-하산 프로젝트)[26]

북한을 통과하는 가스관 사업에서 북한은 자본투자 없이 토지만 사용하도록 하는 임대추구전략(Rent Seeking Strategy)를 추구할 것이다. 즉,

26 Voice of America, "러 장관 '한반도 경협 많을수록 북한 안정화 기여'", http://www.voakorea.com/content/article/2537877.html(검색일: 2014.11.28).

러시아와 한국이 자본과 기술을 투자하여 북한 지역에 가스관을 매설하도록 하며, 그 사업권에 대하여는 북한이 토지 사용대가로 25% 이상의 지분을 요구할 것이다. 이렇게 하여 북한은 이 사업에 대한 북한식 통제권을 가지려고 한다.

2. 북한의 기대수익: 막대한 수수료

북한의 목표는 핵무기 보유와 함께 경제적 지원을 받는 것이다. 평양당국은 핵무기 포기에 관한 국제협약으로 경제적 지원을 받으면서도 비밀리에 핵무기를 개발했기 때문에 직접적인 현금제공이 없으면 국제사회와의 약속 등을 불신한다.

북한은 "임대추구국가(Rent Seeking Country)"라고 할 수 있다. 국제협력사업에 참여하는 국가가 자본 등 대부분을 투자하고, 북한은 토지등을 투자한 후, 그 지분을 요구한다. 즉, 토지에 대한 임대료나 수수료 등을 요구한다. 북한을 상대로 하는 국제협력사업은 북한을 관통하는 가스관이나 철도선을 통하여 실현될 수 있다. 결국 북한이 원하는 국제협력사업은 임대료 또는 수수료를 받는 사업이다.

Kotra에 의하면, 2008년 북한의 수입과 수출 총액의 규모는 38억달러이다. 북한에 제공되는 통과료(transit fee)는 연간 약 1억달러에서 5억달러에 이를 것이다. 한국의 가스공사가 국정감사자료에서 밝힌 바에 따르면, 통과료는 통과량의 5 10%에 달하는 데, 현금으로는 약 1.5억달러 5억달러에 달한다고 한다. 그리고 2008년도에 합의된 가스 구매액은 연간 30억 달러지만, 가스도입량 증가와 가스가격 상승으로 인해 50억 달러에 이를 수도 있다. 그렇다면 북한은 매년 통과료로 1억5천만달러 4억 5천만달러를 받게 된다.[27] 2013년 북한과 중국의 수출입 총액은 약 65억달러의 규모를 고려한다면, 매년 가스 통과료 수수료로 받게 되는 3억달러 5억달러(10%기준) 를 받게 된다면 북한경제를 획기적으로 전환시킬 수 있는 동기가 될 수 있다.

여기에 TCR이 연결되어 물류이동을 위한 수수료수입을 추가한다면, 1994년의 김일성이 기대했던 연간 4억달러 이상이며, 20여년이 지난 2016년 현재는 약 10억달러 이상을 기대할 것으로 예상된다. 그렇다면, 철도운송사업에 대한 수수료와 가스관 통과료 수수료를 추가한다면, 연간 약 15억달러 이상이 북한에 순수익으로 제공될 수 있다. 2013년 북한 주민의 1인당 GNI가 138만원(한국은 2,869만원)[28]을 비교하면 북한경제에는 획기적 기여가 될 것이다.

V. 대북한 가스관협력사업의 위험성

1. 가스관 사업의 위험

그동안 북한당국이 국제규범과 약속등을 파기한 사례들은 북한은

27 박진, "러시아 천연가스 도입: 문제점과 대책",『2011국정감사 정책자료집』p.36.

28 통계청, http://kosis.kr/statisticsList/statisticsList_03List.jsp?vwcd=MT_RTITLE&parmTabId=M_03_01#SubCont(검색일: 2015.1.27).

국제적 규범들을 준수할 의지가 없다는 것을 보여준다. 특히 가스관 차단과 관련해서는 경제적, 정치적 의도로 차단될 가능성이 많다. 예를 들어 북한당국은 우선적으로는 계약과 무관하게 통과료의 인상을 요구할 것이며, 거부시 가스관 차단으로 위협한다. 북한측 요구가 수용되지 않으면, 가스관 전체를 북한 당국이 몰수한다. 그리고 이제는 수수료가 아닌 가스관 사용료를 요구하여 높은 수익을 창출하고자 할 것이다. 또는 북한정권의 내부에 정변이 발생하여 가스관이 차단되거나 파괴되는 수도 있다. 특히 북한 핵문제와 관련하여 한국을 압박하기 위하여 가스관을 차단할 수 있다.

이에 대한 한국측의 대처방법은 없다. 중국이나 러시아와의 합작사업으로 북한에 압력을 가할 수도 있으나, 북한 핵문제처럼 북한이 수용하지 않은 가능성이 크다.

이러한 다양한 이유로 가스관이 차단되면, 빠른 시간에 가스관을 복구하는 것은 어려울 수도 있다. 가스관 사업은 장기간에 걸친 대규모의 자본투자사업으로서 정치적 안정이 가장 중요한 요소다. 일단 가스관이 설치되면 설치된 가스관을 대체할 수 있는 수단이 거의 없다.

가스관 차단 사례는 많으며 중재는 거의 불가능하다. 실제로 러시아에서 생산되어 유럽에 전달되는 가스는 우크라이나를 통과한다. 우크라이나는 1991년 소련이 붕괴된 후, 정치적, 경제적 이유등 으로 유럽으로 보내지는 가스관을 2005년과 2009년 등 세번이나 차단했다. 이로 인해 유럽에선 에너지 위기를 경험했다. 그 경유국의 위험성을 줄이기 위해 나부코 프러젝트(Nabucco Project: 중앙아시아 터키 발칸반도 유럽), White Stream Project(아제르바이잔 가스 흑해 해저 유럽), 러시아가스는 Nord

Stream(러시아 우크라이나 우회 유럽) South Stream, Blue Stream(러시아 흑해) 에너지가 제3국을 많이 경유할수록 차단될 가능성과 의험성이 높아진다.[29]

지난 2005년에는 대규모 천연가스전을 발견한 볼리비아가 칠레의 항구를 통하여 가스를 수출하려는 과정에서 칠레와 분쟁이 발생하자, 기존에 칠레에 공급하던 가스파이프를 차단하였다. 그러나 이웃나라인 아르헨티나가 칠레에 가스를 공급하여 볼리비아의 칠레 압박수단은 힘을 잃게 되었다. 이에 볼리비아와 아르헨티나는 심각한 외교적 갈등을 겪게 되었다.[30] 이와 같이 가스 파이프를 둘러싸고 전개되는 외교적 분쟁은 세계 곳곳에서 발생하고 있다. 특별히 어떤 국가의 비이성적인 행위나 도발적 행동들을 제재할 수 있는 수단이 없으며, 여론조차 판단하기 어려운 실정이다. 각국의 경제적인 이해관계 때문에 발생하는 갈등이기 때문이다.

이러한 세계적인 상황에서 본다면, 북한이 가스관을 차단할 수 있는 가능성은 매우 높다고 할 수 있다. 우선, 북한은 가스관 통관을 위한 매설 공사 초기에 합의한 계약과는 달리 가스관 매설이 완공되어 가스관 통관이 시작되면, 가스관 통과료를 과도하게 인상하여 요구할 가능성이 매우 크다. 기존의 외국기업과의 합작사업에서 북한이 항상 사용해온 전략이다. 이러한 요구를 수용하면, 가스비가 상승하여 도입의 가치가 없어질 것이며, 요구를 거절하면, 가스관을 차단하여 한

29 박진, "러시아 천연가스 도입: 문제점과 대책",『2011국정감사 정책자료집』p29.

30 Anouk Honoré, Argentina: 2004 Gas Crisis, (UK: Oxford Institute for Energy Studies, 2004), pp.35-38.

국경제에 치명적 위해를 가하게 될 것이다.

북한에게 배분되는 수익이 많다고 해도 북한 내에서 간헐적으로 나타나는 군부의 반발을 통제하고 가스관 통과를 안정적으로 유지하기 어렵다. 군부는 북한 내에서 하나의 수익집단으로서 군부 자체가 추구하는 이권사업의 영향으로부터 독립적으로 운영되기 어렵다. 특히 가스관 파이프 통과는 군부가 독점적으로 관할하는 군사민감지역을 관통해야 하기 때문이다. 군부입장에서는 군사적으로 노출이 불가능한 지역의 경우, 이 지역의 가스관 파이프는 유지보수 등 관리가 거의 불가능할 수도 있다. 개성공단의 경우, 북한군이 개성공단 지역을 양보하고 후퇴하였지만, 개성공단 중단 후 즉시 북한군이 진주하였다.

2. 북한의 가스관 차단 방지 방안논쟁

1) 기반시설용 에너지로 활용

한국정부도 북한이 언제든지 가스관을 차단할 수 있다고 생각한다. 이명박 정부는 러시아 PNG를 가정으로 연결하는 것이 아니라 화력발전소 등의 기반시설로 연결하겠다는 구상을 가지고 있었다. 그러면 북한이 가스관을 차단해도 일반국민들이 고통받지는 않는다고 주장한다. 또 북한이 임의로 가스관을 차단해도 블라디보스톡에 있는 천연가스 액화기지에서 LNG(액화천연가스)로 만들어서 선박을 이용하여 수입하기 때문에 문제가 없다고 주장한다. 또 LNG의 도입가격도 PNG 가격과 동일하게 하면 가스관의 안전보장 문제는 해결된다고 가스공사는 주장한다.[31] 그러나 러시아가 북한을 완전히 통제할 수 있는 것이 아니기 때문에 러시아가 북한의 가스관 차단을 막지 못한다. 그리고 북한의 가스관 차단에 대하여 러시아가 책임을 지려고 하지 않는다. 게다가 북한이 한국과의 갈등을 이유로 가스관을 차단한 경우에는 가스관 차단의 원인 한국에 있기 때문에 러시아가 LNG 가스가격을 PNG가격으로 낮추어줄 수가 없다.

또 가스관이 차단된 경우, 갑자기 대량의 LNG를 만들 수 있는 공장이 항상 대기하고 있을 수 없다. 또 갑자기 대규모의 LNG운반선을 조달할 수도 없다. 그러면 LNG값은 갑자기 높아질 것이며, 대량으로 공급하기도 어려울 것이다. 러시아는 오히려 이 모든 책임을 한국정부에게 전가할 것이다. LNG가격을 PNG가격으로 맞추어 줄 수가 없다. 그리고 북한이 파괴한 가스관의 복구나 북한에 대한 각종 보상등을 한국에게 전가하게 되면 한국이 모든 피해를 당하게 된다.

2) 중국 통과 가스관 병행건설

북한의 이러한 가스차단 위험을 방지하기 위하여 러시아 가스를 중국의 산동지방에서 서해 해저에 매설되는 가스파이프를 통하여 한국으로 전달하는 방안이 구상될 수 있다. 중국의 웨이하이웨이와 인천간의 거리는 300킬로미터에 불과하여 기술적 어려움은 없는 것으로 분석된다. 여기에 한국의 대북정책의 이니셔티브가 있다.

북한을 경유하여 한국에 전달되는 라시아 가스관 사업은 북한의 정

31 황일도, "러시아가스관 이미 통했나", http://weekly.donga.com/docs/magazine/weekly/2011/10/04/201110040500005/201110040500005_1.html(검색일: 2015.1.23).

치적 의도에 따라 가스관이 차단될 수 있다.이 경우, 에너지공급 차단은 한국경제에 막대한 손해를 미칠 수 있다. 마치 한국경제의 주도권을 북한의 처분에 맡겨두는 위험한 정책이라고 할 수 있다. 그러나 중국의 웨이하이웨이나 산동반도를 거쳐 서해 해저를 경유하는 또 다른 가스관이 동시에 건설된다면, 이러한 유려는 해소될 수 있다. 북한의 정치적 의도에 따라 북한이 러시아 가스관을 차단하더라도 중국을 경유하여 오는 가스관으로 대체할 수 있도록 할 수 있기 때문이다. 북한을 경유하는 가스관은 북한 경제를 회생시킬 수 있는 획기적인 수입원이 될 것이다.

안보적 측면에서 볼 때, 북한을 경유하는 가스관보다는 서해안의 바다로 통과하는 해저가스관이 바람직하다고 할 수 있다. 가스관이 러시아에서 출발하여 몽골을 지나 중국 다칭 베이찡 웨이하이 서해안을 통과하여 한국에 도달하는 방법이다. 또는 가스관이 우즈베키스탄이나 투르크메니스탄에서부터 중국을 거쳐 산동반도를 통하여 서해의 해저관을 이용하여 한국에 유입되는 방법이다. 이러한 가스관이나 송유관 건설은 북한이 차단할 우려가 없기 때문에 위험을 감수하며 북한을 경유하는 가스관을 견제할 수 있다. 또한 이러한 경우에는 가스나 기름의 통과료를 지불할 필요가 없기 때문에 원가가 보다 저렴해 질 수 있다. 중국까지의 가스관이나 송유관은 중국에서도 사용하기 때문이다. 다만, 서해를 통과하는 해저 송유관과 가스관의 부설비용이 초기 시설비로 추가된다.

그러나 이 방식은 북한을 관통하는 가스관을 건설할 필요를 없게 만든다. 또 가스관 건설의 비용을 이중으로 소모한다는 비판에 직면한다. 에너지 안보 측면에서는 중국이나 북한을 관통하는 가스관의 차단 위험을 감속시킨다고 할 수는 있으나 비용 대비 효과면에서 비효율적이라고 할 수 있다.

3) J자형 가스관 설치방안

일부 학자들의 주장에 따르면 북한이 가스관을 차단하지 못하도록 J자형 가스관 설치를 하여 한국에 먼저 도달한 후, 북한으로 되돌아서 가스를 전달하는 배관을 하면 안전하다는 주장도 있다.[32] 그러나 북한은 도시가스를 사용할 수 있는 시설이나 가스발전소가 없다. 따라서 북한에게 가스가 전달된다고 해도 북한은 가스를 사용하지 못한다. 그렇다면, 한국을 돌아서 북한에 전달되는 가스는 북한의 가스관 차단을 막지 못한다.

4) 가스발전 전기 공급 전략

북한이 필요로 하는 것은 전력이기 때문에 한국에 도달한 가스를 이용하여 휴전선 인근에서 전력발전을 하고 그 전력을 북한에 송전하는 것이 차선책으로서 제시할 수 있다. 북한을 통과하는 가스에너지에 대하여는 북한이 통제권을 가지고 있지만, 북한의 전력망과 전력공급원에 관한 통제권을 한국측이 완전히 장악하는 방법이다. 북한을 통과하여 수입되는 가스에너지로 전기를 생산하여 북한 전역에 공급하는 방안이다.

---

32 DongA.com 2011.9.27, http://news.donga.com/Politics/New/3/00/20110927/40633459/1 (검색일: 2016.7.23).

북한지역의 가스관 통과 수수료의 몫으로 북한을 통과하여 제공된 가스로 한국에서 생산한 전력을 북한에 제공한다. 즉, 가스통과료를 전력 공급으로 상환하는 물물교환 방식이다. 이것이 보다 가스 공급을 안정적으로 만들 수 있을 것이다. 그러나 여기서도 주의할 것은 한국측은 북한에게 미리 전력 공급망 건설을 해서는 안된다는 점이다. 초기에는 북한에 현재 있는 그대로의 전력망을 사용하고, 북한으로 지급해야 할 가스 통관료가 누적되는 대로 그 비용으로 북한의 전력망을 개선하는 공사를 단계적으로 추진해야 한다.

그러나 이 전략도 북한에 이미 건설한 가스관을 북한이 차단하는 데에 대한 방어책이 되지 못한다. 전례처럼, 전력망 건설이 끝난 후, 북한이 가스를 차단하고, 전력망을 몰수할 수 있기 때문이다. 막대한 매몰비용만 손해 볼 뿐이다.

북한에게 있어서 전력공급은 가장 시급한 문제다. 통계청 자료에 의하면, 2010년 기준으로 발전설비용량은 남한이 7,608만kwh이며, 북한은 697만kwh이며, 발전전력량은 남한이 4,739억kw이며, 북한은 237억kw로 남한이 북한의 20배에 달한다.[33] 2016년 북한의 조선노동당 제 7차대회에서 김정은은 2016년부터 2020년까지 국가경제개발5개년계획을 발표하면서 선결조건을 전력문제의 해결이라고 주장하였다.[34] 2014년 11월 10일경에는 중앙당 조직지도부는 전국의 당조직들에게 전기절약투쟁에 대한 지시문을 하달하여 전기도둑질을 근절

---

33 북한의 주요통계지표는 북한통계홈페이지 참조하기 바람.; 통계청 http://kostat.go.kr/portal/korea/kor_nw/3/index.board?bmode=read&aSeq=253171(검색일: 2015.1.28).

34 조선노동당, “Electricity and the five year plan, North Korean Economy Watch”, http://www.nkeconwatch.com/category/energy/electricity/(검색일: 2016.7.19).

하고, 전력증산과 전기절약을 강조하였다. 1지역 1발전소 건설정책을 추진하였지만, 지식과 경험부족으로 발전소마다 전압과 주파수가 다르고, 송전선로에도 문제가 생겨서 북한의 전력사정이 더욱 어려워졌다.[35]

Ⅵ. 결론

북한을 국제사회의 평화적인 구성원이 되도록 하기 위해서 북한에 대한 제재조치만이 아니라 북한주민의 자발적인 변화를 야기할 수 있는 기회를 만들어 주는 것이 중요하다. 그러나 북한에 가스와 송유관 등 에너지파이프를 건설하는 것은 한국의 안보에 치명적으로 위험하다. 북한이 갑자기 가스파이프를 차단하면, 한국의 중요한 기간산업이 마비되기 때문이다. 따라서 러시아 가스 파이프를 북한에 건설해서는 안된다.[36] 북한통과 가스파이프라인을 추지하기 위해서는 남북한 신뢰회복이 최우선이다. 북한의 가스관 차단에 대비하여 책을 동시에 추진하지 않으면 막대한 피해를 볼 수 있다.[37] 북한의 가스관 차단에는 어떠한 대안도 없다. 따라서 북한 통과 가스관사업은 금지되어

35 NK지식인연대, "북한 심각한 동계전력난으로 초긴장", http://www.nkis.kr/board.php?board=nkisb201&config=&command=body&no=557(검색일: 2015.1.28).

36 Stephan Haggard, "Pipeline: RIP?", https://piie.com/blogs/north-korea-witness-transformation/pipeline-rip(검색일: 2016.7.23).

37 Kwang-yeon Lee, "'Pipeline Diplomacy':The Russia-DPRK-ROK Gas Pipeline Project", http://uskoreainstitute.org/wp-content/uploads/2013/10/LeeK_YB2011.pdf(검색일: 2016.7.23).

야 한다.

북한은 가스관 통과를 지렛대로 삼아 과도한 통관료를 요구할 수 있으며, 가스관 차단으로 협박할 수 있다. 한국의 산업이 북한통과 러시아산 가스에 의존도가 높아질수록 북한의 가스관 차단수단은 통과료 인상 뿐만이 아니라 북한 핵무기 관련 국제적 제재조치에 대한 대응 수단으로 활용할 수 있다. 또한 북한에 유입되는 막대한 현금은 북한은 핵무기와 미사일 개발로 한국의 안보를 심각하게 위협할 것이다.

현재의 북한 경제력에 비하여 연간 1억달러 이상의 수수료가 매년 유입되고 시간이 경과하면서 그 수입이 점차 증가하여 북한당국이 이 현금을 핵무기 개발과 미사일 개발에 전용하여 사용할 가능성이 있다. 이러한 조건들은 현재 국제사회가 북한에게 가하는 대북 경제제재조치를 형해화 시킬 것이다. 북한의 핵무기와 미사일에 대항하여 한국과 안보동맹을 맺고 있는 미국이나 UN등의 국제사회는 한국의 안보의지를 의심하게 될 것이며, 가스관 사업과는 별도로 또 다른 안보동맹의 약화를 초래하게 될 가능성이 있다.

북한의 가스관차단은 한국의 경제와 안보에 치명적인 손해를 입힐 것이다. 러시아와 우크라이나의 가스요금 분쟁사태에서 보는 바와 같이 러시아의 일방적 가스관 차단 사태가 발생한 바 있다. 이처럼, 북한이 통과료를 분쟁대상으로 삼아 언제든지 가스관을 차단하면, 한국의 기간산업이나 주민들의 생활에 극심한 곤란한 상황이 발생하게 될 것이다.

북한의 한국과 국제사회에 대한 신뢰는 거의 제로에 가깝다고 할 수 있다. 실제 남북한 간의 관계에 있어서 북한의 약속위반 사례는 훨씬 많아서 북한과의 약속은 힘이 뒷받침되지 않으면 지켜지지 않는 속성을 가지고 있다. 북한이 한국에 대한 무력침략의 의지를 버리지 않는 한, 북한에 대한 경제적 협력사업은 한국의 안보를 위협할 것이다. 더욱이 북한의 핵과 미사일로 인해 국제사회의 제재를 받고 있는 현실에서 북한에 대한 가스관 건설 협력사업은 한국을 국제적으로 고립시키고 한국의 안보를 위험에 빠뜨릴 것이다.

김동철 외, "금강산관광 재개와 북한의 남한 자산 몰수 · 동결 조치 해제 촉구 결의안, 의안 제1813126호", http://ko.pokr.kr/bill/1813126/text(검색일: 2016.7.21).

김성만, "북한의 신의주-개성 고속도로/철도 건설 주시해야", http://konas.net/article/article.asp?idx=33939(검색일: 2015.1.28).

김치관, "지금 북한에선 1달러가 몇원?", http://www.tongilnews.com/news/articleView.html?idxno=112724(검색일: 2016.7.23). 6

노컷뉴스, "북-중 '전력공급 협상중?'", http://www.nocutnews.co.kr/news/1115850(검색일: 2015.1.28).

동아일보, "419억원 들여 공장 세웠는데 1년도 안돼 맨몸으로 쫓겨나", http://english.donga.com/List/3/all/26/404427/1?m=kor(검색일: 2016.7.13).

박인, "대북투자를 위한 북한투자제도 고찰, 남북교류협력법제의 개선방향", pp.190-193, http://www.moleg.go.kr/FileDownload.mo;jsessionid=jmqjIuShwprXXkK0HRRJgGr (검색일: 2016.7.23).

박정우, "중 국책연구원 간부 '대북투자 권장 안해'", http://www.rfa.org/korean/in_focus/food_international_org/investment-08052015153954.html,(검색일: 2016.7.23).

박진, "러시아 천연가스 도입: 문제점과 대책",『2011국정감사 정책자료집』

양세훈, "남북전력협력시동, 열 내는 전력망사업", http://www.ekn.kr/news/article.html?no=114010(검색일 2015.1.28).

외교부, "'유라시아 실크로드 친선특급(가칭)' 사업 추진 업무협약 서명식", http://www.mofa.go.kr/news/focus/index.jsp?mofat=001&menu=m_20_50(검색일: 2015.1.26).

이동훈, "북한은 왜 러시아와 철도현대화 사업을 추진했을까", http://blog.naver.com/tleowndtla/220172295550(검색일: 2015.1.28).

이명박,『대통령의 시간』(서울: 알에이치코리아, 2015), pp.429-424.

이연철, "세계은행, 북한전기사정, 빈곤국 평균 못미쳐", http://www.voakorea.com/content/article/1671651.html(검색일: 2015.1.28).

조선노동당, "Electricity and the five year plan, North Korean Economy Watch", http://

www.nkeconwatch.com/category/energy/electricity/(검색일: 2016.7.19).

조선일보취재팀, "北은 예측불허라 사업하기 힘들더라… 남포공단도 그래서 접은 것", http://news.chosun.com/site/data/html_dir/2013/05/01/2013050100223.html(검색일: 2016.7.21).

주러시아대사관 경제과, "러중 가스공급 협상관련 전문가 분석", http://www.yonhapnews.co.kr/international/2014/05/21/0619000000AKR20140521184353O 09.HTML(검색일: 2014.11.25).

주성하, "북한의 전력현황과 증산계획", http://blog.donga.com/nambukstory/archives/70073(검색일: 2015.1.28)

중앙일보, "북 나진항, 러엔 50년 사용권 중국엔 10년 연장", http://article.joinsmsn.com/news/article/article.asp?total_id=4050701(검색일: 2011.10.15).

최유식, "中시양그룹, 北투자 430억원 날리고 쫓겨난 사연", http://news.chosun.com/site/data/html_dir/2012/08/09/2012080900296.html(검색일: 2016.7.21).

황일도, "러시아가스관 이미 통했나", http://weekly.donga.com/docs/magazine/weekly/2011/10/04/201110040500005/201110040500005_1.html(검색일: 2015.1.28).

통계청 (http://kostat.go.kr/)

Gale, Alastair, Nikhil Lohade, "Orascom Suffers Static in North Korean Venture Initial success ith mobile phone venture didn't last long after a state-run rival emergec", http://www.wsj.com/articles/orascom-suffers-static-in-north-korean-venture-1451628004(검색일: 2016.7.21).

Haggard, Stephan, "Orascom in North Korea: Don't Leave Me Hanging, Peterson Institute for International Economics", https://piie.com/blogs/north-korea-witness-transformation/orascom-north-korea-dont-leave-me-hanging(검색일: 2016.7.23).

Haggard, Stephan, "Orascom in North Korea: Don't Leave Me Hanging", https://piie.com/blogs/north-korea-witness-transformation/orascom-north-korea-dont-leave-me-hanging(검색일: 2016.7.23).

Haggard, Stephan, "Pipeline: RIP?", https://piie.com/blogs/north-korea-witness-transformation/pipeline-rip(검색일: 2016.7.23).

Honor , Anouk, Argentina: 2004 Gas Crisis, (UK: Oxford Institute for Energy Studies, 2004), pp.35-38.

Lauler, Robert, “North Korean official: Russian investment in railways model for future”, https://www.nknews.org/2014/11/north-korean-official-russian-investment-in-railways-model-for-future/(검색일: 2015.1.28).

Lee, Kwang-yeon, “‘Pipeline Diplomacy’:The Russia-DPRK-ROK Gas Pipeline Project”, http://uskoreainstitute.org/wp-content/uploads/2013/10/LeeK_YB2011.pdf(검색일: 2016.7.23).

Moon, Sung Hui & Joshua Lipes, “North Korea Seeking Electricity Supply from China”, http://www.rfa.org/english/news/korea/electricity-10212013160033.html(검색일: 2015.1.28).

NK지식인연대, “북한 심각한 동계전력난으로 초긴장”, http://www.nkis.kr/board.php?board=nkisb201&config=&command=body&no=557(검색일: 2015.1.28).

Toloraya, Georgy, "Russia's North Korea Conundrum-The latest sanctions harm Russian economic and strategic interests on the Korean Peninsula", http://thediplomat.com/2016/03/russias-north-korea-conundrum(검색일: 2016.7.21).

Voice of America, “러 장관 ‘한반도 경협 많을수록 북한 안정화 기여’”, http://www.voakorea.com/content/article/2537877.html(검색일: 2014.11.28).

Zakharova, Liudmila, “Economic cooperation between Russia and North Korea: New goals and new approaches”, Journal of Eurasian Studies 7/2(July, 2016).

李英和, “北朝鮮歸國事業の罪”,「朝鮮總連と收容所共和國」(小學館文庫, 1999), 재인용, http://ccce.web.fc2.com/ki.html(검색일:2016.7.22).

李燦雨,『日朝經濟協力の方案』(平成13年度 自主研究報告書, 2002), p.31, http://www.erina.or.jp/wp-content/uploads/2014/10/01140.pdf(검색일: 2016.7.22).

朴斗鎭, “改革解放を拒否し續ける北朝鮮”,http://www.koreaii.com/nknews/nk20121026.html(검색일: 2016.7.22).

三村光弘, “朝鮮民主主義人民共和國の對外經濟關係法の現狀(1), ERINA REPORT Vol.48. pp.17-18, http://www.erina.or.jp/wp-content/uploads/2002/01/pp4830_tssc.pdf(검색일: 2016.7.22).

ABSTRACT

North Korean Transit Gas Pipeline Risk Analysis

It is very attractive economically to buy Russian Pipeline Natural Gas(PNG) through North Korean territory. It is good for all of related countries, Korea, Russia and North Korea; Russian far eastern development policy, oversee's investment to North Korea and stable and resonable gas energy supply to South Korea. However, this project will bring in critical threat to the security of South Korea.

NK has prepared nuclear bombs and missiles to invade South Korea, and incessantly threatened Seoul with military attack. Under this condition, the enormous transit fees will be payed to PyongYang will be a big support its building up armament.

There are lots of cases for the authorities of NK to have ordered the forfeit of international investment in North Korea with the unreasonable condition, same will be the installed pipeline, invested asset in North Korea.

It should not be underscored the risk to South Korea's security and assets even if this project seems to be attractive economically.

key words Russian Gas, North Korean Transit, pipeline disruption, investment risk

요약

포클랜드제도 분쟁을 통한 제한전 분석

1982년 4월 2일부터 6월 14일까지 지속한 포클랜드제도 분쟁 결과, 영국은 전쟁 승리를 통해 극심한 경제불황의 위기를 넘어 과거 화려한 대영제국의 영광을 되찾을 수 있었다. 반면 아르헨티나는 군사독재 정권의 몰락과 민주정권의 탄생에 지대한 영향을 받는다.

본 연구는 포클랜드분쟁에 관해 "DIME on PMESII"를 적용함으로써, 미래 독도에서 발생 가능한 해양분쟁 대응전략을 제시하고자 작성되었다. 특히 분쟁지역을 실효적으로 지배하고 있는 국가가 가진 총체적 국력의 수단으로서 외교·정보·군사·경제, 즉 DIME 능력이 어떤 영향을 미치는지 분석하였다. 동시에 반대 시야에서 해당지역을 실효적으로 지배하지 못하는 국가의 정치·군사·경제·사회·정보 및 기반시설, 즉 PMESII 체계를 적용해 분석하였다.

연구 결과, 독도 해양분쟁 관련 대응전략으로 첫째, 영국과 같이 분쟁영토에 대한 실효적 지배를 효과적으로 지속하고 강화해나가야 한다. 이를 통해, 국민에 대한 애국심 고취 및 전시정부에 대한 지지, 정당한 전쟁명분의 확보, 국제적인 지지를 얻을 수 있다. 둘째, 현대 전쟁을 분석할 때 자국의 DIME 능력을 상대국의 PMESII 체계 약점에 집중하는 'DIME on PMESII'가 효과적임을 증명할 수 있었다. 이제는 전쟁을 수행하는 데 있어 군사력만으로 상호 충돌하는 형태가 아니라 국가의 총체적인 국력인 외교·정보·경제분야 능력을 즉각적으로 투입해야 한다. 셋째, 미래 독도 해양분쟁에 대한 철저한 대비가 필요하므로, 해양에서의 제한된 국지전 가능성을 극복하기 위해 주변국에 대한 적절한 전략이 필요하다.

key words 포클랜드제도, 해양분쟁, 실효적 지배, DIME on PMESII

03

포클랜드제도 분쟁을 통한 제한전 분석*

양성실**, 이희완***, 신진****

I. 서론

본 연구는 영국과 아르헨티나에게 각각 포클랜드(Falkland), 갈비나스(Malvinas)라 불리는 제도(Islands)에서 1982년 4월 2일부터 6월 14일까지 발생한 포클랜드분쟁에 관해 제3자의 시야로 평가 및 분석한 것이다.

* 이 논문은 2021년 해양안보 제3권제1호에 게재된 것을 수정 게재하였음.
이 논문은 2021년 해양학술우수논문으로 선정되어 해군참모총장상과 한국해양전략연구소이사장상을 수상하였음.
** 제1저자, 충남대학교 군사학과 박사과정
*** 제2저자, 충남대학교 군사학과 박사과정 수료
**** 교신저자, 충남대학교 정치외교학과 교수, Jinshin@cnu.ac.kr

이를 통해, 미래 한국과 주변국 간 발생 가능한 해양분쟁 가능성에 주는 시사점을 도출하고자 한다. 또한 본 연구는 포클랜드분쟁에서 지리적으로 수천 킬로미터 떨어진 영국이 분쟁지역에서 인접한 국가인 아르헨티나를 상대로 어떻게 승리했는가에 대하여 거시적 차원에서 영국이 승리하게 된 전략의 과정과 요인을 분석한다. 분쟁연구라고 하는 총체적이고 거시적 분석을 위해서 본 연구는 Roger Hillson의 DIME/PMESII Model[1] 을 사용한다. 이 모델은 전쟁에서 제한전이 전개될 때, 어떻게 승리할 것인가를 분석하기에 적합한 모델이다.

즉, 분쟁지역을 실효적으로 지배하고 있는 국가가 가진 총체적 국력의 수단(Instruments of National Power)으로서 외교 · 정보 · 군사 · 경제, 즉 DIME(Diplomatic, Informational, Military, Economic) 능력[2]을 구체적으로 분석하였다. 반면, 해당지역을 실효적으로 지배하지 못하는 국가의 정치 · 군사 · 경제 · 사회 · 정보 및 기반시설, 즉 PMESII(Political, Military, Economic, Social, Information, Infrastructure) 체계에 대한 분석을 진행하였다.

본 연구를 통해 미래 한반도 주변국과 발생 가능한 해양분쟁에서 한국에 적용 가능한 대응전략을 제시할 수 있다. 또 포클랜드제도 분쟁사례를 통해 해양분쟁 지역에 대해 지속적이고 논리적으로 국가차원에서 추진해 오던 실효적 지배라는 노력이 분쟁발생 시 핵심사안으로 작용함을 이해할 수 있다. 특히 영국이 국제사회로부터의 지지를 활용하여 아르헨티나의 경제적 지원을 차단하고, 군수물자에 대한 국제사회로부

1 Roger Hillson, "The DIME/PMESII Model suite Requirements Project," *2009 NRL REVIEW*, Naval Research Lab Washington D.C. Information Technology Div(2009), p. 235.

2 Joint Doctrine Note 1-18, *Strategy*, (Joint Chiefs of Staff: Joint Force Development Press, 2018), p. II-5.

터의 공급을 차단하였으며, 국제사회가 상대국인 아르헨티나를 지원하지 못하도록 만들었던 것이 전쟁 승리의 중요 요인 중의 하나였다.

그렇다면, 최근의 한국은 미국이 추진하는 QUAD에도 가입을 거부하고 있으며, 미국이 추진하는 중국포위전략 구상에 전적으로 참여를 거부하고 있다. 또한 일본과도 상당한 갈등을 겪고 있다. 문재인 정부가 중국에 대한 친중정책을 추진하고 있지만, 중국은 아직도 THAAD에 대한 보복조치를 한국에 자행하고 있어서 중국과도 긴밀하다고 할 수 없는 처지다. 결국 한국이 국제적으로 상당히 고립된 상황에서 독도문제로 제한전이 발생한다면, 포클랜드분쟁에서 아르헨티나의 처지와 유사해질 가능성이 있다.

이에 본 연구는 동맹의 활용 및 국제사회로부터 지지를 통하여 유리한 군사환경을 구축하는 것이 분쟁에서의 승리에 얼마나 중요한 영향을 미치는가를 살펴보기 위해서 포클랜드분쟁 결과 영국의 전략과 승리의 과정을 분석한다.

II. 이론적 틀

1. 개념 정의와 범위

1.1. 해양분쟁

1994년 11월 발효된 유엔해양법협약(United Nations Convention on the Law of the Sea: UNCLOS)을 계기로 영해 12해리, 접속수역 24해리, 배타적경제수역 200해리 등이 합의되었다. 유엔해양법협약은 바다와 인접한 연안국들의 지배력을 강화한 반면, 해양에서 국가 간 분쟁을 촉진하는 요인으로 작용하고 있다. 그 이유는 배타적경제수역에 대한 연안국의 독점적인 권한을 인정함으로써 사실상 영토화되었기 때문이다.[3]

일반적으로 분쟁이란 "양립될 수 없는 이해관계에 대해 어느 한 집단과 다른 집단 간의 상호 대립상태"라고 정의된다. 분쟁으로 극도의 긴장이 조성되면 '위기'에 이르고, 이 위기가 무력충돌로 이어져 결국 '전쟁'이 되는데, 무력충돌 직전의 위기상황 단계를 흔히 '군사분쟁'이라 말한다.[4] 또 국제분쟁이란 국가 간의 법률관계 또는 이해관계에 대한 의견충돌이며, 여기서 해양분쟁은 국제분쟁의 하위개념으로 국가 간 해양에서 발생하는 다양한 형태의 대립이라 할 수 있다.[5]

해양분쟁은 '해양영유권 분쟁'과 '해양관할권 분쟁'으로 구분할 수 있다. 해양영유권 분쟁은 대부분 식민지배와 전후처리에 관련되어 과거 부당하게 빼앗긴 영토에 관한 역사적 문제와 고유영토 주장이 첨예하게 얽혀있다는 특징을 가진다. 이는 단순히 수면상의 영토분쟁이라기보다 수면하의 영해, 배타적경제수역, 대륙붕 등의 막대한 해양영토와 관련된다. 다음으로, 해양관할권 분쟁은 유엔해양법협약(UNCLOS)이 협약 당사국 간 발생할 수 있는 분쟁에 대해 강제적 조항이 결여되었기 때문에 발생한다. 예를 들어, 한 · 중 · 일 3국의 경우 서해와 동

3 백병선, "동아시아 지역의 해양분쟁 전망 및 한국의 대응방향 · 주변국 해군력을 중심으로," 『전략연구』, 제24권 제1호, 2017, pp. 80-81.

4 배진수, "세계의 도서영유권 분쟁사례와 독도," 『국제정치논총』, 제38권 제2호, 1998, pp. 110-111.

5 박찬호, "국제법상 섬과 관련된 분쟁에 관한 고찰," 『법학연구』, 제50권 제2호, 2009, p. 300.

해가 최소한 400해리가 넘어야 하지만 그에 미치지 못하므로 배타적 경제수역과 대륙붕 외측한계의 중첩부분이 발생하는 것이다.[6]

한국에게 직접적으로 관련된 해양분쟁 이슈는 독도와 이어도이며, 독도는 해양영유권 문제이고, 이어도는 해양관할권 문제라는 차이점이 있다.[7]

1.2. 실효적 지배

실효적 지배(Effective Control)란 주권국가가 특정영토에 대해 배타적인 관할권을 행사하는 것이다. 영토에 대한 배타적 관할권을 '영토주권'이라 하며, 영토에 대한 실효적 지배란 영토주권의 행사라 할 수 있다. 이처럼 주권국가에 의한 영토의 실효적 지배를 영토주권의 현시 또는 국가권한의 현시라고도 부른다.[8]

실효적 지배로 인정받기 위해서는 국가만이 주권자로서 행동할 의사와 의지를 가질 수 있기 때문에, '국가기관을 기준'으로 입법권, 행정권, 사법권을 행사할 수 있어야 한다. 입법권의 행사방법으로 법률제정, 조약체결 등이 있으며, 행정권의 행사방법으로는 건축허가, 매립면허, 출입국심사, 외교적 항의, 과세 · 징수 등이 있다. 사법권의 행사방법으로 형사재판권의 행사, 민사재판권의 행사 등이 있다. 또 '성질의 기준'으로 사실행위적 실효적 지배를 위해, 도로의 개설, 주택의

6 백병선, 앞의 논문, pp. 82-88.

7 고봉준, "독도 · 이어도 해양영토분쟁과 한국의 복합 대응," 『한국정치연구』, 제22권 제1호, 2013, p. 190.

8 김명기, "대한국제법학회의 독도학술연구조사에 의한 한국의 독도에 대한 실효적 지배 - 대한국제법학회 독도학술연구조사 보고서 -," 『국제법학회논총』, 제63권 제1호, 2018, p. 235.

건축, 범인의 체포, 병력의 주둔, 국가원수의 방문, 학술조사 등을 실시할 수 있어야 하며, 법률행위적 실효적 지배로 법률의 제정, 건축의 허가, 납세의 고지, 형사재판, 조약의 체결 · 폐지, 외교적 항의 등이 있다.[9]

실효적 지배의 요건으로 영토주권과 관련하여, 단순히 문서상의 증거에 국한되지 않고 권리의 존재를 확립할 수 있는 모든 형태의 증거와 그 역사적 권리의 원인(기초가 되는 사실)을 포함하는 '영토권원(Title to Territory)'을 가지고 있어야만 한다. 즉, 특정 영토에 대해 취득된 영토권원의 현상을 계속 유지할 수 있어야만 국제법상 인정을 받을 수 있다. 이를 통해, 그 국가의 영토지배가 법적으로 인정되고 타국도 그것을 존중할 의무가 발생하는 것이다.[10]

추가적으로 국제재판소 판결에 빈번히 적용되는 또 다른 증거로서 실효적 국가권한(주권)의 행사, 즉 등대 건설 및 유지 · 관리, 해양동식물 채취에 대한 규제와 관리, 조류보호구역의 설치 등에 대한 사항이 강조된다.[11] 예를 들어, 1994년 리비아/챠드 영토분쟁 사건, 2002년 카메룬/나이제리아 경계분쟁사건, 2002년 말레이시아/인도네시아 리기탄과 시파단섬사건, 2005년 베닌/니제르 국경분쟁사건, 2007년 니카라과/온두라스 영토 및 해양분쟁사건, 2012년 니카라과/콜롬비아 영토 및 해양분쟁사건에 대한 국제사법재판소의 판결 등에서 영토주권

9 위의 논문, pp. 236-238.

10 김원희 외, 『영토권원 이론의 현대적 발전과 한계』, 부산:한국해양수산개발원, 2019, pp. 9-11.

11 이창위, "영유권 확립에 대한 실효적 지배의 증거로서의 에펙티비테(Effectivités): 말레이시아와 인도네시아의 도서 분쟁에 대한 국제사법재판소의 판결을 중심으로," 『인권과정의』, 제435권, 2013, pp. 63-64.

의 확인 또는 판결의 중요 요소로 사용되었다.[12]

2. 분석틀: DIME on PMESII

기존 분쟁연구는 군사력이 상호 충돌하는 'Military on Military' 형태로 군사적 관점에서만 분석을 추진한데 비해, 최근 연구에서는 다양한 요소를 종합적으로 분석하고 판단하는 경향을 보인다. 마찬가지 본 연구도 포클랜드분쟁을 보다 효과적으로 분석하기 위해 외교 · 정보 · 군사 · 경제 분야 등 다양한 관점에 초점을 맞추었다. 이에 대한 유사사례로 한국군도 군사기본교리, 합동작전교범 등에 전쟁수행 노력의 통일을 위한 국력의 통합활동(Unified Action)을 지속적으로 강조하고 있다.[13] 미군의 경우 범국가 및 범세계적인 국력요소의 통합운용을 제도적으로 보장하고, 중요한 사태가 발생할 때마다 적용해 왔다. 특히 이라크전쟁과 아프간작전, 북한 핵개발 차단작전 등을 수행하면서 통합활동의 중요성을 더욱 강조하고 있다.[14]

본 연구는 포클랜드분쟁을 통해 얻은 교훈을 미래 한국의 해양분쟁 가능성에 대한 함의를 도출하기 위해 연구대상 범위를 영국과 아르헨티나 사이에 전개된 포클랜드분쟁에 한정한다. 한국에서는 독도나 이어도가 분쟁발생 가능지역이나 실효지배라고 하는 조건에서는 독도와 이어도에 차이가 발생한다. 연구의 분석틀로 포클랜드분쟁 당시

12 이용희, "국제판례상 실효적 지배의 개념과 독도에 관한 고찰," 『Ocean and Polar Research』, 제35권 제4호, 2013, p. 314.

13 합동참모본부, 『군사기본교리』 (서울: 국군인쇄창, 2014), pp. 1-13.

14 윤동우, "안보환경 변화와 'DIME on PMESII' 이해," 『합동군사연구』, 제22권, 2012, p. 6

영국의 DIME 능력 측면에서의 강점과 반대로 아르헨티나의 약점을 식별하기 위해 PMESII 체계를 이용해 분석을 진행하였다. 즉, 'DIME on PMESII' 체계를 활용하였다. 연구방법은 국제적 및 국내적 변수를 통합적으로 살펴보고, 국제 안보상황의 변화와 이에 대응하는 정치 · 외교, 안보 등의 변화를 통해 포클랜드분쟁의 원인과 경과, 결과를 포괄적으로 연구하였다. 문헌고찰을 위해 영국 및 아르헨티나 관련 연구 논문자료, 미국 해군성의 공식문서, 전문가 분석자료 등을 수집하여 정리 · 요약하였다.

미군은 과거부터 현재까지 전쟁양상의 변화를 설명하면서, 과거에는 양국의 군사력이 상호 충돌하는 형태, 즉 'Military on Military'이었으나, 최근에는 상대(적)국의 PMESII 체계를 분석해 도출된 약점에 아측의 DIME 능력을 투입하는, 즉 'DIME on PMESII'로 설명하고 있다.[15] 즉, 상대국의 PMESII에 대한 대응책으로 아측 국력의 제 수단인 DIME 능력, 즉 외교 · 정보 · 군사 · 경제를 중점적으로 검토하는 것이다. 〈그림 1〉과 같이 DIME은 국력의 수단으로서 외교적 협상, 군사정보, 전력현시, 무역정책 등 전투 이외의 작전범위인 'Soft Power'를 포함하고 있다.[16]

15 윤동우, 『미래전에 대비한 합동작전 기본개념 발전방향: 합동작전 기본 개념의 문서체계 및 교리적 관점을 중심으로』 (서울: 한국군사문제연구원, 2016), p. 75.

16 Roger Hillson, op.cit., p. 235.

<그림 1> 국력의 수단, DIME

D Diplomatic	I Informational	M Military	E Economic
▪ Embassies/ Ambassadors ▪ Recognition ▪ Negotiations ▪ Treaties ▪ Policies ▪ International forums	▪ Military information ▪ Public diplomacy ▪ Public affairs ▪ Communications resources ▪ International forums ▪ Spokespersons, timing, media and venues for announcements	▪ Military operations ▪ Engagement, Security Coop, Deterrence ▪ Show of force ▪ Military technology ▪ Size, composition of force	▪ Trade policies ▪ Fiscal and monetary policies ▪ Embargoes ▪ Tariffs ▪ Assistance

출처: The Lighting Press, "The Instruments of National Power"

PMESII는 전쟁에서 중심을 식별하는데 유용한 도구로서 상대국의 각 체계 간에 존재하는 연계성, 의존성, 강·약점을 도출하는 데 효과적으로 활용될 수 있다. 그 이유는 상대의 중심을 전략적, 작전적 수준에서 분석하는 데 유용하고, 상대의 강·약점 등의 속성을 이용하여 중심을 식별하는데 활용될 수 있기 때문이다. 또 상대의 중심으로 군사력을 이용한 직접접근이 아닌, 외교, 경제, 정보 등 다양한 방법을 이용한 간접접근으로 상대의 중심을 약화시키는 방법을 제공한다.[17]

PMESII 개념은 전쟁 중 상대국의 각 핵심요소(표적)를 공격·무력화 시키면 상호 연결된 타 체계들까지 연쇄적, 동시다발적으로 마비되는 효과가 발생되는 이유를 명확히 보여준다. 또 이 개념에 기반한 작전은 상대국의 체계를 변화시킬 수 있는 핵심요소들을 선별하여 정밀타격 함으로써 최소의 노력으로 조기에 전쟁 수행능력과 의지를 상실시

17 오경택, "4세대 전쟁양상에서 클라우제비츠의 중심(重心)이론 유용성 분석: 아프가니스탄 전쟁사례를 중심으로," 『군사연구』, 제141권, 2016, p. 193.

켜 작전목표를 달성하게 해준다.[18]

한편, 군에서는 전쟁 이외에 상대국의 체계적인 연구와 분석을 위해 PMESII를 이용하기도 한다. 왜냐하면, 이 개념은 국가의 정치 · 군사 · 경제 · 사회 · 정보 및 기반시설을 총칭하며, 연구하는 사안들을 단순하게 보지 않고 각각의 요소를 비교하는 동시에 총체적인 접근(Holistic Approach)이 가능하도록 해주기 때문이다.[19] 〈그림 2〉와 같이 PMESII는 복합시스템을 나타내며 시스템 내 하부에 노드 간 연결되어 있다. 국가적 관점에서 이 체계는 정치사상 및 구조, 주요 군사력, 국가자산, 민족 · 종교 · 인구분포, 철도 · 도로 · 항만 · 공항, 지휘 · 통제 · 인터넷 · 언론 등을 나타낸다.[20]

<그림 2> 복합시스템 PMESII 개념도

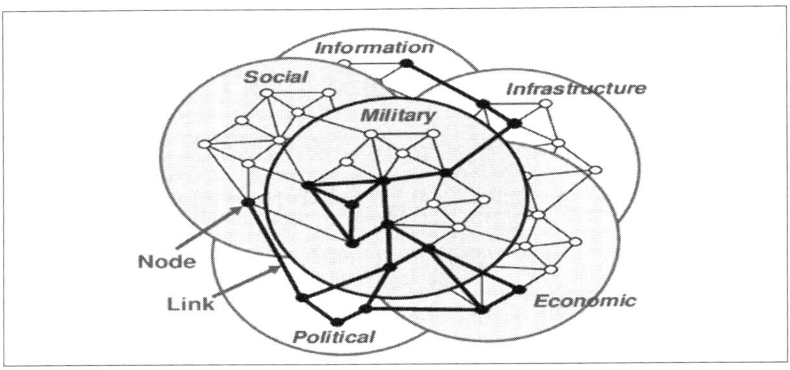

출처: Brian M. Ducote, School of Advanced Military Studies US Army Command and General Staff College (Fort Leavenworth, KS., 2010), p. 21.

18 조관행 외, "북한의 사이버와 무인기 위협에 대한 대응방안 연구: PMESII 체계분석과 DIME 능력을 중심으로," 『신아세아』, 제27권 제2호, 2020, p. 73.

19 위의 논문, p. 71.

20 오경택, 앞의 논문, p. 194.

결론적으로 PMESII 분석의 기반 위에서 상대국의 핵심요소를 식별 및 분석하고 아측의 국가 총 역량인 DIME 요소를 중심으로 모든 능력을 통합하는 제반 능력과 활동을 유기적으로 연동시켜, 즉 DIME on PMESII 함으로써 전력운용의 승수효과를 달성하는 것이다.[21]

III. 포클랜드제도 영토분쟁 연혁과 결과

1. 아르헨티나 영유권 주장

영국은 포클랜드제도를 1592년 존 데이비스(John Davis)가 발견한 이래 1690년 존 스트롱(John Strong)이 섬에 처음 상륙했다는 기록에 남겼고, 섬의 이름을 당시 영국 해군 재무장관(Treasurer of the Royal Navy) 포클랜드 자작(Viscount Falkland)의 이름을 따 명명했다.[22] 반면 아르헨티나는 1520년 스페인 국왕의 후원을 받은 마젤란 탐사대에 의해 처음 발견했다고 주장하며 정착한 프랑스인들이 말루인제도(Ile Malouines)라 불렀기 때문에, 섬 이름을 스페인어로 번역해 말비나스라고 부르게 되었다.[23]

21 이승욱, 『효과중심작전(EBO) 한국군 각 제대 적용(안)』 (서울: 합동참모본부, 2007), p. 79.

22 Britannica, "History of the Falkland Islands," https://www.britannica.com/place/Falkland-Islands/ (검색일: 2021. 5. 8.)

23 조정원, "포클랜드전쟁(Falkland War)의 원인에 대한 재고찰 · 오인, 국가이미지, 속죄양론적 측면의 분석을 중심으로 -," 『사회과학 담론과 정책』, 제2권 제2호, 2009, p. 318.

1770년 스페인은 섬 일부를 매수하여 기존주민을 추방하고 스페인 총독을 두어 통치하였고, 1816년 아르헨티나가 스페인으로부터 독립한 이후 포클랜드제도도 당연히 자국영토라 주장하면서 거주하던 영국인을 재차 몰아내었다. 1833년 영국이 해군을 파견해 아르헨티나 수비군을 추방하고 영국령임을 재선포하였으며, 퇴역 해병과 선원들을 이주시켜 포클랜드를 관리함으로써 현재에 이르고 있다.[24]

이와 같은 역사적 이유로 영국과 아르헨티나 사이의 영유권 분쟁은 지속되는데, 1964년 아르헨티나가 영유권 문제를 유엔에 상정하여 평화적 해결을 추진하고자 양국 간 협상이 진행되었다. 협상에 있어 평화적 해결의 원칙에는 합의했지만, 영국은 '최초 발견한 이후 한 번도 영유권을 포기한 적 없는 합법적 지배'임을 강조하였고, 반면 아르헨티나의 경우 '영국이 강점한 불법적 지배'를 주장함에 따라 영유권 문제 해결이 계속해서 지연되었다.[25]

2. 영국의 영토권원에 대한 주장

국제적으로 영유권 문제는 객관적이고 과학적인 논거가 부족할 때 더욱 심화되는 경향을 보이기 마련이다. 영국 역시 포클랜드제도에 대해 국제적으로 영유권을 인정받기 위해 지속적으로 논리적 이론과 영토권원 등을 주장해 왔다.[26] 이런 영국의 포클랜드제도와 관련한 영

24 황영수, 『해상강압 사례를 통한 한국해군의 강압대응 발전방안』, 국방대학교 안보과정 정책연구보고서, 서울: 국방대학교, 2014, p. 17.

25 조정원, 앞의 논문, p. 320.

26 우양호, "남극 해역의 영유권 분쟁과 국제질서의 방향: 제도, 이익, 패러다임의 충돌," 『국제 · 지역연

유권 및 영토권원 주장이 아르헨티나와 상호 반목과 대립을 지속하며 분쟁 발생의 씨앗이 된 것이다.

영국은 포클랜드제도와 연계하여 1908년 이래 남극에 대한 영유권도 주장해 오고 있다. 이를 위해 19세기부터 남극을 탐사하고 남긴 역사적 기록 등을 상세히 갖고 있다. 바로 영국이 자랑하고 있는 인물인 '로버트 스콧(Robert F. Scott)', '어니스트 섀클턴(Ernest H. Shackleton)'은 각각 남극점 정복, 남극 횡단 등 역사상 위대한 남극 탐험가들로 알려져 있다. 이처럼 남극으로 가는 관문으로서 과거부터 영국은 포클랜드제도에 이미 고래잡이와 물개잡이 기지를 만들었고, 주민을 상주시켜 왔다.[27]

추가적으로 영국은 1903 ~ 1950년까지 유럽의 어로 회사들에게 영국왕실의 남극 조업 허가증을 발급한 바 있음을 영유권 주장에 대한 근거로 활용하고 있다. 이를 바탕으로, 1959년 남극조약을 맺었고, 현재 '영국령 남극(British Antarctic Territory, BAT)'은 지브롤터, 케이맨제도, 몬트세랫, 버진아일랜드, 버뮤다 등과 함께 영국 14개의 해외영토로 되어있다.[28]

즉 영국은 남극까지 영유권을 확대하기 위해 포클랜드제도의 영토권원 주장과 함께, 이를 중간 기착지로 활용한 셈이다. 또 국가권한의 행사를 위해 포트스탠리(Port Stanley)를 수도로 섬을 대표하는 지사(Governor)와 영국 거주민, 해병대를 주둔시키는 등 국제적으로 인정받

구』, 제29권 제1호, 2020, pp. 14-15.

27 위의 논문, p. 23.

28 BAS, "British Antarctic Survey" Natural Environment Research Council, https://www.bas. ac.uk/ (검색일: 2021. 5. 2.)

을 수 있는 실효적 국가 권한의 행사요건을 다 갖추고 있었기 때문에 아르헨티나의 불법적 지배라는 비난에 심각한 반응을 보이지 않았다.

3. 포클랜드분쟁의 결과

아르헨티나는 1982년 2천 명의 병력을 동원하여 포클랜드 등 3개 제도를 침공하였고 18,000명의 병력을 증원하여 이 제도들을 점령하였다. 이에 대해 영국은 4월 2일 기동부대를 파견하여 사우스조지아섬 탈환을 시작으로 산카를로스섬과 수도 포트스탠리를 탈환함으로써 아르헨티나 수비군 사령관인 메넨데즈(Mario Menéndez) 장군의 항복을 받아냈다. 1982년 4월 2일부터 6월 14일까지 지속된 이 전쟁에서 영국군 255명과 아르헨티나군 650명이 사망하였다.[29]

그 분쟁의 결과 영국은 승전을 계기로 극심한 경제불황 가운데 위기를 넘어 과거 화려한 대영제국의 영광을 되찾고 1970년대 경제침체기의 영국병(British Disease)을 고쳤으며, 국가부흥까지 이룰 수 있었다. 반면 아르헨티나의 경우 군사독재 정권의 몰락과 민주정권의 탄생에 지대한 영향을 받았다.

29 한국국방연구원, 『포클랜드 분쟁』 (서울: 한국국방연구원, 2015), p. 2.

IV. 영국의 국가전략: DIME 분석

1. 미국의 지지 확보 외교 능력

영국은 포클랜드분쟁에 대해 유럽경제공동체(European Economic Community: EEC, 유럽연합(EU)의 전신)의 지지 획득과 1982년 4월 3일 유엔안보리에서 아르헨티나를 침략자로 규정하는 결의안 502호를 통해 아르헨티나가 무력 대응을 철회할 것을 강력히 공고하는 등 외교능력을 발휘하였다. 특히 양국 사이에서 중립을 지키던 미국이 그 대응을 바꾸도록 설득하여, 결국은 영국 편에 서도록 만들었다.[30]

또한 영국은 군사적 충돌의 확대방지를 위한 영향력을 미국 측에서 행사하도록 요청하는데, 이에 미국 레이건 대통령의 양국 간 중재선언과 교섭이 시도되었다. 그 주요 내용은 첫째, 아르헨티나의 영유권을 인정한다는 전제하에 아르헨티나군을 포클랜드에서 전면철수하고, 둘째, 주민의 의사에 의하여 영국에서 홍콩식 조차권을 부여하며, 셋째, 양국이 공동관리한다는 것이다. 그러나 영국은 자국 영토에 대한 사활적 이익을 최우선으로 고려했기 때문에 미국의 위와 같은 외교적 중재를 거부하였다.[31]

분쟁이 한창이던 5월 31일, 미국 레이건 대통령이 영국 마가렛 대처

30 유지영, "대북 제재 조치와 WTO/FTA 안보예외 조항의 합치성에 관한 연구," 『국제 · 지역연구』, 제25권 제2호, 2016, p. 21.

31 황영수, 앞의 논문, pp. 21-22.

총리에게 핫라인으로 공격을 중지하는 평화협상안을 제시했으나, 대처는 알래스카 침공과 비유하며 레이건을 오히려 설득해 이 제안을 무시한 것으로 30년 만에 기밀 해제된 영국정부 문서에 공개되기도 하였다.[32]

2. 강력한 리더십과 정보 능력

영국 대처 총리의 보수당 정부는 포클랜드 탈환으로 국가위상을 높이고 보수정권에 힘을 보탤 호기로 보았다. 따라서 미국, 유엔 등 여러 국제중재안을 물리치고 제2차 세계대전 이후 영국해군 전력의 2/3에 달하는 대규모 기동부대(Task Forces)를 아르헨티나 침공 3일 만에 출발시켰다. 당시 영국국민의 55%도 여론조사에서 무력사용과 영토를 다시 찾아야 한다고 응답하는 등 영국정부와 국민 모두 포클랜드를 아르헨티나에 내주지 않겠다는 강력한 의지를 가지고 있었다.[33]

그러나 영국 내부에서조차 대처 총리에게 본토에서 8,000마일이나 떨어진 분쟁지역에 대규모 병력을 투입하더라도 승리하지 못할 수도 있다는 불확실한 내부보고가 있었다. 또 미 중앙정보국(CIA)은 포클랜드분쟁에서 영국이 패전할 것으로 예측하였고, 전쟁 후 포클랜드를 아르헨티나에 돌려주고 거주민은 스코틀랜드로 이주시킬 것을 계획하였다고 밝혔다.[34]

---

32 유지혜, "30년만에 해제된 英 기밀문건 내용이... 충격," 『중앙일보』, 2012. 12. 29.

33 조정원, 앞의 논문, p. 323.

34 김선한, "美, 포클랜드 제도 관할권 아르헨티나 이양 추진," 『인터넷 연합뉴스』, 2017. 1. 24.

당시 영국은 아르헨티나와 비교해 강력한 군대를 가지고 있었음에도 부족한 정보 능력으로 전쟁을 수행한다면 엄청난 희생이 따르리라 예측했다. 그 때문에, 중립에서 자국 편으로 돌아선 미국의 정보 능력을 적극적으로 활용하고자 외교 · 군사적 노력을 집중하였고, 아르헨티나가 운용 중인 미국산 항공기 및 각종 무기의 정보와 최첨단 군사위성을 통해 획득한 아르헨티나의 군사정보를 실시간으로 얻을 수 있었다.[35] 이 정보획득의 근간은 1954년 미국, 영국, 캐나다, 호주 간 상호 신호정보, 지리정보 등을 공유하기 위해 체결한 UKUSA 협정이다. 이를 통해 영국은 1981년 10월 발사된 미국 VORTEX 군사위성에서 획득한 아르헨티나 지상군, 포클랜드 내 수비군, 해군전력의 위치 및 공군기 발진여부, 아르헨티나 정부와 군 지휘부 간 통신감청 내용, 엑조세(Exocet) 대함 미사일 저장고 위치 등을 받게 된다.[36]

초기 전반적인 분쟁의 승리 가능성은 미국의 군사적 원조에도 불구하고 내 · 외부적으로 영국에게 객관적으로 불리하게 평가되고 있었다. 그럼에도 불구하고 대처 총리는 강력한 리더십으로 분쟁에 승리하기 위해 모든 국력을 집중적으로 끌어모으게 된다.

3. 압도적인 군사 능력

영국은 아르헨티나가 포클랜드 침공 후 신속한 외교적 대처로 국제

35 조정원, 앞의 논문, p. 321.

36 The Space Review, "The Lion and the Vortex," https://www.thespacereview.com/article/2258/1/ (검색일: 2021. 5. 22.)

적 지지를 얻으면서 실질적인 군사적 강압작전을 시행하였다. 4월 5일 영국은 항공모함 인빈시블(HMS Invincible)함과 허미스(HMS Hermes)함 2척을 필두로 하여 해병대 1,500명 등을 포함한 기동부대를 투입하였다. 이어 4월 12일 포클랜드제도 주변에 200마일의 해상봉쇄수역(Maritime Exclusion Zone: MEZ)을 설정하고, 4월 30일에는 전면봉쇄수역(Total Exclusion Zone: TEZ)으로 강화해 선포하였다. 5월 7일에는 아르헨티나 본토 연안 12마일을 봉쇄수역으로 선포해 이 구역에 드나드는 모든 선박이나 항공기를 적으로 간주해 공격할 것이라고 경고하였다. 분쟁 중 사우스조지아(South Georgia)섬을 탈환하는 패러캣(Paraquet) 작전, 공군 폭격기를 이용해 포클랜드 비행장을 폭격하는 블랙벅(Black Buck) 작전 등에 이어 5월 21일 본격적으로 산카를로스(San Carlos) 인근 상륙작전을 시작으로 육군 공수부대, 해병대, 공군 특수부대 등 지상군을 투입해 공세를 지속함으로써 6월 14일 20:00시 아르헨티나로부터 전투중지 요청과 항복을 받아내었다.[37]

군사능력에 있어 영국은 분쟁지역의 지리적인 면을 고려할 때 지구 반 바퀴에 달하는 길게 늘어진 작전선과 이 때문에 제한적으로 투입 가능한 항공전력으로 아르헨티나보다 절대적인 열세일 수밖에 없었다. 그러나 영국은 항공모함을 비롯해 대함 및 대공교전 능력을 갖춘 수상전력, 핵추진잠수함(HMS Conqueror)을 이용한 우수한 수중전력(아르헨티나 순양함 벨그라노(General Belgrano)함 격침), 항모 탑재 수직이착륙 전투기 해리어(Harrier)기의 공중전 우세 등과 같은 군사적 우위를 갖추었다. 이런

37 Department of the Navy Summary Report, *Lessons of the Falklands* (Office of Program Appraisal Department of the Navy Washington, D.C. 20350, 1983), pp. 15-21.

효과적인 합동작전 전력의 우세 외에 영국군은 나토(NATO)의 일원으로 소련에 대응하기 위한 주기적인 연합훈련을 통해 군의 능력 및 장비의 질적수준, 균형을 갖춘 전력과 전문적으로 훈련된 직업군인 등 군사력 운용 측면에서도 포클랜드에 상륙한 이후 지상전을 통해 섬을 다시 탈환한 육군과 해병대의 병력 숙련도 등 아르헨티나와 비교할 수 없는 효과적인 군사 능력을 갖추고 있었다.

4. 적국에 대한 경제제재 능력과 국제적 지원확보

4월 3일 영국은 아르헨티나와 외교관계를 단절하고 경제제재 조치를 시행했다. 구체적인 조치들은 이미 선적되거나 해외 영국은행의 보유자산을 제외하고, 영국 내 약 15억 달러 상당의 아르헨티나 자산 동결, 무기수출 금지, 수출신용보험 지급 중지, 아르헨티나 제품 수입 금지 등이었다. 이 경제제재는 1982년 당시 약 70억 달러 이상의 해외 차관 도입을 추진했던 아르헨티나에게 무엇보다 큰 타격을 가한 요인이 되었다.[38]

또한, 영국은 국제적으로 유럽경제공동체(EEC)를 통해 아르헨티나에 대한 수출 제재, 무기류의 수출금지와 아르헨티나로부터 모든 수입을 금지하는 등 경제제재 조치도 추진되도록 협조 요청하였다. 특히 당시 아르헨티나의 가장 큰 교역국이자 무기수출국인 서독에 영국의 모든 역량이 집중되었으며, 곧 프랑스, 벨기에, 오스트리아, 네덜란드,

38 Lisa L. Martin, "Institutions and Cooperation: Sanctions during the Falkland Islands Conflict," *International Security*, Vol. 16, No. 4(1992), pp. 149-150.

스위스 등이 제재에 참여하게 된다.[39]

예를 들어, 4월 6일 프랑스는 아르헨티나가 구입한 항공기에 엑조세 대함미사일을 장착하기 위한 정비팀의 아르헨티나 파견을 취소하였으며, 4월 30일에는 미국이 아르헨티나에 대한 경제 및 군사 금수조치를 발표하였다.[40]

V. 아르헨티나의 전쟁조건: PMESII 분석

1. 정치적 내분 심화

아르헨티나의 정치적 상황은 1943년 군부가 쿠데타를 일으켜 후안 도밍고 페론(Juan Domingo Peron)이 정권을 잡은 이후 1982년까지 정치적 불안상황이 지속되었다. 기간 중 페론의 10년 장기집권 기간을 제외하고 14명의 집권자가 평균 1년 10개월 주기로 교체되어 왔다. 아르헨티나 국민들은 집권 군부에 대해 신뢰가 떨어져 있었고, 군부정권으로 조성된 정치난동과 '더러운 전쟁(Guerra Sucia)'이라 불리는 강압적인 통치행위에 환멸을 느끼고 있었다. 이 기간에 약 10,000명 이상의 노

39 European Historical Studies, "The European Economic Community's sanctions against Argentine during the Falklands war 1982" http://eustudies.history.knu.ua/the-european-economic-community-s-sanctions-against-argentine-during-the-falklands-war-1982/ (검색일: 2021. 5. 8.)

40 황영수, 앞의 논문, p. 24.

조원, 학생운동가, 언론인 등이 실종되거나 불법적으로 희생되었으며 수천 명의 국외 망명자가 발생하였다.[41]

1982년 3월 30일 포클랜드분쟁 3일 전 부에노스아이레스에서 1976년 이래 최악의 노동자 연대 대규모 시위가 발생하는데 군중들의 군정종식 요구에 군경이 발포하는 상황이었다. 이때 아르헨티나는 포클랜드를 기습적으로 침략함으로써, 국민의 불만을 국가 외부로 돌리기 위한 전쟁을 일으켰다. 곧 정권규탄 시위는 포클랜드 공격을 지지하는 행사로 바뀌었고, 노동운동가들도 시위보다 전쟁의 향방에 더 관심을 두게 된다. 이 전쟁의 결정은 전격적이었지만, 계획은 이미 수년 전에 수립되어 있었고 당시 갈티에리(Leopoldo Galtieri) 군사독재 정권이 수세에 몰리자 실행된 것이다.[42]

다시 말해, 포클랜드 침공의 배경은 영유권 때문이라기보다, 아르헨티나의 군사독재 정권이 내부 문제를 외부로 전환하려는 정치적 수단으로 군사력을 동원했다고 봐야 한다. 즉, 정치적 혼란, 인플레이션과 실업, 반독재 인사들에 대한 인권침해 등을 비판하는 국내 여론을 잠재우려는 목적이 있었다.

2. 군사대비태세 미비

아르헨티나는 GNP의 35%를 군사비에 지출하면서 서방 선진국으로

41 조정원, 앞의 논문, p. 330.

42 노용석, "말비나스 영유권 분쟁의 역사와 현황 - 탈식민주의를 중심으로 -," 『이베로아메리카』, 제14권 제1호, 2012, pp. 64-65.

부터 무기를 구매하여 라틴아메리카에서 2번째로 강력한 군사력을 보유하고 있었다. 그러나 당시 양국 간 객관적인 군사력 비교에서 보면 아르헨티나는 전투력의 모든 분야에서 당시 세계 3위의 군사 강대국인 영국에 뒤져 있었다.

즉, 아르헨티나 육군은 영국육군과 비교해 약 77%, 해군 27%, 공군 22% 수준에 그쳤다. 포클랜드분쟁 시 전투지역이 자국과 인접했기 때문에 아르헨티나는 가용 항공기를 모두 동원함으로써 수적인 우세(영국 42대, 아르헨티나 102대)에도 대부분 1960년대 만들어진 전력을 보유한 아르헨티나공군은 질적인 면에 있어 첨단 공대공 미사일의 부재, 장거리 정찰장비 및 자동항법장비 부족, 투입 불가한 구식 공중급유기 등으로 공중전력을 제대로 활용할 수 없었다. 따라서 연료를 최대로 장착한 미라지, 스카이호크 등 전투기는 포클랜드제도까지 날아가더라도 최대 머무를 수 있는 시간은 단지 5분에 불과하였다. 또 해군전력의 경우 잠수함(영국 6척, 아르헨티나 3척), 수상함(영국 62척, 아르헨티나 11척) 등 투입전력에 상당한 차이를 보이는데 보유한 8척의 구축함 중 단 2척만이, 잠수함 중 2척만이 제2차 세계대전 이후에 건조된 구식 함정이었다. 이 함정 중 40% 정도가 각종 장비의 결함으로 작전에 투입되지 못했고, 특히 보유 항공모함 베인티싱코 데 마요(Veinticinco de Mayo)함은 보유 장비가 보완되지 않아 함재기를 착륙시킬 수 없었다. 투입된 아르헨티나 지상군은 징병으로 구성되어 있었으며, 수십 년 동안 전투경험이 전혀 없는 국내치안 위주의 병력이 대부분이었다.[43]

---

43 박상현, "비대칭 분쟁과 약소국의 선택: 전망이론(Prospect Theory)의 관점에서 본 포클랜드 전쟁," 『국제정치논총』, 제47권 제1호, 2007, pp. 65-67.

미국 해군성은 1983년 포클랜드분쟁 교훈보고서에 아르헨티나 해·공군 조종사들과 분쟁 초기 포클랜드 침공을 주도한 해병대 병력에 대해 고도로 훈련받아 국가에 대해 남다른 헌신과 용기를 보여주는 인원으로 평가한다. 그러나 추가로 징병된 수비군의 경우 60% 정도가 전투경험이 전혀 없고 훈련을 거의 받지 않은 신병이었기 때문에 아르헨티나군의 커다란 약점이라고 지적하고 있다.[44]

3. 경제정책 실패

아르헨티나의 경제정책은 페론 대통령 이후 흔히 페론이즘이라 불리며, 라틴아메리카의 대표적인 포퓰리즘으로 평가받는다. 즉 독재정권의 문제를 감추기 위해 인기 영합 정책으로 성장과 소득의 재분배만을 강조하되, 그 부작용인 인플레이션이나 재정 적자, 대외 압박 등은 외면하였다.[45]

포클랜드분쟁 당시 아르헨티나는 경제적으로 불황을 겪고 있었는데, 1981년 실업률은 13%, 인플레이션은 130%이었다. 1981년 대통령으로 취임한 갈티에리 장군은 혁신적인 경제정책을 수립하여 불황을 타개하고자 했으나, 경제정책은 거듭해서 실패하였다. 또 아르헨티나의 주요 곡물수입국인 소련이 곡물 수입을 감축하자 아르헨티나의 외국환 사정을 더욱 악화되었다.[46]

---

44 Department of the Navy Summary Report, op.cit., pp. 1-2.

45 이정재, "대한민국이 페론이즘의 렌즈로 정치를 보기 시작했다,"『중앙일보』, 2020. 4. 28.

46 조정원, 앞의 논문, p. 330.

갈티에리가 집권할 당시 GNP가 1981년 4분기에 11.4% 하락하고, 산업생산이 23% 하락하면서 군사정권 초기 85억 불이었던 외채도 1981년에 이르러 250억 불에 달하는 등 경제는 이미 파산 직전이었다.[47]

4. 사회적 분열과 반영감정 고취

갈티에리 군사독재 정권은 도시 게릴라를 제거한다는 명목으로 노조, 대학, 정당, 언론, 교회 등에까지 극단적인 탄압을 시행하였다. 이로 인해 수많은 무고한 실종자들이 발생하였으며, 국민들은 민주화 요구를 위한 저항으로 이어나갔다. 국민의 민주화 요구는 노동운동과 야당의 활동으로 활성화되었는데, 1981년 군부에 의해 불법단체가 된 CGT(Confederacion General de Trabajo)가 총파업을 주도하였다. 또 급진주의 정치인들이 5개 거대 정당을 뭉친 다당연합(Multipartidaria)을 결성하여 군부에 대응하였다.[48]

아르헨티나는 스페인으로부터 독립한 이후 영토상실에 대한 교육을 대중매체를 통해 지속적으로 홍보하였다. 특히 식민지 시절 부에노스아이레스가 두 번이나 영국에 의해 침공당했다는 사실을 강조하며, 페론이 집권할 때부터 시장을 장악하고 있던 영국 상품 불매 등 국민의 반영감정(Anti-British Nationalism)을 정책적으로 자극함으로써 민족주

47 박상현, 앞의 논문, p. 56.

48 위의 논문, p. 57.

의를 고양시켜 나갔다.[49]

5. 국제관계 정보 오판

아르헨티나 정부는 국내정치적 불안정과 경제적 불황을 포클랜드 점령으로 국면을 전환하려 하였고, 그 결과 국민의 열렬한 지지를 받았다. 그 결과 아르헨티나는 국제적 정치환경에 있어, 포클랜드제도를 무력으로 점령하면 영국이 총력을 기울여 지구를 반 바퀴나 돌아 탈환작전에 나오지 못할 것으로 오판하였다. 무력사용에 대해서는 유엔 등에서 일시적으로 비난이 있겠지만, 얼마 지나지 않아 국제적으로 받아들여질 것으로 생각한 것이다. 당시 소련과의 장기 곡물 수출입 협정에 따라 소련의 지지와 지원도 가능할 것으로 판단하였다. 따라서 섬을 무력으로 점령한 이후 미국과 소련의 중재하에 포클랜드제도 점령을 기정사실화하고 영국의 반식민지정책에 대한 투쟁으로 몰아가려 했다.[50]

당시 미국은 중남미에서 공산주의 침투를 저지해 온 아르헨티나 군사정권을 지지했기 때문에 미국과 긴밀한 우호관계를 유지해 왔고, 비록 미국과 영국이 동맹이긴 하지만 중립을 지킬 것으로 오판하였다. 또 중남미 여러 국가가 지지할 것으로 보았는데 그 이유는 아르헨티나가 미주기구(美洲機構, Organization of American States: OAS)의 회원국으로서 그 조약에 의해 어느 한 국가가 그 밖의 국가로부터 무력침략 및 위협

49 위의 논문, p. 58.

50 김영환, "포클랜드분쟁의 교훈," 『국방과 기술』, 제1982년 10월호, 1982, p 5.

발생 시 다른 회원국은 원조할 의무가 있었기 때문이다.[51]

6. 경제적 기반시설의 약화

아르헨티나는 규모 면에서 브라질에 이어 남미에서 두 번째로 큰 나라로, 스페인어권 국가 중에서는 가장 넓은 영토를 보유하고 있다. 국토 면적은 278만㎢로 세계 8번째이며, 안데스 고산지대를 제외하면 국토 대부분이 끝없는 평원으로 세계 3대 곡창지대인 팜파스가 국토 중앙을 차지하고 있다. 또한, 부에노스아이레스와 주변 지역의 옥토로 천혜의 농업환경을 갖고 있다. 아르헨티나는 1880년경부터 곡물과 축산물의 유럽 수출을 크게 늘려나갔고, 이후 눈부신 국가 발전을 이뤄냈는데, 그 바탕에는 드넓은 옥토와 초지가 있었기 때문이다.[52]

그러나 이러한 환경에도 불구하고 국가의 경제적 기반시설 발전한계는 1949년부터 나타나기 시작하였다. 곡물 가격하락으로 인해 수출은 줄어드는 데 비해 늘어난 국내소비와 산업화에 필요한 설비 증가 등은 외환위기의 원인이 되었다. 또 지나친 대통령 권한 강화와 언론탄압, 군사 쿠데타 등 정치 · 경제 · 사회적 문제들은 경제성장 둔화, 재정수입 감소와 물가상승 등 부정적인 영향을 미쳤다.[53]

51 외교부, 『미주기구(OAS: Organization of American States』 (서울: 외교부, 2021), p. 32.
52 _____, 『광활한 대지 · 경이의 땅, 아르헨티나』 (서울: 외교부, 2018), pp. 1-5.
53 위의 자료, pp. 20-22.

VI. 실효적 지배하 독도 관련 해양분쟁 대응전략

1. 실효적 지배의 지속적 유지

포클랜드분쟁은 한국에 있어 사활적이고 핵심적 이익인 독도에 시사하는 바가 크다. 독도는 한국에게 중요한 해상교통로로서, 동북아시아 전체안보에도 영향을 끼칠 수 있는 사안이 될 수 있기 때문이다.[54]

특히 본 연구를 통해 얻을 수 있는 교훈은 해양분쟁에서 국력의 제 수단을 활용하기 이전에 그 분쟁지역에 대해 국가차원에서 실효적 지배를 지속하는 노력이 필요하다는 점이다. 물론 독도가 명백한 한국의 영토이고 국제적인 분쟁지역은 분명히 아닌 것이 명백하지만, 영국이 포클랜드제도에 대해 취했던 바와 같이 상대방의 억지에 심각하게 반응하지 않되, 상대에 대응하는 국제적 대응논리도 충분히 갖추고 있어야 한다. 다시 말해, 독도에 대해 역사적 영토권원 강조와 함께 실효적 지배를 통해 입법, 행정, 사법권을 구체적으로 행사하고 그 결과자료를 지속적으로 축적하고 발굴 · 유지해야 한다.

일본은 센카쿠열도(조어도) 사례에서 중국에 대해 실효적 지배의 법적인 효력을 강조한다. 일본 외무성 자료에 의하면 센카쿠열도에 대해 일본은 실효지배를 하고 있으므로 국제법상 일본의 고유영토이며,

54 반길주, "공해전투의 한반도 군사임무 적용에 대한 고찰," 『해양전략』, 제172권, 2016, p. 25.

영유권 문제는 애초에 없었고 메이지 시대 이후 어민들의 해양 동식물 채취, 일본 정부의 허가, 현지조사 등을 해오고 있다고 주장한다.[55] 즉 일본의 주장은 분쟁지역을 실효적으로 지배하는 국가가 그 지역의 영유권을 가진다는 것을 인정하는 것이다. 따라서 한국도 마찬가지 논리로 대응해야 하는데, 한국이 독도에 대한 실효지배를 하고 있으므로 독도가 분명한 한국의 영토라는 점을 강조해야 한다.

또 일본은 쿠릴열도에 대해 1855년 러시아와 열도의 남쪽 4개 섬은 일본이, 나머지는 러시아가 소유한다는 조약을 체결하였다. 하지만 러일전쟁에서 승리한 이후 일본이 섬 전체를 독차지했고 제2차 세계대전의 종결과 동시에 소련이 열도 전체를 얄타회담을 통해 다시 차지하게 된 것이다.[56] 이처럼 일본이 러시아에 대해 역사적 권원을 현재도 주장하는 것과 같이, 한국도 독도에 대한 역사적 근거와 제국주의 식민지배와 전후처리 등의 이유로 논리적인 주장을 지속적으로 보완해야 한다.

2. "DIME on PMESII" 개념에 입각한 총체적 접근

전쟁에 있어 적의 약점을 알고, 아국의 강점을 분명히 파악하는 것이 중요하다. 현대전에서 군사력과 더불어 국력의 수단인 외교, 정보, 경제 등 다양한 분야까지 함께 고려하는 총체적인 접근이 필요하다.

---

55 Ministry of Foreign Affairs of Japan, "일본의 영토 센카쿠 제도," https://www.kr.emb-japan.go.jp/territory/senkaku/question-and-answer.html/ (검색일: 2021. 5. 22.)

56 이정태, "중 · 일 동중국해 안보전략과 조어도 게임," 『한국동북아논총』, 제61권, 2011, p. 49.

또한, 상대국가의 정치 · 군사 · 경제 · 사회 등 전반적인 강 · 약점을 정확히 꿰뚫고 있어야 한다. 포클랜드분쟁 당시 DIME on PMESII라는 개념은 없었지만, 영국이 수행한 일련의 과정을 세부적으로 분석해보면 DIME on PMESII의 개념 및 절차를 가지고 국가의 모든 능력을 동원했음을 알 수 있다. 즉 영국은 포클랜드제도를 실효지배한 상태에서 분쟁이 발생하자 국력의 제 수단인 DIME 능력을 즉각적으로 아르헨티나의 정치(P), 군사(M), 경제(E), 정보(I) 등에 적용하였다. 그에 비해 아르헨티나의 경우 세계 최강의 군사대국인 미국의 지원을 받는 당시 세계 3위의 군사 강대국인 영국에 군사적으로 뒤처지는 문제점 외에도, 국내 정치적 혼란, 파산 직전의 경제상황, 군사독재로 인한 사회전반의 민주화 요구, 국제상황의 오판, 전부 아니면 아예 포기하겠다는 정치지도자의 무능함 등으로 패배할 수밖에 없었다.

특히 포클랜드분쟁에서 군사적 분야 외 분쟁결과에 가장 큰 영향력을 준 것은 외교라 할 수 있다. 분쟁 당시 양국 사이에서 중립을 지키고, 때로는 중재안을 추진하려 했던 미국을 영국 편으로 돌아서게 함에 따라 아르헨티나의 절대적인 지리적 이점을 영국은 극복할 수 있었다. 또 EEC를 통한 국제적 경제제재 역시 영국의 강력한 외교능력이 있었기 때문에 가능했다.

미래 예상되는 독도의 해양분쟁에서도 한국은 독도에 대한 실효지배를 강화하고 외교 · 정보 · 군사 · 경제능력 등 국력을 효과적으로 이용할 수 있어야 한다.

첫째, 한미동맹을 강화해서 미국의 적극적인 지지를 확보해야 한다. 또한 QUAD와 미국의 대중국 포위전략에 참여하여 미국 등 동맹국들이 한국을 지지하도록 준비해야 한다. 현재와 같이 한국이 국제적으로 고립된 상태에서 일본과 독도분쟁이 발생하면, 한국은 아르헨티나와 같은 국제적 고립상태가 될 가능성이 크다.

둘째, 국내적으로 국론이 통일되어 있어야 한다. 국내 정치가 친북과 보수세력 간에 갈등을 유발하고, 국민을 "갈라치기" 하여 분열을 통하여 지지세력을 확보하려는 정치방식은 국론 분열로 인하여 대외적 전쟁을 수행하기 어렵다.

셋째, 지속적 군사훈련을 통하여 전쟁수행능력을 제고하고, 일본 대비 열세인 해·공군력을 지속 강화해야 한다. 특히 한미동맹에 따른 한미합동 군사훈련은 미국의 첨단 전쟁수행능력을 전수받을 수 있는 탁월한 기회라고 할 수 있다. 이러한 전쟁대비 군사훈련을 통하여 독도분쟁에 대비할 수 있는 전쟁수행능력을 갖추어야 한다. 당장 전력의 열세에 대비하여 한국만의 비대칭적 접근 전략 개발이 필요하다.

넷째, 독도분쟁과 관련하여 한국의 군사적 군수능력을 강화하고, 적국의 전쟁능력을 제한할 수 있는 전략과 준비를 해야 한다. 특히 전쟁당사국 모두 해외로부터 전쟁수행물자를 수입해야 할 필요성이 있기 때문에, 국제관계를 강화하여 군사장비는 물론 경제적 지원에 있어서도 국제사회와의 협력관계를 긴밀하게 유지해야 한다. 그리하여 양국 사이에 미국이 큰 영향력을 미칠 것은 자명하므로 미국이 일본 편에 서지 않게 하거나, 최소한 중립을 지키고 중재를 진행하도록 외교적 역량 발휘가 필수적이다. 또 분쟁 시 한국을 지지해 줄 수 있는 제3의 국가에 대한 관계 강화를 고려해야 한다.

3. 독도 해양분쟁 대비전략

포클랜드분쟁은 해양영유권이라는 정치 · 전략적 목적을 위해 제한된 지리적 범위 내에서, 제한된 군사력을 동원한 '제한전쟁(Limited War)'의 대표적 사례이다. 영국 대처 총리는 "포클랜드를 탈환하되, 아르헨티나 영토에 대한 직접적인 공격은 하지 말 것"을 지시하여 전쟁의 목적과 범위를 명백하게 제한시켰다.[57]

미래 한국과 일본이 독도를 해양분쟁지역으로 하여 상호 군사력을 동원해 상대국가를 제한적으로 공격할 가능성을 고려해야 한다. 비록 두 나라가 미국과 동맹 관계에 있을 뿐만 아니라 자유민주주의와 시장 경제체제라는 공통점을 가지지만, 언제든지 과거사 문제 등 다양한 현안과 국내문제를 외부로 돌리기 위한 정치적 수단으로 이용될 수 있기 때문이다. 따라서 미래 독도 해양분쟁이 발생한다면 국지전 성격의 해양을 중심으로 한 제한적인 충돌로 이어질 가능성에 대비한 전략을 갖춰 나가야 한다.

Ⅶ. 결론

포클랜드분쟁은 지금으로부터 40여 년 전 영국과 아르헨티나 사이

57 한국국방연구원, 앞의 책, p. 2.

에 진행된 해양영유권에 관한 영토분쟁이다. 이 분쟁은 해양에서 상호 충돌한 제한전쟁이자 해군력을 중심으로 항공모함, 잠수함, 항공기, 정밀유도 미사일, 그리고 육군 및 해병대 등 상륙전력을 동원해 합동 군사작전을 선보인 사례이기도 하다.

분쟁의 결과 영국은 승전을 계기로 극심한 경제불황 가운데 위기를 넘어 과거 화려한 대영제국의 영광을 되찾고 영국병을 고쳤으며, 국가부흥까지 이룰 수 있었다. 반면 아르헨티나의 경우 군사독재 정권의 몰락과 민주정권의 탄생에 지대한 영향을 받게 되었다.

본 연구를 통해 최근 동북아에서 점차 고조되고 있는 해양분쟁 상황을 대비하고자, 미래 한국과 주변국 간 독도에서 분쟁발생 가능성에 대해 아래와 같은 시사점을 도출할 수 있다.

첫째, 영국은 포클랜드분쟁 당시 섬에 대한 실효적 지배를 역사적으로 지속할 뿐만 아니라 효과적으로 유지 및 주장하였다. 이를 통해, 영국국민에 대한 애국심 고취 및 전시내각에 대한 지지, 정당한 전쟁명분의 확보, 국제적인 지지 획득 등 분쟁 승리에 적극적으로 활용할 수 있었다. 한국 역시 미래 해양분쟁 발생에 대비해 무엇보다 독도에 대한 역사적인 영토권원 강조와 함께 실효적 지배를 지속하여 강화하는 노력이 필요하다.

둘째, 현대전쟁을 분석할 때 자국의 DIME 능력을 상대국의 PMESII 체계 약점 상 집중하는 'DIME on PMESII'가 효과적임을 증명할 수 있었다. 또한, 이제는 전쟁을 수행하는 데 있어 군사력만 상호 충돌하는 형태가 아니라 한 국가의 총체적인 국력을 가리키는 외교 · 정보 · 경제분야 능력을 즉각적으로 다양하게 동원하고 투입할 수 있어야 한다. 영국의 경우 포클랜드분쟁에서 강력한 리더십을 바탕으로 군사력을 투입하기 직전 신속하게 외교, 정보 및 경제 능력을 발휘하였다. 특히 분쟁 초기 미국의 중립적 태도를 영국 편으로 돌아서게 함으로써 여러 불리한 상황을 극복할 수 있었다. 마찬가지로 추후 한국의 DIME 역량과 일본의 PMESII 체계상 약점에 대한 다차원적 세부요인을 분석하는 연구가 별도 진행되어야 한다. 한국도 미래 독도에서 해양분쟁 발생 시 양국의 동맹으로서 분쟁에 큰 영향력을 미칠 수 있는 미국과 한국을 지지하는 국가를 움직일 수 있는 외교역량을 갖추는 것이 필수적이다.

셋째, 미래 독도 해양분쟁에 대한 철저한 대비가 필요하므로, 해양에서의 제한된 국지전 가능성을 대비하기 위해 주변국에 대한 적절한 대응전략이 필요하다. 즉 분쟁발생 가능성이 고조될 때 위기관리 차원에서 강압전략을 사용해 국제적으로 정치 · 외교적인 수단을 먼저 사용할 수 있어야 하고, 그런데도 분쟁이 진행된다면 맞대응전략으로써 즉시 일정 수준의 군사적인 국지적 보복을 감행하는 등 일관성을 유지하는 것이 필요하다.

1. 저서

김원희. 최지현. 김민, 『영토권원 이론의 현대적 발전과 한계』, 부산: 한국해양수산개발원, 2019.

윤동우, 『미래전에 대비한 합동작전 기본개념 발전방향: 합동작전 기본 개념의 문서체계 및 교리적 관점을 중심으로』, 서울: 한국군사문제연구원, 2016.

외교부, 『광활한 대지 · 경이의 땅, 아르헨티나』, 서울: 외교부, 2018.

_____, 『미주기구(OAS: Organization of American States』, 서울: 외교부, 2021.

이승욱, 『효과중심작전(EBO) 한국군 각 제대 적용(안)』, 서울: 합동참모본부, 2007.

한국국방연구원, 『포클랜드 분쟁』, 세계분쟁정보-지역별 분쟁 분석자료, 서울: 한국국방연구원, 2015.

합동참모본부, 『군사기본교리』, 서울: 국군인쇄창, 2014.

황영수, 『해상강압 사례를 통한 한국해군의 강압대응 발전방안』, 국방대학교 안보과정 정책연구보고서, 서울: 국방대학교, 2014.

Joint Doctrine Note 1-18, *Strategy*, Joint Chiefs of Staff: Joint Force Development Press, 2018.

Department of the Navy Summary Report, *Lessons of the Falklands*, Office of Program Appraisal Department of the Navy Washington, D.C. 20350, 1983.

2. 논문

고봉준, "독도 · 이어도 해양영토분쟁과 한국의 복합 대응," 『한국정치연구』, 제22권 제1호, 2013.

김명기, "대한국제법학회의 독도학술연구조사에 의한 한국의 독도에 대한 실효적 지배 - 대한국제법학회 독도학술연구조사 보고서 -," 『국제법학회논총』, 제63권 제1호, 2018.

김영환, "포클랜드분쟁의 교훈," 『국방과 기술』, 제1982년 10월호, 1982.

노용석, "말비나스 영유권 분쟁의 역사와 현황 - 탈식민주의를 중심으로 -," 『이베로아메리카』, 제14권 제1호, 2012.

박상현, "비대칭 분쟁과 약소국의 선택: 전망이론(Prospect Theory)의 관점에서 본 포클랜드 전쟁," 『국제정치논총』, 제47권 제1호, 2007.

박찬호, “국제법상 섬과 관련된 분쟁에 관한 고찰,” 『법학연구』, 제50권 제2호, 2009.

반길주, “공해전투의 한반도 군사임무 적용에 대한 고찰,” 『해양전략』, 제172권, 2016.

배진수, “세계의 도서영유권 분쟁사례와 독도,” 『국제정치논총』, 제38권 제2호, 1998.

백병선, “동아시아 지역의 해양분쟁 전망 및 한국의 대응방향 – 주변국 해군력을 중심으로,” 『전략연구』, 제24권 제1호, 2017.

오경택, “4세대 전쟁양상에서 클라우제비츠의 중심(重心)이론 유용성 분석: 아프가니스탄 전쟁사례를 중심으로,” 『군사연구』, 제141권, 2016.

우양호, “남극 해역의 영유권 분쟁과 국제질서의 방향: 제도, 이익, 패러다임의 충돌,” 『국제 · 지역연구』, 제29권 제1호, 2020.

유지영, “대북 제재 조치와 WTO/FTA 안보예외 조항의 합치성에 관한 연구,” 『국제 · 지역연구』, 제25권 제2호, 2016.

윤동우, “안보환경 변화와 ‘DIME on PMESII’ 이해,” 『합동군사연구』, 제22권, 2012.

이용희, “국제판례상 실효적 지배의 개념과 독도에 관한 고찰,’ 『Ocean and Polar Research』, 제35권 제4호, 2013.

이정태, “중 · 일 동중국해 안보전략과 조어도 게임,” 『한국동북아논총』, 제61권, 2011.

이창위, “영유권 확립에 대한 실효적 지배의 증거로서의 에펙티비테(Effectivités): 말레이시아와 인도네시아의 도서 분쟁에 대한 국제사법재판소의 판결을 중심으로,” 『인권과정의』, 제435권, 2013.

조관행. 김영수. 서석민. 홍규덕, “북한의 사이버와 무인기 위협에 대한 대응방안 연구: PMESII 체계분석과 DIME 능력을 중심으로,” 『신아세아』, 제27권 제2호, 2020.

조정원, “포클랜드전쟁(Falkland War)의 원인에 대한 재고찰 – 오인, 국가이미지, 속죄양론적 측면의 분석을 중심으로 -,” 『사회과학 담론과 정책』, 제2권 제2호, 2009.

Ducote, Brian M., *Challenging the Application of PMESII-PT in a Complex Environment*, School of Advanced Military Studies US Army Command and General Staff College, AY 2010-1, Fort Leavenworth, KS., 2010.

Martin, Lisa L., *Institutions and Cooperation: Sanctions during the Falkland Islands Conflict*, International Security, Vol. 16, No. 4, 1992.

Hillson, Roger, *The DIME/PMESII Model suite Requirements Project*, Naval Research Lab Washington D.C. Information Technology Div, 2009 NRL REVIEW, 2009.

3. 기타 자료
김선한, "美, 포클랜드 제도 관할권 아르헨티나 이양 추진," 『인터넷 연합뉴스』, 2017. 1. 24.
유지혜, "30년만에 해제된 英 기밀문건 내용이... 충격," 『중앙일보』, 2012. 12. 29.
이정재, "대한민국이 페론이즘의 렌즈로 정치를 보기 시작했다," 『중앙일보』, 2020. 4. 28.
BAS(https://www.bas.ac.uk), "British Antarctic Survey" Natural Environment Research Council (검색일: 2021. 5. 2.)
Britannica(https://www.britannica.com/place/Falkland-Islands), "History of the Falkland Islands" (검색일: 2021. 5. 8.)
European Historical Studies(http://eustudies.history.knu.ua/the-european-economic-community-s-sanctions-against-argentine-during-the-falklands-war-1982), "The European Economic Community's sanctions against Argentine during the Falklands war 1982" (검색일: 2021. 5. 8.)
Ministry of Foreign Affairs of Japan(https://www.kr.emb-japan.go.jp/territory/senkaku/question-and-answer.html), "일본의 영토 센카쿠 제도" (검색일: 2021. 5. 22.)
The Lighting Press(https://www.thelightningpress.com/the-instruments-of-national-power), "The Instruments of National Power" (검색일: 2021. 4. 25.)
The Space Review(https://www.thespacereview.com/article/2258/1), "The Lion and the Vortex" (검색일: 2021. 5. 22.)

ABSTRACT

An Analysis of the Limited War through the Falkland Islands Conflict

As a result of the Falkland Islands conflict, which lasted from 2 April to 14 June 1982, the British were able to overcome the crisis of severe economic recession and regain the glory of the former British Empire. Argentina, on the other hand, was heavily affected by the fall of a military dictatorship and the birth of a democratic government.

The purpose of this study is to present possible counter strategy against future maritime disputes over the Dokdo by applying "DIME on PMESII". In particular, it analyzes how the DIME(Diplomatic, Informational, Military, Economic) capabilities affects the overall instruments of national power that effectively controls the disputed areas. At the same time, this study analyzes the application PMESII(Political, Military, Economic, Social, Information, Infrastructure) system of countries that do not effectively control the region from the opposite perspective.

According to our study, we need counter strategies related to the Dokdo disputes. First, like the British occasion, we should continue the effective control over the disputed territory and try to strengthen that effectiveness. Through this, it is possible to promote patriotism, gain support for the wartime government, secure the legitimate cause of war, and gain international support. Second, when analyzing modern wars, we were able to prove that the "DIME on PMESII", one projects its DIME on weaknesses of opponent's PMESII, is effective. Now, it is necessary to immediately put in effect the capabilities in the diplomatic, information and economic sectors, which are the instruments of national power, rather than just military forces. Third, appropriate strategic measures against neighboring countries are required to overcome possible limited war in order to thoroughly prepare maritime disputes over the Dokdo in the future.

key words Falkland Islands, Maritime Disputes, Effective Control, DIME on PMESII

요약

안보환경 변화에 따른 비상대비계획 발전방안 연구

남북한 관계는 분단의 장기화와 서로 다른 체제로 인해 전쟁의 위협이 지속되어 왔다. 그러나, 평창 동계올림픽을 계기로 화해와 협력을 통한 평화의 분위기로 변화하였으나, 2024년 현재 남북관계는 극한의 대결국면으로 전개 되고 있다. 한반도를 둘러싼 통일 안보환경은 우리에게 새로운 도전과 기회를 제공하고 있다. 그럼에도 불구하고 영토와 주권을 수호하고 국민의 생명과 재산을 보호해야 하는 국가의 책무는 소홀하게 취급되어서도 안될 뿐만 아니라 오히려 더욱 강화되어야 한다.

본 연구는 급격하게 변화하고 있는 한반도 안보환경과 남북관계 변화, 그리고 4차산업혁명 시대 과학기술을 반영한 충무계획의 발전방안을 제시하기 위한 연구이다. 이와 같은 연구목적을 달성하기 위해 제2장에서는 선행연구를 고찰하고, 제3장에서는 충무계획 발전의 필요성을 피력하기로 한다. 제4장에서는 남북관계 변화와 4차산업혁명 기술을 반영한 충무계획의 발전방안을 제시하고, 제5장에서는 연구결과를 요약하여 제시하였다. 연구결과 남북간에 평화와 안정의 분위기가 고조되면 될수록 정부의 비상대비계획인 충무계획은 더욱 구체화되어야 하며, 충무계획에 발달된 과학기술의 활용이 반영되어야 한다.

key words 안보환경, 충무계획, 남북관계 변화, 과학기술, 4차산업혁명

03

안보환경 변화에 따른 비상대비계획 발전방안 연구*

나태종**, 신진***

Ⅰ. 서론

본 논문은 남북관계의 진전과 과학기술(군사과학기술)의 발전 등 한반도 안보환경의 급격한 변화에 능동적으로 대응할 수 있는 정부의 비상대비 계획을 보완하는데 기여할 목적으로 연구되었다. 이를 위해 포괄안보 개념을 적용하여 정부의 비상대비계획에 대한 검토를 통해 변화하고 있는 한반도 안보상황과 새롭게 대두되고 있는 다양한 위협

* 이 글은 나태종 · 신진,"안보환경 변화에 따른 비상대비계획 발전방안 연구."「한국동북아논총」제24권 제1호(2019), pp.65-86에 게재된 논문을 수정 보완한 것임.

** 주저자, 충남대학교 교수연구원, 국가전략연구소 부소장

*** 교신저자, 충남대학교 교수, 평화문제연구소 소장, Jinshin@cnu.ac.kr

에 대비한 비상대비 계획의 발전방안을 제시하고자 한다.

본 연구를 통해 이미 확대되었거나 새롭게 대두되고 있는 다양한 위협에 대해 포괄안보시대에 부합하면서도 즉각적으로 대처할 수 있는 정부부처 비상대비 방안 마련의 공감대를 형성하여 실행 가능한 구체적인 계획으로 발전시키는데 기여하고자 한다.

본 연구의 목적은 첫째, 포괄안보 개념을 적용하여 급변하는 국내외 안보환경 및 남북관계의 변화에 따른 정부의 비상대비 방안을 제시하는데 있다. 왜냐하면 국가의 안보는 한번 상실되면 복구가 불가능하기 때문에 언제나 최악의 상황을 가정해야 하며, 제도의 변경과 시행은 실행 가능성이 고려되어야 하기 때문이다.

둘째, 4차산업혁명시대의 기술발전 추세에 부응하고, 첨단화된 과학기술능력을 활용하여 효율적이고, 미래가치를 창출할 수 있는 정부의 비상대비 방안을 제시하는데 있다. 한국은 세계 10위권의 경제대국으로서 국제사회에서의 위상이 크게 제고되었다. 또한 첨단 IT기술을 포함한 과학기술분야에서 선진국과 대등하거나 우월한 수준을 유지하고 있다. 따라서 포괄안보 개념을 적용하여 정부기능을 유지하고, 군사작전을 지원하며 국민의 생활을 안정시키기 위해서는 빅데이터, 인공지능(AI), 드론 등을 적극 활용한 충무사태별 대비계획이 발전되어야 한다.

정부 차원의 비상대비 방안은 현재에 기반하여 미래의 가치를 창출하기 위한 과제이기 때문에 현재보다 더욱 체계적이고 효율적인 계획이 수립된다면, 미래가치 창출은 승수적으로 증가할 수 있을 것으로 전망된다. 그런 까닭에, 포괄안보시대에 부합된 정부 차원의 비상대비 방안은 외부로부터의 무력공격 뿐만 아니라 테러, 대규모 재난 등이 포함되어야 하며, 여기에는 새로운 과학기술을 활용한 민 · 관 · 군 합동 대응방안이 구체화되어야 한다.

본 연구는 위와 같은 연구목적을 달성하기 위해 제2장에서 비상대비계획과 선행연구를 검토하고, 제3장에서는 비상대비계획(충무계획) 발전의 필요성을 피력하기로 한다. 제4장에서는 남북관계 변화와 4차 산업혁명 기술을 반영한 정부 비상대비계획(충무계획)의 발전방안에 대해 논지를 전개하고, 제5장 결론에서는 연구결과를 요약하고 비상대비 계획 및 정책에 반영되어야 할 사항을 제시하기로 한다.

이렇게 함으로써 한반도를 둘러싼 안보환경 및 남북관계의 변화에 따른 한국적 여건에 부합된 충무계획의 발전방향을 설계하고, 제한요소를 식별하여 해소방안을 제시하며, 실행 가능한 충무계획을 발전시키는 토대를 제공할 수 있을 것으로 판단된다.

Ⅱ. 비상대비계획과 선행연구

1. 비상대비계획의 기반과 특징

비상대비계획이란 국가가 전시에 대비하거나, 위기를 극복하기 위하여 국가가 보유한 자원의 총동원과 사전 준비를 통해 국가위기를 효율적으로 극복하기 위한 준비전략을 말한다. 이러한 비상대비 계획은 전통적으로는 주로 전시에 대비하여 비상적인 입법, 사법, 행정부의 정부기능을 유지하면서 국가가 보유한 자원의 총동원을 통하여 전시의 군작전을 지원하고, 아울러 국민의 생명과 재산을 보호하고, 생활의 안정을 최대한 확보하기 위한 계획을 의미한다.

냉전시대에는 국가우선주의 즉, 정권의 유지를 목적으로 상대국 또는 적대국과의 체제경쟁에서 우위를 점하기 위해서는 전쟁도 불사한다는 군사력 운용 차원의 안보개념이 주류를 이루었다. 그러나, 탈냉전 이후에는 모든 국가들이 글로벌화, 선진화를 통해 국가발전을 추구하게 되면서 국가가 책임져야 하는 안보의 개념이 변화되었다. 즉, 모든 국가들은 과거의 외부침입으로부터 안정보장 및 치안유지, 군사분야에 국한된 전통적인 안보뿐만 아니라 테러, 재난, 환경오염, 전염성 질병 등 새롭게 등장한 비군사적 위협으로부터 자국민을 보호해야 한다는 포괄안보 개념을 적용하고 있는 추세이기 때문에 정부의 비상대비계획도 포괄안보 개념으로 접근하여 각종 위협 및 안보상황 변화에 효율적으로 대응할 수 있는 계획이 되어야 한다.[1]

현대에 들어 비상대비계획은 그 대상과 집행방법에 있어 과거와는 커다란 차이를 보이고 있다. 즉, 국가 비상대비계획은 전시뿐만 아니라 평시에도 국가가 상당한 위기에 처했을 경우에 이를 극복하기 위

1 포괄안보 개념에 의한 비상대비를 논할 때, 국가위기는 국가의 주권, 핵심이익, 가치에 대한 중대한 위해를 초래하거나 초래할 가능성이 있는 요소로서, 행정안전부에서는 안보분야와 재난분야로 대별하고 있다. 안보분야의 예로는 북핵 관련 위기, 주변국과의 갈등과 충돌을 포함한 외부위기, 국정차질 또는 공공의 안녕과 질서를 위협하는 내부위기, 국가기반시설의 기능 마비, 시위 또는 파업, 폭동 등에 의한 국가의 인적·물적 기능체계 마비, 에너지 및 식량문제를 들 수 있다. 재난분야의 예로는 풍수해(태풍, 호우, 대설, 해일), 지진 등의 자연재난과 대규모 환경오염, 산불, 유해물질 유출사고, 고속철도 및 지하철의 대형사고, 화재 및 댐의 붕괴 등을 들 수 있다. 김정곤·정종수·김태환·김희철, "국가위기관리기본지침 개정과 국가위기관리 매뉴얼 개선,"『2018 한국재난정보학회 학술발표대회 자료집』(2018년 11월 16일), p.133.

한 전략을 준비하는 것을 의미한다. 또한 위기극복 방법에 있어서도, 국가가 가진 자원의 총동원을 통한 위기 극복의 목적은 동일하지만, 국가의 자원을 어떻게 효율적으로 동원하여 위기를 효과적으로 극복하는가 하는 방법에 있어서 차이를 보인다.

과거에는 비상시의 인력동원이 국가가 강제동원령에 의해 국민의 의사와 무관하게 강제로 동원하는 체제였다면, 현대의 비상대비 계획의 추세는 국민의 자발적인 참여의지에 기반한 능동적인 동원이 될 수 있도록 유도하는 인센티브를 제공한다는 점이다. 특히, 평시 대규모 재난이 발생하였을 경우 국가의 동원업무에 참여하는 것이 국민 개개인에게도 경제적으로 이익이 되도록 법과 제도를 정비하여 참여를 독려한다는 점에서 차이가 있다. 이러한 참여는 국가의 위기시에도 자신의 경제적 이익을 창출하기 위하여 참여하는 구성원이 많아지기 때문에 그 효율성이 더욱 향상될 뿐만 아니라 저비용 고효율을 달성할 수 있는 장점이 있다.

모든 국가들은 자국의 실정에 부합된 비상대비계획을 발전시켜 나가고 있는 바, 외부세력으로부터 군사적 위협이 상존하고 있는 국가일수록 비상대비계획의 중요성과 적극적인 실천이 더욱 강조되고 있는 추세이다. 한국정부는 정부수립 이후 국가체제가 완전하게 정비되지 못한 상태에서 3년 1개월 간 계속된 6.25전쟁을 수행하는 동안 군사작전 지원, 국민생활 안전, 정부기능 유지 등 비상대비 내용면에서 크게 미흡했던 점을 개선하고, 울진삼척 무장공비 침투, 1.21사태 등 계속되는 북한의 대규모 무장공비 침투사건의 소탕과정에서 가용한 자원의 낭비와 혼란을 초래했던 교훈을 도출하여 1969년에 최초로 전시대비 정부 비상대비계획인 충무계획을 작성하여 지금까지 수정 및 보완 · 발전시켜 오고 있다.

환언하면, 충무계획은 모든 정부기관은 물론 광역 및 기초자치단체, 산하의 공공기관에서 국가적인 위기가 발생할 우려가 있거나, 발생하였을 경우에 해당기관별로 설정된 과업과 우선순위에 의해 즉각적이고 적시적인 조치를 취하고, 임무수행에 필수적인 인원과 장비의 동원 및 분배, 국민의 생업에 불편함이 없도록 보호 및 안정에 필요한 대책을 강구하기 위한 국가의 전시대비계획으로서 행정 각부와 시 · 군 · 구, 업체에서 작성하고 매년 훈련을 통해 보완함으로서 국가안보의 한 축을 담당하여 왔다.

현재 정부의 비상대비계획(충무계획)은 비상대비계획 기본지침 → 비상대비계획 기본계획 → 비상대비집행계획 → 비상대비 시행계획 → 비상대비 실시계획의 계서적 체계에 따라 각급기관에서 작성되어 활용하고 있다. 현행 비상대비계획(충무계획)의 내용체계와 작성체계는 〈표 1〉, 〈표 2〉와 같다.

<표 1> 비상대비계획(충무계획)의 내용체계

군사작전 지원	국민생활 안전	정부기능 유지
- 인력, 장비, 물품지원 - 예산지원 등	- 식량, 의약품 등 생활필수품의 안정적 공급 - 전기, 수도, 가스 등 공급 - 부상자 치료, 피난민 구호 등	- 행정기관의 전시체제 운영 - 행정절차 간소화 등 효율적 운영 - 정부종합상황실 설치 운영 등

출처 : 행정안전부, “비상대비 계획,” https://www.mois.go.kr(검색일 : 2019년 1월 21일).

<표 2> 비상대비계획(충무계획)의 작성체계

계획명	작성기관	승인권자	내 용
비상대비 기본계획지침	국무총리 (행정안전부)	대통령	해당년도 비상대비계획 작성방향 제시
비상대비 기본계획	국무총리 (행정안전부)	대통령 (국무회의심의)	전시 각 부처가 해야 할 기본 적인 임무 부여
비상대비 집행계획	주무 부 장관	국무총리	부처 임무에 대한 수행계획
비상대비 시행계획	광역시·도지사	주무 부 장관	시·도에 부여된 임무에 대한 수행계획
비상대비 실시계획	시·군·구청장	시·도지사	시·군·구에 부여된 임무에 대한 수행계획
	지정업체 장	지정권자	업체에 부여된 임무에 대한 수행계획

출처 : 행정안전부, "비상대비 계획," https://www.mois.go.kr(검색일 : 2019년 1월 21일).

그러나, 다른 한편으로는 한국은 오랜 기간 동안 전통적인 안보, 즉, 군사력 투사 위주의 비상대비체계에 안주해 왔다는 지적이 대두되고 있다. 또한 남북관계의 급격한 변화와 과학기술의 발전추세를 반영한 정부의 비상대비계획이 마련되어야 한다는 주장이 설득력을 얻고 있는 실정이다. 따라서, 이제는 새로운 안보상황에 부합된 정부기능 유지, 국민생활 안정, 군사작전 지원 등의 기능 유지를 위한 역할을 수행하는 데 부족함이 없도록 충무계획이 보완 및 정비되어야 한다.

특히, 현재 진행되고 있는 남북관계의 변화 추세를 고려하면서 4차 산업혁명시대의 도래에 따른 과학기술을 적극적으로 수용하고 활용하기 위해서는 각 주무장관이 작성하는 비상대비 집행계획의 단계와 광역시· 도지사가 작성하는 비상대비 시행계획에 적극적으로 반영되어야 한다. 즉, 행정 각부와 광역시· 도에서 작성하는 비상대비 집행계획과 비상대비 시행계획에 발전된 과학기술을 활용할 수 있도록 계획수립 관계관은 물론 주무 부서의 장관과 광역지자체장들이 배전의 관심과 노력을 경주해야 한다.

2. 선행연구 검토

국가비상대비업무와 관련한 연구는 국가비상대비업무와 충무계획에 관한 연구로 수행되었다. 국가비상대비업무에 관한 연구는 주로 비상대비 임무수행의 법적 · 제도적 보장을 담보하기 위한 조직과 법령, 인력운용 등의 발전방안을 제시하기 위한 연구로서 매년 다수의 연구가 이루어졌다. 그러나, 충무계획과 관련된 연구는 계획 자체가 비밀로 분류되어 있기 때문에 연구자의 접근성이 크게 제한되어 유의미한 연구가 부족하였다. 또한 각종 훈련결과를 반영하여 충무계획을 보완하는 과정을 통해 꾸준한 발전을 거듭하여 왔지만, 소규모의 수정에 그치고 있으며, 학술적 차원의 연구는 그다지 활발하지 않은 상태이다.

허남성(2008) 등은 「안보환경 변화에 따른 비상대비 발전방안」 연구에서 대내외 안보환경 변화와 위협을 평가하여 비상대비 환경변화가 비상대비계획에 미치는 영향을 분석하고, 국방개혁 2020, 정부조직 개편, 전시작전통제권 전환 등 한반도 안보에 영향을 미칠 변화요인들을 평가하여 발전방안을 제시하였다.[2]

2 허남성 외,『안보환경 변화에 따른 비상대비 발전방안』(서울 : 국방대학교, 2008), p.108.

이윤규(2012) 등은「충무계획 선진화 방안」연구에서 충무기본지침과 기본계획 및 23개 중앙부처의 집행계획, 시 · 도의 시행계획 및 시 · 군 · 구의 실시계획을 대상으로 작성실태를 평가하여 공통적으로 제기된 문제점을 도출하고 개선방안을 제시하였다. 연구결과 행정 각부가 을지연습 이후 훈련결과를 반영하여 전시에 대비한 실효성 있는 충무계획을 작성하기 위한 노력을 경주하고 있지만, 행정 각부가 각각 다른 업무를 수행함으로서 국가가 지향하는 목표달성에 기여하면서 행정 각부가 달성하고자 하는 목표를 제시해야 함에도 뚜렷한 목표 설정 없이 일반적으로 계획을 작성하는 수준에 머물러 있는 것으로 분석되었다. 특히, 행정각부의 상황분석이 미흡하여 현행 업무의 연장선에서 계획을 작성함으로서 현실성이 결여됨을 지적하였다.[3]

김용석(2015) 등은「국가비상대비조직의 문제점과 미래 발전방안 연구」에서 법과 제도 및 조직과 기능, 인력 양성과 교육훈련, 비상대비계획과 자원관리, 운용과 예산, 신종위협 대비 능력 등의 문제점과 발전방안을 제시하였다. 또한 이스라엘, 스위스, 대만 등 외국의 비상대비 제도를 개관하여 한국의 비상대비 업무개선을 위해 법과 제도, 조직과 법령, 예산, 인력양성, 교육훈련 분야에서의 개선방안을 제시하였다.[4]

정원영(2015) 등은「안보환경 변화에 따른 비상대비분야 발전전략」연구에서 국내외 안보환경 변화에 따라 비상대비 개념 및 적용 영역

3 이윤규 외,『충무계획 선진화방안 연구』(서울 : 행정안전부, 2012), p.1.

4 김용석 외,『국가비상대비 조직의 문제점과 미래 발전방안 연구』(용인 : 단국대학교, 2015), pp.141-166.

을 재정립하고 충무계획의 발전 전략이 모색되어야 한다고 주장하였다. 또한 충무계획을 작성함에 있어 비상대비 환경분석(정보분석)의 중요성과 북한의 핵무기가 고도화되고 있는 점을 감안하여 이에 대비할 수 있는 지침과 EMP 대비책을 제시하고, 비상대비자원관리법, 통합방위법, 민방위기본법, 재난 및 안전관리법, 국가대테러활동지침 등 사태별로 나누어져 있는 비상대비 관련 법령이 통합되어야 할 필요성을 제시하였다. 이 연구에서 주목할 사항은 충무계획을 군사적 도발이나 테러, 북한급변사태 발생 시에도 적용할 수 있도록 개념의 확장을 제시하였다는 점이다.[5]

박계호(2015-16)는「국방부 충무집행계획 개선방안 연구」와「미래 환경변화를 고려한 동원관리체계 발전방안 연구」에서 국방부의 집행계획이 인원동원과 물자동원에 대한 방침과 단계별 현황만을 포함하고 있어 전시에 국방부가 행정 각부와 협조할 사항이 누락되어 있음을 지적하였고, 미국이 제1·2차 세계대전 당시 동원해제 및 복원과정에서 어떤 어려움을 겪었는지를 분석하여 동원해제 및 복원과 관련하여 고려되어야 할 사항과 행정 각부 및 군의 역할 등을 제시하였다.[6]

한편 일반 학술논문에서 충무계획과 관련한 연구는 미미하다. 그 이유는 연구해야 할 내용과 분야 자체가 비밀로 취급되어 있기 때문이다. 다만, 유사한 연구로는 김인태(2015)의 "북한의 핵위협 대비태세 분석"을 들 수 있다. 그는 북한의 핵 능력 분석과 공격양상 및 피해 예

5 정원영 외,『안보환경 변화에 따른 비상대비분야 발전전략』(서울 : 국민안전처, 2015), pp.131-132.

6 박계호,『국방부 충무집행계획 개선방안 연구』(서울 : 21세기군사연구소, 2015), pp.21-22 ;『미래 환경변화를 고려한 동원자원 관리체계 발전방안 연구』(용인 : 단국대학교, 2016), p.23.

측을 통해 핵 위협에 대한 정부의 대비태세를 분석한 뒤 비상대비 분야에서 정부기능의 유지 및 국민생활의 안정과 군사작전 지원에 대한 대비방안을 제시하였다.[7]

앞서 살펴본 바와 같이 대부분의 선행연구는 충무계획이 비길로 취급되어 있어 이와 관련된 깊이 있는 연구가 미흡하였을 뿐만 아니라 한반도 안보환경의 변화를 다루고는 있지만, 급격하게 발전하고 있는 남북관계와 4차산업혁명시대 과학기술의 발달에 따른 충무계획의 발전방안에 대한 연구는 거의 전무하기 때문에 본 연구는 선행연구와 비교하여 독창적이고 창의적인 연구라고 할 수 있다.

Ⅲ. 비상대비계획(충무계획) 발전의 중요성

1. 북한의 핵 무장과 하이브리드(Hybrid) 전략 수행 능력

북한의 다양한 위협 가운데 간과할 수 없는 당면한 위협은 하이브리드 전쟁수행 능력이다. 북한의 사이버 공격과 해킹 능력은 한국이 북한 평양과학기술대학교에 제공한 장비와 기술지원에 힘입어 세계적인 수준으로 평가되고 있다. 실제로 북한은 사이버 해킹과 사이버 랜

7 김인태, "북한의 핵 위협 대비태세 분석 : 정부의 비군사분야 대비태세를 중심으로,"『한국경호경비학회지』제42집(2015), pp.223-224.

섬웨어(Ransomware)[8] 등을 통하여 외화를 벌어들이는 수단으로 활용하고 있다.

북한은 국가 차원의 역량을 집중하여 사이버 해킹과 범죄행위를 주도하고 있다. 북한은 전 세계 자본주의 국가들의 멸절(滅絶)이 북한이 추구하는 공산주의 사회의 최종목표라고 주장하고 있기 때문에 자본주의 국가들에 대한 범죄행위를 정당화하고 있다. 중앙일보의 보도에 의하면, 이스라엘의 사이버 보안회사인 Checkpoint는 "북한의 해킹능력이 세계 5위 수준"이라고 지적하고 있다.

실제 북한은 2014년 12월 미국의 민간기업인 SONY 회사를 해킹하여 회사의 모든 정보를 탈취하고, 최신 보안시스템을 파괴하였다. 이에 미국의 FBI는 2014년 12월 19일 정식으로 북한을 범죄자라고 공표하고, 이에 대한 비례적 보복조치를 취할 것이라고 발표하였다. 그리고 12월 23일부터 26일까지 북한의 인터넷망을 차단하였다.[9] 북한이 SONY 회사를 해킹하고, 이어서 미국이 북한에 대한 보복조치를 취한 것은 국가가 주도적으로 민간기업을 해킹할 수 있다는 것을 전 세계에 최초로 보여준 사건이며, 이에 더하여 피해 국가가 직접 가해국가에 대한 보복공격을 하는 것도 세계 최초의 사례이다.

북한은 전 세계의 금융제재 조치로 외화의 부족현상을 겪게 되자 사이버를 통한 범죄행위를 더욱 확대하였다. 조선일보에 의하면, 2018년 10월부터 12월까지 전 세계의 금융과 에너지 관련 87개 기업들이

8 렌섬웨어(Ransomware)는 '몸값'을 의미하는 'Ransom'과 '소프트웨어(software)'의 'Ware'를 합성한 말이다. 악성 프로그램의 한 종류인 랜섬웨어는 사용자의 문서 등 중요 파일을 암호화하여 파일을 사용할 수 없게 만든 후 암호를 풀어주는 대가로 금품을 요구하는 신종 공격방식이다.

9 박태인, "소니를 완전히 불태워버렸다. 북 해킹능력 세계 톱5,"『중앙일보』, 2019년 2월 9일.

한글문서 파일을 받았으며, 이 파일들이 악성코드를 가지고 있어서 해킹에 사용되었다고 발표하였다. 미국의 보안업체 맥아피는 이러한 사이버 해킹공격이 북한이 범인인 라자루스와 대단히 유사하다고 밝혔다.[10]

북한은 국가가 주도하여 세계적인 범죄행위를 저지르고 있다. 중앙일보에 따르면, 북한은 전 세계 금융망을 해킹하여 11억 달러 이상을 도둑질해 갔다고 미국의 국가정보국(DNI)이 밝혔다고 한다. 그런데 여기에는 한국도 상당한 액수의 피해를 입었을 것으로 추정되고 있다.[11] 그럼에도 한국의 은행들은 북한으로부터 당한 피해를 공개하게 되면, 은행의 신용평가가 나빠질 뿐만 아니라, 정부의 대북 친화적 정책에도 저항하는 것처럼 보이기 때문에 발표하지 못하고 있다. 문제는 북한의 이러한 해킹공격과 능력이 한국의 언론사를 장악하고, 여론을 오도할 수 있다는 점이 더욱 위험하다고 할 수 있다.

실제로 러시아가 우크라이나의 크림반도를 무력으로 점령하는 과정에서 러시아의 사이버 공격능력은 최고의 효과를 발휘하였다. 러시아는 크림반도에 군사력을 투입하기 직전에 우크라이나의 통신망을 마비 및 훼손시켜 제대로 작동하지 못하도록 만들었다. 또한 우크라이나의 대부분의 TV와 미디어, 그리고 SNS를 장악하였다. 즉, 미디어를 통하여 러시아가 원하는 허위정보가 유통되도록 통제하고, 우크라이나에 유리한 정보는 전부 차단하였다. 그리고 러시아는 우크라이나 국민들이 러시아어를 알아 듣고 이해할 수 있다는 점을 이용하여, 러

10 조의준, "북 두달새 전 세계 87개 기업 사이버 공격,"『조선일보』, 2018년 12월 26일.

11 박태인, "소니를 완전히 불태워버렸다. 북 해킹능력 세계 톱5,"『중앙일보』 2019년 2월 9일.

시아 방송을 통해서도 우쿠라이나의 크림반도의 정세에 관하여 러시아의 전략적 의도에 적합하게 허위내용만을 지속적으로 보도하였다.

아울러 이같은 허위사실들이 전 세계로 보도되도록 홍보하여 지구촌의 대부분에 해당되는 일반인들은 우크라이나에 관한 허위보도만을 접하게 되었다. 러시아는 2014년 당시 빅토르 야누코비치 대통령을 하야시키고 새로 집권한 신정부를 신나치주의자 내지는 파시스트로 규정하고, 이에 적절한 거짓 증거들을 지속적으로 방송함으로써 전 세계 사람들은 새로 등장한 우크라이나 정부에 대하여 혐오감을 갖도록 유도하였다.

러시아는 우크라이나 정부가 러시아와 군사적 대결을 통해서는 이길 수 없다는 생각을 갖도록 지속적으로 미디어와 SNS를 통한 홍보를 실시하여 우크라이나 국민들로 하여금 대 러시아 전쟁의지를 좌절시켰다. 당시에 러시아가 우크라이나에게 공급하고 있던 무기의 부품과 탄약의 공급을 전면 중단한다[12]는 사실을 대대적으로 보도함으로써 우크라이나 국민들의 대 러시아 저항 의지를 좌절시키기도 하였다. 그 결과 실제로 2014년 2월 러시아의 특수군단 1,000여명 이상이 크림반도에 있는 우크라이나의 정부청사를 점령했음에도, 크림반도 지역에 주둔하고 있던 우크라이나의 군대 약 22,000여명은 러시아와의 군사적 충돌을 회피하기 위하여 후퇴하고 말았다.[13] 우크라이나의 국민적

12 BBC News, “Украина в июне остановила экспорт военной продукции в Россию” 2014. 8. 11. https://www.bbc.com/ukrainian/ukrainein russian/2014/08/140811 rusweapon export russia(검색일 : 2019년 1월 21일).

13 CNN, “U.S. official says 1,000 Russian troops have entered Ukraine,” 2014. 8. 29. :https://edition.cnn.com/ 2014/08/28/world/europe/ukraine-crisis/index.html(검색일 : 2019년 1월 21일).

저항 의지 저하와 정치인들의 오판이 결국 크림반도를 러시아에게 넘겨주는 결과를 초래했던 것이다.

이 과정에서 결정적으로 우크라이나 국민들의 대 러시아 저항의지를 좌절시킨 것은 러시아의 크림반도 점령을 지지하는 우크라이나 국민들이 시위를 통하여 러시아의 군대 진주와 점령을 환영했다는 사실이다. 치밀하게 조직된 이들 시위대는 러시아 군대의 진주와 점령을 환영하면서,[14] 우크라이나 국민들을 분열시키는 가장 크고 결정적인 역할을 하였다.[15] 이로 인하여 NATO와 미국 등은 러시아의 우크라이나 군사적 점령을 지켜볼 수 밖에 없도록 만들었다. 이에 러시아의 푸틴 대통령은 의회에서 크림반도 지역 주민들의 요청을 수용하여 크림반도를 러시아 연방의 자치주로 편입시키는 조치를 취한다고 발표하였다.[16]

위의 사례에서 유추할 수 있는 사실은 만약 한국에서 비상사태 발생 시 경계해야 할 사항은 바로 북한의 사이버 공격 능력과, 언론사 및 SNS 장악을 통한 여론의 오도라고 할 수 있다. 또한 더욱 위험한 것은 국내의 좌경분자와 친북주의자, 간첩, 공비 등을 활용한 폭력시위와 친북시위를 통한 국제사회의 개입방해 조치 등이라고 할 수 있다.

---

14 CNN, "U.S. official says 1,000 Russian troops have entered Ukraine," 2014. 8. 29 : https://edition.cnn.com/2014/08/28/world/europe/ukraine-crisis/index.html(검색일 : 2019년 1월 22일).

15 『YTN 뉴스』, 2014. 3. 7 :https://www.ytn.co.kr/_ln/0104_201403072252365501(검색일 : 2019년 1월 22일).

16 Forbes, "Парламент Крыма попросил Путина принять автономию в состав России," 2014. 3. 6 : http://www.forbes.ru/news(검색일 : 2019년 1월 22일).

2. 남북관계의 변화

로마제국의 군사전략가 베제티우스(Flavius Vegetius)는 “평화를 원하거든 전쟁에 대비하라”고 주장하였다. 즉, 전쟁에 대비하여 군사력을 키우고 무기를 늘리지 않으면 나라를 제대로 지킬 수 없기 때문에 국가의 생존과 평화가 위협을 받는다고 강조하였다. 요컨대, 평화를 유지하고 지키기 위해서는 상대국 보다 군사적인 우위 확보 즉, 안보가 먼저이고 평화는 다음이라는 의미이다.[17]

적국에 대하여 강경해야 한다거나 유화적으로 접근해야 한다는데 대한 정답은 존재하지 않지만 판단의 기준은 당시의 국제질서와 자국이 처한 상황, 그리고 국가의 미래에 부합되는 것이어야 함은 주지의 사실이다. 이와 관련하여 박휘락(2014)은 국가는 지속적인 평화를 중시하되, 전쟁상황으로의 발전은 국가백년대계의 입장에서 선택되어야 하며, 명분보다는 냉정한 현실판단이 바탕이 되어야 한다고 피력하였다. 그는 무엇보다 중요한 것은 어떠한 선택을 하든 강력한 힘(국력, 군사력)이 뒷받침되어야 한다. 유화정책이든 강경정책이든 힘이 뒷받침되지 않으면 한낱 구호에 그쳐 왔다는 것은 인류의 역사를 통해 알 수 있다고 주장하였다.[18]

현재 상태에서 지속 가능한 남북관계 발전을 위해서는 남북한의 평화공존이 이루어져야 한다. 평화는 통일을 전제로 한 것이고 통일은 평화의 결과물이라는데 대한 남북한의 인식이 확고하게 자리잡을 경

---

17 민주평화통일자문회의,『평화는 함께 만드는거야』(서울 : 민주평화통일자문회의, 2018), pp.22-23.

18 박휘락,『전쟁과 평화』(서울 : 21세기군사연구소, 2014), pp.97-98.

우 남북관계도 더욱 빠르게 발전할 수 있다. 남북은 정치 · 군사적으로 적대와 대립의 관계를 완화시키고 다방면에서 교류와 협력을 늘려 상대방이 평화를 파괴하는 행위를 하지 않도록 만드는 것이 중요하다. 현재 단계에서는 우선적으로 평화의 토대 위에서 남북관계의 발전이 이루어져야 한다.[19]

현재 진행중인 남북교류와 화해협력의 기조가 유지되어 남북관계가 진전될 경우 변화의 양상은 특정 분야에만 국한되는 것이 아닌 모든 분야에서 획기적인 변화가 나타날 뿐만 아니라 분야별로는 가시적인 성과를 거두게 될 것으로 전망되고 있다. 한편으로는 그동안 북한의 행태에 비추어볼 때 남북간의 교류협력이 일정 기간 지속되다가 상호 비방으로 돌아서면서 교류협력이 중단되거나 국지적 근사도발이 발생할 수도 있다는 우려가 동시에 존재하고 있다.

남북관계의 변화에 따라 상정해 볼 수 있는 변화의 양상으로는 ①개성공단 정상화(재가동), ②경의선 및 경원선, 동해선 등 남북간의 철도 및 도로 연결, ③금강산 관광 재개 및 백두산 관광, ④북한 주민(영유아 및 취약계층)을 대상으로 한 인도적 지원, ⑤경제협력 증진 및 가속화를 위한 한국근로자의 파견, ⑥광물 채굴 및 산림자원 채취 · 가공을 위한 상호방문 증가, ⑦북한지역의 전기 · 통신선로 설치 등 기반시설 확충, ⑧한강 하구의 공동개발 및 이용, ⑨종교단체 및 민간단체의 대북접촉 및 방문활동 증가, ⑩문화 · 예술분야에서의 상호 교류 증대 및 교환방문(공연), ⑪체육분야에서의 교류 증진 및 단일팀 구성 논의

19 민주평화통일자문회의,『평화와 번영, 새로운 시작』(서울 : 늘품플러스, 2018), p.151.

활성화, ⑫임진강 수계 물 관리 및 환경오염 최소화 논의, ⑬전염병 및 계절성 질병 공동구제를 위한 교류협력 증대, ⑭정부 및 민간차원에서의 논의 및 합의사항을 군사적으로 보장하기 위한 군사회담의 정례화 등 인적 · 물적교류가 폭발적으로 증가할 것으로 예상된다. 반면에 ①접적지역 지상과 해상에서의 우발적인 충돌의 발생 가능성, ②북한지역에 체류중인 우리 국민의 억류(인질) 가능성, ③사이버 상에서의 위협 증가, ④북한지역 내 한국 자산의 압류 및 동결 등 최악의 시나리오가 현실화될 가능성에도 대비해야 한다.

남북관계의 변화와 관련하여 유사시 자유민주체제에 저항하는 북한내 세력을 무력화하기 위한 방안이 강구되어야 한다. 현재 북한주민들은 출신성분과 당성에 따라 핵심 · 기본(동요) · 적대(복잡)의 3개의 계층과 51개의 부류로 구분되어 있다.[20] 핵심계층은 북한 인구의 1%인 20만여 명에 국한된다. 이들은 평양시내에서도 핵심적인 귀족이며, 일반인들과는 다른 공인된 특권을 가지고 있다. 일반시민들이 이용할 수 없는 식당을 이용하며, 외국방송과 출판물을 볼 수 있다. 핵심계층의 12개 부류는 혁명유가족, 애국열사 유가족, 피살자 가족, 전사자 가족, 노동당원, 사무원, 노동자, 고농(머슴)출신, 빈농 출신 등이다. 그러나 실제로는 김일성 일가와 그 자손, 그리고 6.25전쟁에서 한국 침략에 공훈을 세웠거나 군인, 경찰, 시민들을 무고하게 살해한 사람들의 후손들로서 북한 주민들로부터의 보복행위, 한국정부와 국민들로부터의 처벌 위협, 자유주의 체제에 대한 불안 등의 요인으로 인하여 한

20 통일부 통일교육원,『2018 북한 이해』서울 : (주) 나인애드, 2018, p.156 : 이정훈, "DJ정부 北급변사태 대비 비밀문서",『신동아』2012년 11월호(2012).

국으로의 흡수통일에 저항하거나 중국 등지의 해외로 도피할 가능성이 있는 집단이라고 할 수 있다.

기본(동요)계층은 전쟁과 같은 위급한 사태가 발생했을 때, 누구의 편을 들지 모르는 위험한 주민들로 분류된 계층으로서 주로 평양 교외의 도시와 농촌지역에 거주하고 있는 북송된 재일동포 출신과 핵심계층이 아닌 상공인, 수공업자, 접객업자, 중국으로부터의 귀환민 등 대부분의 북한 주민이 여기에 해당된다. 또한 적대(복잡)계층은 지주, 부농과 그 가족, 예속자본가, 친일파, 종파분자, 입대기피자, 정치범교화소 출소자, 월남자와 그 가족 등 계급적 적대자와 민족적 적대자로 구분하여 통제 및 관리하고 있다.

만약 북한에서 급변사태가 발생하여 한국정부를 비롯한 국제사회의 개입이 이루어진다면 핵심계층은 적극적인 저항세력이 될 가능성이 높지만 기본계층과 적대계층의 주민들은 소극적 저항세력으로서 자유민주제체의 우월성에 대한 이해와 설득을 통해 동화될 수 있는 개연성이 매우 높은 계층이다. 따라서, 정부의 비상대비계획은 적극적인 저항세력이 되어 체제 동화에 부정적인 핵심계층에 대한 제거 및 관리에 초점을 맞추어 수립되고 발전되어야 한다.

3. 4차산업혁명 기술 발전

4차산업혁명(The Fourth Industrial Revolution)이라는 용어는 2016년 1월 20일 스위스의 다보스에서 개최된 세계경제포럼(WEF : World Economic Forum)에서 언급된 이후 정보통신기술(ICT) 기반의 새로운 산업시대를 대표하는 용어로 자리매김 되었다. 4차산업혁명과 관련하여 이용길은 독일이 2010년에 발표한 「하이테크전략 2020」의 10대 프로젝트의 하나인 'Industry 4.0'에서 제조업과 정보통신의 융합을 뜻하는 의미로 사용하기 시작한데서 4차산업혁명이 최초로 언급되었다고 주장하였으며,[21] 방승찬은 4차산업혁명은 정보혁명에서 더욱 발전하여 컴퓨터와 사물의 연결, 사물과 사물간의 연결, 현실과 가상의 연결이 이루어지는 새로운 차원의 혁명적 변화로서, 인공지능(디지털 기술), 로봇공학(물리학 기술), 생명과학(생물학 기술)의 융합이 주도하는 차세대 산업혁명이라고 주장하였다.[22]

4차산업혁명은 빅데이터, 인공지능, 가상현실, 증강현실, 사물인터넷, 클라우드 컴퓨팅(cloud computing) 모바일 등 정보통신기술과 지능정보기술이 기존 산업과 서비스 등 경제사회 전반에 융합되거나 3D 프린팅, 로봇공학, 생명공학, 나노기술 등 여러 분야의 신기술과 결합되어 모든 제품 · 서비스를 네트워크로 연결하고 사물을 지능화하는 혁신적인 변화를 초래하고 있다. 요컨대 4차산업혁명은 다양한 제품 서비스가 네트워크와 연결되는 초연결성(hyperconnectivity)과 사물이 지능화되는 초지능성(superintelligence)의 특징으로 인해 더 빠르고, 더 넓게, 더 크게 산업사회의 발달을 견인하고 있다. 4차산업혁명시대의 도래에 부응한 정부의 비상대비계획을 수립하기 위해서는 지금까지와는 차원이 다른 노력이 배가되어야 한다는 점에 대해서는 행정각부 및

21 이용길, "4차 산업혁명시대 군 정신전력 향상을 위한 정신교육의 창조교육 교수-학습 5단계 적용,"『정신교육연구』제53집(2018), p.202.

22 방승찬, "제4차 산업혁명과 ICT 동향,"『2017 기술혁신학회 발표자료집』(2017년 11월 2일), pp.4-5.

시행부서의 비상대비계획 수립 관계관은 물론 국민 모두가 공감하고 있는 사실이다.

Ⅳ. 남북관계 변화와 4차산업혁명 기술을 반영한 비상대비계획 (충무계획) 발전방안

1. 남북관계 변화를 반영한 비상대비계획 발전

남북관계의 발전은 긍정적인 면과 부정적인 요인들이 초래될 가능성이 공존하고 있다. 분단 이후 남북한은 체제경쟁에서 우위를 점하기 위한 군비증강을 지속한 결과 군사적 대치가 오랜 기간 이어지면서 북한의 군사적 위협과 남북간의 무력충돌이 빈번하게 발생되어 온 사실이 이를 입증하고 있다. 현재 남북관계가 개선되고 있기는 하지만 완전한 평화시대가 도래하기 이전까지는 평화를 유지하기 위한 수단으로서의 비상대비계획은 더욱 세부적이고 구체적으로 발전되어야 한다. 환언하면, 남북관계 변화에 따른 비상대비계획의 발전은 한반도의 안정과 평화유지적 측면과 취약요소 보완의 측면이 동시에 고려되어야 한다.

남북관계의 변화를 고려한 비상대비계획 작성의 발전방안으로는 첫째, 가장 상위계획인 충무기본지침은 현행 지침에 추가하여 비상대비 환경분석에 남북교류 및 화해협력이 진전될 경우에 따른 대비와 교류협력이 중단되어 상호 비방으로 돌아설 가능성을 포함하여 남북관계 발전의 긍정적인 면과 부정적인 면에 대한 내용을 추가함으로서 하위계획 작성의 실질적인 지침이 될 수 있도록 해야 한다. 따라서, 지금은 비록 남북 간에 화해협력의 분위기가 고조되어 항구적인 평화에 대한 기대치가 높은 상태라고 하더라도, 비상대비계획은 기본적으로 전시에 대비하기 위한 정부부처의 계획이기 때문에 취약점을 보완하는 측면에서 더욱 정비되고 발전되어야 한다. 예컨대 인적 · 물적 교류가 활발하게 진행되고 있는 어느 시기에 전혀 예상하지 못한 남북간의 우발적인 충돌 상황이 발생되면서 충무사태가 선포될 경우에도 정부부처의 유기적인 협력하에 신속한 조치가 이루어질 수 있도록 세부적인 계획작성이 이루어져야 한다.

둘째, 충무기본계획의 분야별 세부지침에 충무계획을 작성하는 모든 정부부처와 기관, 지자체로 하여금 남북관계 변화에 따른 평화유지적 측면과 취약요소 보완 측면을 고려하여 계획을 작성하되, 비상대비체제로의 신속한 전환이 가능한 계획을 발전시킬 수 있도록 명시해야 한다. 나아가 남북관계 발전과 무관하게 행정각부의 전시 업무와 평시 업무가 유기적으로 연계될 수 있도록 비상대비계획 작성의 범위와 내용에 대한 지침이 추가되어야 한다.

셋째, 행정 각부의 충무계획이 실질적인 전시대비계획이 될 수 있도록 질적 수준이 제고되어야 한다. 국방부의 예를 들면, 국방부장관은 합동참모의장을 통해 군령권을 행사하여 전쟁을 수행한다. 군사력 건설과 용병을 담당하는 국방부는 전시에 행정 각부로부터 병력과 물자 등 동원된 자원을 받아 전쟁을 지휘하는 전쟁지도부이다. 또한 정부

조직법에 의해 편성된 정부부처로서 전시에 군사력 운용을 통하여 행정 각부를 지원하거나 정부기능 유지와 국민생활 안정을 지원하는 매우 중요한 역할을 수행한다. 바꾸어 말하면 국방부는 합참을 통해 전쟁을 지휘하는 임무를 기본으로 하지만, 북한군 특수부대의 기습 및 테러활동으로부터 정부기능 유지를 위한 방호지원은 물론, 각종 피해가 발생할 경우에는 국민생활의 안정유지를 지원하는 등의 역할도 수행해야 하기 때문에 이와 관련된 업무를 포함한 비상대비 계획이 동시에 작성되어야 한다.

넷째, 비상대비계획을 작성하고 활용하는 기관을 입법 · 사법 · 행정부를 포함한 모든 국가기관으로 확대 적용해야 한다. 현재는 정부부처, 위원회, 지자체 등 행정부 위주로 비상대비계획(충무계획)을 작성하여 훈련결과를 통해 발전시켜 나가고 있는 상태이지만, 비상대비계획을 보유하고 있지 않는 기관(입법부, 사법부, 행정부 : 국회 및 국회 산하기관, 헌법재판소, 대법원, 고등법원, 지방법원 및 지원, 대검찰청, 고등검찰청, 지방검찰청 및 지청) 등을 포함한 모든 국가기관이 비상대비계획의 수립방향을 논의하는 실무협의회에 참가하여 계획수립의 중요성을 공감하고 상호 연계된 비상대비계획을 작성해야 한다.

부가적으로, 북한내부의 상황 변화에 대비한 정부와 지방자치단체, 공공기관의 계획발전이 동시에 이루어져야 한다. 북한에서 급변사태가 발생할 경우를 상정하여 발전시켜야 할 비상대비계획의 주요 과제로는 첫째, 북한에서 발생 가능한 사태 가운데 정부차원에서 비상대비 계획수립에 관심을 경주해야 할 사안으로는 육상 및 해상, 또는 제3국을 통해 대규모의 북한주민(난민)이 국내로 유입될 상황에 대비해야 한다는 점이다. 이 경우 국내의 치안질서 유지는 물론 사회문제로 비화될 수 있는 가능성이 크기 때문에 위기관리 및 비상대비 차원에서 다양한 계획과 대안(프로그램)이 수립되어야 한다.[23]

우리 정부와 군에서는 예상되는 다양한 사태에 대비하여 유관기관이 합동으로 조치하거나, 각급부대에서 제대별로 조치해야 할 사항, 그리고 긴밀한 협조를 통해 해결해야 할 사항들을 목록화하고 있지만, 차제에 북한주민이 한국으로 탈출하기 위해 지상 및 해상으로의 접근단계에서부터 유도 · 인수 · 분리 · 수용, 생활필수품 공급 및 생계유지를 위한 조치 등을 망라한 비상대비계획을 수립하고 과학적인 기법에 의한 시뮬레이션과 규모를 달리하는 실제훈련을 통해 최대규모를 상정한 제원을 산출하는 등의 계획보완 노력이 병행되어야 한다.

둘째, 유사시 한국의 행정조직이 북한지역을 안정화시켜야 할 경우에 대비한 정부 유관부처의 협조된 비상대비계획이 수립되어야 한다. 즉, 정보 · 수사 · 보안요원들로 구성된 전담팀을 구성하여 한국의 자유민주적 기본질서에 협조하는 북한주민의 정보와 물적 · 인적지원을 받아 북한내 핵심세력의 저항운동을 사전에 신속하게 근절시킬 수 있는 계획이 수립되어야 한다. 특히, 이 과정에서 최우선 업무는 북한의 사회안전부와 노농적위대, 붉은청년근위대 등이 보유한 무기를 안전하게 회수해야 하는 바, 그 방법으로는 전담요원들이 북한의 무기고 담당자를 사전에 접촉하여 현황을 파악하고, 무기고의 봉인 및 접

23 김진호, "북한급변사태 가능성과 우리의 대응방안,"『북한학보』제41집 제2호(2016), p.26.

수를 통해 가능한 신속하게 한국으로 이송하기 위한 절차를 구체화해야 한다. 무기소지자는 자진신고와 무기명 반납기간을 부여하여 기회를 주되, 이에 불응하여 불법으로 무기를 소지하고 있는 세력이 대해서는 임시법률을 적용하여 제재 및 처벌이 가해질 수 있도록 준비되어야 한다.

셋째, 북한의 정보기관 및 주민감시 · 통제기관의 해산절차를 유관기관의 비상대비계획에 반영하여야 한다. 즉, 국가보위부 · 사회안전부(경찰) · 인민군, 검찰조직의 해산을 위한 정부부처별 임무분장과 협조사항을 구체화해야 한다. 특히, 가칭「공산잔재 청산을 위한 특별조치법」의 제정 및 시행을 위한 준비, 가칭「공산잔재 청산위원회」를 구성하여 잔존 공산세력을 발본색원하여 무력화하기 위한 계획이 수립되어야 한다. 아울러 북한의 주장에 동조하여 자유민주주의 체제를 파괴하고자 했던 세력에 대한 적법한 사법절차의 적용을 통한 단죄를 위한 준비가 포함되어야 한다.

넷째, 북한지역의 재산에 대한 처리문제가 정부의 비상대비계획에 반영되어야 한다. 북한의 재산은 국유재산이 기본이지만, 구체적으로는 노동당, 기업소, 공장, 농장 등에 관리권이 이관되어 있다. 북한정권의 실질적인 법률체계는 국가를 지배하는 노동당이 실제 소유주라고 할 수 있다. 따라서 노동당의 관리감독권, 재산권을 몰수하여 한국의 국유재산으로 전환하고, 일반 국민에게 매각할 수 있는 절차를 수립해야 한다.

2. 4차 산업혁명 기술을 반영한 비상대비계획 발전

4차산업혁명시대의 발전된 정보통신기술이 비상시에 활용될 수 있도록 행정 각부의 비상대비계획에 반영되어야 한다. 그 방안으로는 첫째, 정부 비상대비 계획수립의 주무부처인 행정안전부(비상대비정책국)가 선도적인 역할을 수행해야 한다. 이를 좀 더 구제적으로 살펴보면, ①사물인터넷 기술을 반영한 동원자원 및 동원물자의 관리, ②비축물자의 수송소요 발생시 빅데이터를 활용한 수송시간 단축방안 강구, ③무인 자율관리시스템을 적용한 군용차량, 동원수송차량의 구분 및 배정, 긴요 · 긴급 · 필수물자와 의료물자 등의 관리, ④북한주민의 접적지역 대량유입 시 밀집해소 및 군 작전도로의 사용 보장을 위한 위성, 드론, 폐쇄회로(CCTV)화면의 통합 운영 및 관리시스템 구축으로 지체 및 정체구간의 회피 및 통로 전환, ⑤평시 자연 및 사회재난 대비계획의 구체화 등을 국방부, 과학기술정보통신부, 농림축산식품부, 국토교통부, 방송통신위원회, 통일부 등 정부부처의 비상대비계획에 반영할 것을 요청, ⑥서울특별시를 비롯한 광역시 · 도의 비상대비계획에 반영사항의 요구 및 결과에 대한 확인 · 점검을 통해 더욱 발전시켜 나가야 한다.

둘째, 정부부처별로 비상대비계획을 수립하고 조치해야 할 사항을 구체화함에 있어 첨단기술에 기반한 인공지능 및 빅데이터를 활용한 자원관리체계와 동원체계를 구축해야 한다. 인공지능, 빅데이터, 기계학습, 무인자율 로봇기술은 활용영역의 과다와 활용수준의 높고 낮음에 따라 나타나는 결과에 많은 차이가 발생하기 때문에 개별 국가들은 관련 기술을 발전시키고 확보하기 위한 무한경쟁을 계속하고 있다. 지능을 갖춘 기계가 인간을 살상할 수 있다는 점은 도덕적 위험성과 비난이 뒤따르겠지만, 평시가 아닌 비상상황의 극복을 위해 운용되는 것은 불가피하다.[24]

특히, 빅데이터는 행정각부의 방대한 자료를 관리하면서 비상시 또는 전시에 정부기능의 유지와 국민생활의 안정, 군사작전의 수행 및 지원에 유용하게 활용되어야 하기 때문에 비상대비계획의 발전과 반드시 연계되어야 한다. 이에 부가하여 동원장비 및 물자에 RFID(Radio Frequency IDentification) 태그를 부착하여 비상시 동원자원의 효율적인 확보와 관리시스템을 구축하는 것도 적극적으로 검토되어야 한다.

셋째, 정보통신분야의 선진국 위상에 부응하면서 정보화가 가지고 있는 기능과 강점이 발휘될 수 있는 과학적 위기관리시스템의 구축, 유관 정부부처와 관련기관을 연결하는 네트워크 구축, 정보의 유통 및 공유, 데이터베이스의 통합 운용, 비상대비 관련 사항에 대한 공유 및 홍보가 포함된 소프트웨어의 개발과 동시에 이를 효과적으로 운용하기 위한 매뉴얼이 제정되어야 한다. 또한 드론과 로봇의 장점을 극대화할 수 있는 활용계획의 수립과 함께 군사적 위협과 비군사적 위협에 효율적으로 대응할 수 있는 워리어 플랫폼(Warrior Platform)체계가 구축되어야 한다.

넷째, 가상현실과 증강현실 기술을 효과적으로 활용하여 실전과 동일한 여건에서 훈련을 통한 숙달이 가능하도록 해야 한다. 가상현실

24 정춘일, "영역교차 시너지 최대화를 위한 한국군의 전력체계 혁신방안,"『한국군사』 제4집(2018), p.103.

과 증강현실은 비상대비계획의 시행을 위한 평시 훈련과 실제 조치간에 유용하게 활용할 수 있다. 가상현실과 증강현실 기술을 활용한 비상대비계획을 수립하면 훈련과정에서 대다수 국민의 자발적이고 능동적인 참여를 기대할 수 있을 뿐만 아니라 민 · 군 · 산 · 학 · 연의 협력을 유도하여 관련 기술의 개발을 촉진할 수 있다. 나아가 가상현실과 증강현실을 활용한 비상대비 사이버훈련장을 개설한다면 정부부처 및 공공기관과 국가기간산업시설의 방호 관계관과 군 관계관 등을 대상으로 사이버 공간에서 다양한 형태의 훈련을 통해 실전에 대비할 수 있는 장점을 극대화할 수 있을 것으로 기대된다. 세부적으로는 국민참여형 훈련모델을 정립하되, 훈련과제는 지방자치단체의 시행여건을 고려하여 행정안전부가 선정하되, 국민들이 능동적으로 참여할 수 있는 훈련과제를 구성하여 훈련의 참가 규모와 훈련수준을 설정하며, 언론 및 방송사와의 협조를 통해 다양한 훈련모델 동영상을 제작 및 배포하여 국민들의 접근 및 활용 가능성을 제고하여야 한다.

다섯째, 유관부처별로 국민생활 안정을 위해 발생 가능한 사고를 미연에 방지하기 위한 비상대비계획을 수립하여야 한다. 예컨대, 2018년 11월 24일 KT 아현지사 지하 공동통신구에서 발생한 화재는 한국이 보유한 최첨단의 통신기술이 순식간에 마비되어 사용불능의 상태가 될 수 있음을 보여주었다. 비상시에 이처럼 화재나 의도적 폭발사고가 동시에 발생한다면, 한국의 최첨단 정보 통신, 컴퓨터 등의 기기 사용이 상당히 제한될 수 있음은 자명하다.

서울 시내의 다양한 지역으로 연결되는 교량역할을 하는 중간기지인 KT 아현지사의 화재사고로 서울 서북부 지역 5개 구와 고양시 일부지역의 수백만명이 인터넷망과 유선 및 휴대전화서비스가 제공되지 않는 통신대란이 발생하고 카드 및 현금지급기 사용, 그리고 병원의 환자예약 및 진료가 불가능하거나 차질을 빚은 것은 물론 시민의 안전을 책임져야 할 경찰청, 소방청, 국방부 등 국가기관의 통신망에 장애가 발생하였다.[25]

그런데, 일반 개인매장이 통신회선을 복선화하여 활용함으로서 KT 아현지사의 화재사고에도 불구하고 아무런 피해가 없었던 점은 정부의 비상대비 계획수립에 있어 시사하는 바가 매우 크다. 즉, 스타벅스 매장은 2개 이상의 통신사와 계약하여 통신망을 이중, 삼중으로 확보하고, 유선통신 2개와 무선통신 1개를 채택하여 3개의 통신사가 모두 동시에 사고가 발생하지 않는 한, 언제든지 사용가능하도록 사전에 조치하였던 것이다.[26]

따라서 유관부처에서는 국가기간시설 또는 다중이용시설에 대한 비상대비계획을 수립할 경우 ①모든 지하공동구에 화재 진압장비의 설치, ②모든 통신사들로 하여금 다른 통신사와 상호 백업망 교환시스템의 구축으로 위험부담 감소(국제적 통화스와프 협약 개념 준용), ③ 주요 통신사들 간의 대체망 사용이 가능하도록 계획수립 단계부터 반영하여야 한다. 환언하면 각각 다른 통신사와 계약하여 통신망을 사용하는 소비자가 계약한 A 통신사의 통신망이 두절된 경우에는 A 통신사와 상호 스와프 통신을 계약한 B 통신사의 통신망을 사용할 수 있도록

25 BBC뉴스, "KT화재 : KT아현지사 화재사건으로 드러난 4가지 사실", https://www.bbc.com/korean/news-46340053(검색일 : 2019년 2월 8일).

26 김용주, "KT 아현지사 화재 때 스타벅스만 멀쩡했던 이유 보니,"『전자신문』2019년 1월 21일.

하고, 사용한 통신 데이터의 사용량 만큼 A 통신사가 B 통신사에게 금액을 지불할 수 있도록 시스템을 구축해야 한다.

여섯째, 군사작전 지원 및 수행을 위한 비상대비계획의 실효성을 제고시켜야 한다. 예컨대, 압도적으로 우세한 공군력을 보유하고 있다 할지라도 비행장의 활주로가 마비된다면 공군력의 기능발휘가 제한됨은 물론 마비될 수 있는 위험이 있다. 한국이 북한의 재래식 군사력에 대해 우위를 확보하고 있는 배경에는 한국이 북한보다 성능 면에서 압도적으로 우수한 공군력과 감시 및 조기경보 능력을 보유하고 있기 때문이다. 북한의 공군력과 한국의 공군력 비교는 〈표 3〉과 같다.

<표 3> 남북한의 공군력 비교(2018년 12월 기준)

구분	한국	북한
공군 병력	6.5만 명	11만여 명
전투임무기	410여 대	810여 대
정찰 · 감시통제기	70여 대(해군항공기 포함)	30여 대
공중기동기(AN-2기 포함)	50여 대	340여 대
훈련기	180여 대	170여 대
헬기(육·해·공군 포함)	680여 대	290여 대

출처 : 국방부,『2018 국방백서』(서울 : 국방부, 2018), p.244를 토대로 재구성.

중앙일보의 보도에 의하면, 2018년 12월 19일부터 21일까지 런던의 개트윅 공항에서도 드론 2대의 침입 때문에 36시간동안 1,000여대의 항공기 운항이 중단되어 14만여 명의 승객이 공항에 머물러야 했다. 영국 경찰은 용의자를 검거하고, 이들의 범죄적 드론사용(criminal use of drones) 혐의로 조사하고 있다고 밝혔다.[27] 또한 조선일보에 의하면, 2019년 1월 19일 런던의 히드로 공항에서 드론이 목격되었다는 정보에 1시간 가량 항공기 운항이 중단되었다. 공항의 활주로에 드론이 침입하면, 이 · 착륙하는 항공기와 충돌할 수 있으며, 특히 드론이 항공기 엔진으로 빨려 들어갈 경우 항공기의 엔진정지는 물론, 화재와 폭발까지도 발생할 수 있기 때문이다.[28]

따라서, 군사작전 지원 및 수행 차원에서 4차산업혁명 기술을 반영한 비상대비계획이 수립되어야 한다. 현재 공군기 이륙을 방해할 수 있는 드론은 시중에서 판매되는 소형 드론과 군집드론만으로도 가능한 것으로 평가되고 있다. 즉, 불순분자를 포함한 다양한 세력들이 소형드론을 가지고 공군기지를 무력화하는 것을 사전에 예방하기 위한 계획이 수립되어야 한다. 현재 우리 군이 보유하고 있는 국지방공무기는 다양한 종류가 있지만, 소형 드론을 격추시키기에는 지나치게 큰 중화기이며, 경우에 따라서는 오히려 아군의 피해를 초래할 수 있기 때문에 레이저 무기체계, 또는 드론을 나포할 수 있는 그물망총, 전파차단기 등 다양한 방호수단을 장비해야 한다. 실제로 영국에서는 이스라엘의 라파엘 회사가 개발한 드론돔 장비를 구입하여 문제가 되는 드론의 위치에 레이더로 신호를 발사하고 광학장비로 확인하며 상대 드론의 통신기능을 마비시키기 위해 GPS를 차단하거나 드론을 파괴할 수 있는 레이저 발사장비를 탑재하여 드론을 격추시키고 있다.[29]

---

27 강혜란, “영 공항 드론사태 일단락, 이스라엘 드론 돔이 해냈다,”『중앙일보』, 2018년 12월 23일

28 최상현, “다시 떠오른 영 드론악몽, 이번엔 런던 히드로 공항서 운항정지”『chosun.com』2019년 1월 9일.http://m.chosun.com/svc/article.html(검색일 : 2019년 2월 10일).

29 강혜란, “영 공항 드론사태 일단락, 이스라엘 드론 돔이 해냈다,”『중앙일보』, 2018년 12월 23일.

일곱째, 4차산업혁명시대의 발전된 첨단 과학기술을 보유한 업체에 대한 관리 및 통제 분야가 비상대비계획에 반영되어야 한다. 현행 비상대비자원관리법 제11조의 각 호와 제12조에서는 중점관리대상자원의 지정 및 관리를 규정하고 비상대비 업무수행에 필요한 범위에서 부담능력을 고려하여 시설의 보강 및 확장, 기술인력의 양성과 기술의 개발, 비상대비 업무담당자의 임명대상 업체의 지정을 명시하고 있다.[30]

이에 따라 일정한 기준(○○명 이상의 종업원, ○○억원 이상의 연간 매출액 달성)과 규모를 초과하는 인공지능, 가상현실, 증강현실 관련 기술을 보유한 업체 및 생산업체, 나노기술 보유업체 및 생산업체 등 전시 활용 가능한 업체, 드론, 로봇기술 보유업체 및 생산업체를 파악하여 중점관리대상 인력 · 물자 · 업체로 지정하고 관련 행정부처의 비상대비계획에 반영하여야 한다. 일정한 기준과 규모를 초과하는 업체로 하여금 비상대비 업무담당자를 운용토록 하여 평시에 양질의 일자리를 창출하고 비상시에 대비한 필수전문인력을 확보해야 한다. 또한 국민들이 직접 자신의 기술과 장비를 활용하여 위기 또는 재난을 극복하는데 적극적으로 참여할 수 있도록 유도해야 한다. 예를 들면, 폭설 등의 재난에 대비하여 제설장비를 갖춘 개인(국민)에게 책임구역을 할당 또는 배분하고, 제설작업의 결과에 따른 인센티브의 제공, 즉 비용을 지불해 주는 방안을 고려할 수 있다.

30 국가법령정보센터, "비상대비자원관리법," http://www.law.go.kr(검색일 : 2019년 3월 8일).

Ⅴ. 결론

손무는 그의 저서 『손자병법』 제1편 시계(始計)에서 "전쟁은 나라의 중대한 일이다. 국민의 생사와 국가의 존망이 기로에 서게 되는 것이니 신중하게 살피지 않으면 안된다"고 주장하였으며.[31] 프로이센의 군사이론가 클라우제비츠는 전쟁이란 "자국의 의지를 구현하기 위해 적국을 강요하는 폭력행위"라고 정의하였다.[32] 또한 김강녕은 국가안보를 달성하기 위해서는 먼저 국내에서부터 국가안보의 위협요인을 찾아내고 국민 스스로가 해결점을 찾아야 한다는 점을 강조하였다.[33]

그러므로, 국가의 가장 중요한 책무는 외부세력의 침입으로부터 국민을 보호하면서 국리민복을 증진하다가 전쟁의 가능성이 있으면 외교와 경제 및 군사력 등 제반 수단을 이용하여 억제하고, 만약 전쟁이 발발하였다면 적의 침공을 격퇴시키는 한편 정부는 정부기능을 유지하여 난국을 극복할 수 있도록 지원하면서 국민생활의 안정을 도모해야 한다.

한반도의 안정과 평화를 유지하면서 평화통일을 지향하기 위해서는 강력한 대비태세의 유지가 뒷받침되어야 한다. 그렇기 때문에 북한의 핵폐기가 이루어져 핵 위협과 전면전쟁의 위협이 완전하게 소멸되고, 테러, 사이버 공격, 국지적인 군사도발 및 분쟁의 가능성이 사라

31 이종학, 『孫子兵法』(서울 : 박영사, 1984), p.18.

32 육군본부, 『클라우제비츠의 전쟁론과 군사사상』(대전 : 육군인쇄공창, 1984), p.14.

33 김강녕, 『국가안보와 북한체제』(경주 : 신지서원, 2006), p.23.

지지 않는 한 영토와 주권을 수호하고 국민의 생명과 재산을 보호하기 위한 국가의 책무는 강조되어야 하며, 나아가 통일한국의 달성 이후에도 주변국의 위협에 효과적으로 대응하기 위한 국가차원의 대비는 더욱 더 강화되어야 한다.

연구결과 남북간에 평화와 안정의 분위기가 고조되면 될수록 정부의 비상대비계획은 더욱 구체화되고 세분화되어야 하며, 충무계획에 남북관계의 변화에 따른 다양한 고려요소와 착안사항은 물론 4차산업혁명시대의 발달된 과학기술이 반영되어야 한다는 교훈을 도출할 수 있었다.

남북관계 변화에 따른 비상대비계획의 발전방안으로는 남북관계 발전의 긍정적인 면과 부정적인 면이 반영된 계획을 수립하여 상황변화에 능동적으로 대응할 수 있는 계획으로 발전시켜야 한다. 이를 위해 우선적으로 반영되어야 할 사항은 상급기관의 비상대비계획과 실제 계획을 실행하는 하급기관과의 계획이 상호 유기적으로 연계될 수 있도록 해야 한다. 또한 행정 각부의 비상대비계획에 평화유지적 측면과 취약요소 보완 측면을 반영하여 유사시 비상대비체제로의 신속한 전환이 가능한 계획을 발전시킬 수 있도록 해야 한다.

비상대비계획의 실효성은 다양한 상황과 위기에 대처하기 위해 국가의 모든 가용자산의 통합과 분산을 적절히 하여 효율적이고 효과적으로 활용할 것인가에 달려 있다고 해도 과언이 아니다. 특히, 유관부처들간의 긴밀한 협조체제 유지를 통해 4차산업혁명시대의 도래에 따라 세계 10위권의 경제력과 우수한 과학기술력을 보유한 한국의 특장점으로 평가받고 있는 인공지능, 증강현실, 가상현실, 드론, 로봇 등을 활용할 수 있는 비상대비 계획으로 발전시켜야 한다. 아울러 발달된 과학기술을 활용하여 최적의 의사결정(판단 및 결심, 시행 및 조치)을 할 수 있도록 해야 한다.

남북한 간에 화해의 분위기가 형성되고 여러 분야에서의 교류협력이 더욱 발전되어 평화체제 유지라는 긍정적인 측면으로 나아가고 있는 추세라고 할지라도 북한이 그동안 비대칭전력을 증강하고 핵무기의 개발과 군비화에 성공한 상태에서 항구적인 한반도의 평화와 안정은 유사시에 대비한 우리의 안보태세가 얼마나 효율적이고 실행 가능한 것인가의 여부에 따라 좌우된다고 할 수 있다.[34]

본 연구는 포괄적 안보환경 하에서 한반도의 안보환경 변화와 4차 산업혁명시대의 과학기술 발전을 우리의 비상대비계획에 어떻게 적용하고 반영할 것인가에 대한 검토의 필요성을 제기한 논문이다. 본 연구는 현재의 우리 사회가 국가위기 또는 비상시를 대비하기 위한 가시적인 노력이 수반되어야 함에도 불구하고 정부차원의 정책 우선순위 선정 면에서 후순위에 자리하게 된 상태에서 우리 사회의 비상대비계획의 구체적인 혁신방안을 제시하지 못한 한계가 있지만, 유의미한 방향성을 제시한데에서 적지 않은 성과를 거두었다고 판단된다.

결론적으로 국가의 안보는 한번 상실되면 복구가 불가능하다는 역사적 교훈을 깊이 인식하여 현재 남북간에 진행되고 있는 한반도 긴장완화와 평화유지를 위한 다양한 노력과는 별도로 당면한 위협 또는 가까운 장래의 위협에 대해서는 최악의 상황까지를 고려하여 효과적

34 나태종, "남북관계의 변화와 안보태세 유지의 필요성," 『향방저널』통권 제576호(2019), p.101

으로 대처할 수 있는 대비계획을 수립한 상태에서 계획의 실행 가능성까지 면밀하게 분석하여 언제라도 시행할 수 있도록 가용한 자원과 역량이 통합되어야 한다. 특히, 외부로부터의 무력공격 뿐만 아니라 국가기반시설(다중이용시설)에 대한 테러 및 사이버 공격 등 다양한 형태의 모든 위협에 대한 대비가 포함되어야 한다.

국방부,『2018 국방백서』, 서울 : 국방부, 2018.

김강녕,『국가안보와 북한체제』, 경주 : 신지서원, 2006.

김용석 외,『국가비상대비 조직의 문제점과 미래 발전방안 연구』, 용인 : 단국대학교, 2015.

김인태, "북한의 핵 위협 대비태세 분석 : 정부의 비군사분야 대비태세를 중심으로,"『한국경호경비학회지』제42집, 한국경호경비학회, 2015.

김정곤 · 정종수 · 김태환 · 김희철, "국가위기관리기본지침 개정과 국가위기관리 매뉴얼 개선,"『2018 한국재난정보학회 학술발표대회 자료집』 한국재난정보학회, 2018.

김진호, "북한급변사태 가능성과 우리의 대응방안,"『북한학보』제41집, 2016.

나태종, "남북관계의 변화와 안보태세 유지의 필요성,"『향방저널』통권 제576호, 2019.

민주평화통일자문회의,『평화와 번영, 새로운 시작』, 서울 : 늘품플러스, 2018.

민주평화통일자문회의,『평화는 함께 만드는거야』, 서울 : 민주평화통일자문회의, 2018.

박계호,『국방부 충무집행계획 개선방안 연구』, 서울 : 21세기군사연구소, 2015

박계호,『미래 환경변화를 고려한 동원자원 관리체계 발전방안 연구』, 용인 : 단국대학교, 2016.

박휘락,『전쟁과 평화』, 서울 : 21세기군사연구소, 2014.

방승찬, "제4차 산업혁명과 ICT 동향,"『2017 기술혁신학회 발표자료집』, 2017년 11월 2일.

육군본부,『클라우제비츠의 전쟁론과 군사사상』, 대전 : 육군인쇄공창, 1984.

이용길, "4차 산업혁명시대 군 정신전력 향상을 위한 정신교육의 창조교육 교수-학습 5단계 적용,"『정신교육연구』제53집, 2018.

이윤규 외,『충무계획 선진화방안 연구』, 서울 : 행정안전부, 2012.

이정훈, "DJ정부 北급변사태 대비 비밀문서",『신동아』, 2012년 11월호, 2012.

이종학,『孫子兵法』서울 : 박영사, 1984.

정원영 외,『안보환경 변화에 따른 비상대비분야 발전전략』, 서울 : 국민안전처, 2015.

정춘일, "영역교차 시너지 최대화를 위한 한국군의 전력체계 혁신방안,"『한국군사』제4집, 2018.

통일부 통일교육원,『2018 북한 이해』, 서울 : (주)나인애드, 2018.

허남성 외,『안보환경 변화에 따른 비상대비 발전방안』, 서울 : 국방대학교, 2008.

강혜란, "영 공항 드론사태 일단락, 이스라엘 드론 돔이 해냈다,"『중앙일보』, 2018년 12월 23일.

김용주, "KT 아현지사 화재때 스타벅스만 멀쩡했던 이유보니,"『전자신문』2019년 1월 21일.

박태인, "소니를 완전히 불태워버렸다. 북 해킹능력 세계 톱5,"『중앙일보』, 2019년 2월 9일.

조의준, "북 두달새 전 세계 87개 기업 사이버 공격," 『조선일보』, 2018년 12월 26일.

최상현, "다시 떠오른 영 드론악몽, 런던 히드로 공항서 운항정지" 『chosun.com』2019년 1월 9일.

국가법령정보센터, "비상대비자원관리법," https://www.law.go.kr(검색일 : 2019년 3월 8일).

행정안전부, "비상대비 계획," https://www.mois.go.kr/frt/sub/a06/b12/emergencyplan/screen.do(검색일 : 2019년 1월 21일).

BBC뉴스, "KT화재 : KT아현지사 화재사건으로 드러난 4가지 사실", https://www.bbc.com/korean/news-46340053(검색일 : 2019년 2월 8일).

BBC News, "**Украина в июне остановила экспорт военной продукции в Россию**" 2014. 8. 11. https://www.bbc.com/ukrainian/ukraineinrussian/2014/08/140811rusweaponexportrussia(검색일 : 2019년 1월 21일).

CNN, "U.S. official says 1,000 Russian troops have entered Ukraine," 2014. 8. 29 : https://edition.cnn.com/2014/08/28/world/europe/ukraine-crisis/index.html(검색일 : 2019년 1월 21일 : 22일).

Forbes, "**Парламент Крыма попросил Путина принять автономию в состав России**," 2014. 3. 6 : http://www.forbes.ru/news(검색일 : 2019년 1월 22일).

『YTN 뉴스』, https://www.ytn.co.kr/_ln/0104_201403072252365501(검색일 : 2019년 1월 22일).

ABSTRACT

A Study on the Development of the Emergency Preparedness Plan according to the Change of Security Environment

Inter-Korean relations have been threatened by the prolonged division and other systems.However, the Pyeongchang Winter Olympics is turning into a peaceful atmosphere through reconciliation and cooperation, and the unification and security environment surrounding the Korean Peninsula is providing us with new challenges and opportunities.Nevertheless, the need to protect the territory and sovereignty and protect the lives and property of the people should not be ignored but strengthened. This research is designed to present measures for the development of Chungmu Plan reflecting changes in the security situation on the Korean Peninsula and inter-Korean relations and the technology of the 4th industrial revolution.To achieve this goal, Chapter 2 examines prior research and Chapter 3 presents the need for development of a loyalty plan.and technologies of the 4th Incustrial Revolution.In Chapter 4, Chungmu Plan was developed to reflect changes in inter-Korean relations and technologies for the 4th Industrial Revolution, while Chapter 5 outlined the research results.As the atmosphere of peace and stability between the two Koreas increases, the Chungmu Plan, the government's disaster prevention plan, needs to be more specific, and should reflect the use of scientific technology developed in the Chungmu Plan.

key words Securiy Environment, Chungmu Plan, Inter - Korean Relations Change, science and technology, The Fourth Industrial Revolution,